Bayerisches Lesebuch

Zu diesem Buch

»Die Bayern machen, was sie immer machen, nämlich Mist aufladen«, schrieb Herbert Achternbusch provokant über seine Heimat. Und tatsächlich lebt kaum ein Land mit so vielen Vorurteilen wie Bayern: weißblauer Himmel, Brezn und Weißbier und das notorische bayerische Granteln. Was daran wahr ist und was es überhaupt bedeutet, bayerisch zu sein, davon erzählen die aus hundert Jahren zusammengestellten Geschichten von Autoren aus Bayern: Ob so kantig wie Oskar Maria Graf oder so komisch wie Karl Valentin, volksnah wie Ludwig Thoma oder unberechenbar wie Herbert Achternbusch – sie alle schreiben von bayerischer Lebensart, von Stadt und Land, von Bayern und davon, wie es dort heute ist – mal lustvoll und abgründig, mal amüsant und aufschlußreich.

Elisabeth Tworek, geboren 1955 in Murnau, promovierte über den bayerischen Roman in der Weimarer Republik, arbeitete als freie Mitarbeiterin des Bayerischen Rundfunks und leitet seit 1994 die Münchener Monacensia-Sammlung.

Bayerisches Lesebuch

Herausgegeben von
Elisabeth Tworek

Piper München Zürich

Länder-Lesebücher in der Serie Piper:
Bayerisches Lesebuch (3479)
Österreichisches Lesebuch (3745)
Italienisches Lesebuch (3874)
Skandinavisches Lesebuch (4002)
Irisches Lesebuch (4139)

Für Rihm

Ungekürzte Taschenbuchausgabe
1. Auflage Januar 2002
2. Auflage Juli 2004

Umschlag: Büro Hamburg
Isabel Bünermann, Meike Teubner
Umschlagabbildung: Gabriele Münter
(»Fischerhaus«, VG Bild-Kunst, Bonn 2004, akg-images, Berlin)
Satz: Fotosatz Reinhard Amann, Aichstetten
Druck und Bindung: Clausen & Bosse, Leck
Printed in Germany ISBN 3-492-23479-8

www.piper.de

INHALT

VORWORT

»Aus Bayern entkommst du nicht,
denn Bayern hört nirgends auf.«

Gibt es noch eine bayerische Literatur, oder gibt es nur noch Literatur aus Bayern?

Der in München lebende Schriftsteller Hans Pleschinski würde sich vermutlich vehement dagegen wehren, den bayerischen Schriftstellern zugerechnet zu werden, nur weil seine Werke teilweise in München spielen oder in München entstanden sind. Auf der anderen Seite gibt es Literaten, die unbestreitbar und unmittelbar tief in der bayerischen Mentalität wurzeln. Ludwig Thoma, Lena Christ und Marieluise Fleißer gehören dazu, ebenso Oskar Maria Graf und Carl Amery – sie sind nicht denkbar ohne das Bayerische. Auch Karl Valentins Sprach-Kapriolen kommen tief aus der Münchner Vorstadt-Seele.

Die Vorurteile gegen Bayern und das Bayerische haben überall außerhalb Bayerns seit langem Tradition. In den gängigsten Klischees gelten das Land und seine Bewohner bis heute als rückständig, abergläubig, dumpf, bigott, rauflustig. Doch dieses alte, spöttisch-idyllisch verklärte Bayern gibt es nicht mehr. Die traditionell bäuerliche Welt gehört in Bayern wie anderswo der Vergangenheit an und existiert höchstens noch in der Literatur, im Heimatfilm, Bauerntheater oder in der Institution der Gebirgstrachten-Erhaltungsvereine. Traditionelle Riten und Bräuche helfen den jetzt lebenden Menschen nur noch sehr selten weiter. Andererseits gibt es durchaus urtypisch bayerische Eigenarten, die nur aus ihren bäuerlichen Wurzeln erklärbar sind: die Querköpfigkeit, das Bodenständige, die Lust am notorischen Widerspruch, wie sie offenkundig wird bei Herbert Achternbusch. Oder das Miteinander von Gottesfurcht und üppigem Barock, wie es sich bei Carl Amery zeigt. Den nur scheinbaren Gegensatz von High-Tech-Industrie und königlich-bayerischer Gemütlichkeit entlarvt Gerhard Polt. Was sich durch konträre Elemente zu einer harmonischen Ganzheit von vollendeter Dissonanz zu fügen vermag, das macht das Geheimnis Bayerns aus.

Bayerisch ist gleich bäuerlich – für Teile Bayerns keine allzu gewagte Gleichung. Viele Bayern, vor allem auf dem Land, stammen von pragmatischen Bauern ab, die nur an das glauben, was sie sinnlich wahrnehmen können. »D'Religion, dö kost't nix und thuat koam weh«, heißt es bei Oskar Maria Graf, der den bayerischen Menschenschlag so charakterisiert: »Weitschweifigkeit oder, besser, das langsame, leicht umständliche Heranpirschen an das Eigentliche einer Sache gehört zu unserer Natur. Alles Knappe, logisch scharf Umrissene ist uns zuwider. Wir sind für das Kommode ... Ein ›kamotter‹ Mensch mag das Durchdenken, das in heutigen Zeiten so beliebte zu Ende-Denken nicht, er ist für das Betrachterische«. Das zeigt sich vor allem in der Reimkunst. Die Bayern haben seit jeher einen Hang zum Dichten durch alle Bevölkerungsschichten. Auf Marterln, Votivtafeln und Schnupftabakdosen wird gereimt, was das Zeug hält. Sogar die Könige widmeten sich der Dichtkunst.

Von der Liebe zur Geselligkeit zeugen nicht zuletzt die mehr als 80 kirchlichen Feiertage, die es noch bis vor ein paar Jahrzehnten pro Jahr gab, und selbstredend das Münchner Oktoberfest, das Friedrich Hebbel so treffend beschrieb. Die Kirchweihfeste dauerten mehrere Tage. Die Bierkrüge waren in Bayern immer schon größer als anderswo, wohl, damit man länger sitzen bleiben und ungestört sein Bier trinken kann. Nicht zuletzt am Stammtisch und im Bierzelt entscheidet sich Bayerns Politik, die das Land in den letzten fünfzig Jahren zu einem modernen Industriestaat gemacht hat. Satellitenschüsseln, auch am entlegensten Gehöft, dokumentieren, daß das Medienzeitalter auch im letzten Winkel dieses Landes angebrochen ist.

Glaubt man den Klischees, so ist die Welt in Bayern noch in Ordnung, und dabei – das zeigen die folgenden Texte – war sie nicht mehr und nicht weniger in Ordnung als anderswo. Bayern –

ein Land der Originale und zugleich ein Abgrund an Kleinbürgertum, die bayerische Provinz als ein Mikrokosmos. Wer das Leben in einer bayerischen Kleinstadt von innen kennt, findet sich in jeder Kleinstadt dieser Welt zurecht. Und wer in einem Dorf aufgewachsen ist, wird in Brooklyn oder Giesing erstaunt feststellen, daß sich die Großstädter in ihren Vierteln ebenso überschaubar einrichten wie die Dorfbewohner. Die Sehnsucht, alles Beengende hinter sich zu lassen und noch einmal ganz von vorne anfangen zu können, verbindet Kleinstädter und Weltbürger.

Die Geschichten und Essays aus, für, von und über Bayern rufen in Erinnerung, aus welchen kulturellen und geistigen Wurzeln das Land Bayern entstand. Sie sind eine Sammlung köstlicher und kostbarer Einsichten, die man bewahrt, weil sie heute nicht mehr zu gewinnen wären. Sie zeigen auf, was sich in den letzten 100 Jahren unter dem weiß-blauen Föhnhimmel getan hat: was sich geändert hat und was beim alten geblieben ist. Manche Erzählungen sind Dokumente eines erloschenen Lebens. In diesen Texten verrät sich die Zeit auf paradoxe Weise. Sie macht alles beharrlich anders und doch gleich. In seinen wenig spektakulären Geschichten repräsentiert dieses Lesebuch ein kleines Stück Bayern jenseits kitschig-süßlicher Postkartenmotive und künstlich aufgeputzter Alpenfolklore. Ein Lesebuch soll es sein, für den Professor wie für die Bedienung, also im besten Sinne des Wortes »volkstümlich«.

Das Auswählen, Abwägen und Ordnen, das Ab- und Weitergeben ist eine lustvolle, wenn auch nicht immer leichte Angelegenheit. Manche Leserinnen und Leser mögen den einen oder anderen Text vermissen, der vielleicht in ein bayerisches Lesebuch gehört, weil er zum Bildungskanon bayerischer Literatur zählt. Er wurde geopfert, um Raum zu schaffen für weniger Bekanntes, das nicht weniger interessiert und lesenswert ist. Einige Lieblingstexte hatten partout keinen Platz mehr, ein kleiner Schmerz bleibt also.

Elisabeth Tworek

1

Was ist bayerisch?

Lion Feuchtwanger
Das Land Altbayern
(Romanausschnitt)

Das Land Altbayern war kein reiches Land. Vier Gebirgsruinen lagen in ihm. Sie waren Ur-Sache vieler Störungen gewesen; jetzt hatte sich der Boden beruhigt, es gab keine Beben mehr. Aber seine Schätze, Steinkohle, Zementmergel, waren in Tiefen gesunken, die nicht mehr genutzt werden konnten.

Das Gebiet des Landes Altbayern war ein harter, eckiger Strich des Planeten. Lag, schon vor der geologischen Neuzeit, an der Grenze zweier Welten, ein Einschiebsel, getrennt von der nördlicheren Welt, der südlicheren nicht ganz angeschlossen.

Das Land hatte Höhe und Weite, Berge, Seen, Flüsse. Seine Himmel waren bunt, seine Luft machte alle Farben frisch. Es war ein schön anzuschauendes Stück Welt, wie es sich herunterzog von den Alpen nach dem Strome Donau.

Die Bewohner des Landes waren seit alten Zeiten Ackerbauern, städtefeindlich. Sie liebten ihren Boden. Sie waren zäh und kräftig, scharf im Schauen, schwach im Urteil. Sie brauchten nicht viel; was sie hatten, hielten sie mit Händen, Zähnen, Füßen fest. Langsam, träg im Denken, nicht willens, für die Zukunft zu schuften, hingen sie an behaglich derbem Genuß. Sie liebten das Gestern, waren zufrieden mit dem Heute, haßten das Morgen. Ihren Siedlungen gaben sie gute, anschauliche Namen, sie bauten Häuser, an denen das Auge sich weiden konnte, schmückten sie mit handfester Bildnerei. Sie liebten Gebrauchskunst jeder Art, hatten Sinn für bunte Trachten, für Feste, Komödienspiel, Prunk von Kirchen, Prozessionen, für reichliches Essen und Trinken, für ausgedehnte Raufereien. Auch auf die Berge zu steigen liebten sie und zu jagen. Im übrigen wollten sie in Ruhe gelassen sein, ihr Leben paßte ihnen, wie es war, sie waren mißtrauisch gegen alles Neue.

Das Zentrum dieses Bauernlandes, die Stadt München, war eine dörfliche Stadt mit wenig Industrie. Eine dünne, liberale Schicht von Feudalherren und Großbürgern war da, nicht viel Proletariat, viele Kleinbürger, noch sehr verwachsen mit dem Landvolk. Die Stadt war schön; ihre Fürsten hatten sie mit reichen Sammlungen geschmückt und gutem Bauwerk; sie hatte Paläste von Fülle und Anmut, Kirchen von Innigkeit und Kraft. Viel Grün war da, große Biergärten mit behaglicher Sicht auf Fluß und Berge. In schönen Läden wurden die Erzeugnisse der Früheren feilgehalten, altväterisch nette Möbel, gemütvoller Kleinkram aller Art. Die Stadt basierte ökonomisch auf Brauerei, Veredlungsindustrie, Kunstgewerbe, Bankgewerbe, Holz-, Getreide- und Südfruchthandel. Sie produzierte gute Gebrauchskunst und das beste Bier der Welt. Sonst bot sie wenig Material für industrielle Betätigung. Die geistig Regeren wanderten ab; sie ergänzte sich aus spätgeborenen Bauernsöhnen, die, altem Brauch zufolge, nicht erbberechtigt waren. Seit dem Sturz der Dynastie zog sich auch der Feudaladel mehr und mehr zurück, die Arco-Valley, die Öttingen-Wallerstein, Castell-Castell, die Poschinger und Törring. Reiche Leute blieben wenige. Nur einer unter je zehntausend Einwohnern versteuerte ein Vermögen von einer Million und darüber. Im übrigen lebte die Stadt sich selber, ein lautes, ungeniertes Leben im Fleisch und im Gemüt. Sie war zufrieden mit sich. Ihr Wahlspruch war: Bauen, brauen, sauen.

Vier Jahrhunderte zuvor hatte der Geschichtsschreiber Johann Turmair, genannt Aventinus, von seinen altbayrischen Landsleuten gesagt, das Volk sei schlecht und recht, höre auf die Geistlichkeit, bleibe gern zu Haus, reise wenig. Es trinke stark, habe viel Kinder. Lege sich mehr auf Acker und Vieh als auf den Krieg. Sei unfreundlich, eigensinnig, querköpfig. Achte nicht der Kaufmannschaft, es komme auch wenig Handel. Der Durchschnittsbayer tue, was er wolle, sitze Tag und Nacht beim Bier, schreie, singe, tanze, spiele Karten. Liebe lange Messer und Raufwerkzeuge. Große, prasserische Hochzeit halten, Totenmahl und Kirchweih feiern gelte als anständig, werde keinem verübelt. Im zwanzigsten Jahrhundert konstatierte der einheimische Geschichtsschreiber

Doeberl: man finde an den Bayern kein feines, zierliches, Liebe erzeugendes Wesen. Vielmehr ruhige Sprache, ruhige Außenseite, dabei Neigung zur Roheit und Gewalttätigkeit wie zum grobsinnlichen Genuß, Verschlossenheit und Argwohn gegen Fremde.

Was die Bayern von alters her vor allem haben wollten, war ihre Ruhe. Im zwanzigsten Jahrhundert ließ man sie nicht mehr in Ruhe. Bisher hatten sie aus dem Überfluß ihrer Landwirtschaft reichlich kaufen können, was sie für ihr behaglich anspruchsloses Leben brauchten. Auf einmal hieß es, sie produzierten unrationell. Mit Maschinen und kluger Methode könne man ihre Äcker besser bestellen. Wo ihrer zwei arbeiteten, genüge ein einziger. Der Verkehr steigerte sich, die Fracht wurde billig. Man bewies ihnen, daß man aus fruchtbaren Ländern mit klüger bearbeitetem Boden bessere und billigere Lebensmittel einführen könnte. Die andern waren auf einmal nicht mehr auf sie angewiesen, wohl aber sie auf die andern.

Die Bayern schimpften, ja, was wäre denn das? Solange war es gegangen: warum sollte es denn auf einmal nicht mehr gehen? Sie wollten es nicht wahrhaben: aber es war etwas anders geworden. Der Acker trug wie bisher und war dennoch unzuverlässig geworden. Es reichte nicht mehr, unbegreiflicherweise, man mußte sich immer öfter etwas abknapsen, was die andern hatten, und was man selber haben wollte, und was man bisher gegen den Überschuß seines Bodens hatte eintauschen können. Man mußte die andern haben, man brauchte sie, man mußte sich knurrend in das Ganze des Reiches schicken. Es ging nicht mehr an, daß alle sitzenblieben auf dem Hof, im Dorf, in der kleinen Stadt. Viele, wollten sie nicht hungern, mußten in die Stadt abwandern, in die Industrie. Die ganz Gescheiten behaupteten, auch dieser beschränkte Zustand lasse sich nicht halten. In dem industrialisierten Mitteleuropa sei das agrarisch-starrsinnige Bayern ein recht wenig wichtiges Ding. Wie das Auto die Pferdedroschke, so mache eine rationelle Weltgetreidewirtschaft die bayrische Landwirtschaft überflüssig. Nur aus Rücksicht auf die Selbstversorgung im Kriegsfall halte das Reich den unrentablen, viel zu teuren Ackerbau durch hohe

Getreidezölle und andre Liebesgaben aufrecht. Aber der Krieg sei eine veraltete Methode, im Absterben. Schon arbeite man, aus diesen Erwägungen heraus, überall daran, die Zölle abzuschaffen, zweckmäßiger zu wirtschaften, ein sinnvolleres Gebilde Europa aufzurichten. Werde das erreicht, öffne Deutschland seine Zollgrenzen, dann sei es aus mit der bayrischen Landwirtschaft. Der Bayer werde dann seine Bauernzüge, sein Sondergesicht ablegen, werde sich in einen Normalmenschen verwandeln müssen.

Die Bayern knurrten, sie wollten nicht in die Ferne schauen und was lag ihnen an einem sinnvolleren Europa. Sie wollten leben wie bisher, breit, laut, in ihrem schönen Land, mit einem bißchen Kunst, einem bißchen Musik, mit Fleisch und Bier und Weibern und oft ein Fest und am Sonntag eine Rauferei. Sie waren zufrieden wie es war. Die Zugereisten sollten sie in Ruhe lassen, die Schlawiner, die Saupreußen, die Affen, die geselchten.

Sie ließen sie aber nicht in Ruhe. Von der fernen See her führte man in großen Massen Fische ein und von jenseits der See gefrorenes Fleisch, als ob ihre Lebensmittel nicht genügten. Autos kamen, Fabriken kamen, Flugzeuge schwirrten durch ihre bunten Himmel. Schon kletterte die erste Bahn einen ihrer höchsten Berge hinauf, und da sie selber zögerten, erkroch von der österreichischen Seite her eine Bahn gar ihren höchsten Gipfel, die Zugspitze. Das Wasser ihrer Flüsse verwandelte sich in Elektrizität, schlanke Masten der Überlandleitungen schwangen sich, grauglänzend, filigranhaft klar, in die leichte Luft. Ihr schöner, finsterer Walchensee mußte sich verschandeln lassen durch ein großes Werk, das Bogenlampen leuchten machen sollte und Wagen antreiben. Das Gesicht des Landes änderte sich.

Es kam ein großes Aufatmen: die Inflation. Den Bauern schwand ihr Besitz nicht wie den Städtern unterm Arsch weg, sie konnten die Schulden, die auf ihrem Boden lagen, mit entwertetem Geld abdecken. Die Lebensmittel zogen an wie in den Jahren des stärksten Kriegshungers, und die Bauern nützten die spinnerte Zeit aus. Sie hatten Geld wie Heu und schmissen damit um sich. Manche von ihnen gaben es nobler, als es Bauern jemals hatten geben können. Der Landwirt Greindlberger fuhr aus der schmutzigen

Dorfstraße von Englschalking nach München in einer eleganten Limousine mit livriertem Chauffeur. Er selber saß darin in brauner Samtweste, mit grünem Hut und Gamsbart. Der Käsereibesitzer Irlbeck in Weilheim hielt sich einen Rennstall. Er besaß die Rennpferde *Lyra, Da fehlt sich nichts, Dorflump, Banco,* die Vollblutstute *Quelques fleurs* und die Fohlen *Titania* und *Happy End.* Viele Bauern, hatten sie nicht Automobil und Rennrösser im Stall stehen, hielten sich nicht für voll.

Aber in allem Fett der Inflation merkten die Altbayern, daß es nicht mehr stimmte. Viele freilich wollten es durchaus nicht wahrhaben, sie machten die Augen zu und preßten die Fäuste davor, als ob es dann nicht Tag würde. Aber viele spürten, daß es mit ihrer bisherigen Wirtschaft zu Ende ging. Ihr Privatstaat war zu teuer, sie mußten sich in das Ganze des Reichs schicken, konnten sich ihre politischen und kulturellen Extrawürste nicht mehr leisten. Aus Instinkt wurden sie Nationalisten, denn sie ahnten, daß nur die Rücksicht auf die Versorgung im Kriegsfall den deutschen Bauern hielt. Aus Instinkt wurden sie, Mischling aus slawischem und romanischem Blut, germanische Rassenschützler, weil sie so am besten das bodenständige Bauerntum zu verteidigen glaubten gegen den zukunftsträchtigeren landfremden Nomadentyp.

Sie hatten nicht viel Metaphysik; aber sie spannten, daß sie trotz alldem das letzte Geschlecht waren, dem es vergönnt blieb, auf diesem Stück Erde so zu leben, wie man seit mehr als einem Jahrtausend dort gelebt hatte. Dieses dumpfe Wissen machte, daß sie nicht einmal an der Inflation die rechte Freude hatten. Manchmal, rülpsend nach einem guten Essen, steigend aus dem Bett eines gestellten Weibsbilds, knackend mit den Gelenken nach einer saftigen Rauferei, sagte einer, nachdenklich ohne ersichtlichen Grund: »Die gscherten Hammel, die damischen.«

Ludwig Thoma

Agricola
Frei nach Tacitus' »Germania«
(Ausschnitt)

Vor beinahe 1800 Jahren hat der berühmteste aller Geschichtsschreiber mit vielem Wohlwollen und ehrlicher Bewunderung unsere Vorfahren geschildert. Da es eine schöne und für die Nachwelt so wertvolle Aufgabe ist, situs gentium describere, Land und Leute zu beschreiben, so will ich versuchen, Sitten und Gebräuche der Nachkommen zu zeichnen. Aber nicht derer, welche untreu germanischer Sitte Städte bewohnen, sondern derer, welche ferne von ihnen die Felder bebauen. Daher auch der Titel der Schrift.

Die Ebene Germaniens vom Donaustrome bis zu den Alpen bewohnen die Bajuwaren. Ich halte sie für Ureinwohner dieses Landes, für »selbstgezügelte«, wie sie in ihrer Sprache sich heißen. Fremden Einwanderern ist es schwer, sich mit ihnen zu vermischen. Gewiß ist, daß sie nie mit den Autochthonen verwechselt werden können.

Da sich dieses germanische Volk nicht durch Eheverbindungen mit fremden Nationen vermischt, bildet es einen eigenen, sich selbst gleichen Stamm. Daher auch der nämliche Körperbau bei dieser zahlreichen Menschenmasse, dieselben ungewöhnlich ausgebildeten Hände und Füße, dieselbe harte, widerstandsfähige Kopfbildung. Wie die Vorfahren, sind sie zu stürmischem Angriff tauglich und gerne bereit. Für Strapazen und Mühseligkeiten haben sie große Ausdauer, nur Durst können sie nicht ertragen.

Das Land ist verschieden gestaltet. Wälder wechseln mit Getreidefeldern, Höhenzüge mit großen Ebenen. In der Nähe der größten Ansiedlung erstreckt sich ein großes Moos; hier hat sich der Stamm am reinsten erhalten.

Die Bajuwaren haben viel Getreide und Vieh; doch herrscht über den Wert dieser Dinge jetzt großer Streit. Das Geld haben sie schätzen gelernt. Sie lieben nicht nur die alten, längst bekannten Sorten, sondern auch sämtliche neue. Das Hausgerät ist einfach. Besonders an den Gefäßen schätzen sie den Umfang höher als die kunstfertige Arbeit.

Waffen. Kriegswesen. Waffen hat dieses Volk vielerlei; doch wird auch hierin mehr auf Tauglichkeit als auf Schönheit gesehen. Sehr verbreitet ist die kurze Stoßwaffe, welche jeder Mannbare in einer Falte der Kleidung trägt; ihr Gebrauch ist aber nicht freigegeben, vielmehr sucht die herrschende Obrigkeit in den Besitz derselben zu gelangen. In diesem Falle ersetzt sie der Volksgenosse stets durch eine neue.

Als Wurfgeschoß dient ein irdener Krug mit Henkel, der ihn auch zum Hiebe tauglich erscheinen läßt. An ihren Zusammenkunftsorten sucht bei ausbrechendem Kampfe jeder möglichst viele dieser Gefäße zu ergreifen und schleudert sie dann ungemein weit. Die meisten Bajuwaren führen eine Art Speere oder in ihrer Sprache Heimtreiber aus dem heimischen Haselnußholze, ohne Spitze, biegsam und für den Gebrauch sehr handlich. Wo diese Waffen fehlen, sucht jeder solche, die ihm der Zufall bietet. Ja, es werden zu diesem Zwecke sogar die Hausgeräte, wie Tische und Bänke, ihrer Stützen beraubt. Beliebt sind auch die Bestandteile der Gartenumfriedung. Vor dem Beginne des Kampfes wird der Schlachtgesang erhoben. Es ist nicht, als ob Menschenkehlen, sondern der Kriegsgeist also sänge. Sie suchen hauptsächlich wilde Töne zu erzielen und schließen die Augen, als ob sie dadurch den Schall verstärken könnten. Sie kämpfen ohne überlegten Schlachtenplan; jeder an dem Platze, welchen er einnimmt. Der Schilde bedienen sie sich nicht. Als natürlicher Schutz gilt das Haupt, welches dem Angriffe des Feindes widersteht und den übrigen Körper schirmt. Manche bedienen sich desselben sogar zum Angriffe, wenn die übrigen Waffen versagen.

Der vornehmste Sporn zur Tapferkeit ist häufig die Anwesenheit der Familie und Sippschaften. Diese weilen in nächster Nähe ihrer Teuern und feuern sie mit ermunterndem Zurufe an. Die Schlacht beendet meist der Besitzer des Kampfplatzes, der hierzu eine auserlesene Schar befehligt.

Lebensweise im Frieden. Wenn sie nicht in den Krieg ziehen, kommen sie zu geselligen Trinkgelagen zusammen. Auch hier pflegen sie des Gesanges, der sich aber von dem Schlachtgeschrei wenig unterscheidet. Tag und Nacht durchzuzechen, gilt keinem als Schande. Versöhnung von Feinden, Abschluß von Eheverbindungen, der beliebte Tauschhandel mit Vieh und sogar die Wahl der Häuptlinge wird meist beim Becher beraten. Selten spricht einer allein, häufig alle zusammen.

Jeder legt ohne Rückhalt seine Meinung dar und hält daran fest. Bei Verschiedenheit der Meinung obsiegt der mächtige Schall der Stimme, nicht die Kraft der Gründe. Am meisten liebt dieses einfache Volk die unbefangenen Scherze. Auch den anderen ist es nicht abgeneigt.

Der männlichen Jugend gilt als das höchste Fest die Wehrhaftmachung. Diese findet in den größeren Ansiedlungen statt, wo die Jünglinge in die Liste der Krieger eingetragen werden. Zu diesem Feste schmückt jeder die Kopfbedeckung mit wildem Gefieder. Die Gefolgschaft eines jeden Dorfes zieht dann mit furchterregendem Geschrei in die Stadt ein. Eine eigenartige Musik begleitet sie. Das Fest endet mit größeren Kämpfen. Denn ein stilles Leben liebt diese Nation nicht. Das Getränke der Bajuwaren ist ein brauner Saft aus Gerste und Hopfen. Häufig beklagen sie den schlechten Geschmack, niemals enthalten sie sich des Genusses. Ihre Kost ist einfach. Aus Mehl zubereitete Speisen nehmen sie in runder Form zu sich; die geringe Nährkraft ersetzen sie durch die große Menge. An einigen Tagen des Jahres essen sie geräuchertes Fleisch von Schweinen und beweisen hierbei geringe Mäßigkeit.

Prunkvolle Kleider tragen sie nicht. Auch sehen sie nicht darauf, daß diese die Formen schöner erscheinen lassen. Das Oberkleid des Mannes ist kurz und mit Münzen geziert. Das Unterkleid dagegen ist sehr lang, eng anliegend und reicht bis an die Mitte der Brust. Meist ist es aus Leder gefertigt, schützt gegen Hitze und Kälte und ist dem Luftzuge unzugänglich. Das Kleid des Weibes besteht in übereinandergelegten Säcken und läßt über die Schönheit der Körperbildung im unklaren. So wenig wie auf die äußere Schmückung legt dieses Volk auf die sonstige Pflege des Körpers übergroßes Gewicht. Bäder werden als weichlich verachtet. Die Seife ist selten. Der Gebrauch der Zahnbürste unbekannt.

Das Weib. Unähnlich hierin den Vorfahren, achtet dieses Volk den Rat der Weiber nicht und glaubt nicht an deren göttliches Wesen. Ihren Aussprüchen horchen sie nur ungern. Doch fehlt nicht alle Verehrung des Weibes. Zu den geselligen Zusammenkünften haben die Weiber Zutritt; ja, sie dürfen sogar mit den Männern aus einem Gefäße trinken. In dieser Gastfreundschaft herrscht eifriger Wettstreit. Auch tanzen die Jünglinge, welchen dies eine Lustbarkeit ist, mit ihnen umher. Bei dieser Übung erweisen sie mehr Fertigkeit als Anmut.

Eigentümlich ist die Art, wie sie sich zum Tanze paaren, sie beweist die Oberherrschaft des Mannes. Der Jüngling, welcher eine Stammesjungfrau gewählt hat, stößt einen grellen Pfiff aus und winkt ihr befehlend mit der Hand. Häufig hört man auch bei diesen Lustbarkeiten plötzlich den Kriegsruf ertönen. Den Weibern gilt es als ehrenvoll, wenn um ihretwillen der Kampf entbrennt. So ist auch die Werbung um sie oft mit Gefahren verknüpft. Haß der anderen, nächtlicher Überfall und Heimscheitelung bedrohen den Jüngling, welcher einer Volksgenossin zuliebe die Gehöfte aufsucht und Mauern erklettert.

Das ist's, was ich im allgemeinen von dieses Germanenvolkes Sitte erfahren habe.

Carl Amery

Was ist bayerisch?

(Ausschnitt)

Herbert Achternbusch, mein geschätzter Kollege und Landsmann, formulierte es gelegentlich so: »Die Bayern machen, was immer sie machen, wenn sie auch noch so technisiert sind, nämlich Mist aufladen. In Gummistiefeln stehen sie in der Miststatt und legen vom Misthaufen mit der Mistgabel Mist auf den Mistwagen, den sie dann auf beiden Seiten mit dem Mistbrett schrägschlagen. Sie sind stolz auf ihre Oberarmmuskeln, und sie sind stolz, daß ihre Regierung ihren Stolz auf den Stolz ihrer Oberarmmuskeln vertritt, und daß sie von ihrer Regierung behandelt werden, wie sie den Mist behandeln, denn keinem soll es besser gehen.«

Der Text, wenn auch für ein Kind geschrieben, reicht weit und ist bei etwas denkerischer Anstrengung auch recht differenziert und brauchbar. Wir könnten also hier jede weitere Nachforschung einstellen. Aber da auch für solche etwas geschehen sollte, die nicht an Achternbusch gewöhnt sind, und weil der Leser ein Recht auf mehr Ausführlichkeit hat, folgen die Seiten dieses Kapitels (und dieses Buches).

Zunächst gilt es ein- und abzugrenzen. Was meinen wir mit *bayerisch?* Meinen wir, um einmal eine Unterscheidung anzuwenden, die ihre Vorteile hat, damit das *Bayerische* oder das *Bairische?* Meinen wir, mit anderen Worten, den Staat oder den Stamm? Das Vielvölker-Konglomerat des Ministers Montgelas oder das eine Volk der Dialekt-Geeinten (durch Mittel- und Nordbairisch Geeinten, ohne der südbairischen Irredenta gesondert Erwähnung zu tun)?

Wenn man zu Resultaten kommen will, muß man beides meinen – oder keines von beiden.

Wir gehen mit der Zeit; das heißt, wir gehen vom Stamm aus und nähern uns der gesellschaftlichen, staatlichen Wirklichkeit von heute. Was im Laufe der Annäherung die Baiern den anderen Stämmen, den Franken, Schwaben, Pfälzern, Deutschböhmen antaten und antun (oft zu deren großem Mißvergnügen); was, andererseits, die neubayerischen Stämme den Alt-Baiern antaten und antun (gleichfalls oft zu ihrem großen Mißvergnügen): Es wird, hoffentlich, im Laufe unserer Betrachtungen sichtbar werden.

Aber wir gehen von Unbestreitbarem aus: Es gibt etwas Bairisch-Bayerisches, etwas Spezielles, das es von anderen Stämmen und Landschaften unterscheidet. Und zwar stärker unterscheidet als diese Stämme untereinander verschieden sind. Nicht einmal der Begriff des »Süddeutschen« hilft da weiter; die Kluft zwischen Baiern und Alemannen kann nur der übersehen, der ganz oberflächlich hinsieht. Und auch das Österreichische hat sich längst, hat sich ganz, ganz anders entwickelt – trotz der mißverständlichen Gemeinsamkeit, die im Dialekt zu stecken scheint.

Aber was ist nun das spezifisch Bayerisch-Bairische? Was für Merkmale, was für Kriterien können wir heranziehen, damit die Klassifikation einerseits nicht zu weit, andererseits nicht zu eng wird?

Erledigen wir zunächst das Einfachere. Bayerisch ist natürlich nicht identisch mit dem Gebirglerisch-Zünftigen, dem Krachledern-Aufdraherischen, dem verwegenen Gemsenjägerblick und den Landschaften, die mit dem Munde gemalt sind (so sagte mir's einmal ein spitzzüngiger Norddeutscher). Es ist im weitesten Sinne auch nicht identisch mit dem, was man mit dem ganzen Stuß von »weißblau und heiter« umschreiben kann: mit Komödienstadl und Gebirgstrachtenerhaltungsvereinen, mit Kammerfensterln und Goaßlschnalzern. Daß Reste jungsteinzeitlicher Lebensart hier und anderswo in Europa (etwa bei den Hochland-Schotten) noch erhalten sind, mag in Grenzen sogar stimmen; und daß sie Geld auf dem tertiären Sektor einbringen, sei nicht bestritten. Aber weder das wirkliche Bayern noch das wirkliche Schottland ereignen sich in solchen Reservaten, haben sich nie in ihnen ereignet – vergessen wir es also.

Aber wie steht's mit der Gleichung *bairisch = bäurisch?* Erklärt sie nicht wesentlich mehr von der Sonderart dieses Stammes?

Seine Verachtung des Abstrakten etwa, seine Überzeugung, daß es vor allem gilt, »das Sach zusammenzuhalten«? Sein Mißtrauen gegen jedwede Ideologie (außer einer solchen, die er nicht als Ideologie erkennt)? Erklärt sie nicht die manchmal erfrischende, manchmal außerordentlich irritierende Grobheit, den Stolz auf die Oberarmmuskeln, von dem Herbert Achternbusch spricht? Das Bekenntnis zum Mist (auch Ludwig Thoma hat es abgelegt, seine Sensibilität muskelbeugend überspielend?) als der Prima-facie-Evidenz irdischer Gebundenheit, an der man halb spöttisch, halb ressentimentgeladen jeden Aufschwung der Seele mißt? »Da hast dei' Vision, du Simpl!« wurde der kleine königliche Page Baron Hans von Gumpenberg von einem älteren Semester angeschrieben, der in seinem Pult das Konzept eines Gedichts mit der Überschrift »Vision« gefunden hatte, und der es vor den Augen des unglücklichen Knaben zerriß. Ähnliches hat August Graf von Platen schon erlebt, als er in der bayrischen Armee diente ...

In der Tat, man kommt der Sache näher; aber nur um den Preis der Versimpelung. Denn erstens gibt es bäurische Seelenlagen solcher Art allenthalben in der Welt, wo es Bauern gibt oder gegeben hat – und zweitens ist bayrisch-bairische Besonderheit beileibe nicht nur auf die einst herrschende Wirtschaftsform zurückzuführen. Es kommen andere Faktoren in die Gleichung hinein. Hier sollen nur zwei genannt werden: die Abkunft – und die spezielle historische Rolle des Landes seit der Reformation.

Zur Abkunft: Daß die Völkischen ausgerechnet in München mit ihrer Agitation begannen (von der Hitler zunächst nur ein kleiner Trommler war), geschieht ihnen, den Völkischen, aber auch ihren bayerischen Förderern recht. Denn von Germanentum kann in Bayern wirklich keine Rede sein – oder doch nur in einer kläglich verdünnten Lösung. Romanisches gibt es mehr (wer die schönen Mädchen an der alten römischen Donaugrenze, zwischen Regensburg und Passau, nicht kennt, ist selber schuld ...), Slawisches, Awarisches, aus Böhmen mitgebracht, ganz alte Völkerschaften wie etwa die Narisker, die in der heutigen Oberpfalz saßen (der gelehrte oberpfälzische Arzt Ringseis hatte ein Nariskerprofil, desgleichen, in unseren Tagen, der Literaturprofessor

Walter Höllerer aus Sulzbach-Rosenberg). Aber das meiste, das allermeiste in unserem Gen-Bestand wird doch keltisch sein.

Leider sind sie etwas in Mode gekommen, die Kelten; sind »in«, wie man so sagt. Aber die Evidenz ist dennoch erdrückend: Nirgends sonst in deutschen Landen ist ihr Charakter so dominierend. Die Verhandlungen, die Julius Cäsar mit gallischen Häuptlingen führte (im *De bello Gallico* ist's nachzulesen), könnten heute in bayerischen politischen Hinterzimmern laufen. Wilde, theatralische Kraft, posierendes Mittelpunktgefühl, Lust am Phantasieren, Desinteresse an größeren Zusammenschlüssen und der entsprechende Mangel an kaltem Weitblick, Populismus, Partikularismus bis hin zur Anarchie: Das alles kennen wir schon aus den älteren Quellen, aus Gallien, Irland, Schottland ...

Kommen wir, um uns im Folgenden nicht unnötig damit zu belasten, auf ein bekanntes Beweisstück; die Popularität Ludwigs des Zweiten. Im europäischen Raum von heute gibt es dazu eine einzige Parallele, eine keltische: die womöglich noch größere Popularität des Stuartprinzen Charles Edwards, genannt Bonnie Prince Charlie, in Schottland. Es liegt auf der Hand, was die beiden Figuren vergleichbar macht: ihre katastrophale Lage in Zeit und Raum, ihre gänzlich unzweckmäßige Einstellung zur sogenannten Realität, ihre entsprechende Erfolglosigkeit – aber ebenso ihre perfekte Erfühlung dessen, was Märchensehnsucht von der Rolle eines Prinzen oder eines Königs erwartet.

[...]

Ich halte die schlichte Ablehnung des »Weltgeistes« durch unser Stammes-Ingenium, die Weigerung, die »Wirklichkeit«, das heißt das zufällig reale Resultat der Makro- oder Mikrogeschichte, als Entscheidung über seine Richtigkeit anzuerkennen, für eine der wenn auch bescheidenen, so doch positiven Besonderheiten meines Stammes. Aber ehe wir das etwas genauer untersuchen, gilt es zuvor noch den zweiten Faktor heranzuziehen, von dem ich sprach: die spezielle Geschichte Bayerns (zunächst Baierns) seit der Reformation.

Hier genügt es festzustellen, daß die Gegenreformation in deutschen Landen nirgends so siegreich war wie in Baiern, wo sie das natürliche Mißtrauen gegen jede Weltverbesserei bedeutend verstärkt hat. Reformation, das hieß ja auch, und nicht zuletzt, Verheißung; Wiederbelebung, Verstärkung des Entwurfs christlicher Lebensaufgabe auf das kommende Jerusalem hin. Dem setzte der militante Katholizismus seine Statik entgegen; sein Beharren auf dem hier und heute gegebenen »Apparat« der Heilsverwaltung. Gewiß, auch der Katholizismus, und gerade der sehr fromme Katholizismus der Baiern im 17. und 18. Jahrhundert, wußte, daß die Welt unvollkommen ist, und das Leben war schlimm genug, so schlimm wie in deutschen Landen anderswo auch. Aber – um hier einmal ganz grob zu generalisieren –: Rettung suchte man nicht im zukünftigen Heil für alle, sondern im separaten Gnadenerweis, im Mirakel. Das Land war dicht besetzt von Wallfahrten, Gnadenorten, Gelegenheiten, sich zu »verloben« (d.h. Gelübde abzulegen) in jeder Not des Leibes und der Seele. Es ist überliefert, daß sich die Leute im Wirtshaus stritten, wer für dies oder jenes zuständiger, heilkräftiger sei: die Muttergottes von Altötting oder von Tuntenhausen, der heilige Veit da oder der heilige Erasmus dort, der Leonhard von Leonhardspfunzen oder das heilige Kreuz von Tattenhausen … Noch mitten im Zweiten Weltkrieg hatte sich ein bedeutender Münchener Chirurg sowohl nach Altötting wie nach Tuntenhausen »verlobt« (beides Marienwallfahrten), um seine Klinik vor den Brandbomben zu retten. Sein Gebet wurde erhört, und der Chirurg stiftete zwei Votivbilder, eines nach Altötting und eines nach Tuntenhausen. Auf beiden aber waren die zwei Madonnen über dem brennenden Bavariaring zu erblicken: die eine in Weiß, die andere in Schwarz – ein doppeltes Netz der Sicherheit sozusagen …

Es sei festgestellt, daß dies nicht spöttisch gemeint ist: Es ist das logische Resultat einer Religiosität, die sich nicht von den uralten vor- und frühgeschichtlichen Bewußtseinsinhalten lösen kann oder will. Und natürlich war sie auch vor 1800 nicht die einzige Religiosität in Bayern. Natürlich gab es »echtere« Frömmigkeit, tiefe Mystik, gab es Todessehnsucht und – vor allem im 17. Jahrhundert – ständige Wiederholung des *Memento mori*, der Ausrichtung auf die letzten Dinge. Doch – und das führt uns wieder zum entscheidenden Unterschied! – hinter all dem stand (und steht teilweise noch heute) ein letzten Endes prähistorisches Grundgefühl von der Stetigkeit der Welt, die uns umgibt; das Grundgefühl, das sich, Welten entfernt, in einem Todesgebet der Indianer so ausdrückt: »Menschen kommen und gehen, aber die grünen Berge bleiben.« (Es gab einen bayerischen Pfarrer, der dies auf seine Weise formulierte: er war ein begeisterter Bergsteiger und erklärte schlankweg, daß er, wenn er in den Himmel komme, damit rechne, daselbst Berge vorzufinden. Ohne dieselben könne er sich eine paradiesische Ewigkeit nicht vorstellen.)

Eine der verblüffendsten Bestätigungen für diese Hypothese, die Hypothese von der letzten Endes statischen Weltfrömmigkeit, ist in Ernst Blochs schwierigem, aber spannendem Büchlein über *Die Lehren von der Materie* zu finden. Er spricht dort über die Materielehre des romantisch-katholischen, bayerischen Philosophen Franz von Baader. Alles Denken und Sein, so führt Bloch aus, hängt für Baader vom Gedachtwerden durch Gott ab; aber daß die Materie besteht, die Welt und ihre Schönheit mitten in der Gefährdung, das verdanken wir dem Mitleid Gottes. Dieses Mitleid schiebt das Gericht auf, dieses Mitleid, diese Barmherzigkeit selbst erschafft die schöne liebliche Außen- und Lichtseite der Natur. Baaders Prosa ist ungeheuer dunkel und pompös; aber der eine Satz verdient zitiert zu werden: »Es ist nur der Mensch, der dem verderbten Wesen offen ist ... die äußere Natur kann also betrachtet werden als ein furchtbarer und mächtiger Schild, durch welchen der Schöpfer dem Vater der Lüge immer den Mund verschlossen hält ...«

Hier geht es, hoffentlich, nicht nur um eine vergangene Philosophie oder Theologie. Es geht um die wunderschöne Grundidee: um die schöne Welt, die schöne Materie als einen Schutz vor dem Nichts und dem Bösen. Das ist, wenn man so will, das genaue Gegenteil dessen, was eine finstere Spiritualität durch Jahrtausende auch im Christentum angezettelt hat. Das ist, auf der Ebene der hohen Spekulation, die Sehnsucht des bayerischen Leutepriesters nach den höchst wirklichen Paradiesesbergen. Das ist die Kraft – und natürlich auch die Grenze bayerischen Welt- und Selbstgefühls.

Weltverbesserer, im positiven wie im negativen Sinn, haben es deshalb in Bayern schwerer als anderswo. (Hier liegt, meines Erachtens, der grundlegende Unterschied zu den Alemannen: Nirgends in Deutschland gibt es mehr Chiliasten, mehr Weltverbesserer als dort.)

Die Medaille hat natürlich ihre negative Seite – sie sei sofort erwähnt. Ein bäuerisches Volk, jahrhundert-, ja jahrtausendlang an die Wichtigkeit des Besitzes in einer statischen Welt gewöhnt, wird hart, ja hartherzig. Wertbewußtsein, Identitätsgefühl klammern sich an »das Sach«, an den Boden, an das Haus, an den Hausrat. Was von außen dagegen andrängt, wird grundsätzlich als Feind empfunden – ob es das Rentamt oder der Weltverbesserer ist. Wenn's dennoch zuschlägt; wenn die Dinge umstürzen oder umgestürzt werden, wird entweder ein Sündenbock gesucht – oder, was auch sehr bairisch ist, man fällt auf die Überzeugung zurück, daß der Weltlauf letzten Endes absurd, irrational ist. Nirgendwo sonst in deutschen Landen werden Unfälle, Krankheiten, Verderbnis von Mensch und Natur so breit, ja so selbstgefällig erörtert wie in Bayern, speziell in Altbaiern. Alles, so heißt's dann, ist »aufgesetzt«, das heißt vom Schicksal bestimmt, der Autounfall beweist letzten Endes die Dunkelheit der Welt, die Absurdität aller Dinge. Und wenn's ganz schlimm wird, dann wird die Verzweiflung wortlos. Der vornehme Generalbaß der Verzweiflung, der durch die namhafte österreichische Literatur geht, hat durchaus seine bairische Entsprechung. Aber unsere Geschichte hat uns nicht die Werkzeuge geliefert, die im alten Kaiserreich einen Grillparzer, einen Trakl, einen Musil – und, noch in unseren Tagen, eine Ingeborg Bachmann und einen Thomas Bernhard ermöglichten und ermöglichen. Es gibt Dutzende von bairischen Moosbruggers – aber Thoma hat keinen beschrieben, und Xaver Kroetz auch nicht. (Es gibt zwei bairische Schriftsteller, die nahe herankommen: Oskar Maria Graf und – auf seine Weise – Herbert Achternbusch.) Die bairische Verzweiflung hängt in aller Regel wortlos und ohne Abschiedsbrief des Morgens im Heuboden. (Das allerdings hat auch Thoma beschrieben).

Bedeutet dies, daß der Baier kein Revolutionär, kein Empörer sein kann? Keineswegs. Es zieht sich ein Strang von Rebellion, von Aufsässigkeit durch unsere Geschichte – aber es ist immer die Rebellion gegen ganz konkrete Zwänge. Den Zwang etwa, kein Wildbret schießen zu dürfen. Den Zwang, zuviel Steuern zahlen zu müssen. Den Zwang, zum österreichischen Militär eingezogen zu werden. Den Zwang zu Vorschriften, die man nicht versteht und nicht verstehen will. Einmal in unserer Geschichte – anno 1918 – hat sich dieser Zwang und die Rebellion dagegen zur halbwegs wirklichen Revolution verdichtet. Aber als sie dann stattfand – was sollte durch sie erreicht werden?

Dafür gibt es wieder eine wunderschöne bairische Geschichte die Oskar Maria Graf mitteilt. In den Novembertagen 1918 – die Erbitterung über den sinnlosen, mörderischen, auspowernden Krieg hatte allenthalben, auch auf dem flachen Land, den Siedepunkt erreicht – fand in München eine sozialdemokratische Versammlung statt. Es ging darum, ob die Mehrheitssozialisten, die sogenannte Basis, dem Appell der Unabhängigen, dem Appell Kurt Eisners folgen solle oder nicht. Eine Schlüsselfigur der Versammlung war ein riesiger Münchener Dreher, von allen als Respektsperson geachtet. Zornig, verbissen redete man auf ihn ein: »Was is? Was sagst? Mach ma mit oder net?« Der Dreher stand auf, atmete tief durch und sprach aus vollem Herzen: »Also dann – mach ma halt Revolution, damit a Ruah is!«

Das ist schon mehr als ein weißblaues Kuriosum, wie es die norddeutsche Publizistik liebt. Da hat einer aus ahnendem Herzen den ältesten Revolutionsbegriff überhaupt formuliert. Hannah Arendt hat darüber sehr scharfsinnig geschrieben: über die Re-Volutio, die (ursprünglich astronomische) Rück-Wälzung des Kosmos in seine richtige Lage. Über die Wiederherstellung der alten Lebensweise, der alten Freiheiten, der alten Gerechtsame. Das war der ideologische Ausgangspunkt für die deutschen Bauernkriege: In ihren Memminger Artikeln forderten sie nichts anderes, die Sprecher der Aufständischen, als die Wiederherstellung der Freiheiten, welche ihnen die steuergierige Meute der Renaissance-Kleinfürsten entreißen wollten und entrissen. Es war in erster Linie ein politischer, kein sozialer Aufstand (der Vulgärmarxismus hat da fürchterlich herumgepfuscht). Das war auch der ideologische Ausgangspunkt der amerikanischen Revolution: Aufstand gegen eine Londoner Zentralregierung, welche die Kolonisten zur Finanzierung der steigenden Gemeinschaftsaufgaben heranziehen wollte. Ja, selbst 1789 entstand die revolutionäre Situation noch durch einen »Rück-Schritt«: die Wiedereinberufung der Generalstände, der *États-Généraux*, die seit 1614 nicht mehr getagt hatten. (Die Französische Revolution allerdings überschritt diese Ausgangslage fast augenblicklich.) Nichts anderes erwartete der Dreher, der Münchener Sozialdemokrat, von der Revolution – nichts anderes als die Ruhe, die Wiederherstellung der gott- oder naturgewollten Verhältnisse.

Der »normalen« Verhältnisse also? Hier stoßen wir an eine kritische Schwelle. Was erfährt der Mensch hier und heute in unserem turbulenten Jahrhundert als normal? Selten das, was wirklich normal ist, das heißt selten das, was wirklich den natürlichen Normen entspricht. Normalität, das ist für den Bürger selten etwas anderes als die erinnerliche beste Stufe des Status quo. Aber es ist der Status quo selber, der in unserem Jahrhundert unweigerlich in die wahnwitzige Vernichtung jedweder Normalität mündet. 1918 wandte sich der kleine Münchener Tandler, aber auch der geplagte Bauer der Revolution zu, weil er sich an die guten Zeiten vor 1914 erinnerte und diese als normal empfand; aus keinem anderen Grund aber schwenkte er 1920 oder 1922 oder 1923 zu den Rechten um. (Da waren natürlich auch andere, kompliziertere Dinge am Werk, die später abzuhandeln sind.)

[...]

Das alte Land wurde von außen mit einem neuen Lebensstil, einer neuen Art der Existenz überzogen, dies führte, so oder so, zu seiner Sprachlosigkeit, zu seiner Fremdbestimmung. 1918, 1923, aber auch 1933 und 1945 bis in unsere Tage hinein hat das zur Folge, daß die verzweifelten Signale der alten Lebensart nur verzerrt als klägliche Parodien ihrer selbst sichtbar und hörbar wurden. Gewiß, der Norden hatte längst, hatte schon seit dem 18. Jahrhundert alles für sich: den Geist, das Geld, die Bildung, die Kanonen. Aber das bedeutete nicht, daß Bayern deswegen nicht das Recht gehabt hätte, seine eigenen Strukturen, seine eigenen politischen und gesellschaftlichen Entsprechungen zu seiner Eigenart zu entfalten. Sicher, Bayern machte seine eigenen Fehler; aber sie waren um keinen Deut schlimmer als die des Nordens. Es hatte nur keine Zeit mehr, sich seiner Fehler und seiner Stärken unter den Bedingungen der Moderne bewußt zu werden. Es konnte, seit 1866, nur noch reagieren. Und das tut es bis heute. Während es im täglichen Leben nach wie vor ein relativ liberales Land ist, hat es keinen Weg mehr wegzukommen – von der unfruchtbaren Fixierung auf sein Schicksal. Und selbst die Stichworte, mit der es diese Wut, verzerrt und gefährlich, ins Geschäft der Gegenwart einbringt, sind unfehlbar von außen bestimmt und geliefert.

R. W. B. McCormack
Sprache
(Ausschnitt)

Bei der Landessprache handelt es sich um eine 1200 Jahre alte Mundart, die im modernen Sprachvollzug wenig Anerkennung findet. Vielmehr gereicht die Dialektfestigkeit der Bayern den Sprechern des sogenannten Hochdeutschen und moribunder Mundarten zum Neid.

Bei Forschungsbeginn mußten wir feststellen, daß unsere Deutschkenntnisse nicht ausreichten, mit dem Bayerischen zu Rande zu kommen. Wir hatten zwar erwartet, daß die Begrüssungsbeschimpfung zu den *ritual insults* zählt, vermochten dann aber noch nur widerwillig die Wendung »du bist ein verreckter Hund« als Kompliment einzuordnen. Wir waren wohl vorbereitet auf die Homonymenflucht – *es* und *enk* statt *sie* und *ihr* –, aber nicht gefaßt auf die Flucht *ins* Homonym, wie in dem von Heimatparteiführer Ludwig Lallinger geprägten Slogan »Bayern den Bayern«.

Die Betonung weist einige gewöhnungsbedürftige Besonderheiten auf. Alkohol wird auf der letzten Silbe betont, ebenso Motor, Kaffee und Tabak. Ramersdorf spricht man wie »Rammersdorf«. Eines der auffälligsten Merkmale ist das überhelle *a* wie in »Radi« (Rettich) oder die Halbfortes als Laute mittlerer Stärke zwischen *b* und *p* wie in »*B*urzelbaum« oder zwischen *t* und *d* wie in *t*un. Die Apokope des *-e (die Sünd)* hat ihren historischen Ursprung im Kampf gegen das lutherische Endungs-*e.* Zum Ausgleich wird das postvokalische *-l* in den meisten Gegenden vokalisiert, man sagt also »Ho*iz*« statt »Ho*lz.*« Präfixe sind variabel (»*der*schlagen« statt »*er*schlagen«), der Hiatustrenner zwischen Vokalen wird instinktiv gesetzt. »Sind Sie betrunken?« fragten wir den Spediteur, der unsere Ausrüstung durch den Zoll schleuste. »Wia-*r*-a Sau«, kam es zurück.

Der bayerische Dialekt ist eine vokalreiche Mundart. »Ozapft is«, meldet der Bürgermeister beim Anstich des ersten *bierbanzens* und kündigt damit an, daß der Umtrunk seinen Anfang nehmen kann. »Bi dui«, ruft der Skirennläufer im Ziel, womit er andeuten will, daß er sich durch alle Slalomtore ohne Anecken hindurchgeschlängelt hat.

Der Vokalreichtum geht einher mit einer Konsonantenschwächung, die oft so ausgeprägt ist, daß man versucht ist, die Artikulation als ein gesprochenes Jodeln zu bezeichnen:

doo taat a da a stinga (da würdest du dich auch ärgern),
do daad da da Dadde do heiffa* (da würde dir der Großvater doch helfen),
mogarabiranodakari (wünscht der Karl auch noch ein Bier).

Der Jodler war anfangs ein Zuruf über Schluchten und Täler hinweg. »Aus dem hallenden Zuruf wird mit der Weite, in der die Konsonanten der Worte verlorengehen, der vokalreiche, am Tonspiel erkennbare Ruf.«** Auf die Frage des Fotografen, wie das Porträt aussehen solle, antwortete der Bauer: »Wiari wir, wiari« – wie ich werde, so werde ich eben.***

Das Bayerische ist ein Dialekt der gaumigen Laute und der Diphtonge. Besonders entwickelt ist die Verzweilautung im Bayerischen Wald, wo man bis zu 24 Varianten zählte. Gestürzte Diphtonge findet man im Norden des Stammesgebiets (»Br*ou*der« statt »Bruder«). Trotz der ausgeprägten Diphtongierung kommt es zu Ambivalenzen bei der Aussprache. Wenn die Feuerwehr »von Feia zu Feia« eilt, ist nicht ausgemacht, ob es um eine Serienbrandstiftung oder um Freizeitverhalten geht.

Verkleinerungsformen finden sich vor allem in den fränkischen Landesteilen (»klaas bissla«; »a weng a Kind«), aber auch im Oberbayerischen. Mit *Maxl* unterschrieb Herzog Maximilian seine

---

*Ludwig Zehetner et al., Das bairische Dialektbuch, München 1985, S. 78
** Schmidkunz/List, Das leibhaftige Liederbuch, Wolffenbüttel 1969, S. 9.
*** A. Schweiggert, Ein echter Bayer red't nicht viel, Dachau 1988, S. 78.

Briefe an den lieben *Franzl*, nämlich den Mundartdichter Franz von Kobell. Als das *Platzl* im Jahr 1890 in »Plätzchen« umbenannt werden sollte, hagelte es Proteste, weil die Münchner auf ihren eigenen Diminutiv nicht verzichten wollten.

Der bayerische Separatismus drückt sich in der Wahl des Geschlechts und des bestimmten Artikels aus. Es heißt »*der* Kartoffel«, »*der* Butter«, »*das* Teller« und »*der* Petersil«. Noch charakteristischer ist die Verwendung des unbestimmten Artikels. Das Roß frißt »*ein* Heu«, der Volksschauspieler Polt bestellt »*einen* Scampi« und der Bayerische Rundfunk sagt »*ein* Wetter« vorher. Kompliziert wird der Gebrauch, weil der unbestimmte Artikel sehr wohl auf etwas Bestimmtes hinweisen darf. In dem Satz »I hob an Kaminkehrer gseng« kann *irgendein* aber auch *der* Schornsteinfeger Demmelhuber gemeint sein.*

Mit Adverbien geht der *native speaker* verschwenderisch und diskriminierend in einem um. Nach München gehts *auffi*, nach Passau *obi*, nach Altötting *eini*. Amerika liegt *drent*, man fährt *auf* New York *ummi* und war in Kalifornien *hint*.

Orts- und Richtungsadverbien scheinen einen hohen Redundanzgrad aufzuweisen und doch verkürzen sie dem Wissenden in deiktischen Situationen die Kommunikationsdauer erheblich, auch und gerade dann, wenn es sich um eine Deixis am Phantasma handelt, also um eine Welt, in die Personen und Gegenstände nur gedanklich hineingestellt werden. Die deiktischen Elemente der Sprache dienen aber zunächst einmal dazu, sich im Gelände möglichst exakt und zeitsparend orientieren zu können. Je zerklüfteter eine Landschaft, je krummer die Bäche, je verwinkelter die Fluren, desto vielgestaltiger die Richtungsadverbien. Deren Verwendung will nur dem ungeübten Ohr willkürlich vorkommen. In Wirklichkeit gibt dieser sehr elaborierte Code genaue Raumvorstellungen wieder. Nach der Stadt Weiden geht es *auffe* (aufhin), weil das Gelände vom Sprecher aus gesehen ansteigt. Die Richtungsadverbien sind nämlich sprecherperspektivisch strukturiert. Von unten gesehen steigt man einen Berg *auffe*, von oben gesehen

---

* Zehentner, S. 113.

steigt ein anderer den Berg *auffa.** Ein komplizierterer Fall ist München. Von Oberviechtach nach München geht es *auffe*, obwohl das Gelände abfällt. Dies kann politisch bedingt sein, denn »die Landeshauptstadt genießt ein gewisses Maß an Respekt«, wie Rowley etwas zurückhaltend formuliert.**

Statt des einfachen Präteritums wählt der Bayer ausnahmslos das zusammengesetzte Perfekt oder Plusquamperfekt. Diese Vergangenheitsform sorgt für den gemächlichen Rhythmus des Bayrischen (»I hob eahm oane gschmiert ghabt.«).

Pluralbildungen sind manchmal Idiotismen. Ein *kretin* ist ein Bewohner von Straubing, die *kretinnen* sind mehrere Bewohner dieses Ortes, aber nicht notwendigerweise weibliche.

Verstärkungen wirken paradox. »Nicht viel« kann gerade das Gegenteil bedeuten wie in der Wendung »I hob mi net vui gschamt«, womit der Sprecher meint, er habe sich sehr geschämt.

Auf den Superlativ wird gelegentlich, auf den Komparativ implizit verzichtet (»Es gibt nix Bessers wia ebbs Guats!«)

Ganz ausgestorben ist in der gesprochenen Sprache der Genitiv. Aus »des Kaisers neuen Kleidern« wird »dem Kaiser sei neus Gwand«.

In fast allen Lebensbereichen kommt es zu Hypercharakterisierung und Verdoppelung. Das ist der *zwiefache* in der Ausdruckskunst, der »Liberalkonservative« in der Politik und die doppelte Verneinung in der Grammatik. Scharl schreibt in seiner *Brau-Anleitung* aus dem frühen 19. Jahrhundert: »Wann das Bier einmal sauer wird, so ist es kein gesundes Getranck nicht mehr für den Menschen.«*** Dem Bayern käme es nicht in den Sinn, eine doppelte Verneinung als verstärkte Bejahung zu verstehen. Man nehme etwa die Aussage eines der fidelen Postboten des Landes: »Des ham mia meine grünen Witwen scho gsagt, daß i koa Schlechta net bin.« Oder den energischen Protest des Landwirts

* Zehentner, S. 134f.
** A. Rowley, Hrsg., *Sprachliche Orientierung I*, Bayreuth 1980, S. 220.*
*** Benno Scharl, *Beschreibung der Braunbier-Brauerey im Königreich Baiern*, München 1814.

Filser in Ludwig Thomas Stück *Erster Klasse:* »Vo koano Garatie [sic] woaß i durchaus gar nix.«

Die doppelte Verneinung kann zur Not mit dem restringierten Code der Unterschicht in Verbindung gebracht werden. Einer unserer Informanten beschrieb die Herausbildung eines Tumors mit den Worten »Der Doktor hat nix Schöns net festgschtellt.« Die doppelte Verneinung hat freilich auch Eingang ins Amtsbayerische gefunden. Nach Naturkatastrophen wird der Stamm mit der Verlautbarung beruhigt: »Es bestand zu keiner Zeit keinerlei Gefahr.«

Es ist nur logisch, daß auch die Verdoppelung verdoppelt wird. Es kommt dann zur vierfachen Verneinung wie in dem Satz »Bei uns hot no nia koana koan Durscht ned leidn müassn.« Verdoppelt werden außerdem Artikel (»a ganz a bläde Sau«) und Zeitadverbien (»er soll schon bereits gestorben sein«). Persönliche Fürwörter läßt der Landbewohner ungern für sich alleine stehen, er paart sie pleonastisch mit Possesivpronomen (»ihm sein Bruder«). Der Adel hat sich auf diesem Sektor linguistisch akkulturiert. Auf diese Weise kam es zu einer doppelten Affirmation der Blaublütigkeit wie beim Fürstengeschlecht derer zu Oettingen-Oettingen-Wallerstein.

Die Bayern halten zäh, wenn auch oft unbewußt, an ihrer Mundart fest.

Lehrer: Was ist das für ein Tier?
Schüler: Des is a Goaß.
Lehrer: Es heißt nicht Goaß, es hoaßt Geiß.

[...]

Traditionsbewußte Bauern legen Wert auf sprachliche Genauigkeit. Der Bauer *liegt* bei der Bäuerin, aber er *flaggt* bei der Magd. Ein Fremder erhält auf die Frage »Gibt es hier eine Expressreinigung?« die Antwort »Na, bloß a Schnellreinigung.« Sprachliche Feinabstimmung gehört zur Kunst der Stammesführung. Was Gegnern als »schmutziger Trick« verübelt wird, gilt unter politischen Freunden als »verwaltungstechnischer Schachzug«. Ein gehässiger Beobachter könnte als *doublespeak* einstufen, was wir als

Sondersemiotik bezeichnen möchten und für erlernbar halten. Wir haben zum Beispiel herausgefunden, daß bei dem Zeichen »Luft- und Raumfahrtindustrie« das Bezeichnete die großen Rüstungsfabriken sind.

Ist das Verhältnis der Bayern zu *Fremdsprachen* nicht uneindeutig, so darf die Beziehung zum *Englischen* als entspannt gelten. Das Wort *gneisen* für »ahnen« kommt von *to recognize.* Beide Völker haben denselben umgangssprachlichen Ausdruck für Geld: *dough* und *doag,* also »Teig«. Beide verwenden das erweiterte Gerundivum. Das *staying in the bed long* des Engländers entspricht dem *langliegenbleiben* des Bayern. Während der Besatzung durch die Amerikaner war Englisch für kurze Zeit sogar Amtssprache. Einige dialektisch begründete Mißverständnisse konnten nicht ausbleiben.

GI: This is some soap for your face.
Fränkin: Na, na, die nehm ich net für die Feiß!«*

Bald brachte Radio München einen Kurs mit dem Titel Englisch macht Spaß, der im großen und ganzen ein Erfolg war, wenngleich ein prominenter Sportler und Teamchef das Wort »Training« heute noch wie »Treining« ausspricht und Skilehrer die Wendung »it doesn't matter« für eine Höhenangabe halten: »in tausend Meter«. Bayerische Touristen legen in den USA eine verblüffende Gewandtheit an den Tag (»I search my wife«), und der Sinn des Fremdsprachenunterrichts erschließt sich vollends, wenn man erfährt, daß die Elitestudenten des Maximilianeums in Stand gesetzt werden, die Schönheiten von Paris auf Englisch zu schildern. Englisch ist heute die Sprache des Sports und der Werbung für den Sport: »Das Qualiteam Germany fährt mit Top-Racing Laufkanten und aufgebogenen Downhill-Enden zu Tal. Der Racing Cut Special ist für Freestyle und Hotdogging geeignet. Wir haben den Compactski, den Softski, den Midiski und den Allroundski und viele von diesen sind waxfree.« Mit großer Selbstverständlichkeit wünschen sich Hörer der Erbschleichersendung

---

* W. Ulsamer, *Bewegte Tage einer kleinen Stadt vor und nach dem Einmarsch der Amerikaner,* Spalt 1987.

vom Bayerischen Rundfunk das Lied »Amaising greis«. Man könnte sogar der Auffassung sein, daß Englisch das Bayerische schon zu sehr durchdrungen hat, wenn etwa über die Lautsprecheranlage eines Supermarkts »das gute Törn-und-Taxis Bier« angepriesen wird oder wenn der Archont verbreiten läßt, er sei nicht everybody's Depp.

Die Liebe zur *lateinischen* Sprache ist nirgends so ausgeprägt wie bei diesem kleinen Bergvolk. Zum Teil geht dies auf die römische Besatzungszeit zurück (die *gred* vor dem Haus kommt vom lat. *gradus*, das heißt Stufe), zum andern auf die mönchische Vergangenheit. Die Klosterleute faßten ihre Lebensregeln gerne auf Lateinisch ab (z. B. *liquida non frangunt ieiunium* – Flüssiges bricht die Fasten nicht, man durfte also Starkbier trinken). Der Archont entwickelte sich nach seiner Ministrantenzeit zu einem geradezu fanatischen Latinisten, einem Horaz in Lederhosen sozusagen. Seine letzte Geliebte erlebte den Lateinunterricht, den er ihr erteilte, als Höhepunkt ihrer Beziehung (»Aber danach sollte ich lieber gehen.«).

Aus einem Blatt wie der *Landshuter Zeitung* spricht Gelassenheit im Umgang mit dem *Griechischen*, wenn dort berichtet wird, die Aidsseuche habe inzwischen nicht bloß Homo- sondern auch Hydrosexuelle erfaßt.

Zum *Französischen* ergibt sich von der Nasalierung her eine gewisse Affinität, während Wortschatzübungen zumindest intellektuelle Neugier verraten (»Was heißt *pourquoi?*« – »Warum.« – »Weil i s wissen möcht, Rindviech!«).

Zu einer der beliebtesten Fremdsprachen hat sich das *Spanische* entwickelt. Man versucht, diese Sprache über die Landeskunde aufzunehmen, ohne dabei die eigene kulturelle Identität abzulegen. Das *Weinhaus Rubner* am Neuöttinger Stadtplatz veranstaltete im Untersuchungszeitraum eine *Fiesta Mexikaner* mit frischen Weißwürsten und Brezen. Der Tourist versteht sich auf Mallorca gegen den Zuruf: »Buenos dias« mit dem Satz zu wehren: »Nix do! I fotografier selber.«

Das *Russische* ist unter dem Eindruck der aktuellen politischen Entwicklung ebenfalls im Kommen und gibt längst nicht mehr die

Rätsel auf wie zur Zeit der russischen Zwangsarbeiter (Bäuerin: Zum Wohl, Alter, heut hast aber wieder ein Katarrh. – Bauer: Katarrh – Unsinn – unsern Russen ruf ich.*)

Um das *Chinesische* hat sich Karl Valentin in einem vielgesungenen Couplet bemüht (»Wanni ko na kimmi«).

Der Spruch »Wer ko der ko« gemahnt an die *Schoschonensprache.* Dort steht die Nachsilbe *-kanti* für einen, der besitzt oder gebraucht.

Es gibt demnach eine Vielzahl von strukturalistischen Bezügen. Wir wollen es mit dem Hinweis sein Bewenden haben lassen, daß das verbreitete *grüß gott* sich glottochronologisch vom altirischen *Go mbeannaighe Din dhuit* herleitet und die *semmel* vom assyirischen *samidu* für Weizenmehl.

Als Wesensmerkmale des Bayerischen wollen wir festhalten den vokalreichen Wohlklang, die leichte Sprechbarkeit und den getragenen Rhythmus. Die bayerische Sprache ist eine schöne Sprache und nach Ansicht vor allem ihrer Sprecher von einer »Vollendung, die keine Steigerung mehr zuläßt.«** Der Fremde wird die Nuancen dieses Idioms wohl nie vollständig ergründen können. Zu leicht sind neutral gemeinte Begriffe mit negativen Konnotationen zu verwechseln. Der Ausruf *krüppelheim* der Münchner Trambahnschaffner an der Station Kurzstraße war in den 1950er Jahren nichts anderes als der heimische Ausdruck für Orthopädische Klinik. Der Zuruf *du Sau du* – mit stimmhaftem *s* – mischt auf subtile Weise Verachtung und Anerkennung: die halbe Verbeugung des Verlierers vor dem mit unlauteren Mitteln zum Ziel gelangten Sieger.

* *Das Bayerland,* Juli 1919.
** Michael Kollmer, *Wesenszüge des Bayerischen,* im Selbstverlag 1985, S. 123.

2

Dorfgeschichten

Emerenz Meier

Der Juhschroa

Es ist nun schon an die zehn Jahre her, daß das lustigste Weib, das je auf dieser traurig-lustigen Welt gelebt, seinen letzten Jauchzer ausgestoßen hat. Ich war damals elf Jahre alt und hatte meine Freude an jenem schrillen, markerschütternden Schrei, dessen Ausklang die Knochenfaust des Todes in der röchelnden Kehle erstickte.

»Juhuhu!« tönte es von dem elenden Lager, auf das die noch elendere Gestalt der achtzigjährigen Frau gebettet war, und wir Kinder, die wir ahnungslos fröhlich wie an sonstigen Tagen im Kreis herum standen, stimmten laut lachend mit ein.

»Juhuhu« – das war der letzte Seufzer des Hanserl Enzls.

Als es lange, ungewöhnlich lange still blieb, als auf unsere neckenden Bemerkungen, auf die Aufforderung zu neuem Jauchzen keine Antwort kam, trat ich ganz an das Kopfende des Bettes und beugte mich über unsere Freundin, vorsichtig, scheu, denn ich fürchtete den raschen Griff ihrer Finger, mit denen sie mich, so oft sie mich erhaschen konnte, derb an den Haaren zauste.

»Enzl, was ist's?« flüsterte ich, fuhr aber im nächsten Moment schreiend zurück, denn ich hatte in ein Paar grauer, stierer, verglaster Augen geblickt, in ein gelbblasses Gesicht mit weit offenem Mund, aus dem kein Hauch mehr drang. Mein Geschrei scheuchte die Spielgenossen aus dem halbdunklen Dachraum hinab über die Stiege, ich lief hinterdrein.

»Das Hanserl Enzl ist tot!« schallte es durch das Dorf.

»Das Enzl? Na, gottlob! Es ist gut für sie; Gott mag sie trösten.«

Am Abend gingen wir, zwei meiner Freundinnen und ich, mit den Erwachsenen zur Totenwache, die Furcht vor der Verstorbenen den Vergnügungen zuliebe überwindend, die uns bei dieser Gelegenheit winkten. War es doch nur eine Quartiererin, eine in der Gemeinde Umziehende, der gewacht wurde, und da hatten wir das Stillsitzen, das Trauergesichtschneiden und das Lachenverbeißen nicht zu fürchten. Da schmeckte uns das würzige Schwarzbrot besser als zu Hause, da verschmähten wir selbst ein Schlückchen Schnaps nicht, den die Bäuerin,der das Enzl als tote Last geblieben war, herumreichte. Die Hauptsache aber war, daß sich in der vollgedrängten, glühheißen Stube ein Männlein befand, ganz hinter dem Ofen versteckt, dessen unscheinbare äußere Hülle einen köstlichen Schatz barg, um den wir Kinder es bei jeder Gelegenheit plagten, nämlich Märchen – wunderbare, abenteuerliche Geschichten und Märchen. Sie entstanden während des Erzählens hinter seiner niedrigen, von grauem, struppigem Haar umrahmten Stirn und alles horchte atemlos, sobald er nur den Mund öffnete. Flori hieß der kleine Graue, war »Fütterer« auf dem Hof, sonst auch Holzschuhmacher, Bitzler*, überhaupt ein ganz niedriger und trotzdem unentbehrlicher Ehehalte.

Als die Totenschau beendet war, bei der jedermann mit dem Strohwedel Weihwasser auszuspritzen und ein Vaterunser zu beten hatte, als die Leute mit Brot und Branntwein versorgt waren, kam Flori aus der Höhle** hervor, ließ sich gravitätisch am Tisch nieder und erzählte, – erzählte von dem Hanserl Enzl. Ich wunderte mich, wie die Leute bei dieser für mich bedeutungslosen Schwätzerei so still sitzen konnten, wunderte mich, daß man nicht schrie:

»Aber das Hanserl Enzl! Wir kennen es ja unser Lebtag! Erzähl uns lieber eine schöne Geschichte und laß die Quartiererin ruhen oben unterm Dach auf ihrem Strohbett.«

Wohl horchte ich auch zu, aber ich ärgerte mich dabei und zürnte der Verstorbenen, zürnte ihr noch mehr, als es endlich zwölf Uhr schlug und wir uns zum Rosenkranzgebet knien mußten. Daß ich niemals wußte, ob jetzt das zweite oder vierte Geheimnis kam, ist gewiß, und daß mein Gebet des Enzls Seelenheil wenig gefördert hat, ebenso. Aber meine Gedanken beschäftigten sich mit ihm, mit dem hohen, hageren, immer lustigen Weib, wie es daheim in unserer Gaststube oft herumgesprungen war, zum

---

*bitzeln = schnitzeln, Holzgeräte verfertigen und ausbessern
** Höhle = Raum hinter dem Ofen

Ergötzen der Gäste. Wie es, als Mann verkleidet, bei der Kammerwagenfahrt des Marinibauern das Mautseil über die Straße gespannt, die Sprüche hergesagt, die Gaben des Bräutigams in Empfang genommen, wie es Schnadahüpfl gesungen und getanzt, wie es sich endlich einen solch kolossalen Nebel angeduselt hatte, daß wir es zu Bett führen mußten. Dieses Enzl hatte mir gefallen; auch dann noch, als es schon lange hinter unserem Dach lag, als es nur selten mehr herauskriechen konnte an die warme, helle Sonne, deren Kind sie einst gewesen, wenn man leichtlebige, nur zu Lust und Freud und Jubel geschaffen scheinende Menschen anders Sonnenkinder heißen darf.

Treppauf, treppab ging es den ganzen Tag, denn wir Geschwister hatten unsere Freude an ihrer tollen Art, die sich auch im Elend noch durch Singen, Jauchzen und Schreien äußerte. Die Mutter war stets besorgt um sie und kochte ihr »extra«, eine Bevorzugung, die Quartierern selten zuteil wird. Mich schien sie zu ihrem Liebling erkoren zu haben, wohl weniger deshalb, weil ich ihre Namenskollegin, als weil ich ihr immer zu Willen war. Denn wenn sie mit ihrer rauhen, männlichen Stimme bat:

»Enzei, um Gotts-Himmelswilln, gib mir a Seidl Bier« oder: »Enzei, nur grad an oanzige Wurst!« so lief ich heimlich in Keller und Speisekammer, um ihr das Verlangte zu bringen.

»Bist brav, Dirnei, gar so brav. Wird dir so oamal guat gehn«, sagte sie dann und zauste meine Haare.

Doch sie mußte von Haus zu Haus, die Quartiererin, und selbst vor den elendsten Hütten blieb sie nicht verschont. So lag sie Monate hindurch in einem Flachshaus oberhalb des Dorfes, wohin man ihr die Speisen brachte. Auch dort vergaß ich sie nicht, und oft kletterte ich den steilen, mit Fichten und Föhren bewachsenen Felsen empor, auf dem das Flachshaus thronte. Als es im Herbst für den Flachs geräumt werden mußte, wurde Enzl wieder in das Dorf transportiert und dem letzten Bauern verblieb es. Nun hatte sie noch ein einziges Haus vor sich, das zwar eng und dunkel war, ihr aber doch endlich die bleibende Ruhestatt und dauerndes Quartier gewährte.

Keine Träne floß, als der lange, mächtige Sarg in die Grube

fuhr, aber erleichtert atmete man auf. Auch ich stand trockenen Auges da, denn wie erfaßt es je ein Kinderherz, was das Knarren der Seile, das Dröhnen der nachkollernden Erdschollen bedeutet, was mit so einem Sarg alles hinabsinkt in das Dunkel des Vergessens, der Ewigkeit. Welch ein Stück Schicksal, das mit rastlos tollem Spiel sein Opfer endlich hinabgegaukelt zur Ruhe!

Den Todesschrei des Hanserl Enzls vergaß ich aber nie. Er hatte seine Bedeutung für mich erst erlangt, als ich in das erstarrte Gesicht geblickt, und immer hallte er mir dann in den Ohren. Viele Jahre später sprach ich mit der Mutter noch von ihr.

Inmitten des Dorfes Richardsreut stand neben dem ansehnlichen Hof des Rabenbauern, meines Großvaters, der des Hanserlbauern. Dieser war ein stolzer und eigensinniger Mann, der mit dem Nachbarn stets in Unfrieden und Feindschaft lebte, einzig aus dem Grunde, weil er es dem Rabenbauer nicht vergeben konnte, daß er seit Jahren schon die Würde des Obmanns* bekleidete, während er selbst nur Mitglied des Gemeindeausschusses war. Sein Weib, das lammfromme und geduldige Mirl**, hatte unter seinem rauhen, durch Neid und Hoffart verbitterten Wesen viel zu leiden und die Leute beglückwünschten es, als es endlich mit Hinterlassung zweier erwachsener Töchter zur ewigen Ruhe einging.

Der Hanserlbauer vergoß deswegen keine Träne.

Als sie, die ihm eben noch zum Abschied die Hand gereicht hatte, sterbend zurückgesunken war, zog er die Tabakflasche aus dem Gamsen***, schnupfte gemächlich und schickte dann den Knecht fort mit der Weisung, die ganze Dorfschaft, ausschließlich der Rabenbauerschen Familie, auf die Nacht zur Totenwache einzuladen. Dann befahl er der ältesten Tochter Enzl, die mit finsterem Gesicht neben der Leiche der Mutter stand, die Stube zu fegen, alles auf das Prächtigste herzurichten und beim Wirt im Nachbardorf ein Faß Bier zu bestellen, damit sich die Hanserls vor den Leuten nicht zu schämen brauchten. Enzl, des Vaters

* Bürgermeister
** Marie
*** Brusttasche

Liebling, tat denn auch nach seinen Worten und schalt auf Leni, die schluchzend und jammernd am Hals der toten Mutter hing und sich um nichts kümmerte als um ihren Schmerz.

»Bist du so dumm«, sagte sie, grollend den Besen schwingend, »woanst und plärrst und d'Muatta wird doch nimmer lebendig. Trag liaba die schönen Bleamibuschn vom Bodn aba* und die fein Lalocha**, daß's sauber is, wenn d' Leut kommen. – Schau, es tuat mir ja auch weh einwendig, so weh, daß i moan, ich muß mir d' Finger abbeißn, aber plärrn tua i net.«

»O Enzl, du woaßt net, wia mir is! I möcht sterbn, Enzl, möcht mit der Muatta ins Grab.« Und Leni umfaßte aufs neue das kalte, friedliche Antlitz der Toten und netzte es mit ihren Tränen.

»Dummheit, Lenei! Wer wird sich denn den Tod wünschen! Wir sind noch so jung – i bin zwanzg Jahr alt und du achtzehne – und schon sterbn! O na, na!«

Mit diesem energischen Protest warf sie den Besen weg, schlang das schwarze, mit bunten Seidenblumen durchwirkte Tuch zierlicher um den Kopf und lief fort ins Dorf, um dort das Bier für die Totenwache zu bestellen.

Als sie durch den Hohlweg schritt und an den grünen Felswänden emporsah, die blühende Schlehen- und Elexensträuche zierten, in deren jungem Blättergebüsch die Vögel zwitscherten, da jauchzte sie plötzlich, alles vergessend auf und sang:

»Zwanzig Jahr bin i alt,
Geh alle Tag in Wald;
Geh wohl hinauf die Höh,
Such mir an Vierblattklee;
Geh wohl hinauf die Höh,
Such mir an Klee.

Mei Muatta hat allmal gsagt:
Wer a treus Herzerl hat,
Der hat's Glück allezeit –«

---

* herunter
** Leinentücher

Hier brach ihre rauhe, unschöne Stimme jäh ab, denn das Wort »Muatta« hatte ihr den Verlust, den sie heute erlitten, ins Gedächtnis zurückgeführt.

Mirl, deren frommes, sanftes Wesen früher auf den unweiblichen, heftigen Charakter der ältesten Tochter fruchtbringend gewirkt hatte, lag seit fünf Jahren im Grabe und war von allen, Leni ausgenommen, vergessen. Der Hanserlbauer war noch unausstehlicher, Enzl noch herber und lustiger geworden. Sie war ein hübsches Mädchen, das konnte niemand bestreiten, aber ihr männlich keckes Benehmen wirkte fast abstoßend.

Wo irgend ein toller Streich verübt ward, nannte man ihren Namen zuerst, und wenn es zwischen den Burschen zu Schlägereien kam, war sicher Enzl schuld.

Sie hatte das seidene Kopftuch hinten auf dem Haarnest sitzen, das Merkmal einer flotten Dirn, sie sang in den Wirtshäusern mit den Männern trotz ihrer unschönen Stimme um die Wette, sie führte überall, wo sie hinkam, das große Wort, doch galt sie dennoch als ein ordentliches Weibsbild. Mehrere Freier kamen, hauptsächlich von ihrem Vermögen angezogen, doch sie wurden heimgeschickt. Daß es aber daraufhin gebrochene Herzen gegeben hätte, wagte niemand zu behaupten.

Da starb plötzlich der Hanserlbauer, ohne Obmann geworden zu sein. Enzl war dreißig Jahre alt und man erzählt, daß sie, als sie von dem Begräbnis heimkehrte, vierblättrigen Klee gesucht und gefunden habe:

»Mei Muatta hat allmal gsagt:
Wer a treus Herzerl hat,
Der hat's Glück allezeit –«

Nun war sie Herrin über Haus und Hof und Leni ging ungeheißen in den Austrag.

Das stille, sanfte, träumerische Mädchen konnte neben der wilden Schwester nicht leben. Es half wohl allezeit arbeiten in Haus und Feld, tanzte mit beim Ernte-, Rüben- und Brechtanz, doch mehr als alles liebte es die Zurückgezogenheit.

Da die Feindschaft der Nachbarn mit dem Tod des Hanserl ein Ende genommen hatte, entspann sich bald ein reger Verkehr zwischen hüben und drüben. Leni saß zur Winterzeit stundenlang in des Rabenbauern Stube, spielte mit den jüngeren Mädchen, lehrte sie spinnen, stricken und häkeln. Und Enzl stürmte zwanzigmal im Tage herein, Neuigkeiten bringend, Spiele veranstaltend und so weiter. Mirl, des Raben Älteste, war ihre beste Freundin, Enzi, die Jüngste, ihr »krausköpfiges Schatzerl«, Peter ihr guter Kamerad und Hans, der bildschöne, braunlockige, blauäugige, hünengroße Mann, ihr – – – was, das sprach weder sie, noch ein anderer Mensch aus. Fragte indessen jemand danach, so machte sie ein grimmiges Gesicht, Hans aber schüttelte unwillig die braunen Locken und lachte laut auf.

Diese schönen Locken! Ich habe sie noch, zierlich in Kränze geflochten, zwischen Glas und Rahmen, und weh wird mir um das Herz, wenn ich sie betrachte.

»Solch eine Schönheit von einem Mann mußte so früh ins Grab«, sagen die alten Leute jetzt noch und das Auge wird ihnen naß.

Die gemütliche Räbin, meine Großmutter, mochte Enzl wohl leiden um ihrer Lustigkeit willen, mehr noch aber Leni, die mit Mirl, Nanni und Enzi so sinnig plauderte, die mit Peter so kindlich froh scherzte und die den Hans so sehr lieb hatte. Leni half ihr ja auch die Krapfen, die Strauben und Kränze backen zum Dengelboß*, Leni teilte Leid und Freud mit ihr, Leni ließ sich sogar herbei, für den Raben den Tabak zu reiben und für Hans dazu. Wie dann ihre schüchternen, grauen Augen glänzten, wenn dieser mit Kennermiene eine Prise nahm und lebhaft Beifall nickte. Er sprach nicht viel, deshalb hatten seine Worte doppelten Wert.

»Wenn mir's Lenei den Tabak reibt, gfreut mi's Lebn noch mal so stark.«

Und damit er sich seines schönen Lebens recht freuen konnte, rieb sie ihm den Schmalzler allwöchentlich frisch.

Der Rabenbauer begann alt zu werden und oft sprach er davon,

* Ausdrusch des letzten Getreides

wie froh er wäre, wenn der Sohn den Hof nähme und heiratete. Hans war ein guter, schaffensfroher Mann, der gerne dabei war, wo es fröhlich herging, der aber vom Heiraten nichts wissen wollte, zumal wenn er Enzl betrachtete, deren große, graue Augen ihn so eigen anblickten. Und sie war doch so ruhig und demütig in seiner Nähe, denn sie liebte ihn ja, wie nur ein Weib ihrer Art lieben kann – toll, wahnsinnig.

Leni hörte geduldig zu, wenn die Schwester ihr gegenüber diesen Gefühlen Luft machte und wenn sie mit dem Schwur: »Mein muß er wern und gälts mei Seligkeit!« davonraste, dann schlug das arme Mädchen die Hände vor das Gesicht und weinte laut auf. Kam Enzi, der kleine Krauskopf, dazu und fragte mitleidig, warum die Hanserlleni weine, so ward ihr die Antwort:

»O Enzei, vielleicht erfahrst du's selber no oamal an dir!«

Wieder war ein Jahr dahingegangen und im Rabenbauerhaus bereitete man sich auf eine Hochzeit vor, auf des Hansen Hochzeit. Schreiner, Schneider und Maurer waren da und jeder kehrte in seinem Fach das Unterste zu oberst. Die Töchter nähten schon an den schönen Kleidern, die sie an dem großen Tage tragen sollten, die Mutter wirtschaftete aufgeregt umher, der Alte flüchtete in den verborgensten Winkel, um niemandem im Wege zu stehen und der Bräutigam eilte in das Wirtshaus des Nachbardorfes, um ruhig hinter dem Kruge sitzen bleiben zu können.

Die Braut war eine Frauenwäldlerin, eine hübsche Dirn, die freilich mehr schwarze Löckchen um die Stirn und perlweiße Zähne im Munde hatte, als Taler im Säckel. Sie hatte es dem bisherigen Hagestolz eines schönen Sonntags angetan, so daß es ihn oft und oft hinaufzog in den düsteren Frauenwald zu dem einsamen Häuschen, in dem die schwarze Franzi wohnte. Da hatte kein Warnen und Überreden, kein Bitten und Drohen von Seiten der Eltern und Geschwister mehr geholfen; er wollte einmal keine andere als die Franzi, die gar nicht so leichtsinnig war, als ihr nachgesagt wurde, und er setzte seinen Willen durch.

Im ganzen Dorf sprach man von dem bevorstehenden Ereignis und freute sich darauf, nur im Hanserlhaus wurde jedes Wort darüber sorglich vermieden. Man wußte ja, wie Enzl darüber dachte und was sie fühlte – doch nein, man wußte es dennoch nicht. Sie lachte und schrie ja den ganzen Tag wie toll, sie sang und jubelte, wie noch nie. Sie fuhr stündlich zweimal wie ein lustiges Gewitter in des Raben Stube hinein, scherzte mit den Mädchen, warf ihnen Näh- und Kleiderzeug durcheinander, sie balgte sich mit dem übermütigen Schreiner, dem sie die frische Politur des Nußbaumkastens verdorben hatte, sie lief dann wieder in das Austragshaus zu Leni, die seit acht Tagen krank im Bett lag und quälte sie so lange, bis sie weinte: erst dann gab sich die Wilde für kurze Zeit zufrieden.

Leni war krank, kränker als man glauben wollte, trotz der dunklen Röte ihrer Wangen, des hellen Glanzes ihrer Augen.

Als eines Abends sechs böhmische Musikanten durch das Dorf wanderten, auf das Rabenbauernhaus zu, wo heute der Vortanz* abgehalten werden sollte, als dann bald die lustigen Weisen des Dudelsackes in ihr dunkles Stübchen herüberklangen, da richtete sie sich im Bett auf und sagte wiederholt:

»Enzl, laß mir den Pfarrer kommen, mir is net guat.«

Enzl versprach es, schlang ihr Tuch um den Kopf, band die Sonntagsschürze vor und ging, den Knecht zu holen, der drüben tanzte. Vor den Fenstern des Nachbarhauses, die hell erleuchtet waren und einen Blick in das frohbelebte Innere gewährten, blieb sie wie gebannt stehen. Sie sah Mirl, Nanni und andere Mädchen mit den Dorfburschen tanzen, sah die Alten in fröhlicher Unterhaltung am Eichentisch sitzen, sah Hans mit lachendem Gesicht an der Türe stehen.

Jetzt öffnete er diese und entschwand so ihrem Blick.

Doch sie mußte ja hinein zum Knecht.

Wie ein nächtlicher Unhold huschte sie um die Ecke der Holzwand und durch das Hoftor, prallte aber plötzlich zurück.

»He, bist du's, Enzl?«

»Ja, i!«

»Warum kimmst denn net zum Vortanz?«

---

* Polterabend

»Zum Vortanz? I, – zu deim Vortanz? Ha, ha, ha, Hans, du bist net gscheit. – Aber halt, i kimm, – ja, wennst du mit mir tanzt, Hans, wennst mit mir tanzt. – So geh, der Pfarrer kann morgn auch kommen, es is no früah gnuag, denn's Lenei stirbt ja net so gleich!«

»Der Pfarrer? – 's Lenei? – Was?«

»Ah geh, die dumm Gschicht! Geh, Hans!«

Sie riß ihn gewaltsam mit sich hinein in die Stube.

»An Landler, Böhm, an Landler aufgspielt für mich und den Hansen!« schrie sie dort.

Sie tanzten ein – zweimal herum, dann blieb Hans stehen und zwang sie in eine Ecke.

»Was ist's mit dem Pfarrer und dem Lenei?« fragte er mit halb scheuem, halb verächtlichem Blick.

»Krank is sie, aber zum Sterbn net. Sie wird schon wieder.«

»So? Wird's? Nachher tanz nur zu, dort hast ein Tänzer.«

Mit diesen Worten kehrte er ihr den Rücken und ging hinaus.

In Lenens Kammer herrschte Stille und tiefes Dunkel. Die Kranke saß im Bett, den Kopf müde an die hölzerne Wand gelehnt, und sah hinaus in die freundliche Nacht, deren zahllose, flimmernde Augen ihre Blicke durch das Fenster erwiderten. Sie harrte auf die Schwester, auf den Pfarrer, doch niemand kam.

Sie wollte weinen, weil man sie so ganz allein ließ, weil sich kein Mensch um sie kümmerte, aber sie konnte es nicht und ihre magere, fieberheiße Rechte legte sich zitternd an jene Stelle, wo es so schmerzlich weh tat, wo es so ängstlich pochte.

Endlich, horch – ein Gepolter im Flur, ein Tappen her an der Mauer.

»Enzl, geh, mir is so bang, i fürcht mi alloa!« rief sie, den Kopf nach der sich öffnenden Tür wendend, und:

»Lenei, arms Lenei, bist leicht krank?« tönte es leise zurück.

»Mei Herrgott – Hans, bist du es?«

»Ja, i bin's. Warum aber lassen sie dich denn alloa, wennst krank bist?« frug er grollend.

»O mei Hans, – i hab halt neamd – 's Enzl –«

Sie konnte nicht mehr weiter sprechen und sank schluchzend in die Kissen zurück.

Hans suchte ihre beiden Hände und drückte sie warm.

»Sei stad*, Lenei, woan net, es wird ja wieder anders. Wennst du oamal wieder gsund bist und wenn d'Hochzeit vorbei is, nachher muaßt alleTag zu uns kommen, muaßt mir 'n Tabak wieder reibn. Wir alle habn di dann so gern und tuan dir, was wir nur vom Augn absehn. 's Enzl kann treibn, was sie will, sie is net wert, daß 's dei Schwester hoaßt.«

»Ja, habt's mi denn bisher gern ghabt, Hans?«

»Und wia! Schau, mir geht allweil was ab, wenn i di net sieg und wennst net bald wieder kimmst zum Tabakreibn, lauf i no aus und davon.«

»Wirkli? – Ja, i kimm scho wieder, des hoaßt, wenn i no oamal gsund werd. Und heut soll mir der Pfarrer kommen, i hab's dem Enzl gsagt –«

»Morgn, Lenei, morgn! Oder fehlt's dir wirkli so weit? – Nachher geh i liaba selbn.«

Leni dachte nach, ob sie bis morgen noch warten könne. Vor einer halben Stunde hätte sie »nein« gesagt, jetzt aber, da der unerklärliche Schmerz im Herzen plötzlich wie weggeflogen war, da sich ihr Kopf so frei fühlte, wie seit langer Zeit nicht mehr, zog sie instinktiv dankbar seine Hand an die Lippen und sagte: »Ja.«

Als er sich nach einer Viertelstunde wieder entfernte, faßte sie es nicht, wie sie vorher so verzagt hatte sein können.

Am folgenden Morgen kam der Pfarrer. Gerade unterhalb des Dorfes begegnete er dem Hochzeitszug, dem sechs Musikanten vorausmarschierten, und ehrerbietig kniete alles nieder vor dem Sakrament, das er zu der kranken Leni bringen sollte.

Drei Tage darauf schlummerte diese still und sanft in die Ewigkeit hinüber und ihr Leib wurde neben die längst vorausgegangenen Eltern gebettet.

»Ein Engel ist gestorben«, sagten die Leute, »ein Engel, der zu gut war, an der Seite eines Enzls weiter zu leben und zu dulden.«

---

* still

Und Enzl blieb, was sie immer gewesen, ein weiblicher Unhold, dessen einzige, sanftere Seite bei dem Jubel jener Hochzeit entzweigesprungen war. Nicht ganz vielleicht, denn als sie ein paar Jahre später am Grabe des Rabenhans stand, den eine heftige Krankheit jäh dahingerafft hatte, da brach sie in Tränen aus und ihr wildes Schluchzen übertönte den Jammer der Witwe, der Eltern und der Geschwister. Ein dürres, vierblättriges Kleeblatt nahm sie aus ihrem Gebetbuch, warf es in die Grube und wankte aus dem Kirchhof.

Nimm ein Holzstück und wirf es mit aller Kraft in das Wasser, es taucht unter, schwimmt aber sogleich wieder auf der Oberfläche dahin: so war es mit Enzl.

Sie tauchte schnell wieder empor aus der Flut des Schmerzes, doch ohne gewaschen, geläutert worden zu sein; sie schwamm dahin mit immerwährendem Jubel und Jauchzen, dem Strudel zu, der sie hinunterwirbelte.

Nach zwanzig Jahren war ihr Hof verkauft, ihr Vermögen dahin, zum Teil in den Händen falscher Freunde verschwunden: das einst so reiche, stolze Hanslerenzl war nun eine Quartiererin.

Zehn Jahre noch zog sie jauchzend von Dorf zu Dorf, von Haus zu Haus, das verkörperte, lustige Elend.

Und wie ich sie im Geiste jetzt liegen sehe auf hartem, schmutzigem Bett, die lange Gestalt mit dem großknochigen, gelben Gesicht, unheimlich umrahmt von einem schwarzen Tuch, da höre ich wieder den schrillen, langgezogenen Ton, der ihr Todesschrei war: »Juhuhu!«

Oskar Maria Graf

Anton Sittinger

(Romanausschnitt)

Dann kam also dieser ersehnte Sommer und sah jeden Tag so aus: Das Frühläuten der zinnernen Kirchenglocken des Dörfleins war schon eine gute Weile verklungen. Längst waren die ersten Hahnenschreie verstummt. In den taunassen Baumkronen der Obstgärten, in den Büschen und Hecken schüttelten die erwachten Vögel ihr gelindes Frösteln aus dem Gefieder und begannen erst schüchtern, von Mal zu Mal aber belebter, ihr heiteres Morgenkonzert. In Aubichl wurde es lauter. In den Ställen rumorte das fressende Vieh. Die Kühe brüllten mitunter kurz und stumpf auf, die gierigen Säue grunzten plärrend ineinander, und das verschwommene Reden der Mägde wurde vernehmbar. Aus der dampfenden Stalltüre schob ein Knecht den quietschenden, hochbeladenen Düngerkarren auf den hohen Misthaufen und kippte ihn um. Ein anderer wieder zog die angeschirrten Pferde oder einen einschichtigen Ochsen aus dem Stall, spannte sie vor den leeren Wagen und fuhr um das Kuhgras. Mit gespreizten Beinen stand er auf dem knarrenden, scheppernden Wagen und schnalzte krachend. Der Krämer schloß seinen Laden auf. Das bimmelnde Glöcklein an seiner Türe zirpte, die Fensterläden der niederen Nachbarhäuser öffneten sich, hinter den Scheiben blinkte das gelbe Licht, am Herd stand die Bäuerin und schüttete den gemahlenen Malzkaffee ins brodelnde Wasser.

Draußen auf den saftigen Feldern und Wiesenhängen, die das Dorf umsäumten, schwangen die Mäher unermüdlich ihre Sensen, da und dort kroch auch eine metallisch knatternde Mähmaschine reihauf und reihab, die Rosse davor prusteten und wieherten leicht, wenn der Bauer auf dem federnden Block sie von neuem antrieb.

Und über allem, hoch im bleichen, aufblauenden Himmel, trillerten die frühen Lerchen jubelnd in die würzige, frische Morgenluft. Ein schmaler, langer, roter Streifen lag über dem Waldrücken von Bibloch, und endlich stieg daraus die riesige Sonne. Weithin verbreitete sie ihr strahlendes Licht und schob sich ummerklich-schnell empor ins wolkenlose Gewölbe des Horizonts. Sie spiegelte sich in den tausend und aber tausend Tautropfen der feuchten Wiesen, daß es aussah, als breite sich rundum ein glitzernder, flimmernder Teppich aus. Ein unvergleichliches Gemälde!

Doch die Herrlichkeit einer solchen Idylle ist jedem gegönnt, der damit etwas anzufangen weiß! Alles in Ehren, und alles zu seiner Zeit! Sonne hin, Sonne her!

Wo mußte ihr lästig stechendes Licht zu so früher Stunde jeden und jeden Tag ausgerechnet hinfallen? Immer gleicherweise unerwünscht hinfallen?

Auf das weißgestrichene Gesims des offenen Schlafzimmerfensters vom Postinspektor Sittinger.

Es war unbeschreiblich, wie listig, wie boshaft, wie widerwärtig und aufdringlich diese vielgerühmte Sonne sein konnte. Die Fensterläden zu schließen, um sich vor ihrem täglichen Überfall zu schützen, war unmöglich. Die Nächte kühlten kaum noch ab, und der Raum war klein und heiß. Sittinger wäre in Schweiß zergangen und vor Luftmangel erstickt. Malwine hätte jeden Morgen Migräne gehabt – und außerdem: sinnigerweise war in jedem Fensterladenflügel ein herzförmiges Luftloch. Durch dieses Ziel schoß die aufgehende Sonne gleichsam und zog stets zwei dicke, grelleuchtende Staubsäulen durch die dunkle Zimmerluft. Säulen, die aussahen wie die übriggebliebenen, glühenden, eisernen Tragbalken des Plafonds nach einem – vielleicht möglichen – Brand.

[…]

Ein Gutes schien aber der Sommer doch zu haben. Sittinger machte manchmal lange einsame Spaziergänge. Er liebte die Bewegung gewiß nicht. Doch wenn er ganz für sich die umliegenden kühlen Wälder durchstreifte, konnte er wenigstens ungehindert seinen Gedanken nachhängen.

Er ging meistens ohne Ziel dahin und blieb oft stehen. Tief atmete er, und eine fast träumerische Stimmung erfüllte ihn nach und nach. Wie weggeweht waren alle Miseren und Grämlichkeiten. Das sanfte, satte Grün tat den Augen wohl. Die summende Stille war Labsal für die Ohren. Langsam und sacht verrauchte der Sinn für das jämmerlich Wirkliche…

Der Stehenbleibende sah hoch in die dunklen Baumkronen. Einige Strichelchen Himmel entdeckten seine Augen. Seine Brust wurde weit. Wie herausgehoben aus der feindlichen Welt kam er sich vor. Einfach, friedlich und groß umschloß ihn die Natur. Er erinnerte sich an die schönsten, glücklichsten Augenblicke seines Lebens und setzte sich auf einen Baumstumpf. Unwillkürlich redete er sonderbar getragene Worte in die Stille hinein.

Ein Reh stelzte übers Moos.

Er lächelte zufrieden. Ein Eichhörnchen lief daher, schoß hinter einen Baum und schaute ihn mit gespannten Augen an.

»Viecherl! Süßes Viecherl!« versuchte er freundlich zu locken und freute sich über die munteren Kapriolen des fliehenden Tierchens.

Wie durch dicke Schleierwände drang manchmal ein verschwommener Laut ferner Feldarbeiter oder ein Glockenschlag der Pfarrkirche von Bibloch.

Er war ausgesöhnt mit sich und der ganzen Welt.

»Nur die Natur…«, murmelte er und – brach ab. Plötzlich spürte er ein Jucken in den Waden und auf den Oberschenkeln. Er schabte, und es biß ärger. Es kroch aufwärts ins Gesäß und zum Bauch. Er schnellte in die Höhe und sah sich von Ameisen überlaufen, schüttelte sich und schlug mit den Handflächen auf Hosen und Jacke. Strampelnd fing er zu fluchen an: »Verdammte Scheiße! Himmelherrgott!… Hm, da ist also dieser sogenannte liebe Gott, der alles richtig einteilt… Ich danke schön! Das ist das Boshafteste, Hinterhältigste, was es gibt! Sogar das Ausrasten vergällt er einem!«

Dennoch, diese Spaziergänge waren ihm das liebste und brachten ihn wie von selber auf die Idee, sich ein Notizbuch zu kaufen und ab und zu seine Gedanken aufzuschreiben. Anfangs tat er das in aller Heimlichkeit. Ein Mensch jedoch mag sich noch so sehr in sich verkapseln, völlig allein sein kann er doch nicht. Immer wenn der Inspektor eine besonders prägnante Tiefsinnigkeit notiert hatte, überkam ihn der Wunsch, sie einem Menschen mitzuteilen. Rätselhaft – der mürrische Mann begann auf einmal seiner Frau einiges vorzulesen, und diese spielerische Unterhaltung, wobei nur *er* redete, gefiel ihm ungemein. Er konnte dabei sogar manchmal heiter werden.

»Sag selber, hab ich das nicht gut ausgedrückt? Stimmt das vielleicht nicht? Ist das nicht durch und durch wahr?« fragte er Malwine, und diese, stolz und selig über seine wohltuende Veränderung, nickte: »Ja, sehr gut, ausgezeichnet, Anton.« Sie verstand zwar das meiste nicht, aber sie vertraute auf seine Weisheit. Nun war er wieder ihr geliebter, umschwärmter Anton aus der glücklichsten Zeit ihrer Ehe.

»Ich glaub fast, du könntest dichten«, meinte sie einmal naiv begeistert und errötete dabei wie ein schüchtern verliebtes Mädchen. Er furchte die Stirn. »Ach was, dichten? Das ist lauter zweckloser Unsinn! Zum Dichten gehört nur ein großes Quantum niedriger Lügenhaftigkeit, weiter nichts. Das heißt dann Phantasie… Früher waren solche Konsorten Hofnarren und bezahlte Spaßmacher, und ich wette, wenn heutzutage keiner ihre Bücher drucken tät, diese ganzen Dichter wären nichts anderes als lächerliche Moritatensänger, die in den Dörfern herumziehen würden, oder sie wären verkommene Wirtshaushocker, die für etliche Glas Bier die Leute mit ihren Aufschneidereien unterhalten… Ich phantasiere nicht. Ich denke. Da muß man streng bei der Wahrheit bleiben, das ist viel schwerer…« Malwine begriff auch das nicht recht, aber sie war ganz seiner Meinung.

»Nur das Denken hat einen Zweck. Da kommt man zu Erkenntnissen… Die Erkenntnis ist gewissermaßen der Extrakt der Erfahrungen, verstehst du! Der reine Extrakt, das Beste!« belehrte er sie weiter und wurde belebter. »Ein Mensch, der gründlich denkt, wird nie solche Albernheiten niederschreiben. Er sucht nur das Wichtigste… Wie ich eben sag, das Beste… Ein Denker braucht im Grund genommen gar nichts aufzuschreiben, wenn er Leute hat, mit denen er sich aussprechen kann… Aber die hat man eben da nicht in dem Nest. Bloß deswegen schreib ich mir manchmal was auf... Ein Mensch mit Hirn vertrottelt ja hier...«

»Das kann ich gut verstehn, Anton, sehr gut... Mir geht's ja auch so. Bessere Damen, mit denen man ein vernünftiges Wort reden kann, gibt's hier, wie mir scheint, überhaupt nicht«, stimmte sie zu... »Jedenfalls kennt man sie nicht... Jaja, für dich muß das oft recht arg sein, Anton... Du müßtest Anschluß finden. Es gibt doch, soviel ich weiß, allerhand seriöse Leute hier.«

Das hörte er gern.

»Anschluß? Jaja. Aber der müßte sich von selbst ergeben, ganz leger«, tastete er in dieser Richtung weiter. »Man müßt eben öfter in die Wirtschaften gehn. Aber das magst du wieder nicht... Da bist du dagegen, und ich bin froh, wenn ich meinen Frieden hab...«

Auf alle Fälle wollte er sich für künftige Räusche rückversichern und setzte hinzu: »Ich denke noch mit Grauen dran, wie ich das letztemal ein bissel mehr getrunken hab... Oje, oje, da war der Teufel los bei dir!« Dieses spitze Erinnern tat Malwine weh, und mit leisem Vorwurf wehrte sie ab: »Aber Anton! Ich verbiete dir doch gewiß nie was! Wie kannst du bloß so was behaupten! Ich ängstige mich nur, wenn du gleich immer soviel trinkst. Das kann doch nicht gut sein für deine Gesundheit.«

Er war so weit, wie er sein wollte. Schon lange gierte er geradezu danach, einmal wieder gehörig zu trinken. Jetzt noch die richtigen diplomatischen Feinheiten, die so ein Weib dumm machen, und ich bin obenauf, kalkulierte er listig und schloß mannhaft: »Hm, Männer, wenn beisammensitzen, die müssen sich eben erst langsam zusammentrinken. Das versteht ihr Weiber nicht!... Dazu gehören Kultur und Fingerspitzengefühl. Die richtige Legerität, der echte Geist – das kann erst aufkommen, wenn der Wein die Zungen lockerer macht... Rausch und ein solches Trinken, das sind zwei verschiedene Dinge. Ein sinnloser Säufer war ich nie!«

Völlig besiegt, sagte Malwine: »Geh nur zu deinem Schöppchen, wenn du Lust hast!« Sie streichelte ihn zärtlich. »Geh nur, wenn du Anregung brauchst.«

Sogar küssen durfte sie ihn, und er fuhr mit der Hand übers Haar. Ganz weich schmiegte sie sich an ihn.

»Wirklich, du bist eine gute Haut, Malwine. Du verstehst mich«, lobte er sie. Ihr Herz schlug ein ganz klein wenig schneller. Das Blut rann leichter in ihren Adern.

Er schnupperte mit der Nase und fragte heiter: »Was gibt's denn heut, daß es gar so gut riecht? ... Hm, Gulasch! Sehr schön! Hoffentlich hast du's diesmal richtig gewürzt. Das letzte war zu flau.« Selig löste sie sich von ihm. Die Hausfrau in ihr erwachte. Mit größter Beflissenheit kochte sie weiter und deckte den Tisch. Er legte seine dünne Lüsterjacke ab und knöpfte das Hemd auf. Verschwiegen knisterte es in ihm. Wie ich immer sage – gleichzeitig schlau und dumm ist so ein Weib. Die kleinste Schmeichelei von der Männerseite her, und all ihr Verstand ist wie weggeweht – Kindische Haustiere, diese Weiber! Diese Gedanken schrieb er wohlweislich nicht auf. Als sie die dampfende Suppenschüssel auf den Tisch stellte, ermunterte er sich hurtig: Nur so weitergemacht, Anton! Das Leben ist nichts als ein ewiges Überlisten. Nur so ist das Zusammenleben mit einem Weib erträglich.

Laut aber sagte er: »Heut ist mir sauwohl! Ich glaub, das Landleben tut mir doch gut.«

»Ich hab's gewußt, Anton.« Sie lächelte glücklich und tat ihm die Suppe auf. »Ich habe es immer gewußt.«

Sie aßen ruhig und zufrieden.

Von diesem Tage an schaute der Postinspektor aufmerksam um sich. Er sondierte gewissermaßen das Terrain für seine Zwecke. Noch gab ihm der milde Spätsommer genug, aber die Abende wurden schon länger. Bald fiel der Herbst mit seinen unfreundlichen Regentagen herein, und dann kam der eintönige Winter mit den langen, langen Nächten. Da vermummt sich die Natur. Die Zeit dehnt sich. Es wird so still, daß man nach Abwechslung hungert. Die Menschen auf dem Lande kommen zueinander.

Martin Sperr

Jagdszenen aus Niederbayern

(Ausschnitt)

ABRAM Mutter! *Keine Antwort.* Mutter –

BARBARA Bist du mit dem Bus gekommen? Du willst dein Zeug holen. – *Abram schweigt.*

Was ist?

ABRAM Mutter – ich hab –

BARBARA Hast du Arbeit? Ob du Arbeit hast, will ich wissen!

ABRAM Nein.

BARBARA Nein. Und das sagst du einfach so: Nein. Warum hast du keine Arbeit? Warum denn nicht? Du hast es nicht versucht wahrscheinlich! Ich hab fest angenommen, daß du eine hast. *Mühsam beherrscht.* Hör Abram, du mußt weg aus dem Dorf. Die Leut reden über dich.

Abram schweigt.

Du willst also dableiben. Es ist immer dasselbe mit dir. Eines Tages bist du weg, und dann zeigen die Leut mit dem Finger auf mich: Die ist die Mutter von dem. Und dann weiß ich, daß du wieder eine von deinen Schweinereien gemacht hast. Und ich hab die Blicke im Rücken, immer, bis ich in ein anderes Dorf gehe. Und immer findest du mich wieder, und es ist immer dasselbe. Und jetzt ist es wieder soweit.

ABRAM Nein.

BARBARA Das hast du immer gesagt! Mein Gott, wenn ich nicht dableiben kann, dann muß ich gehen. Ich will jetzt eine feste Arbeit und wissen, wo ich hingehör. Du bist doch alt genug, daß du für dich selber leben kannst.

ABRAM Warum hast du mich auf die Welt gebracht, wenn ich dir immer lästig war, wenn –

BARBARA Hab ich gewußt, was aus dir wird? Hätt mirs sonst schon überlegt! Ich – ich schäm mich zu Tod mit dir –

ABRAM Glaubst, es gibt einen Garantieschein dafür, wie man wird? Warum erzählst du allen, daß ich im Gefängnis war, die Leut brauchen –

BARBARA Die Leut! Die Leut! Was gehen mich die Leut an.

ABRAM Warum verschreist du mich schon wieder im Dorf? Überall muß ich Rede und Antwort stehen. Wohin wir kommen –

BARBARA Wir! Weil du immer hinter mir herkommst, deshalb: Wir!

Abram setzt den Koffer ab.

ABRAM Ich weiß doch, so wie ich lebe, darf ich nicht leben.

BARBARA Wenn du das weißt, warum tust dus dann? *Pause.*

ABRAM Ich kann nicht so weiterleben, wie bisher. Ich, Herrgott, ich bin doch nicht gern so.

BARBARA Warum bist du dann, wie du bist?

ABRAM Das verstehst du nicht, Mutter.

BARBARA Warum rennst du dann hinter mir her? Warum soll ich dir dauernd helfen, wenn ichs nicht versteh?!

ABRAM *nach einer Pause:* Ich hab im Fasching in Kelheim die Tonka kennengelernt. Ich – also, sie liebt mich und ich – ich will mich bemühen. Ich wills mit der Tonka versuchen. Weil: So kanns doch nicht weitergehen. Ich muß –

BARBARA Wie dein Vater bist du! Du willst es also mit der Tonka versuchen! *Sie lacht.*

ABRAM Mit irgend jemand muß ichs schließlich versuchen, oder?

BARBARA Und du glaubst, daß ich zuschau, wie du sie in den Dreck zerren wirst. Und wie du sie im Dreck liegen lassen wirst! Wie dein Vater – Geh! Ich muß arbeiten. *Sie versucht, weiterzuarbeiten.* Such dir eine anständige Arbeit! Aber du findest keine. Immer nur an dich denkst du. Du denkst immer nur: Ich Ich Ich. Ich werd das jetzt auch tun. Ich muß jetzt auf mich schaun, wenn ichs nicht tu, tuts niemand. Du mußt gehen, Abram, mir zulieb. Denk auch mal an mich. *Keine Antwort.* Mir ists nämlich wichtig, was die Leute sagen, ich will mit ihnen leben. Zieh nach Landshut und such dir Arbeit und verschwind!

ABRAM *um seine Unterlegenheit nicht so sehr zu spüren:* Du hast mir nichts zu befehlen!

Barbara sieht ihn an, er sieht zurück.

Ich hab das Recht dazubleiben. Wie du!

BARBARA Du hast kein Recht. Man hat kein Recht, wenn man gegen die Natur lebt.

ABRAM Ist das vielleicht natürlich, wenn du mich immer wegjagst. Als Mutter –

BARBARA *wild:* Erwürgen hätt ich dich sollen!

Beide schweigen. Zenta tritt auf. Sie sieht Abram bei Barbara und winkt den anderen. Die Leute kommen langsam nach vorne und hören zu.

ABRAM Du hast immer verhindert, daß ich mit anderen Kindern spielte. Damit fings schon an. Und als ich älter wurde, wars nicht so, da –

BARBARA Da hab ich dich nicht tanzen gehen lassen und da hast du dann deine Schweinereien mit den Burschen machen müssen – daran bin ich auch schuld, ich weiß schon. Ich bin überall schuld. Ich – ich habs versucht, jawohl hab ichs versucht, daß du ein anständiger Mensch wirst. So hab ich dich erzogen. Nicht zu einem – zu einem solchen –

ABRAM *lenkt ab, da Barbara nicht weiterspricht:* Warum erzählst du zum Beispiel überall, daß ich im Gefängnis war? *Pause.* Wo – wo soll ich denn bloß hin? *Pause.* Wohin denn? Wenn nirgends Arbeit ist und überhaupt. Was hast du davon, wenns die Leut wissen?

BARBARA Ich hoff, sie schlagen dich solange, bis du freiwillig gehst, ich hoff, sie schlagen dich aus dem Dorf hinaus. Vielleicht schlagen sie dich auch tot. Und ich wünsch mirs, daß sie dich totschlagen. Da im Dorf ists noch nicht wie in der Stadt, wo man das modern findet. Ich weiß bestimmt, daß sie was gegen dich haben, die Leut –

ZENTA Ja.

Abram und Barbara fahren herum.

ABRAM Aus ists.

BARBARA Sag doch, daß du mit Männern verkehrst! Sie wissens doch schon alle!

ABRAM Na und!
MAX Was? Ist der noch stolz darauf!
BARBARA Wenn es wahr ist, kannst du es doch ruhig zugeben. Sag es laut und deutlich. Sags, was du bist! Sag, ich bin so einer.
Abram läuft weg. Die Leut sehen ihm nach. Die Flüchtlingsfrau läuft zum Brotkorb, holt einen Laib Brot und steckt ihn Konrad unters Hemd. Konrad läuft damit weg.
ZENTA *in einer Gruppe zu Georg:* Das sind ja schöne Zustände. Wie soll der Bub auch anders sein, bei der Mutter. Wenn die so mit ihm umgeht.
BARBARA Wie? Wer hat da was gesagt? Bringt ihn doch um, daß ich keine Mutter mehr sein muß! Ich – ich kann doch nichts dafür.
CHRISTINE Nein, du kannst nichts dafür, Barbara.
BARBARA Ich hab nichts mit ihm zu tun, er ist nicht mein Kind. Ich – ich will dableiben!
DIE METZGERIN *zu Georg:* Die wird ihn schon so erzogen haben. Von selber wird man nicht so.
BARBARA *drohend:* Er ist nicht mein Kind. Ich hab kein Kind.
CHRISTINE Du kannst nichts dafür, Barbara.
GEORG Wer schuld ist, daß er so ist, ist auch egal. Jedenfalls steht fest, daß er so ist, das steht fest. Sonst hätt er »Nein« gesagt. Also: er hats zugegeben. Jetzt wissen wir Bescheid.
DIE METZGERIN Der muß weg!
Der Bürgermeister tritt vom Feld her auf.
BÜRGERMEISTER Weiterarbeiten! Was ist denn! Für was zahl ich euch denn? Fürs Rumstehen? Leut zum Arbeiten krieg ich, soviel ich brauch.
Sie gehen wieder an die Arbeit.

Hof hinter Tonkas Elternhaus.
Tonka wäscht Wäsche mit einem Waschbrett. Abram tritt auf.
TONKA *sieht Abram:* Abram!
ABRAM Ja.
TONKA Ich hab gar nicht gewußt, daß du schon wieder da bist. – Komm her zu mir.

Abram geht zu ihr.

Was ist denn?

ABRAM Es ist nichts, Tonka – Tonka – ich hab dich lieb.

Tonka sieht ihn an.

Wirklich. Ich meins wie ichs sag. Wirklich.

TONKA Gib mir einen Kuß, Abram.

Da Abram zögert

Meine Eltern sind auf dem Feld.

Abram küßt sie.

Gehn wir ans Wasser?

ABRAM *tut, als ob er nicht versteht:* Es ist hier auch schön.

Tonka schweigt.

Oder?

TONKA Ja.

ABRAM *nach einer langen Pause:* Ich muß wieder gehen, Tonka.

TONKA Bleib doch noch. Ich bin so froh, daß du wieder da bist. *Sie setzt sich auf die Türschwelle der Haustür.* Setz dich zu mir.

Abram setzt sich zu ihr.

Nimm mich im Arm.

Abram tut es.

Abram, ich muß dir was Wichtiges sagen.

ABRAM Ich mag dich. *Er läßt sie los.* Nichts sagen jetzt.

Beide schweigen.

TONKA Abram, magst du Kinder?

Abram schweigt.

Ich meine nur. Ich mag Kinder.

ABRAM Tonka, es ist möglich, daß die Leut über mich zu reden anfangen. Du mußt nichts drauf geben.

TONKA Ich geb auch nichts drauf, was die alle sagen, Abram. Das ist, weil deine Mutter was gegen mich hat. Ich hab mit der Paula darüber geredet. Die meint das auch.

ABRAM Ja.

Beide schweigen.

Ich mag Kinder auch, Tonka.

TONKA Ich muß dir was sagen, Abram – Los!

Abram reagiert und küßt sie. Christine und Max treten auf.

CHRISTINE So.
Tonka und Abram fahren auseinander.
Was hab ich dir gesagt, Max – der verdirbt die Tonka.
ABRAM Wer verdirbt die Tonka.
CHRISTINE Mit dir red ich nicht.
MAX Du kriegst wohl überhaupt nicht genug, du Sau. Dann könntest du wenigstens anständige Mädchen in Ruh lassen.
TONKA Was ist denn?
CHRISTINE Ihr zwei paßt zusammen. Da haben sich die richtigen gefunden. – Tonka, ich muß ganz wichtig mit deiner Mutter reden.
TONKA Die ist nicht da. Die ist auf dem Feld.
MAX Komm, Christine, suchen wir sie. *Zu Tonka.* Und dir würd ich raten: Laß dich nicht weiter mit dem da ein. Sonst gehts dir schlecht.
TONKA Warum denn? Wir gehen miteinander und lieben uns.
ABRAM Ja.
MAX Daß ich nicht lach! Das ganze Dorf weiß, was mit dir los ist.
ABRAM Nichts wißt ihr! Nichts wißt ihr!
CHRISTINE Es ist bekannt, warum du im Gefängnis warst. Ich red nicht mit dir. *Zu Tonka.* Und wenn ich dich seh, so mit ihm, weiß ich auch nicht, ob ich dich für ein anständiges Ding halten kann. Die Menschen reden auch schon über dich.
MAX Es ist bekannt, was das für einer ist, also kannst du nicht anständig sein, wenn du dich mit ihm einläßt.
ABRAM Bleib doch da.
ABRAM Ich bin müd. Von der Fahrt. Ich geh jetzt heim. *Abram ab.*
TONKA Warum, Abram?
MAX Feig ist er auch noch.
TONKA Ihr seid gemein. Was ist denn? Sags doch dann, was mit ihm ist.
CHRISTINE Ich kanns dir nicht sagen. Du tust mir leid. Mit dem.
MAX Fällt dir nichts auf, was mit ihm ist? – Wenn du ein bissel denken würdest, würd dir auffallen, daß er jetzt weggegangen ist. Obwohl er bei dir war und dich liebt.

TONKA Was soll sein. Er ist halt müd.

CHRISTINE Ja, bei dir wird er müd. – Er hat dich im Stich gelassen, weil er feig ist.

TONKA Er läßt mich nicht im Stich.

CHRISTINE Hat er dir einen Kuß gegeben, wie er gegangen ist? Eben! Wo ist denn die Liebe. – *Zu Max.* Man kann nicht mit ihr reden. Die hält zu ihm. Das hab ich schon gesehen. Man darf gar nicht mit ihr reden. – *Zu Tonka.* Du bist ein Flittchen.

[...]

Auftritt Barbara, Zenta, die Metzgerin und Georg.

METZGERIN Schau! Da ist er!

MARIA Was wollt ihr hier?

BARBARA *zeigt auf Abram:* Die Leut im Dorf, die, also, die wollen nicht mehr, daß er dableibt. Sie wollen alle, daß du ihm keine Wohnung mehr gibst und wenn er keine Wohnung mehr hat, dann muß er weg.

ZENTA Ja.

BARBARA Und zwar soll er weg, weil er schwul ist.

GEORG Ja, das ist wahr. Er hats zugegeben heut vormittag.

ABRAM *nach einer langen Pause:* Sie lügen über mich. Mir gehts wie dir.

MARIA Ich glaubs euch nicht. Ihr könnt schon wieder gehen.

METZGERIN Wir haben alle gehört, wie er nichts gesagt hat. Es ist schon so.

MARIA Raus! Weil ich euch alles glaub. Ich kenn es doch, wie ich im Dorf verschrien bin. Ich kann nicht einmal mehr einkaufen, weil mich jeder für Gott weiß was hält. Raus!

GEORG Ein reicher Bauernhof braucht einen Knecht, oder?

MARIA Den versoffenen Knecht vom Bürgermeister will ich nicht in meinem Haus wissen.

GEORG Und die Bäuerin, die braucht auch einen Knecht, oder?

Die Metzgerin lacht.

Und weil der Mann nicht da ist, muß der Knecht ins Bett, oder?

MARIA Raus!

GEORG Die Mutter mannstoll, der Bub blöd! Das ist eine Wirtschaft! Das ist eine Wirtschaft.

Die Leute gehen ab.

MARIA Ein Lügengesindel das!

ABRAM Es ist nicht wahr. Ich bin nicht so.

MARIA *lachend:* Das möcht ich auch hoffen.

Verbissen: Das sind Leut! Mein lieber Schwan! Wie ich das nur immer wieder aushalte! Der Mensch kann wirklich viel vertragen.

ABRAM Ich muß an die Luft. *Abram geht ab.*

[…]

Herbert Achternbusch

Die Alexanderschlacht

(Romanausschnitt)

Es war an einem Sonntag, da ich mich anschickte, ein ausführlicheres Mahl zu bereiten ... und dazu gekochte Kartoffeln, hatte Ingrid gemeint. Aber in der Frühe Quark und Marmelade aufs Brot, mittags Pellkartoffeln und Quark mit Schnittlauch und abends was Ähnliches kann man nicht essen, bloß damit man gesund lebt. Ich wollte Reibeknödel machen und rieb rohe Kartoffeln und preßte heiße Kartoffeln mit der Kartoffelpresse. Weil ich als Jüngster am Schenkel meiner Mutter auf den Herd sah, wollte ich an diesem Sonntag kochen, woran ich mich so erinnerte, und obwohl mir Ingrid bei Tisch sagte, daß ich Stärkemehl vergessen hätte, waren die Knödel beachtlich gut. Das Schweinefleisch war ausgezeichnet. Auch der Kartoffelsalat war ausgezeichnet; auch der grüne war gut, aber den mag ich nie gern. Dann saßen also 4 Kinder vom Haus und eins der Nachbarschaft und Euthine an dem Tisch, den ich hinuntergetragen hatte und die Kinder die Stühle, vor diesem Mietshaus hinter der einzigen Staude, wo ein wenig Rasen ist. Sie aßen und alle durften so viel Limonade trinken wie sie wollten. Auch Eltern kamen, kosteten und lobten mich als Koch. Ich war eigentlich traurig, wie ich dasaß, eine Maß Bier hatte ich zum Essen getrunken, weil ich eigentlich so ein ruhiges Tier bin und so tief in die aufreibende Schreiberei geraten bin, 333 Issus Keilerei. Im Rausch in der Nacht (und der Rauch aus der Kanzel hell ist). Nach dem Essen waren schon die 7 kleinen mit Zwetschgen gefüllten Hefekuchen fertig, die Ingrid auf dem von den Kindern abgeräumten Tisch stellte und sich daneben mit einem Buch niederließ, die Dankschön der Kinder, sobald sie von den elterlichen Ausflügen zurück wären, zu kassieren.

bim bum binm bam lum bim dilan din da du i bim dlin im dlan gim dan an idili dilida om di dim didim ba iga gri gigi das wirst du nicht wissen, daß so die Greisinger Glocken läuten. Ich will Dir von Franz schreiben, den ich vor 10 Tagen an Allerheiligen zum erstenmal in Greising gesehen hab, die Leute standen in der Kirche bis unters Überdach des Eingangs an und die paar Stufen herunter. Vom Altar aus predigte der Pfarrer, stand steif in seiner weißen Albe, drehte den rechten Arm im Achselscharnier zum Heben und Senken seiner Sprache und verzog das schwarze Gesicht von tanzenden Sonnenflecken geärgert, die durch ein hohes Fenster fielen, das Schwinden der Dinge, des Menschen, haltlose Vergänglichkeit, griechisch fuhr er fort: Menschon von Schmerzein geknechtot, er zitierte seine Tante la grande triste. Der Wind blies einen Schwung trockener Blätter unter die Beine uns Anstehender. Ich merkte Halsschmerzen und ging aus dem kalten Luftzug und lehnte mich an die Kirchenwand, wo ich die Sonne im Gesicht hatte, ein Wegweiser zeigte nach Ulrichsberg, rechts von mir weiße Dahlien. Ich traf heute Hilda, Du weißt die Tochter vom Vitus, bei dem Du gearbeitet hast; sie fragte mich, ob sie ihrer Hilda in der Schule einen Schreibmaschinenkurs mitmachen lassen soll, eine Schreibmaschine müßte sie aber kaufen, die sie billiger kriege. Ja, sagte ich, laß es ihr lernen, das Geld zahlt sich wieder rein. Ja sagte ich laß es ihr lernen, achso das hab ich schon geschrieben. Als ich wieder vom Hawe runterging, kam mir dieser Franz entgegen. Er gratulierte mir zu meinen 19 Jahren, was er aus einem alten Schulbericht wüßte, erklärte er mir, er könne sich an mich erinnern. Das sagte er mir aber schon am Tag nach Greising. Er gab vor, sich an mich zu erinnern, ob ich das Haar hochgesteckt hatte, und Ihr Rad war blau. Aber ich schob das Rad neben ihm und es war blau, erinnerst Du Dich an mein Rad? Den Kettenschutz entfernte ich inzwischen, er schepperte immer so. Jetzt könne er sich gewiß an mich erinnern, daß mir einer beim Sportfest mit Spikes in den Fuß getreten sei. Das stimmt, ich konnte 14 Tage nicht laufen; die Strömung der Donau erkannten wir an treibenden Blättern. Die Oma sagt, die Hilda hat auch nichts Gutes, kommt ihr aus der Brust so ein brauner Most, der Doktor sagt, daß ihr die Brust trocken gelegt werden muß, das heißt nichts anderes, als daß ihr die Brust weggeschnitten werden muß. Am Hawe verabredeten wir uns, heute nachmittag von Maxhofen nach Rohrmünz zu gehen. In Greising stand Franz auch an und er blickte mich an, der Pfarrer sagte, wir Kristen stecken den Kopf in den Schoß des schwarzen Nichts, nein, er sagte stecken nicht. Eine Wespe flog aus dem Innern über die Haarschöpfe der Anstehenden, einige duckten sich weg, andere verscheuchten sie mit einer Handbewegung, sie geriet ins toupierte Haar einer Blonden, ein Bauer hinter ihr patschte nach der Wespe, he wia hättmas denn, schimpft das Mädchen. Jetzt merkte sie, was in ihrem Haar los war, schlug sich an den Kopf und Umstehende halfen ihr, indem sie ihr im Haar zausten, der Mann sah zu mir herüber. Nach dem Einkaufen kochte ich. Beim Essen brummten Fliegen ums offene Fenster, ich hab das Fenster wieder so gewöhnt, eine Wespe segelte daher und Großmutter sagte, daß es die anderen Jahre um diese Zeit schon erfroren hat; ein Vogel saß auf der Antenne vorm Fenster und Großmutter sagte, daß der Winter kommt und sie sich mit den Tieren eine Freude einbildet. Wohin käme ich, wenn ich über mein verpfuschtes Leben sinnierte, sagte sie, kann doch nichts ändern. Du erinnerst Dich an das Steinfeld, die Felsentrümmer, wo der Weg und der Bach eine Biegung machen und stärker ansteigen, wir hockten uns auf die Blöcke am Weg, an den Steinen wars recht warm, in dem schwelchen Gras neben uns waren noch ein paar Farbköpfe, die erinnerten mich an etwas, was ich Dir einmal erzählt hab. Um die Waden war ja ein herrlich warmer Luftzug. Dann kamen wir zum Stauweiher. Ich erzählte ihm, daß ich hier im Sommer vor einem Jahr nach dem Abitur mit meinem Zeichenlehrer gewesen bin. Das Wasser war dunkel. Der zu mir sagte, ich bräuchte keinen Bikini, weil ich an den Stellen sowieso weiß bin, daß ein jeder ins Wasser schauend meine ich trüge einen weißen Bikini. Der Wald war dunkel. Ich sagte ihm, daß er am andern Ufer mein kaltes Fleisch lobte, er merkte, daß das Wasser in der Mundhöhle einen bitteren Geschmack ließ. Bitter, das mochte mein Zeichenlehrer, mein ehemaliger Zeichenlehrer, hab ich Dir von ihm erzählt? das rege seinen etwas trägen Stuhlgang an; in Hochoberndorf, sagte ich ihm, aßen wir von den kleinen Kirschen, Du weißt schon die kleinen roten und schwarzen, die erst im August reif werden, die leicht bitter sind, verschwand er gleich im Getreidefeld, so schnell wirke bei ihm das Bittere, sagte er. Jetzt bin ich doch einen Schritt neben den Stuhl getreten, weil mir das Kreuz wehgetan hat. Aber als wir nach dem Baden im Auto saßen und wegfuhren, sang er in unmäßiger Freude auch nur. Das Wandern ist des Müllers Lust. Was meinst Du, was dann Franz gesungen hat, nichts, wir sind dann zurückgegangen. Weißt Du was ich jetzt möchte? ich möchte einen Heurechen von einer Staude an der Irlerswies nehmen. Ja das schreibe ich Dir und jetzt steig ich doch durchs Fenster, weil im Haus alle schlafen. Ich las den Brief Lieber Depp! bum bum gigi Franz schreiben will ich Dir Greising Hilda Schule Schreibmaschinenkultur Doktor sagt Sportfest Fuß getreten Anstehende Handbewegung des Müllers Lust weißer Bikini Fleisch lobt er da ist der Satz: Ich sagte ihm, daß er am andern Ufer mein kaltes Fleisch lobte, sagte: er lobte mein kaltes Fleisch. Sie stand also nackt vor ihm und er sagte: Dein Fleisch ist kalt. Ich bin mit Ingrid durch den Rohrmünzer Stauweiher geschwommen und wir standen hinter den Büschen am anderen Ufer nackt voreinander, ich faßte sie an und sagte, dein Fleisch ist kalt. Ich nutze viele Gelegenheiten zu Ingrid zu sagen, dein Fleisch ist kalt; meistens sage ich, dein Arm ist kalt, oder, dein Hintern ist kalt. Also nur 4 Wochen nach der Niederschrift des Vorworts bin ich mit Frank in die Gegend gefahren und habe ihm die Außenwand von der Greisinger Wallfahrtskirche gezeigt und gesagt: An dieser Wand ist Susn gelehnt. Ich bin mit ihm nach Haslach gegangen und habe ihm den Flecken überm Steinbiei gezeigt, wo ich mit Susn gesessen bin, und er fragte mich, ob es denn diese Susn gegeben hat. Ich hatte ihm auch das Vorwort geschickt und er hatte es einer Lindauer Buchhändlerin vorgelesen, die es recht kräftig fand. Aber statt zu sagen, daß mir Susn einen Brief geschickt hatte vier Wochen später, nachdem ich mit ihm und einer Lehrerin in Südfrankreich gewesen bin; du weißt schon mit Gertrud, als wir in van Goghs Zelle in St. Remy standen und in diesem Augenblick sein wächsernes Gesicht vom letzten Selbstporträt in mir hochwächst, jetzt schlüpft er auf die Höhe vom Kinn und meinem Kopf, diesmal wird nun so abgerechnet wie wir das als Nationalsozialisten gewohnt sind, womit wie bei Gordes auf dem Berg der Steinhütten 10000 Jahre nicht mit einem Rasierklingenschnitt unterm Adamsapfel zu vergleichen sind, jener so klein ist, daß kaum Blut herausnäßt bloß etwas Serum, anstatt zu sagen nach dieser Reise, auf der ich am Berg oben Gertrud den Rock hochgetan habe am Berg oben, wo du dich mit deinem Hund verirrt hast und stieg in sie und stieg und es ist mir schweißwurst, ob die Schädeldecke des Neandertalers in dem Privatmuseum unten aus Gips war oder morschem Bein; anstatt zu sagen, daß ich nach dieser Reise, auf der wir auf dem Berg mit den Steinhütten das Zelt weiter unten aufschlugen, er Frank, der einen größeren Zipfel als ich hat, seinem Hund Wasser zum Saufen gab, der sich jede Nacht fürchtete und froh war, wenn er ins Auto gelassen wurde, zu sagen, daß ich nach dieser Reise von Susn einen Brief bekam, in dem sie von ihrem Zeichenlehrer schrieb – ich hätte ihn erinnern können an den alten provenzalischen Rock, die Röcke von Les Baux, alte feingemusterte Röcke, in die Funken von Kaminfeuern Löcher gespuckt hatten, du weißt doch Gertruds Rock, den wir dank deines Französisch um 50 Franc billiger bekannten, der auf der einen Seite lavendelblau war auf der anderen ocker wie eine Platanenfrucht und gezeichnet und gestichelt und untenrum Prägedrucke hatte ein jeder vom anderen verschieden, den vielleicht eine Frau zu van Goghs Zeiten getragen hat, die vielleicht van Gogh gesehen hat, Gertrud war am Weinen, und weißt du, daß Gardet cet objet précieusement unter Lokalem von damals nach dem Ohrenabschnitt in dem Zeitungsausschnitt im Salo van Gogh zwischen Reproduktionen im Museo Arleten ausgestellt war? Das war also der Rock, den ich auf jenem Berg hochhielt und kam, während du dich mit deinem Hund verlaufen hattest. Gertrud, jüdischer Abstammung, befürchtete immer gleich Antisemitismus wenn sie z.B. ein Vorgesetzter an die Einhaltung der Schulordnung gemahnte, ihn für einen Beamten des Reichsicherheitshauptamts haltend und damit irgendwie im Recht, war schon 2 Tage vorher in aller Früh unterleibentblößt auf der Luftmatratze im Arler Zeltplatz gelegen braunlippig als Frank um Wasser für den Hund weggegangen gerade kam als ich gerade ins Feuchte drückte und zurückmußte scheinheilig vorn Zelteingang und 2 Tage lang der Geschlechtswurm in den Fingern wuchs der Gertrud absuchte, die dann keine Pille genommen hatte als Frank schlief, als du schliefst, den Rock hoch diesen Rock, ich lag als könnte ich nie das Liegen lernen, mich anstellte ohne Ökonomie und grub und fiel Frank hast du denn nichts gemerkt? hätte ich sagen sollen und als ich dann heimkam und vier Wochen vergangen waren, lag ein Brief von Susn da, hätte ich Frank erzählen sollen, in dem sie von ihrem Zeichenlehrer schrieb, aber nicht schrieb wie sie mir noch selber erzählt hatte, daß er der Zeichenlehrer einen Tag vorm Faschingsfest den Befehl bekam, ihm, seinem Direktor, eine Trompete zu machen, eine riesige Trompete aus Pappmaschee anfertigen müsse, daß der Zeichenlehrer die ganze Nacht gebastelt habe und die Trompete stundenlang am nächsten Tag mit dem Fön trocknete, damit sie am Abend beim Fest nicht auseinanderfiel, von ihm also, hätte ich Frank erzählen können, hat sie mir geschrieben, daß er angeblich zu ihr gesagt habe, ihr Fleisch sei kalt, Frank verstehst du das (obwohl du das mit Gertrud nicht mitgekriegt hast)? Von ihm, von dem Zeichenlehrer, der vom Direktor nicht zur Beförderung vorgeschlagen wurde und der deshalb eine Aufhängtafel, die er, der Zeichenlehrer, angebracht hatte und weißgestrichen, schwarz anstrich und dem Direktor ins Gesicht brüllte, können Sie mich jetzt zur Beförderung vorschlagen?! und der Direktor, wie mir Susn vortrug und ich erinnere mich sehr gut, ich erinnere mich genau, damals waren die Röcke noch nicht so kurz, rezitierte das Luder, das machte ihr Spaß, einen Grashalm nahm sie dabei gar nicht aus dem Mund: Wissen Sie was das ist? Ich will Ihnen mal was sagen, es ist also doch als eine bewußte Provokation gedacht, worauf mein Zeichenlehrer auf die Verwendbarkeit einer schwarzen Tafel hinwies, und gefragt wurde, ob er wisse, was er sage. Sie lassen diese Wand wieder in den ursprünglichen Zustand auf Ihre Kosten herstellen, das ist eine dienstliche Anordnung – Susn machte im Gehen eine Verbeugung herüber als sei ich das Direktorenbiest, der ich bloß sagte, die Sau, die sollen sie doch, die sollen sie doch meinetwegen nach Ingolstadt versetzen – und über das andere Verhalten werde ich ein Gedächtnisprotokoll niederzeichnen, der Kollege Voit hats gehört, ja? Wobei ich Sepp natürlich nicht mehr für den Namen Voigt gradstehen kann. Und wenn Sie noch weitere derartige Dinge tun würden, ehe Sie hier weggehen, werde ich Sie disziplinarisch bestrafen, damit Sie das ganz klar sehen! Sie haben bewußt die Wand unbrauchbar gemacht. Ich sage Ihnen das und Sie stellen die Wand in den ursprünglichen Zustand wieder her! Sie stellen die Wand in den ursprünglichen Zustand wieder her! Sie stellen die Wand in den ursprünglichen Zustand wieder her! Weil ich Ihnen diese dienstliche Anweisung gebe, da gibts gar kein Warum! Weil ich von Ihnen keinerlei Provokationen hinzunehmen bereit bin! Das ist nicht Ihr Eigentum, das ist Staatseigentum und das verwalte ich und nicht Sie! Sie sind als Beamter verpflichtet, Ihre gesamte Arbeitskraft zur Verfügung zu stellen. Eh, Sie kriegen nicht eher von mir, nicht eher, denn Sie haben Ihre dienstlicheVerpflichtung erfüllt, bis die Platte wiederhergestellt ist, so wie sie war ganz klar. Ein Schüler hat uns noch nichts beschmiert, ein Lehrer mußte kommen! Dergleichen hätte ich Frank sagen sollen; erzählte mir früher Susn von ihrem Zeichenlehrer und sie erklärte, daß der Direktor Heerespsychologe bei den Nazis gewesen ist und ich sagte, daß es gegen diese Leute keine Argumente gibt nur Tod; hätte ich gestehen müssen; schrieb sie mir, Frank, daß ihr Zeichenlehrer sagte: Dein Fleisch ist kalt, Frank weißt du was das heißt? Das heißt: Sepp das Fleisch ist warm für dich!!! Nach dem Geschirrspülen streife ich die Strümpfe ab. Du kannst nicht mit nackten Füßen weggehen, sagte Großmutter, wir haben November, auch wenn es heute ausnehmend warm ist, wirst sehen mit deinem Leichtsinn holst du dir eines Tages ein Leiden, hast du vergessen, was du als Kind für gefährliche Mandelentzündung gehabt hast? Nein! willst wirklich mit nackten Beinen ins Sauloch gehn, wo es so schnell Abend wird und kalt! Frank, weißt du was so eine Stelle heißt: Nach dem Geschirrspülen streife ich die Strümpfe ab? heißt in Verbindung der Mitteilung, daß ihr Fleisch als kalt vom Zeichenlehrer bezeichnet wird, ja daß sie mit einem Mann geht und diesem sagt, daß zu ihr ihr ehemaliger Zeichenlehrer gesagt hat ihr Fleisch sei kalt, was das heißt an mich geschrieben, der ich mit ihr aufgewachsen bin, das heißt eine ganze Menge und mir ist schwindlig wie sehr sie wollte, daß ich sie wärme. Zu spät.

Carl Amery

Die Jungfern und die Spielmaschine

(Romanausschnitt)

XENON, das ist (nach dem Willen wohlberatener Hersteller) der Name einer mechanisch-elektrischen oder Roboter-Dame; eines Wesens also, wie es schon die schauderbare Einbildungskraft des Ernst Theodor Amadeus Hoffmann gemodelt – oder vielmehr montiert hat. Das Brustbild dieses Wesens beherrscht die ganze obere Hälfte der Anzeigentafel, erhellt mit magisch-bläulichem Licht das Duster im hintern Flur der Speise- und Vergnügungsgaststätte Haberl zu Emmering, Landkreis Ebersberg. Sie fixiert mit ihren rotglühenden, kreisrunden Augen die Bräukasparleni und die Hafnerkathi, welche nicht minder kreisrund zurückstarren. Da stehen die Zwei nicht nur vor dem tiefinneren mysteriösen Sinn ihres Abirrens in einen andern Zeitpfad (was sie nicht oder noch nicht zu wissen brauchen) – sondern vor dem schlechthinnigen Erlebnis dieses Abenteuers.

Sonst ist nämlich, vermelden wirs ehrlich, bislang nicht arg viel losgewesen. Und etwas Riesenmäßiges schon gar nicht. Da ist zunächst zu sagen, daß sie der Durchschlupf ins Zukünftige in eine dunkle Nachtstunde befördert hatte, eine mondlose noch dazu, und daß sie die Raserei ihres Gefährts immer nur kreidige Trümmer der Landschaft sehen ließ, eine Straße zumeist, die immer gleich grau ausschaute und sehr schnell langweilig wurde; Schilder auch, viereckige, dreieckige, gelbe, rotweiße, dazu funkelnde Katzenaugen rechts und links auf weißen Stecken, – insgesamt nicht also, was das Auge oder die Neugier besonders erfreut hätte. Und die Gesellschaft? Die zwei Courschneider, die sie zum Einstieg in ihren gebrauchten VW verlockt hatten? Nun, sie gaben als ihre Namen »Lex« und »Dschoo« an, und von der zierlichen Art, wie man Werbungen um wohlerzogene Jungfern anzubringen hat, wußten sie gar nichts. Nicht einmal über Alltägliches konnten sie plauschen, die Frage nach ihren heiligen Namenspatronen konnten sie nicht beantworten, und ihre Manier, eine Poussage anzufangen – das konnte der schafblödeste Schinderclub hinterm Brunnen besser, gingen gleich aufs Mieder los, was ihnen leicht zu verwehren war. Das Innere ihres Gefährts schmeckte auch nach unappetitlichen Fetten, die Polster der Sitze waren durchgerieben wie in einem alten Stellwagen, und dann machten sie mechanischerweise eine heulende Krachmusik, die sie auf das entsetzte Flehen der Jungfern recht grantig und zuwider abstellten. Das wäre wieder die Zeit zur Konversation gewesen, aber schon die Sprache ließ das nicht zu, der Dschoo und der Lex redeten schnell, stoßweis und rechthaberisch, ihr Bairisch war mit allerhand krausem Zeugs aus norddeutschen und anderen Landen durchwachsen. Freilich, auch die Jungfern wurden um dies und jenes befragt: »Trachtler?« bellte zum Exempel der Dschoo, zog der Kathi dabei das Fürtuch aus dem Mieder-Ausschnitt. Sie probierten es, ihm von der Wallfahrt zu erzählen und vom möglichen Ende der Zeiten – die Zwei wedelten mit den Händen in der schmierigen Luft des Wagens: »Wissma scho, alls is hi, gehts zua, koan Bock drauf«, suchten in ihrem kleinen Krachkasten wieder nach Musik herum, »Bee Oans, dees is des Richtige für Trachtler«, bis ein lauter, aber dürftig exekutierter Zwiefacher zu hören war: »Gfallt Euch dees besser?« – »Aa net«, schüttelte die Kathi den Kopf, die Burschen lachten, winkten ab und redeten von einem »Verteiler«, der kaputt sei oder kaputtgehe, hielten in einer fahlgelb ausgeleuchteten Ortschaft vor einem Werkstatt-Tor, ließen die Jungfern einfach mit dem lauten und schlechten Zwiefachen im Gefährt sitzen, holten einen Mann in einem blauen Harlekingewand, Janker und Hosen in einem Stück, aus der Werkstatt, der wohl ein Wagenmeister sein mochte, hudelten laut und wirr mit ihm herum, der schüttelte den Kopf, lachte und antwortete leise, nickte dann, ging in seine helle Werkstatt zurück, Dschoo und Lex hüpften wieder ins niedere Wägelchen (sie hießen es ihren Karren), als ob sie überhaupt keine Zeit mehr auf der Welt hätten. Und dabei fuhren sie bloß in der unsichtbaren, vom Lichterschorf befallenen Gegend herum, bellten sich durchs heruntergekurbelte Fenster mit anderen Leuten, die so wie sie angetan waren, zigeunerisch, mit verwetzten Zwillichhosen und offenen Hemden, manche aber auch, die auf Rädermaschinen saßen, in Rüstungen aus Leder, mit großen runden Helmen auf: Fasnacht war da überall, bloß lachte fast keiner. »Auf gehts zum Haberl ind' Disco!«, verkündeten sie dann, als sei das was ganz Besonderes, fuhren wieder eine halbe Meile an Höfen vorbei, in deren riesigen Ställen grüngelbes Licht brannte, die Sorte von Licht, die hier überall die Nacht in stockdunkle Lumpen zerfetzte (obs wohl so sein muß gegens End der Welt zu?).

Dann war man beim Haberl, »geh weida, steigts aus« hieß es, und Kathi und Leni waren endlich da, wo sie hingehörten: in Emmering, Landkreis Ebersberg. Die Vergnügungs- und Tanzgaststätte Haberl war ein mehrstöckiges Haus aus Bruchstein und Ziegeln, mit unmäßig viel Fenstern, einem gläsernen Dachl über der Eingangstür. Der Dorfplatz davor war wieder grau und aus Stein gegossen, große blinde Ladenfenster stierten wie Nachteulen ins Licht, das von hoch oben aus schrägen Schüsseln kam, wenigstens gab es eine Säule Unserer Lieben Frauen und einen Maibaum, der aber schon wieder abgeschlagen im Stockdunklen verschwand, das über der Lichtglocke hockte. Überall standen Gefährte herum, die meisten adretter wie die von Dschoo und Lex, auch die glitzernden Radmaschinen waren dabei, und »Auf gehts!« sagten die Burschen und gingen hinein. Da rumpelten viele junge Leute hinein und hinaus, solche in den spaßigen Ledermonturen, die sie nun schon kannten, die Dirndl aber beweinenswert angetan, mit zerrupften Haaren und grellbunten Fetzen rumpelten sie hinaus, hinein, einander an, der vordere Teil des Flurs war hell vom Treppenhaus her, das links ins obere Stockwerk ging, und von da kam die Art Krachmusik herunter, die der Dschoo und der Lex mochten.

Gehts jetzt also hinauf in die Disco? Ersteigen sie den ersten Treppenabsatz, zahlen sie dem Mann, der hinter dem Tisch mit dem eisernen Schatzkastl sitze, die Maut für den Eintritt? Nein. Der Vorsehung pressierts jetzt. Sie schubst die ländlichen Cavaliers in die erwünschte Richtung, nämlich am Treppenhaus vorbei, dahin, wo im Gang die Beleuchtung ausläßt, wo akkurat der Flipper der XENON steht. Damit wärn wir angelangt.

»Geh weida, spuima-r-amoi.« Es ist der Lex, der das rauhkehlig fordert, und so tritt die Mirakel-Historie der wundersamen comoediantischen Wallfahrt offener in ihre Bestimmung ein – eine Bestimmung (so wird zu berichten sein), die wiederum himmlisch einfach gerichtet ist. Doch darüber am passenden Ort …

Leni und Kathi starrten also wie geschildert das Bildnis der XENON an, und deren stahlblaues Licht-Bild mit den kreisrunden Augen und den aufgeworfenen Lippen starrte zurück. Auf der Stirn, genau über der Nasenwurzel zwischen den Brauen, trägt die XENON ein illuminiertes gelbes Viereck, dem ein »X« eingeschrieben ist; vielleicht das Handwerkszeichen des unbekannten Künstlers, der sich so demütig-pfiffig verewigt? Im untern Bildteil der Anzeigentafel ist eine märchenhafte, ja unheimliche Geschichte abgeschildert, die weder die Jungfern noch die Burschen kannten: ein Mann und eine knabenhafte Frau schweben da in sündhaft eng anliegendem Faschings- oder Theaterkostüm durch gläserne Röhren, sichtbarlich magnetisch angezogen, auf die Riesendame zu.

»Geh weida, was schaugts'n, gschpuit werd.« Der Dschoo drückte die Jungfern weg und eine Münze in den Geldschlitz. Auf einem kleinen Fenster der Anzeigentafel blitzte ein Dreier statt einer Null, die dort gestanden hatte. Fast gleichzeitig aber schob er den Daumen gegen den Auslöserknopf, und der Dreier sprang auf einen Zweier zurück. Dschoo riß am Federbolzen der Abschußbahn, schickte die Kugel auf die Reise. Sie flitzte zur Rückwand hinauf, blieb in einem flachen Loch stehen, wurde herausgeschnalzt und sauste dann zwischen beleuchteten Türmlein herum. »Oh … oh …« stöhnten die Türmchen, »ah … ah …« antworteten die Prallwände, die Kugel wurde herumgebeutelt und sauste dann vorwärts und abwärts, wurde von den Flippern gegen viereckige Schützenscheiben rechts und runde Scheiben links abgefeuert, und dann, wie herrlich, über eine Blechrampe quasi ins nächste Stockwerk befördert, wo sie durch eine glasige Röhre (ein Ebenbild der Röhren in der Geschichte auf der Anzeigentafel) schräg nach links und von da über ein zweites Schnapploch auf die Spiel-Wiese zurückkehrte. Auch auf der war die Dame XENON aufgemalt, und rings um sie gewahrten die Mädchen alle möglichen Aufschriften in fremder Sprache, auch kabbalistische Ziffern, Zahlen und Einzelbuchstaben, und das alles rot, golden, grün und blau beglitzert, bezwinkert, viereckig, kleeblättrig, pfeilspitzig das Auge verblüffend und verwirrend.

Welchen Effekt und welchen Affekt löst dergleichen in unseren Wasserburger Comoediantinnen aus? Die Kathi zumindest, ihrer leicht entzündlichen Art folgend, sekundiert jedes Ah und Oh, jedes Schnalzen der Schnapplöcher mit ihren eigenen Quietschern, hineingerissen ins Wunder des magnetischen Kunstwerks; Leni aber, die Leni mit den langen Gedanken, weißgott auch gebührend angetan, merkt daneben und darüber Einiges mehr. Die Burschen, so merkt sie zum Beispiel, spüren die Geheimnisse dieses philosophisch-mathematisch-poetischen Theaters gar nicht mehr. Sie gehn längst nicht mehr ein und sind wohl nie eingegangen auf die Geschichten, die da von jeder Kugel anders erzählt; auf die sinnreichen und geheimnisvollen Embleme, die angeboten werden, ihre stets wechselnden Offenbarungen, Perspektiven, Enthüllungen. Sie schimpften bloß, Bluatsauerei, wenn die herumflitzende Kugel nicht genau dahin ging, wo sie ihrem Wunsch nach hinsollte, nockelten an der Umrahmung herum (der ungeschicktere und gröbere Lex so ungeschlacht, daß die XENON »Tilt« ansagte und die Flipper den Gehorsam aufkündigten, was er mit mürrischem Fluch quittierte, mileckstamorsch). Der Dschoo lachte ihn zwar aus, triebs aber auch nicht viel besser oder philosophischer, und als die Kugel in seinem Spiel zum dritten Mal unten im Aus-Loch verschwand, drosch er mit beiden Handflächen gegen das Rahmenholz und riß die ganze Maschine zwei Zoll nach links. Die XENON sagte etwas in einer fremden Sprache (sie sagt *»Try me again!«*, wanns kein Freispiel gibt), sie hatte es beim Lex auch gesagt, und dann stand bloß noch ein Einser im Fensterl. »Na«, grinste der Dschoo gemütlich jetzt, »wia waars, wollts amal, ös Trachtlerdamen?« Doch, sie wollten, und die Kathi tat den ersten Schuß, war aber ganz mitgenommen und eingewickelt vom Wunderwerkl, schaute nur zu, wie ihre Kugel ein bißl herumrumpelte, vergaß auch auf die Knöpfe, denen die Flipper gehorsam waren, und so rutschte der silberne Ball ganz pomadig an der unbewegten Flipperkante entlang in die Tiefe: »Vierdausatdreihundertdreißig, o mei!« röhrte der Lex desperatlustig, probierte nun seinerseits, der Leni den Arm um die Schulter zu legen und am Fürtuch zu nesteln, aber die nahm sein Handgelenk, hobs auf, warf es wie einen alten Hadern nach hinten, und zu vermelden ist, daß dem Dschoo etwas schwante von höherer Bedeutung. »Geh weida laßs schpui'n«, sagte er ruhig und mit Autorität, die Leni trat unveränderten Gesichts an die Maschine. Sie neigte sich darüber, heimlich-unheimlich von den kleinen Lichtern erhellt. Sie streichelte einmal, zweimal den Holzrahmen. Sie kitzelte die Flipperknöpfe: die Hebelchen gehorchten ihr freudig. Vorgeneigt, die melancholischen Augen zugekniffen, die Unterlippe halblächelnd zwischen die Schneidezähne gezogen, zieht sie zierlich mit Daumen und Zeigefinger am Federbolzen und läßt die Kugel sanft, sanft emporsteigen. Krummen Weges, aber pfeilgrad gezielt sinkt sie ins obere Schnapploch – und das große Einsammeln fängt an.

Liegts daran, daß die Leni ein Natur-Genie ist, vielleicht im schwärmerischen Sinne ihres Anbeters Cyriak Fernbrugger? Ists ganz einfach die Fortuna der Anfänger, die ja mit Vorliebe so ihre Neomysten zusammenfischt, um sie dann umso sicherer im Verderben zappeln zu lassen? Oder (und damit treffen wirs wohl besser) ists bereits Teil der Gnaden-Ausstattung, die auf dieser Wallfahrt noch an ihr sichtbar werden wird? Denn man bedenke: durch ein winziges Zeittürl ist sie mit der Kathi geschloffen, auf grauen Straßen von ungehobelten Menschen kutschiert um so pfeilgrad wie die Silberkugel im oberen Schnapploch, hier im Flur der Speise- und Vergnügungsgaststätte Haberl (Emmering) zu landen, dort eine wundersame Maschine vorzufinden, die der bayerische oder österreichische Barock todsicher erfunden hätte, wären ihm die entsprechenden neumodischen Mittel zuhanden gewesen. Hieher ist sie gestellt, hier schießt sie viermal die rechte Scheibenreihe ab (was sich steigernde Bonusse und einen Extra-

Schuß ergibt), vollendet die grünleuchtende Kleeblatt-Serie unterm linken Schnapploch, steppt zweimal hintereinander die roten und blauen Lichtlein in den Kreis, der sich XENON XENON liest, zündet die zwei gelben und das eine rubinrote Viereck auf der Stirn der Spielflächen-Roboterin an, und zweimal kracht es, der Zweier schnellt auf im Anzeigenfensterl, dabei hat sie noch einen Schuß extra gut. Sie läßt die Kugel ins Aus rollen, lächelt jetzt, ja, ein wenig verschlagen, schaut die Burschen an: »Ist recht possierlich das«, sagt sie mit der Damenstimme. Die nächsten Kugeln schickt sie mit voller Federkraft ins Gefecht, es macht nicht viel Unterschied, die Türmchen stöhnen Ah, die Prallwände grunzen Oh, die Scheiben springen auf und ab, die Pfeile und Lämplein zwinkern, gnagg gnagg macht es zweimal, und die Freispielanzeige verdoppelt sich auf einen Vierer: *Victoria.*

Also was? Kathi und Leni standen zusammen, Neptuna und Cybele, musterten ohne Spott den Lex und den Dschoo. Die wurden zuerst rotfleckig, dann ganz rot im Gesicht. »Da verreckst«, sagt der Dschoo. »Geh weida, laß schpuin, die Molln, gengama nauf«, so mürrisch der Lex. Aber: »Geh zua«, sagt der Dschoo, »geh du zua. Dees mecht i seng. Eine Million vierhunderttausend, und Sonderserie. Da verreckst.« Lex drehte sich um mit der durchschaubaren Arroganz des Gedemütigten, ging breitbeinig zur Treppe und hinauf zur Krachmusik. »Geh weida Bräukaschperleni«, sprach der Dschoo, ganz sanft auf einmal. »Schpui zua.« Und die Leni drückt auf den Knopf, der das nächste Spiel freigibt, lang, der Zeit verloren, wird sie mit der XENON raufen,wird ihr immer neue Freispiele abtrotzen, wird auch das eine oder andere großmütig der quietschenden Kathi abtreten, während durch den zugigen Flur die Pärchen trudeln, hinauf zur Krachmusik und wieder herunter, und während aus der ebenerdigen Wirtsstube das ruhige Lachen der Schafkopfspieler schweibt. Lang wird es so gehen, immer unter dem braunschwarzen, ruhigen Blick vom Dschoo, bis zwei Stunden später der wütende Lex heruntertorkelt, nach seltsamem Alkohol riechend (die Spezialität des Hauses Haberl ist CUBA LIBRE): »Gehts weida, fahrma …« und Dschoo, ruhig überzeugt, dazu nickt: »Ja, fahrma …« Und während der schreckbetäubte Cyriakus, vom kalten Atem des abziehenden Gewitters versengt, noch den höhnisch schwindenden Lichtern nachzusehen glaubt, werden daraus die Scheinwerfer der Ankunft, denn die Ritze der Zeit, die (noch) undurchschaubarer Weise gewährt wird, ist barmherzigerweise ganz schmal. Er, der Freigeist, ist wahrhaftig der Einzige der Comoediantentruppe gewesen, der überhaupt den Raub der Töchter des Leukippos, die Entführung der weiblichen Elemente wahrgenommen – und er ist der Einzige, der ihre Rückkunft und Entlassung bezeugen könnte: »Gehweida, da seids wo's highörts, Trachtlerdamen ...«

Und die beiden Jungfern stehen auf der nun wieder rechtschaffen schmalen Straße, stecken im tröstlichen Sternenlicht nach dem Gewitter die Köpfe zusammen und kichern. Aus dem Schupfen wird der kostbare Wagen herausgerollt, der Dialog mit den Pferden setzt ein: »Ööhaa, staad, staad bleibm ihr Verrecker ...« – denn man will zumindest noch nach Rott kommen an diesem Abend. Cyriak treibt es, auf die Leni zuzugehen, sie zu umarmen, ihren Schrecken durch behütende Zärtlichkeit zu erwärmen – aber wo ist da Schrecken? Es ist sein Schrecken, merkt er, den er verdecken will, die Jungfern sind ganz und gar nicht erschrocken, sie sind bloß sehr, sehr weit weg.

3

Leben in der Kleinstadt

Oskar Maria Graf

Die Ehe des Herrn Bolwieser

(Romanausschnitt)

»In einer Kleinstadt«, heißt es, »da helfen keine Riegel. Wo du gehst und wo du stehst, sieht dich der andere im Spiegel.« Werburg machte keine Ausnahme.

Seit einiger Zeit glaubten die Leute bemerkt zu haben, daß die Frau Bahnhofsvorstand auffallend oft zum Torbräu ging. Wie immer war sie bei solchen Gelegenheiten adrett aufgeputzt, und jeder Mann, an dem sie vorüberkam, weidete sich an ihrer belebten Appetitlichkeit. Jeder blickte ihr insgeheim nach, überprüfte eingehend ihre straffe Figur von hinten und bekam andere Augen. Im Weitergehen machte er sich so seine eigenen Gedanken.

Überhaupt munkelte man schon lange allerhand. Es lag etwas in der Luft. An den Biertischen beim Greinbräu, im Lamplgarten und beim Stockerhof ließ hin und wieder ein Gast ein zweideutiges Wort über die Freundschaft Merkls mit den Bolwiesers fallen. Schnell fingen die verbitterten Wirte es auf, und ihre Arglist spann mißgünstig weiter. – Herbst war es geworden, und regenschwere Tage trieben über das stillgewordene Städtchen. Unausgesetzt rauschte es nieder auf die uralten Ziegeldächer. Die verstopften Regenrinnen liefen über, und da und dort ergossen sich wahre Sturzbäche in die engen Schächte der tristen Gassen und Straßen. Auch der Fluß schwoll allmählich an.

Die wenigen Leute, die man sah, stapften eilsam und langschrittig auf dem überschwemmten, holperigen Pflaster dahin mit tief eingezogenem Genick und unter weiten Regenschirmen. Nur die üblichen Wochenmärkte, welche dadurch, daß die Bauern der Umgegend wieder reichlicher ihre Erträgnisse heranfuhren, üppiger wurden, brachten ein wenig Leben in diese Eintönigkeit. Sonst aber schien die trübe Spanne vom Morgen bis zum Abend eine Ewigkeit zu sein. Die Geschäftsleute suchten oft schon am frühen Nachmittag die angedunkelten Wirtsstuben auf, warteten gelangweilt auf Spielpartner oder auf Gäste, die gut zu unterhalten verstanden und Neuigkeiten wußten.

Der Sekretär Mangst ließ nur im Dienst und bei seiner Hausfrau seiner Geschwätzigkeit und Klatschsucht freien Lauf. Sobald dieser häßlich hagere Mann mit seinem stachligen Igelkopf aber das Bahnhofsgebäude verließ, schloß er sich sozusagen zu, wurde wortkarg und – wahrscheinlich weil er schon sehr lange Zeit vergeblich auf seine Beförderung wartete – griesgrämig. Er bekam alsdann etwas Lauerndes und Schleichendes. Beim Greinbräu, wo er gewöhnlich zu Abend aß, saß er oft schon eine geraume Weile auf seinem einsamen Platz am Fenster, ehe ihn jemand bemerkte. Man wußte nicht, war diese Schleicherei bei ihm Absicht oder Schrullenhaftigkeit. Jedenfalls, einmal ereignete sich etwas Peinliches.

Hartmannseder, der Greinbräuwirt, saß mit dem Buchdruckermeister Stempflinger mutterseelenallein in der unerleuchteten Wirtsstube und sagte mit gedämpfter Wichtigkeit: »Hat ja auch den ganzen Tag nichts zu tun, als das biss'l Hausarbeit ... Und eine fesche, stramme Person ist sie, das muß man ihr lassen ... Wird ihr halt zu langweilig sein, das ewige Stubenhocken, der Frau Vorstand! Und sie und der Merkl? ... Gehn S' mir zu, so rasse Weiberleut' in dem Alter! Da sind's wild! ... Und es ist ihr ja auch, weiß Gott, leicht gemacht ... Warum also nicht?!«

Da räkelte sich Mangst. Die zwei hoben zugleich die Köpfe. Eine Sekunde lang glotzten sie benommen auf die unbeweglich in den Tisch gekrümmte, dunkle Gestalt am Fenster, doch als jetzt Mangst gänzlich unbeteiligt ein Zeitungsblatt raschelnd umwandte, gewann Hartmannseder die Fassung wieder. Er stand räuspernd auf, machte Licht und sagte mit der abgefeimtesten Wirtsruhe: »Guten Abend, Herr Sekretär! Jetzt wären wir bald erschrocken! Hmhm, so ein Sauwetter, was Sie mitbringen, Herr Sekretär! Hört's denn gar nimmer auf!« Er schaute durch das trübe Fenster, überhörte die paar Murmellaute Mangsts und meinte wiederum: »Möchten S' was zu essen, Herr Sekretär? ... Warten S', gleich schick' ich Ihnen die Marie mit der Speis'karten 'raus.«

Damit ging er geräuschvoll hustend in die Küche, und man hörte ihn laut regieren da drinnen.

Der Buchdrucker saß mit verärgertem Gesicht da, schnupfte aus Verlegenheit rasselnd laut und war froh, daß Mangst so eifrig ins Zeitungslesen vertieft war. Im »Werburger Boten« Stempflingers inserierten alle Wirte und Geschäftsleute gleicherweise, folglich hieß es, sich's mit niemandem zu verderben. Jedem mußte recht gegeben werden und keinem unrecht. Herrgott, und jetzt hatte dieser Kerl da vorn etwas erschnappt, wodurch der größte Klatsch herauskommen konnte! Verdrießlich schielte Stempflinger auf Mangst und hüstelte ein wenig. Heilfroh war er, daß nun Windegger und der Viehhändler Markertsrieder zur Tür hereinkamen.

Am anderen Tag tuschelten Mangst und der Aspirant öfters sehr eifrig miteinander und warfen verstohlene Blicke in Richtung des Bolwieserschen Dienstzimmers.

»Jajaja«, flüsterte Scherber, welcher seit einigen Monaten die fesche Kellnerin Fanny vom Torbräu poussierte: »Jaja, ich hab' auch schon so was läuten hören ... 's Fannerl sagt, jedesmal, wenn die Frau Vorstand kommt, gehn s' ins Büro hinterm Nebenzimmer, sie und der Merkl ... Und grad notwendig haben sie's jedesmal miteinander, sagt's Fannerl ... « Er hatte Augen, als wisse er noch viel mehr.

»O du meine Güte! Meine Güte!« summte Mangst scheinheilig und sah wiederum auf die Tür des Vorstandszimmers: »Und er? ... Er hat keinen Dunst von all dem! Er ist der Lackierte! ... Allmächtiger Strohsack, was da noch 'rauskommen kann! Ich möcht'nicht dabei sein.«

Das Stellwerk ratterte seine schrillen Klingelschläge herab. Sie schraken zusammen und taten wieder vielbeschäftigt. Bolwieser ging durch das Büro, hinaus auf den Perron. Scherber und Mangst sahen ihm nach, dann wechselten sie stumme Blicke miteinander.

An diesem Abend hatte Mangst es sehr eilig, nach Hause zu kommen, und seine Hausfrau riß Augen und Ohren auf, was er ihr alles zu erzählen hatte.

»Aber gelln S', Frau Käser, gelln S', es bleibt ganz unter uns! Ganz unter uns!« sagte der Sekretär immer wieder: »Ich will nicht, daß g'redt wird!« Die zahnluckige Käserin grinste und versprach es hoch und heilig.

Auch Scherber erkundigte sich beim Fannerl von außen herum, aber doch viel interessierter über die Besuche der Frau Vorstand, beim Torbräuwirt, und natürlich, die Kellnerin war nicht aufs Hirn gefallen. Sie lugte geschwind durch den lärmenden Raum, und als sie merkte, niemand hörte zu, sagte sie halblaut: »Ah, daß da was geht zwischen ihr und ihm, so was sieht ja ein Blinder.«

Sie lächelte, und der Scherber lächelte auch.

Langsam fing das Bächlein des trüben Klatsches zu plätschern an und schlängelte sich munter durch ganz Werburg.

»Das ist eine ganz eine Raffinierte!« hetzte der Greinbräuwirt nunmehr offen und brauste weiter: »Stellt's euch doch vor, was das für a Schlange ist! Die freundet den Vorstand und den windigen Merkl ganz und gar an, daß ihr Nebennausgehn net auffällt! Hmhmhm, also so was muß man doch net leicht treffa! Hmhmhm, so was Ordinärs! Und er, der Vorstand, ist stockblind!«

Hanni meinte er – und Windegger und Margertsrieder saßen, da und hörten es. Der Viehhändler hob sein rotbärtiges Gesicht, zwickte ein Auge zu und meinte: »I hob amoi oan kennt, der hot 's sogar g'wißt, daß sei Oite nebennausgeht und hot nix sog'n derfa ... «

Windegger und Hartmannseder besannen sich bestürzt.

»Pantoffelheld ist er, jaja, da gibt's keinen Zweifel«, sagte der Förster abmildernd: »Aber daß er's –« Er brach ab und machte eine rasche Handbewegung als schiebe er einen erschreckenden Gedanken weit von sich: »Nein – nein, das – das gibt's denn doch nicht! ... Das ist ausgeschlossen!«

Indessen – warum ging denn nun eigentlich die Frau Stationsvorstand in jener Zeit so oft zum Merkl? Und weswegen kam der Torbräuwirt an einem Abend sogar einmal in die Bolwiesersche Wohnung? –

Im Frühjahr las man ganz unerwartet eine dickletterige Lokalnachricht im »Werburger Boten« des Inhalts, daß »der weitbekannte bisherige Pächter des Torbräu, Herr Franz Merkl, von der Besitzerin, der Brauerei Neithart in Passau, die von ihm geleitete

Gastwirtschaft käuflich erworben habe«. Stempflinger versäumte nicht, in seinem Artikel dem Merkl aufrichtiges Lob zu zollen und wünschte ihm »im Namen der Allgemeinheit« den besten Erfolg für die Zukunft.

Die Bolwiesers saßen zusammen in ihrer gemütlichen Küche und unterhielten sich sehr lebhaft miteinander.

»Hahahaha jetzt haben wir unser Vaterl doch hinters Licht geführt«, frohlockte Hanni mit schadenfreudiger Munterkeit: »Jetzt ist ihm doch ein Strich durch die Rechnung gemacht worden, und er weiß nicht einmal, von wem ... Geschieht ihm aber auch ganz recht ... Der Merkl hat mit Müh und Not alles in Gang gebracht, und jetzt könnt' er gehen! « Sie war empört über ihren hinterhältigen Vater.

»Schofel! Einfach abscheulich!« schimpfte sie: »Einfach einem ganz fremden Menschen hätte er den Torbräu 'geben, bloß weil der bar bezahlt hätt' ...«

Auch Xaver fing Feuer. »Handler bleibt eben Handler!« meinte er: »Keiner hat soviel Herz im Bauch wie Schwarzes unterm Fingernagel ... «

»Und grad beim Merkl«, sprudelte sie weiter: »Grad bei dem! Wo doch das Geld absolut sicher angelegt ist! Wo er doch gar keine Angst hätt' haben brauchen.« Mit einem Ruck umschlang sie Xaver und lachte glücklich: »Hahaha! Das freut mich, Dickerl! Das hat mich richtig gefreut, daß du gleich ja gesagt hast ... « Sie drückte, preßte und küßte ihn wie einen geduldigen Pudel, und er ließ es geschehen.

»Was sollt' ich denn auch machen«, scherzte er zwischenhinein: »Kann man dir denn was abschlagen?«

»Mein gutes, liebes Dickerl!« jauchzte sie selig. Endlich ließ sie los und sagte gesammelter: »Ob wir jetzt das Geld auf der Bank haben oder ob's uns der Merkl verzinst, sicher liegt's doch überall ... Und der Merkl zahlt uns acht statt vier Prozent ... Das macht jedes Jahr einen schönen Profit aus ... Direkt dumm wären wir gewesen, wenn wir's ihm nicht gegeben hätten ...«

Wie sommermuntere Fliegen schwirrten Bolwiesers Augen um ihre schmiegsame Figur.

»Ja, eben, eben«, rieb er sich die Hände: »Gut hast es gemacht, Hannerl! Ausgezeichnet.« Er wärmte sich an einem Gedanken und sagte: »Herrgott, hm! Schön ist's doch, wenn man so einen Batzen Geld hinten hat. Das bringt von selber was ein, und man braucht keinen Finger dabei rühren...« Er sah nachdenklich drein.

»Und vom ersten Zins, den wir kriegen«, jubilierte sie wiederum. »Da kauf' ich mir einen Pelzmantel! Ja-wolll!!! Das Geld hab' ich mir ganz allein verdient.«

Tieffreudig richtete sie sich auf und machte einige Schritte.

»Ja-wolll!« ahmte er ihre lustige Resolutheit nach: »Jawolll, Hannerl! Das tust du!... Und einen recht schönen, weichen kaufst du dir! Wir haben's ja!« Er fuhr mit beiden Händen von ihrer Brust abwärts in die Taille, gleichsam als betaste er seinen wunderbaren Besitz. Eine Wohligkeit durchflutete ihn. Er sah Hanni in dem weichen, dunklen Mantel prangen.

»Herrgott«, sagte er wie für sich: »Herrgott, haben's wir schön! Mit keinem Millionär möcht' ich tauschen!«

Der alte Neithart war mit dieser Wendung gar nicht zufrieden. Er kam seither nicht mehr nach Werburg. Niemand geht gern dahin, wo er Mißerfolg gehabt hat. Einmal kam ein Brief von ihm an Hanni, da hieß es: »Eigentlich bin ich dumm gewesen, daß ich nicht länger mit dem Verkauf gewartet habe, liebe Hanni. Der Merkl kann jetzt lachen. Ein oder zwei Jahre länger, und ich hätte für den Torbräu meiner Schätzung nach gutding ein Drittel mehr bekommen.« Und einige Sätze später verwunderte er sich und schrieb fast gehässig: »Wo er bloß das viele Geld so schnell hergebracht hat? Ist doch ewig ein windiger Metzger gewesen, wo von einem lumpigen, armen Kleinhäusler herkommt.«

Hanni kicherte in sich hinein. Sie sah durch das offene Küchenfenster über den herbstbesonnten Bahnhofsplatz, blickte in die verschiedenen Straßen und Gassen, welche von hier aus ins Stadtinnere liefen. Es war, als suche sie den Torbräu. Sie holte tief Atem. Ihre Brust wölbte sich noch einmal so straff.

»Ha!« stieß sie heraus und lächelte keck. Wie tanzend wandte sie sich um, ging an den Herd und fing, während sie das Mittagsgeschirr spülte, lustig zu singen an. Klar und hell drang ihre frauliche Stimme durchs offene Fenster in das Freie. Der Greinbräuwirt stand vor der Tür und lugte herüber.

»Saumensch, mistiges!« knurrte er verdrossen und knirschte. In seinem dicken Kopf nagten die rachsüchtigsten Gedanken. Er wußte genau, woher der Merkl das Geld zum Ankauf der Torbräuwirtschaft hatte. Er und viele andere Leute in Werburg.

»– bei einer Frau Wirtin – da kehrten sie ein«, klang es heiter an sein Ohr. Er wurde noch ärgerlicher.

»Himmelherrgottsakrament – sakrament – sakrament!« fluchte er halblaut weiter, und sein haßerfüllter Blick glitt langsam vom Fenster der Bolwieserküche abwärts, tiefer, tiefer bis zum vergitterten Fenster des Dienstzimmers vom Stationsvorstand. Da blieb er züngelnd haften. Er schnaubte grimmig, drehte sich um und ging wieder in den breiten Hausgang zurück.

»Singa tuat's, das Saumensch, daß es eine wahre Schand' ist!« sagte er zu seiner Frau in der Küche: »Grad übermüati' ist s'... Und er, der Trottel, spannt nichts! Direkt blind ist er! Hmhmhm! Man müßt's ihm einfach amal stecka, warum sei Weib so lusti' ist ... «

Die spitzbauchige Hartmannsederin aber schaute ihn ängstlich an und meinte: »Sei so gut und misch' dich ein, daß d' vors G'richt aa no' kimmst ... «

Der Wirt sagte nichts mehr darauf. Er schaute nur noch verbitterter in ein Loch, und zum Schluß ballte er beide Fäuste und stieß wild heraus: »Direkt derwuzeln könnt' ich's, das Sauweib, das miserablige!« Tage und Tage murrte er und grantelte er so herum in seiner schlecht besuchten Wirtschaft. Bei der geringsten Gelegenheit schlug er Krach und fluchte, daß es nur so schepperte. Die Weiber in der Küche, der Schenkkellner und die Knechte hatten nichts zu lachen bei ihm. Alle Mühe mußte er sich geben, um den wenigen Gästen ein freundliches Gesicht zu zeigen.

Der Torbräu nahm nun, nachdem Merkl Besitzer geworden war, erst recht einen Aufschwung. Noch in jenem späten Herbst fingen die Maurer mit dem Bau einer sehr großen Autogarage an.

Marieluise Fleißer

Eine Zierde für den Verein. Roman vom Rauchen, Sporteln, Lieben und Verkaufen

(Romanausschnitt)

Die Altstadt hat neun Kirchen, ein Männer- und zwei Frauenklöster. Sie hat vier Hauptstraßen, die genau im Zentrum ein Kreuz bilden. Die beiden Balken sind von einem Stadttor bis zum anderen einen Kilometer lang. Sie hat zwischen diesen Balken ein Gewirr von alten, oft krummen Gassen, die nach Zünften benannt sind oder andere altertümlichen Namen tragen. Sie heißen Am Bachl, Am Lohgraben, Am Pulverl, Auf der Schanz, Bei der Schleifmühle, Brunnhausgasse, Fechtgasse, Goldknopfgasse, Griesbadgasse, Höllbräugasse, Lebzeltergasse, Mauthstraße, Neue Welt, Schliffelmarkt, Schloßländle, Schrannenstraße, Taschenturmgasse, Tränktorstraße, Zipfelgasse, Oberer und Unterer Graben. Am Stadtrand gibt es den Probierlweg, den Ruschenweg, den Schießstattweg, die Schinderschüttstraße.

Sie hat einen volkstümlichen Heiligen, dem man nachsagt, daß er jeden Brand durch dreimaliges Pochen voranmeldet und der seit vier Jahrhunderten durch seine Fürbitte verhütet hat, daß bei einem Brand mehr wie ein einziges Haus in Flammen aufging. Der Heilige liegt in der Unteren Pfarr begraben, Nachbarn haben sein Pochen in der Nacht schon oft gehört.

Die Stadt hat viele Häuser, die schon zur Zeit des Dreißigjährigen Krieges standen. Sie hat einen Moorbach, der teilweise unterirdisch durch die halbe Stadt läuft und an dessen Lauf die Gärtner und Färber sich angesiedelt haben. Sie hat einen breiten Fluß, der nicht schiffbar ist, eine steinerne Brücke für Fußgänger und Lastwagen und eine Eisenbahnbrücke aus Stahl.

Sie hat ein weites Hinterland, das Ackerbau und Hopfenzucht

treibt, das aber der Stadt als Käufer mehr und mehr untreu wird, seitdem die direkten Agenten der Industrie das flache Land überschwemmen. Sie hat einen regelmäßigen Viehmarkt, der viel zu oft wegen eingeschleppter Maul- und Klauenseuche gesperrt und an einen anderen Ort verlegt wird, so daß die Kaufkraft des ganzen Landstrichs abwandert. Sie liegt weit entfernt von den Industriezentren des Reichs, zahlt hohe Fracht – und Transportkosten. Sie liegt gefährlich nahe der Landeshauptstadt, deren leistungsfähige Warenhäuser ihren Geschäften durch Prospekte und Inserate systematisch Konkurrenz machen.

Sie hat außerhalb des mittelalterlichen Kerns neugebaute Beamten-, Villen- und Arbeiterviertel, die längst zur Größe der Altstadt angeschwollen sind oder darüber hinaus, die aber durch den veralteten Festungsgürtel, durch den Fluß, das Moorgelände und das selten unterführte Schienennetz unglücklich von ihr abgeschnürt bleiben.

Sie hat Volksschulen und Mittelschulen, eine Gewerbeschule, eine Sonntagsschule für Dienstmädchen. Sie hat zwei Sportvereine, verschiedene Innungen und als lebendigen Überrest aus dem Mittelalter die mächtige Zunft der Schornsteinfegermeister. Sie hat im alten Kern vier privilegierte Apotheken. Sie hat noch ein paar Stadtbauern, die sich selbst ernähren können, viele ehrsame Handwerksmeister, die von den Fabriken abgewürgt werden, viele kleine Kaufleute, die bereits im halben Angestelltenverhältnis zu den Konzernen stehn mit vorgeschriebenen Preisen, sie hat alteingeführte Qualitätsgeschäfte, die von den auswärtigen Warenhäusern, wenn auch nicht in der Güte, so doch im Preis unterboten werden.

Alle diese Leute, die durch die Inflation ihr in besseren Zeiten erspartes Vermögen verloren, haben ihre Kinder unter persönlichen Opfern etwas lernen lassen. Ihre Töchter gehen in Handelsschulen, kommen als Lehrlinge in Bankbetrieben unter und werden abgebaut, wenn sie ihr volles Gehalt zu beanspruchen haben. Ihre Söhne studieren, werden Ärzte, die sich keine genügend tragfähige Praxis schaffen, weil zu viele sich die Patienten streitig machen. Sie werden Lehrer und nicht ins Lehrfach zugelassen. Sie werden Chemiker, Ingenieure, die in der Heimat keine Beschäftigung finden, weil dort keine Industrie ist, im Reich nur schwer Beschäftigung finden, weil es zu viele Arbeitslose gibt und weil sie weitab vom Schuß leben. Der Massenandrang nach den gehobenen Berufen hat sich in den vergangenen fünfzehn Jahren gerächt. Die akademische Bildung ist in dem Maße entwertet, als sie sich verbreitert hat.

Als Studierende haben die jungen Menschen Jahre in der Großstadt verbracht. Es wird ihnen zu eng in den Verhältnissen zu Hause. Im besten Fall passen sie sich äußerlich an. Aber ein Keim in ihnen, die Unzufriedenheit bleibt, zwingt sie zu einer zerstörerischen Hellsichtigkeit, zu den unwillkürlichen Vergleichen.

Zugegeben, in jedem Beruf kommen die Tüchtigen durch verzweifelte Auswahl nach oben. Aber hier in der gedrosselten Stadt entscheidet oft nur die Beziehung, das Privileg der Kaste, der bloße Zufall, wer zuerst da war. Das macht es den jungen Menschen so schwer. Wenn man sie damit abspeist, daß sie sich in einer besonders schwierigen Übergangszeit befinden, daß sie ein Massenschicksal erleiden, dann verlangen sie, daß dies Massenschicksal alle ohne Unterschied trifft. Sie stoßen sich daran, daß es die ungerecht Bevorzugten gibt. Sie fallen Gedanken anheim, die wie Keimstoffe in der Luft schwirren und an Anarchie und Verbrechen streifen. Sie spielen mit dem Vorsatz zu irgendeinem gewaltsamen Handeln, sogar um den Preis, daß es nachher noch schlimmer wird, einfach um sich Luft zu schaffen. Die Gemeinschaft hält sie notdürftig in der äußerlich vorgezeichneten Bahn. Aber es schwelt, bald wird es brennen.

Um nicht müßig zu gehn, springen sie in Gelegenheitsberufe ein, zu denen man leicht Zutritt findet, weil man in ihnen schwer was erreicht. Sie werden Reisende, Vertreter von Firmen, Agenten auf eigene Rechnung, immer mit einem Fuß draußen, wissend, daß man sie zum alten Eisen schmeißt, wenn sie verbraucht sind. Ein Härtekrampf bildet sich in den Edelsten unter ihnen, Frieda Geier hat ihn. Sie kennt die seltsamen Handlungen der Verzweiflung.

Die Stadt kann nicht leben und nicht sterben, seit ihr durch den

Versailler Vertrag das Militär genommen wurde und alle Zubringerdienste für das Militär samt den Rüstungsbetrieben. Doch weist ihr mystischer Leib, aus den Voraussetzungen des Mittelalters gewachsen, immer noch vereinzelte Schutzinseln auf. Es gibt Familien, die Glück gehabt haben oder in einer Branche sitzen, deren Boden noch trägt. Die Gillichs rechnen sich dazu, wenn nicht alles trügt. Sie haben die derbe Rasse mit dem starken Auftrieb.

Auch sie kämpfen um das bloße Dasein, aber mit einer gewissen Zuversicht. Sie kennen noch den alten Familiengottvater, der sie belohnt und bestraft, je nach der freiwilligen Anstrengung und dem Verdienst. Sie blicken noch nicht einem kollektiven Schicksal ins Auge, das alle gleich arm machen will.

Wenn Entwurzelte auf eine Schutzinsel stoßen, erliegen sie vielleicht der übermächtigen Versuchung, sich fallen zu lassen, sich hier zu vergraben, sich blindem Optimismus auszuliefern. Und doch dürfen sie auf der Insel nicht bleiben. Es ist zu spät für sie geworden, sie können nicht mehr das gewöhnliche Brot im Volkskörper sein. Ihnen bleibt nur der Ausweg, sein Salz zu werden.

Eines Tages treibt es sie wieder hinaus. Oder sie zerstören die Insel, wenn sie nicht rechtzeitig sie verlassen.

Dies ist der vierte Tag, seitdem Gustl Gillich, Tabakwarengillich, seinen eigenen Laden am Bitteren Stein aufgemacht hat. Vergangen sind die drei bangen Tage, in denen keiner, der nicht wirklich mußte, über seine jungfräuliche Schwelle trat. Gustl Gillich steht hinter dem Ladentisch in seinem Sonntagsanzug mit weichen Knien. Hat er sich überschätzt? Ist die Lage nicht gut? Hat er sich beim Vertrag hereinlegen lassen?

Fünfzehn Schritte von ihm entfernt tobt der Verkehr. Das kann doch nicht wie abgeschnitten sein.

Sie kennen sein Gesicht, jawohl. Sie kennen ihn als den langjährigen Fachmann in der Tabakwarenbranche. Es ist nicht der erste Laden, den er aufgezogen hat in der Stadt. Er hatte schon einmal Glück in der Donaustraße, eine Goldgrube schien es zu werden. Den Laden dort nahmen ihm seine Eltern ab, als der Laden lief, und er mußte es dulden, weil er das Geld von ihnen hatte. Er würde den Laden doch einmal bekommen.

Aber jetzt war er zum Mann erwacht und wollte nicht mehr darauf warten, bis sie gestorben waren.

Man darf nicht verlangen, daß die Leute nach drei Tagen einen neuen Laden mit Gewalt auskaufen wollen. Aber sie sollen ihn auch nicht schneiden. Vielleicht ist gar keine böse Absicht dabei. Was läßt sich von der entmilitarisierten Stadt mit neunundzwanzigtausend Einwohnern und zehn Prozent Arbeitslosen anders erwarten?

Dann sind es die Arbeitslosen, die Gustl Gillichs, des Schwimmphänomens, Knie so weich machen?

Ach nein; nicht nur diese.

Die Menschen sind ja Steine.

Die Knie sind hinter dem Ladentisch versteckt. Sichtbar ist nur die obere Gegend des Sonntagsanzugs und auf dem kleinen eisernen Kopf sein rechtschaffenes Lächeln.

Gustl lächelt rechtschaffen von sieben Uhr morgens bis sieben Uhr abends und steht dabei auf ein und demselben Fleck vor atemloser Erwartung. Er ist übertrieben bereit zum Empfang.

Sind denn die Menschen wahnsinnig, daß sie nicht eintreten, um sich anlächeln zu lassen. Für jeden einzeln würde er sich ja zerreißen. Besitzen sie die Schamlosigkeit, überhaupt nicht einzutreten, nicht einmal mit dem Fuß?

Dann wird ihnen zur Strafe entgehn, wie Schwimmgustl in seinem Käfig steht wie angenagelt, sich gar nicht mehr hinsetzt aus einer neuen Frömmigkeit für den Handel und Wandel. Er macht sich müde und weiß nicht für wen. Diese Ehrerbietung vor dem abwesenden, ja vor dem imaginären Kunden ist die letzte Errungenschaft von Gustl, dazu gemacht, um Steine zu erweichen.

Mag denn sein Eifer hinausstrahlen ins All, in dem nichts verlorengeht!

Oder ist es notwendig, daß er den menschenleeren Laden schon um sieben Uhr in der Früh für den säumigen Kunden bereithält?

Alles ist notwendig. Die Menschen sind Knechte auf Erden.

Also strahlt Gustl seinen Willen hinaus, die magischen Wellen. Fortgesetzt gibt er Kraft weg. Aber bis jetzt ist die Kraft nicht wie ein Bumerang in seine eigene Hand zurückgekehrt. Was soll nun diese Verstocktheit heißen?

Wenn Gustl unermüdlich seine eigenen Fehler ausmerzt, sollen ihm die Mitmenschen darin endlich Nachfolge leisten.

Als man ihm ins Gesicht sagt: »Deine Auslage zieht nicht, sie hebt sich nicht über den Boden heraus«, hätte er zum Beispiel beleidigt sein können.

Aber ist er beleidigt?

»Sie gefällt mir selber nicht«, sagt er elastisch und gibt sofort zu, daß er mit großen Fenstern noch nicht umgehen kann.

Er hat seine Erfahrungen an kleinen und hochgelegenen Fenstern gesammelt.

»Dein Fenster ist ja so gut wie leer«, sagt die Mutter. Sie würde nie und nimmer glauben, welch eine Lage Waren Gustl hineingeschmissen hat und es gibt nicht aus. Schließlich kann er nicht sein halbes Lager in die Sonne legen.

Gustl ist kein eingebildeter Mensch. Er schleppt leere Kisten zusammen und reißt seine Dekoration nächtlicherweile wieder heraus.

»Diesmal weiß ich, wie ich es machen muß«, sagt er unverdrossen zu Frieda. »Ich schaffe einen ansteigenden Unterbau, der den Passanten die Ware direkt unter die Nase hebt.«

Wird nun Gustl, wenn nachts um elf Uhr seine Kisten nicht reichen, vor Ohnmacht beben und die Nägel in die Handflächen pressen, weil er an allen Ecken und Enden gehemmt ist? Schweigend stapelt er einige hundert Zigarrenschachteln in Lagen aufeinander. Es hält furchtbar auf, weil die Schachteln in der Größe abweichen. Frieda schimpft, daß Verpackungen dieser Art nicht genormt sind.

»Nur überall Spielraum lassen«, kommandiert er, als sie den Unterbau mit den blauen Zubantüchern verkleiden. »Du kannst gar nicht genug Stoff auslegen. Wenn das Tuch zu straff gespannt ist, reißt es mir hernach die Flaschen herunter. Hast du Reißnägel?«

Sie sind beide abgekämpft, als sie nachts um zwei Uhr zum eigentlichen Dekorieren übergehn.

Doch sucht Gustl wie die Biene das Gute.

»Was für ein Glück, daß ich es nicht allein machen muß! Ohne dich wäre ich aufgeschmissen«, übertreibt er.

Das Hirtentäschchenkraut ist in sich selbst nicht so bescheiden. Als beiden grau und flau wird, daß sie am liebsten alles nochmal herausreißen möchten, läßt er die Genossin der Freuden teilnehmen am Rotwein und Leberkäs, den sie wie die Wilden in langen Streifen hinunterschlingen.

»Wenn wir erst was im Magen haben, gefällt uns die Auslage wieder besser«, behauptet Gustl.

Der Wein muß sowieso getrunken werden. Die Rotweinflasche ist Bruch. Gustl hat ihr am Nachmittag, als er die Kisten vorzog, aus Versehen den Hals abgeschlagen.

Dann wird Gustl so sehr Optimist, daß er als Mittelstück wahllos Zigarettenschachteln nach unten rollen läßt.

»Nur recht unordentlich hineinwerfen, damit die Leute stutzen und stehenbleiben.«

Um vier Uhr darf er mit aufrichtiger Erleichterung sagen: »Das hätte ich nicht geglaubt, daß wir in dieser Nacht noch fertig werden! «

Nun hat er Frieda so lang wachgehalten, daß er sich im Morgengraun gezwungen sieht, auf den gemeinsamen Altar ein Versprechen zu legen.

»Das nächste Mal geht es schneller. Ich lasse mir als Unterbau ganze Treppenstücke und Würfel vom Schreiner machen.«

»Das will ich auch hoffen«, hackt Frieda ein. Sie zuckt nicht mit der Wimper.

Nach diesem kriegerischen Klang will Gustl nicht übermütig werden und nichts verschrein.

»Wir werden ja sehn«, sagt er vorsichtig, »ob das Fenster diesmal Anklang findet.«

Und es hat eingeschlagen. Die Passanten bleiben wenigstens vor der Auslage stehn, um den Laden nicht ganz mit Verachtung zu strafen. An Laufkunden fallen vor allem die Fremden bei Gustl

Gillich herein. Aber er fängt auch an, sich einen kleinen Stamm von festen Abnehmern zu schaffen.

Schon kann er Frieda, die ihn in der Mittagspause ablöst, verheißen:

»Um halb zwölf wird der und der seine fünf Ravenklau holen. Ravenklau stehen hier drüben, daß du es weißt.«

Er hört Frieda in Zigarettenmarken ab, und sie muß zwischen all den Packungen an die richtigen hinfassen, ohne zu zögern. Das gibt ein Gelächter. Wenn man einmal drin ist,weiß es ein kleines Kind. Und doch hat Frieda, hell wie sie ist, gestern partout Haus Ulmenried nicht gefunden.

Wie in der Schule sagt sie als Ausrede: »Das haben wir noch nicht gehabt.«

Der erste Bann ist gebrochen. Doch hat Gustl der Geschäftsgang nicht die Rede verschlagen.

»Das ist doch bloß getröpfelt«, kann er sagen.

Nach vierzehn Tagen wechselt er die Dekoration, so daß andere Tabakwarenhändler, die es ihm nachtun müssen, sich über den unnötigen Fleiß erbosen.

»Ich bin neu in der Straße«, verteidigt sich Gustl. »Ich muß das Bild öfter verändern wie die eingeführten Geschäfte. «

Gustl rührt sich auch sonst und stellt als einer der Ersten am Rand des Trottoirs einen Fahrradständer auf, in dem gleichzeitig fünf Räder parken können. Weil ihm der Ständer zu viel kostet und Gustl behauptet, daß er ihn fürs halbe Geld selbst herstellen könnte, läßt er ihn vorerst auf Widerruf stehn. Er zahlt erst, wenn sich der Ständer bewährt.

Aber mit seinen verstellbaren Zigarrenkistenhaltern erweist sich Frieda als unzufrieden. Sie hält sie für genauso langweilig wie überall.

Gustl widerspricht nicht, denkt jedoch intensiv. Man muß das verwerten, was auf dem Markt liegt.

Frieda will ihn ja auch, wenn er eine bestimmte Auffassung hat, nicht mit Gewalt zur eigenen Meinung bekehren. Es ist sein Laden.

»Es ist auch dein Laden«, sagt Gustl.

Da nimmt Frieda einen abwesenden Blick an, so ganz ist das noch nicht heraus. Gustl fängt an, sie zu bezichtigen mit Hinweisen, die immer deutlicher werden.

»Ohne dich hätte ich den Laden niemals aufgemacht«, stellt er ein für allemal klar. »Bei meiner Mutter drunten ist die Lage besser. Wenn ich mich hineinreite, habe ich es aus Liebe zu dir getan.«

»Wie stimmt das damit zusammen, daß du den Schritt ohne mein Wissen machtest und schon seit Jahren vorgemerkt bist für den Zeitpunkt, wo dieser Laden einmal frei wird?« berichtigt Frieda.

»War es nicht ein alter Plan deiner Familie, im Zentrum eine Filiale aufzumachen?«

Ja, aber Gustl hat sich womöglich verhaut. Der Laden wird nicht halten, was er sich davon versprach. Da wäre es gut, den Sündenbock dafür zu haben. Und es kommt immer hinzu, daß ihn die Liebe dem Experiment willfähriger machte.

»Es war auch höchste Zeit, ein Mann zu werden«, weiß Frieda dagegen.

Wenn sich Frieda auch nicht stillschweigend die ganze Verantwortung aufbürden läßt, ist sie auf ihre Art doch wieder recht. Unauffällig poliert sie die Flaschen. Frieda sieht aufs erste Mal ein, daß Gustl dafür keine leichte Hand hat.

Überhaupt hat er eine draufgängerische Art, die immer einen braucht, der nachgeht und aufräumt. Ohne sie würde er im Hinterraum vor eingerissenen Stanniolkapseln, mißglückten Preisschildern, vor Reißnägeln und altem Seidenpapier ersticken. Besonders nach jedem Dekorationswechsel häufen sich hinten die Leichenteile. Gustl kann mit gleichgültigen Männerblicken tagelang an ihnen vorbeigehn.

Aber wie langweilig ist das, wenn man sich dafür hergibt!

Frieda ist nicht abgeneigt, nach der eigenen Arbeitszeit das Gröbste zu beseitigen. Anders ist es schon, wenn sie merkt, daß er darauf pocht. Sie kann in den Tod nicht leiden, wenn Männer den lästigen und undankbaren Teil der Arbeit den Frauen zuschieben aus Prinzip.

»In Amerika helfen die Männer und Frauen auch zusammen,« sagt sie zum Beispiel.

»Hier ist nicht Amerika.«

Aber hier ist Frieda, die jahrelang Männerarbeit gemacht hat.

Wie soll das einmal werden, wenn Frieda sich auf die Heirat einläßt? Dann ade, schöne Selbständigkeit!

»Daran darf ich noch gar nicht denken«, sagt Frieda.

Da lacht Gustl sie aus. Das wäre doch sonderbar, wenn eine sinnenfreudige Frau sich nicht die Finger bis zum Ellbogen ableckte, falls sie beim Genossen der Liebesspiele sich absichern kann auf Zeit.

Aber um welchen Preis? Frieda hat Ahnungen, sie kann es nicht lassen.

Allen Ernstes fragt Gustl, ob sie sich bei ihm nicht auslebt? »Ausleben, ja«, kommt es gedehnt.

Wenn das für sie wenig ist, ist Gustl machtlos und Frieda ein Rätsel.

»Es fehlt eben was.«

»Dir fehlen Prügel.«

»Das muß man erst können.«

»Was?«

Gustl schnaubt. Gustl hat unter Können natürlich die reinen Körperkräfte verstanden, ein Beweis, wie einsam Frieda neben ihm lebt.

»Dazu müßte ich dir denn doch zuvor das Recht geben«, spricht deutlich Luzifers Tochter. »Ich würde nämlich sofort von dir gehn.«

Da steht sie und behauptet sich, als seien die Paragraphen des Gesetzbuches für sie nicht geschrieben.

Der beliebte Krauler ist nicht so souverän, wie er glaubt.

Er nimmt es von der leichten Seite und lacht, sollte vielleicht nicht lachen.

Es stört sie, daß er niemals mehr bei ihr erreicht, als sie ihm freiwillig gibt. Er wird ihr nicht Herr. Er besitzt nicht die Fähigkeit, ihren Widerstand aufzuzehren.

Gustl kann nicht die ganze Nacht umhergehn und an dem widernatürlichen Gedanken bohren. Jetzt macht er Schluß. »Es geht dir so gut, daß du vor Übermut nicht weißt, was du willst. Sei froh, daß du mich hast.«

»Ich bin ja froh«, sagt sie schwankend.

»Wer A gesagt hat, muß auch B sagen.«

Natürlich ist das eine vorübergehende Stimmung von Frieda. Aber zwischen den Wänden steht es geschrieben, der beliebte Krauler soll ihr manche Enttäuschung bereiten.

Er hat wohl neben der Mutter, die keinen neben sich aufkommen läßt, eine gewisse Unentschlossenheit angenommen. Wenn man ihm den Anstoß gibt, arbeitet er wie ein Pferd. Er wartet bloß, daß Frieda die Initiative ergreift, und Frieda sieht sich das an, wie er wartet.

Schon zeigt sich sein Eifer für den Handel und Wandel von einer gesunden Sparsamkeit durchsetzt, er ist nicht mehr süchtig.

»Ich kann die Leute auch nicht an den Haaren herbeiziehn«, sagt er und sieht sich gezwungen, seinen Anzug und seine Nerven zu schonen. Er ist nicht mehr so habgierig, daß er Handstand und Kopfstand macht für jene Kunden, die ihn ohnehin beehren, und für die Abwesenden, die ja doch draußen bleiben. Die Welle hat sich überschlagen. Er läßt den Dingen einen gewissen natürlichen Lauf.

Er, den es wie einen gefangenen Löwen umhertrieb, hat es gelernt, sich ohne Tatendrang im Käfig zu bescheiden. Er starrt vor sich hin, solange die Käufer nicht wie Trommelfeuer bei ihm einfallen.

»Ich bin ja doch darauf angewiesen, was sie mit mir machen«, murmelt er schwer, sein Blick ist gebändigt.

Eine seltsam ausweichende Art von Fleiß hat Gewalt über ihn gewonnen und zwingt ihn, auf gelber Pappe Werbeschrift zu üben.

»Meine Fünfer sind noch nicht zügig«, murmelt er in panischer Angst.

Tag für Tag schielt er den Pinsel entlang, seine Zungenspitze schreibt mit. All seine Lebensgeister wandern wie ein Ameisenheer in derselben gebundenen Richtung. Als könne er dadurch, daß seine Fünfer zügig werden, Unerreichbares erreichen.

Grete Weil
Egern
(Romanausschnitt)

Ich besuchte Tante Melitta und Onkel Michael oft in Untergrainau am Fuße der Zugspitze (ich war zusammen mit Fritz oben gewesen), die mir in ihrer Steilheit, ihrem Schneeferner, und den nackten hellen Felsen sehr imponierte. Auf die stets wiederkehrende törichte Frage, was mir denn besser gefiele, Grainau oder Egern, gab ich zur Antwort: (denn natürlich gefiel mir die Zugspitze samt dem Waxenstein besser als mein sanfter Wallberg): »Egern, denn da gehören die Berge mir.«

Ganz hat dieses Gefühl nie aufgehört, heute nenne ich sie die Kinderberge, aber die Verbundenheit ist geblieben.

Niemand kann sich heute vorstellen, was für ein stilles, verträumtes Dorf dieser aufgeblasene Kurort einmal war.

Das heutige Talmi-Nobelhotel, nahe bei unserem ehemaligen Garten gelegen, war eine kleine Wirtschaft, in der wir jeden Abend mit einem Henkelgestell in Maßkrügen das dunkle Bier holten, eine Wirtschaft mit knarrenden Dielen, in der sich auch eine Bäkkerei befand, in der es herrlich nach frisch gebackenem Brot und Kümmel roch. Wie schön war es erst im Winter, wenn an einem immer wieder mit Wasser übergossenen Holzgestell im Wirtschaftshof die schönsten Eiszapfen hingen, die in allen Farben leuchteten.

Ein Ort, in dem man jeden Weg, auch den entlegensten, kennt, jeden Baum, jede zarte Linie der Berge, jeden Geruch, jede Beleuchtung, jede bunt blühende Wiese, jeden Bauern, der des Weges kommt, jede Bäuerin in ihrer schönen Tracht, den Klang der Kirchenglocken, ob sie einen Feiertag, die Messe, ein Begräbnis einläuten, oder wenn ein schweres Gewitter mit Sturm droht, auch vor dem Unwetter mit aufgeregtem Gebimmel warnen.

Ein Ort, in dem man das Geräusch der Wellen kennt, die gegen das Ufer schlagen, ein See, den man oft von einem zum anderen Ufer durchschwommen hat, auch im Spätherbst, wenn einem die Kälte den Atem nimmt.

Ein Ort, in dem man, tritt man in ein Geschäft ein, oft mit Namen oder doch mit Handschlag begrüßt wird. Ein Ort, in dem man weiß, daß es in dem einen Kaufhaus nach der Appretur von neuen Dirndlstoffen riecht, im anderen nach Wasch- und Putzmitteln.

Ein Ort, in dem man im Winter, die Skier an den Füßen, die steilen Hänge hinaufsteigt, und in ein paar Schwüngen hinunterflitzt. Wo unten der beste Läufer des Tales, einer der besten des ganzen Landes steht und Bravo schreit, ein bißchen lauter vielleicht als es nötig wäre. Später wird er ungeachtet seines Meisterschaftstitels aus der SA ausgeschlossen, weil er sich zu oft vor den Pflichtabenden gedrückt hat.

Ein Ort, in dem einen jeder kennt, wo man die Dispeker Gretel heißt, auch wenn man schon längst einen anderen Namen hat.

Ein Ort, in dem man zu Hause ist, wirklich zu Hause, auch dann noch, als über dem Ortsschild ein Transparent mit der Aufschrift hängt: »Juden betreten den Ort auf eigene Gefahr.«

Das Transparent macht die Menschen häßlicher, nicht den Ort.

Der Ort wird erst häßlich, als der Massentourismus einsetzt.

Vor mir liegt die Ablichtung eines Briefes, den mein Vater im Mai 1935 an den damaligen Bürgermeister geschrieben hat und den mir ein mir freundlich gesonnener Bewohner jetzt hat zukommenlassen, um seinen späten Abscheu vor den Ereignissen zu bekunden. Mein Vater schreibt darin, daß auf der Straße vor unserem Haus mit roten Riesenbuchstaben gestanden habe: »Judenschwein, packe dich fort.« Packe dich fort – das war kein Bayer, so redet ein Bayer nicht, doch es war schlimm genug. Der Brief meines Vaters, der sich beschwerte und meinte, es schade dem Ansehen des Ortes, und der Bürgermeister könne etwas dagegen tun, ist naiv, aber im Mai 1935 war man eben noch naiv und ahnte auch nach zwei Jahren der Nazi-Herrschaft nicht, was kommen würde.

Ich war im Mai 1935 in Italien, habe es bestimmt nach meiner

Rückkehr von den Eltern erzählt bekommen. Wie dem auch sei, ich weiß es nicht mehr, habe es vergessen, verdrängt wäre besser, keine Erinnerung daran ist geblieben.

Gerhard Köpf

Aus der Bärenzeit

(Romanausschnitt)

Ich wurde Streckenwärter, weil ich schon als Kind viel in Bahnhofsnähe gespielt habe, mit meinem kleinen Schäufelchen beim Be- und Entladen der Waggons mit Koks oder Kartoffeln eifrig dabei, den fluchenden, ein wenig süßlich nach Pfeifentabak und Schnaps riechenden Arbeitern mehr im Weg als eine Hilfe, stets jedoch heroisch gesättigt, wenn ich am Abend beim Gebetläuten zu Hause sein mußte. Wo stünde schon geschrieben, wie lang diese Tage waren, wo fände sich der Hinweis auf den längsten Sommer meines Lebens, der damit begann, daß ich mich mit meinem Freund Quirin, der nach dem Abitur Richtung Essen gefahren war, um ein Mädchen zu besuchen, welches als Kurgast in Thulsern Urlaub gemacht hatte, am Bahnhofsvorplatz verabredete? Das Poussieren von Kurgastmädchen, die sich abends hinter hell erleuchteten Fenstern langsam auszogen, war verzehrend magerer Lohn ausdauernd zungenschweren Werbens. Wir standen jeweils unten und schauten hinauf ins Helle. Alles wurde uns zu eng. Hinter Heubüscheln liegend, füllten wir die Nachmittage mit glühenden Visionen, schwarze ausländische Zigaretten rauchend, um uns auf diese Weise unseren Anteil an Luxus und Weite zu sichern. Als Quirin aus Essen zurückkam, kreisten unsere Gespräche um zwei Dinge: darum, daß sein Motorrad, das er selbst zusammengebaut hatte, schrottreif war und daß Susanne, so hieß das Mädchen, in Duisburg mit einem Fernfahrer verlobt war. Schweigend streiften wir über abgeerntete Felder, ehe sich unser Interesse immer stärker auf den Bahnhof konzentrierte, denn er schien uns das Wichtigste von ganz Thulsern. Fast täglich hielten wir uns dort auf oder trieben uns in seiner näheren Umgebung herum, immer wieder den Tempel umrundend, von dem aus wir uns erheben wollten.

Wir bestimmten ein Opferlamm.

Es hieß Edmund Nachtblei und war Bahnhofsvorstand.

Nachtbleis Glatze war mit roten Pünktchen gepfeffert, und der Mann geriet in Aufruhr, sobald jemand eine Fahrkarte verlangte, die über das Thulserner Land hinausging.

Dann begann Nachtblei zu schwitzen.

Wie er schwitzte.

Auch wir waren aufgeregt. Schließlich handelte es sich um unsere erste große Reise. Wir wußten: Nachtblei würde es sofort herumerzählen, wohin es uns verlangte. Er würde mit seinen Kollegen darüber sprechen, und bald würde es die ganze Gemeinde wissen.

Dies war im Sinne unseres Planes. Die Leute sollten aus dem Staunen nicht mehr herauskommen. Sie sollten über uns reden, als wären wir Teil jener Luxuswelt, von der in den Abendzeitungen voll Bewunderung berichtet wird: Toni Sailer saß mit Liz Taylor bei einem Kir Royal im Café Fuchs. Platzen sollten die Thulserner vor Neid.

Als Nachtblei, durch das Fenster des Dienstraumes auf den Bahnhofsvorplatz spähend, uns kommen sah, begann er zu schwitzen.

Der Bahnhofsvorstand erwartete ein weiteres Konzert im Wartesaal, wo wir schon oft *Völker, hört die Signale* geschmettert und die fabelhafte Akustik gelobt hatten. Danach hatten wir uns auf eine Parkbank am Vorplatz gesetzt, Rentner angeschwacht, bunte Tücher um den Hals, Kettchen an den Handgelenken, billige Ringe an den Tintenfingern. *We shall overcome.* Das war unsere Hymne. Endlose Strophen lang.

Die Bewohner des Dorfes kannten sie bisher nur aus den Fernsehübertragungen von Krawallen in Großstädten. Jetzt richtete sich Thulsern darauf ein, daß auch in dieser windstillen Ecke in Kürze Jugendliche von Polizisten an ihren langen Haaren über den Gehsteig geschleift würden. Die Veteranen blinzelten in die Nachmittagssonne und warteten auf Barrikadenbau und Gefechtsordnung. Es war zwölf Uhr mittags, als wir uns dem Bahnhof näherten. Nachtblei hatte Dienst wie am Tag zuvor, als wir ihm eröffneten, seine Frau, die als Verkäuferin arbeitete, habe unser Wohlgefallen gefunden, wobei wir hämisch meckerten und uns anstießen, locker mit den Knien wackelnd. Seine Drohung, uns bei der Gendarmerie anzuzeigen, quittierten wir mit Gelächter, in welches er seine Vorwürfe hineinschrie: Herumlungerer, Gammler, der Bahnhof sei keine Wärmehalle für ungewaschene Kommunisten. Wir aber blieben ruhig und sagten, seine Frau sei doch ganz handlich; auch Ratzinger, der strafversetzte Landgendarm, habe dies bereits erkannt: neulich im Schwimmbad habe er sich neben sie gelegt und den ganzen Nachmittag ihre Titten angestiert. Affenscharf. Dabei wippten wir, rempelten uns an, kicherten und schnippten unsere Zigaretten weg.

Wir gingen drei Schritte vorwärts, drei Schritte zurück, drehten uns, wirbelten ruckartig auf den Absätzen herum und riefen stahlblauen Auges: zieh, Schurke. Nachtblei jedoch wischte sich mit einem Taschentuch den Schweiß von der Glatze, während wir unsere Colts kühlten, in den Lauf bliesen und abzogen.

Wir setzten uns auf die Brücke, leiteten den Verkehr um, bemalten das Pflaster mit bunter Kreide und forderten Freiheit für Fidel Castro, großmäulig ankündigend, das Rathaus zu besetzen, die Gendarmeriekommandantur, die Schnapsbude neben dem Bahnhof, wo die Rentner täglich aufgeregter über uns sprachen. Wir interviewten Hausfrauen zur Antibabypille und fragten sie, was sie von Muschelwährung hielten. Regelmäßig trafen wir uns im Bahnhofsabort, drohten mit Dienstaufsichtsbeschwerde wegen barschen Umgangs mit Bahnkunden und wissentlich falsch erteilter Auskunft. Unerschöpflich war unser Repertoire, mit dem wir Nachtblei zur Weißglut trieben. Bis zur übernächsten Station kauften wir Fahrkarten, die wir nicht benützten und deshalb mit einem Rückerstattungsantrag ersetzt bekommen wollten. Außerdem verlangten wir die genauen Zuganschlüsse bis Peking. Verweigerte uns Nachtblei diese Auskunft, beschwerten wir uns an höherer Stelle oder wollten einmal mit seiner Frau reden. An lauen Sommerabenden fuhren wir zum Schwaltenweiher, wo wir nackt badeten. Wir sagten dazu weißeln, vielleicht, weil wir beide eine käsweiße Haut hatten und die Nacktheit in ihrer Lächerlichkeit nur gemeinsam zu ertragen war.

Nachtbleis Frau: ein unerschöpfliches Thema, stets zu neuen Variationen herausfordernd. Unser Gott: James Dean. Das Ziel unserer Reise: Paris. Eine andere Wahl gab es nicht. Auf nach Paris. Paris, Paris, Paris! Sofort zum Montmartre, sofort ins Quartier Latin, sofort ins Café zur Greco. Hinweg mit dem Dorf. Das Ende der Bärenmarkenidylle! Mit dem Orientexpreß! Wir mußten mit dem Orientexpreß nach Paris fahren. Der Orientexpreß war für uns gerade gut genug. Und wir würden malen: Aquarelle, Bilder in Tempera, und die blassen Französinnen würden niemals erfahren, daß wir nur den Stil unseres Zeichenlehrers kopierten. Wir aber würden saftige Preise verlangen und herrlich davon leben. *Aux armes, citoyens!* Und die Mädchen. Erst die Mädchen. Alle würden sie kleine Bardots sein. Und eines wäre Tochter einer Kunsthändlerin und besäße vielleicht ein Haus in der Nähe von Nizza. Wir brannten lichterloh. Eine Woge trug uns dem Bahnhof entgegen. Jedem, den wir unterwegs trafen, erzählten wir, wohin es uns zog: dem Hausdeppen des Altersheimes, einem feingekleideten Kurgastehepaar, auch der Pfarrhaushälterin mit dem großen Kropf. Nach Paris! Plötzlich stand ein riesiger Mann vor uns: Ratzinger, der Gendarm.

Ich sehe, wie die Pensionisten, auf ihre Stöcke gestützt, die Vorhalle verlassen. Ratzinger baut sich vor uns auf. Der Gendarm reißt unter dem Koppelschloß seine Uniformjacke straff und winkt mit dem weiß behandschuhten Finger. Lässig tänzeln die beiden Halbstarken auf ihn zu. Ich spüre mein Herz bis zum Hals klopfen. Uns sei nicht bekannt, daß man nicht nach Paris fahren dürfe. Seit wann man dies vorher der Gendarmerie melden müsse. Von wegen: wir und den Verkehr gefährden. Überhaupt: Verkehr, welch ein Wort!

Wieder stießen wir uns, doch es gelang uns nicht, das Zittern zu verheimlichen, Ratzinger drohte uns Prügel an. Wir sprachen von Körperverletzung und Dienstaufsichtsbeschwerde, ein Zauberwort, wie wir im Umgang mit Beamten glaubten. Er schlage uns ungespitzt in Grund und Boden. Ob er den starken Mann spielen wolle, Mathias Klostermeyer? Er werde uns vorladen. Mit solchen Rotzlöffeln werde er noch lange fertig. Quirin schlug vor, an die französische Regierung ein Auslieferungsgesuch zu richten. Ich erklärte mich bereit, Ratzinger bei der Orthographie behilflich zu sein. Wir lachten hysterisch, ehe wir davonrannten, einfach weg, über die Felder, Haken schlagend, bis wir hinter einem Heubüschel verschnauften, eine Zigarette anzündeten und beschlossen, dem Ratzinger eine Cola-Flasche in den Arsch zu rammen.

Die Bahnhofshalle war vollkommen leer, als wir uns wieder zu Nachtblei wagten. Unter dem dunklen Hallendach leuchtete die Uhr, vor der Verladerampe lagerten Gepäckstücke, Körbe, Schachteln, pralle Taschen und Koffer mit Aufklebern. Es roch nach verschwitzten Hemden und hektischen Vätern, die auf dem Bahnsteig zur Eile drängten, mit zwei und drei Koffern behängten Müttern, die mit Blicken ihre Familienangehörigen suchten. Aber kein Mensch war zu sehen. Wir standen auf dem leeren Bahnsteig. Im Flimmern der Gleise sahen wir den Eiffelturm, hörten, wie der Orientexpreß einfuhr, doch nicht einmal die Rangierkolonnen waren unterwegs. Kein Wagenmeister sprang zwischen die Puffer, kurz bevor sie aufeinanderprallten, kein Lokführer lehnte den Ellbogen aus dem Kippfenster mit dem Windabweiser, keine Anweisung für die nächste Wagengarnitur war zu hören. Dennoch glaubte ich, in diesem Augenblick den Kupplungshaken gelöst zu haben, auf der Bremsbrücke zu stehen und die Kurbel zu lockern, während ein einsamer Wagen mit mir und mit Quirin über glühende gußeiserne Weichen in eine dunkle Winternacht hinausglitt. Doch nichts von alledem. Ich höre meine Stimme von damals wie das Echo meines Bedauerns, und ich erkenne den Seesack von Quirin, auf den er in dicken Buchstaben *Paris* geschrieben hatte, eine Kugelschreibermine damit leerend. Nachtblei würde aus allen Wolken fallen. Nicht Peking, sondern Paris war an der Reihe, und diesmal war es ernst. Als Quirin und ich grölend die Bahnhofshalle füllten, sahen wir Nachtblei hinter seinem Schalter in Deckung gehen. Wir tänzelten ihm entgegen und brachten das Gespräch wieder auf seine Frau und den Gendarmen, dann auf Jonny Cassidy und flowerpower. Die Glatze des Bahnbeamten glänzte. Wir verlangten zweimal Paris. Einfach. Und was finden wir am nächsten Tag, werter Genosse Nachtblei? Zwei sauber geschriebene Zettelchen mit der exakten Zugverbindung Thulsern-Paris, mit allen Umsteigebahnhöfen, den Aufenthaltszeiten sowie den Gleisnummern. Colt aus der Hüfte. *Viva Maria.* Und jetzt auf zum Wursteinkauf. Wenige Augenblicke später betraten wir das größte Geschäft des Dorfes, schnappten uns einen Einkaufswagen und rollten, an ihm herumturnend, durch die Lebensmittelgassen, laut nach französischem Stangenbrot verlangend, das es hier natürlich nicht gab. Der Wagen füllte sich mit Dosenbrot, Fleischkonserven, Fischdosen, Sardellenpaste. Am Schluß gelangten wir in die Wurstabteilung. Konstanze Nachtblei garnierte soeben eine Platte mit Aufschnitt. Die junge Frau hatte ein rosiges Gesicht und eine zart schimmernde Haut. Es war überhaupt nichts Besonderes an ihr, außer daß sie stets guter Laune und freundlich zu jedermann war. Wir lachten sie an, und sie lachte zurück. Es wurde kein Wort gesprochen. Quirin und ich standen da und starrten die Frau an.

Eine Frau wie im Kino. Vollbusig. Die oberen Knöpfe ihres Kittels geöffnet. Quirin und ich sahen uns an und ließen uns von der Verkäuferin alle Wurstsorten zeigen.

Jedesmal mußte sich Konstanze Nachtblei dabei ein wenig vorbeugen.

Schon standen wir mit Sack und Pack am Bahnhof, unter rotköpfigen Bäuerinnen, unterwegs in die Kreisstadt, vorbei an Mösern und quer durch mückenbestandene Nachmittagswiesen. Abschied vom Bahnhof, von der Wagenremise und der Laderampe, von den Brettern hinter dem Holzschuppen, in dem der große Zweirädler aufbewahrt wurde, von aufgerichteten Schwellen, welche die Eisenbahner in freien Stunden zersägten. Mit dem Kleinholz wurde im Winter der Warteraum geheizt, bis der Donnerofen glühte. Der kleine Dienstraum reichte gerade für ein Stehpult, worauf das große schwarze Berichtbuch lag. Nachtblei war nirgends zu sehen. Am Tag unserer Abreise versah Schwand seinen Dienst. Er war bedächtig, lehnte an der Laderampe, stopfte eine Pfeife, stieß den Dunst in die Nachmittagsluft, ließ die Schranken herunter, nickte, schmunzelte und meinte, der Schienenbus müsse jeden Augenblick kommen. Die Schranken fielen rasselnd in die Verankerung, der Triebwagen dröhnte heran, der Fahrdienstleiter ging in sein Büro, erschien wieder mit der roten Mütze auf dem Kopf und der Kelle in der Hand. Er meinte zu uns, wir sollten sauber bleiben, und er half, unsere Seesäcke im Innern des Waggons zu verstauen. Draußen sagte er etwas zu einer Frau, worauf diese hell lachte. Wir konnten es nur sehen. Schwand blickte am Zug entlang, hob die Kelle, nickte dem Zugführer zu, pfiff sehr lange, wie uns vorkam, länger als sonst. Der Zug ruckte an, Schwand ging gleich weg, wir sahen ihm nach.

Quirins neue Freundin Nanni radelte auf einem Kinderrädchen eine Zeitlang neben dem Zug her. Schwand jedoch, dachten wir, würde in sein Büro zurückgehen, den Zug abmelden, seine Eintragung machen, vielleicht die Pfeife auf dem Treppenabsatz ausklopfen, oder er würde hinter das Haus gehen, um wieder eine Schwelle zu zersägen. Quirin und ich hatten uns gerade gesetzt, und wir waren sogleich über die Plastiküberzüge der Sitze hergezogen, auf denen man im Sommer wegen der Hitze klebte. Sie rochen nach Erbrochenem. Wir verstauten die Seesäcke im Gepäcknetz, aber es war zu eng: nicht geeignet für Reisende nach Paris. So ratterten wir in dem verdreckten Schienenbus der nächsten Station entgegen. Der Zug fuhr viel zu langsam. Als kämen wir nie von zu Hause fort. Endlich nahte der Schaffner, vor dem wir mit unseren Fahrkarten mächtig angeben wollten. Es war der Schalderle. Den Schalderle kannte jeder. Früher war er Knecht gewesen, danach war er als Ladeschaffner von der Bahn übernommen worden, zuletzt, wenige Jährchen vor der Rente, wurde er noch als Zugbegleiter eingesetzt, wofür er, wie er jedem ausgiebig erzählte, extra einen Lehrgang habe absolvieren müssen. Dabei falle ihm das Lernen außerordentlich schwer. Schon nach kurzer Zeit habe er einen heißen Kopf und die Buchstaben verschwömmen vor seinen Augen, als hätte er ein schlechtes Bier erwischt. Schalderle drehte unsere Fahrkarten in seinen dicken Fingern hin und her, ehe er sich, der Zug war nur mäßig besetzt, neben uns niederließ. Herrgott, meinte er, nach Paris habe er auch immer einmal gewollt. Leider sei er jedoch während des Krieges nicht nach Frankreich, sondern an den Balkan verlegt worden. Dort habe er gegen die Partisanen Titos gekämpft: Helden in lautlosen Gummischuhen, die stets dann den Paß hinuntergehuscht seien, wenn er und sein Troß gerade hinaufgeschnauft und so weiter. Aber Paris! Was er dort um Himmels willen tun würde, wollten wir wissen. Zuerst würde er sich alle Sehenswürdigkeiten vornehmen, begann Schalderle, nahm die Mütze ab und wischte sich mit dem Handrücken über die Stirn: den Eiffelturm, das Grab Napoleons; den Turm würde er zu Fuß besteigen. Dies sei er sich als einstiger Ladeschaffner schuldig. Sodann: die Mona Lisa, eine Dampferfahrt bei Nacht, er gedenke, unter dem Triumphbogen am Grab des Unbekannten Soldaten zu stehen, und er ginge, sagte er atemlos, die Stiegen zum Montmartre hinauf, abwärts aber fahre er mit dem Bähnchen. Den ganzen Tag wolle er unter den Malern bleiben. Später würde er mit der Metro an der Station *Stalingrad* vorbei heimwärts fahren, um am nächsten Tag vielleicht den Flohmarkt zu besuchen, auf jeden Fall aber die Markthallen: er interessiere sich für die Ergebnisse der Ziegenzucht. Wir waren platt. Weshalb er daran Interesse habe, wie er sich die Namen merken könne, warum er nicht zu den Weibern wolle? Auf Nepp falle er nicht herein: der Schalderle sei doch nicht dumm. Woher er dies wisse? Sein großes Ziel sei der Weltfahrplan. Schon immer habe er sich gerne mit Zugverbindungen beschäftigt, noch in der Zeit, in der er Knecht gewesen sei, sogar lange vor dem Krieg, danach aber immer mehr, seit er diese langweilige Strecke fahre, besonders im Winter, wenn kaum jemand mitfahre. Er habe sich ausgiebig Gedanken darüber gemacht, was er wohl in den einzelnen europäischen Metropolen, in die er gerne führe, anfangen könnte. Auch in der Zeit, in der er ins Holz gegangen sei, in den Wäldern entlang der Strecke, die er jetzt befahre, woran Fortschritt erkennbar sei, habe er darüber nachgedacht. Wenn einer jahraus, jahrein als Ladeschaffner mit einem Vierkant in der Hand seine Gedanken dem Abstand zwischen den Schwellen anpasse, was mir heute keinerlei Mühe bereitet, brauche man ein Ziel, sonst schlafe einem der Kopf ein, und man werde leichtfertig. Daher habe er sich Prospekte kommen lassen. Prospekte? Ja. Er habe einfach die Fremdenverkehrsämter der Reihe nach angeschrieben. Auch jenes von Belgrad, wo er während des Krieges im Lazarett am Bruch operiert worden sei. Während eines Tieffliegerangriffs. Die Prospekte habe er alle gelesen, da sie bequem in seiner Joppentasche Platz gehabt hätten. Wochenlang habe er Stadtpläne studiert. Er habe ja Zeit genug gehabt. So habe er gelernt, worauf es in diesen Städten ankomme, wie man sich Orientierung verschaffe und die Übersicht nicht verliere. Als Ladeschaffner habe er ein Gedächtnis für Straßen. Er könne uns auf den Kopf zusagen, wie man vom Trocadero ins Araberviertel komme, wie weit Obelisk und Oper voneinander entfernt seien, wie man vom Quartier Latin zum Père Lachaise komme, welche besonders günstigen Zugverbindungen es über den Ärmelkanal gebe. Er habe sie alle im Kopf. Sein Ziel sei, wie gesagt, der Weltfahrplan.

4

Großstadtluft

Lena Christ

Erinnerungen einer Überflüssigen

(Ausschnitt)

Und als der Morgen der Abreise gekommen war, badete mich die Großmutter und zog mir, nachdem der Großvater mit zufriedenem Schmunzeln meinen Rücken und das rundliche Bäuchlein befühlt und beklopft hatte, ein neues Hemd und die ersten Unterhosen an. Als ich in den Spiegel sah, ärgerte mich der hintere Hemdzipfel, der nicht in der Hose bleiben wollte, sondern wie ein Hennenschwanz starr und steif herausstand. Doch verschwand er bald unter einem roten Flanellröcklein, worüber ein grünes Bareschkleid kam, das mir bis auf die Fersen ging und dessen Spenzer mit bunten Glasknöpfen besetzt war. Am Ende band mir die Großmutter noch ein himmelblaues Fürta und eine gestickte Halsbarbe um und steckte in das in zwei Zöpfen aufgemachte Haar einen silbernen Pfeil. Darauf wickelte sie mir den Gesundheitskuchen, den sie noch gebacken hatte, in ein buntes Tuch; der Großvater aber brachte einen Kletzenweck vom Bäcker und legte ihn in das Körblein zu den Schmalznudeln und Zwiefiäpfeln, die die Nanni geschickt hatte.

Als mir der große, schwarze Strohhut mit den roten Blumen und den karierten Bändern aufgesetzt worden war, nahm ich Abschied, wobei die Großmutter recht weinte. Auf dem Weg zum Postwagen sagte ich noch dem ganzen Dorf »Pfüat Gott«.

Unterwegs während der Fahrt gab mir der Großvater noch viele Ratschläge und sagte: »Dirnei, jatz muaßt a recht a g'scheits und recht a richtigs Madl werdn und muaßt dein neu'n Vatan recht mögn und der Münkara Muatta recht schö folgn. Muaßt aa recht g'schickt sei und überall zuawi springa, wo's was z' arbatn gibt. Jatz derf ma nimma Kuchei sagn, jatz hoaßts Küch, und statt der Stubn sagt ma Zimmer und statt'n Flöz sagt ma Hausgang. Und Kihrwisch sagt ma aa nimma, sondern Kehrbesen.«

Da versprach ich ihm, recht Obacht zu geben und brav zu bleiben.

Am Ostbahnhof stand schon meine Mutter und empfing uns mit großer Freude. Ich reichte ihr die Hand und sagte, der eben erhaltenen Lehren eingedenk, möglichst nach der Schrift: »Grüß Gott, Mutter!«

»Schau, schau, wie gebildet die Leni schon wordn ist! Da wird aber der Vater viel Freud habn, wenn er so ein g'scheits und vornehmes Töchterl kriegt.« Mit diesen Worten zog sie mich rasch an sich und führte mich an der Hand, während der Großvater sich hinter uns immer mit seinem Schneuztüchl zu schaffen machte.

Wir stiegen in eine Pferdebahn, und während sich die Mutter mit dem Großvater unterhielt, sah ich unverwandt durchs Fenster und starrte die hohen Häuser und Kirchen an und staunte über die kurzen Röcke und Hosen der Kinder, die gerade aus einer Schule kamen. Am Marienplatz, wo wir aussteigen mußten, denn damals führte noch keine Pferdebahn nach Schwabing, vergaß ich beim Anblick des Fischbrunnens plötzlich meine ganze gerühmte Bildung und schrie, indem ich eilig darauf zulief: »Großvatta, do schaug hera, wie dö Fisch 's Mäu aufreißn!« «

Entsetzt wandte meine Mutter sich ab, während mein Großvater mich am Ärmel ergriff und mir zuflüsterte: »Bscht, sei stad, Dirnei! Mäu derf ma ja jatz nimma sagn, Mund hoaßt's do jatz!«

Und damit nahm er mich bei der Hand und zog mich weiter. Doch vor der Residenz gab es einen neuen Zwischenfall. Dort zog eben die Wache auf, und ich rief beim Anblick der im Paradeschritt aufmarschierenden Soldaten: »Ah, Muatta, Vata, dö schaugts o! Dö gengan ja grad wia meine hülzern' Mandln, dö wo ...«

»Um Gottes willen, Leni«, fiel mir die Mutter ins Wort, »sei doch still! Das ist ja Majeschtätsbeleidigung!«

Während ich noch über dies letzte Wort nachdachte, zogen sie mich schon durch die Ludwigsstraße, und stillschweigend trottete ich nun nebenher, bis wir nahe dem Siegestor in eine Seitenstraße einbogen.

Vor einem hohen Hause, auf dessen rötlicher Fassade mit großen Buchstaben das Wort »Restaurant« geschrieben stand, machten wir halt. Unter dem Tore stand schon mein neuer Vater und empfing uns mit herzlichen und guten Worten. Wir traten durch den Hausgang in einen kleinen Garten, von dem aus eine Tür in die Küche führte. Nachdem uns die Mutter dort an einen kleinen Tisch gesetzt hatte, lief sie schnell in die Wohnung und zog sich um; denn es war Mittag, und die Köchin begann schon zu jammern, weil sie bei der großen Zahl der Gäste mit dem Anrichten allein nicht fertig zu werden vermochte. Die Gastwirtschaft, die der Vater schon vor der Hochzeit übernommen hatte, war nämlich damals wegen der guten Küche von den Studenten sehr besucht. Mit offenem Munde sah ich nun dem Trubel im Gastzimmer und in der Küche zu und getraute mir mit dem Großvater kaum ein Wort zu reden vor Angst, die Mutter in ihrer aufgeregten Geschäftigkeit zu stören. Als es etwas ruhiger geworden war und die meisten Gäste fort waren, bekamen auch wir zu essen und gingen danach in die Gaststube zum Vater, der den Großvater nach vielem fragte: was die Großmutter mache, wie es mit dem Vieh gehe, wie es mit der Arbeit daheim sei und auch, was ich bisher getrieben. Da gab ihm der Großvater über alles Auskunft.

Am Abend gingen wir zeitig ins Bett, und man führte mich in ein kleines Kammerl, in dem nur ein Bett und ein Stuhl stand; denn meine Eltem besaßen damals nur das Allernötigste. Mein Großvater teilte das Bett mit mir und gab noch viele Ermahnungen, bis ich endlich in seinem Arm einschlief. Andern Tags reiste er wieder heim, und ich mußte nun alles ländliche Wesen ablegen. Zuerst bekam ich ebenfalls kurze, städtische Kleider, und dann wurden mir meine schönen, langen Haare abgeschnitten, weil ich Läus' hätte, wie die Mutter sagte. Auch lernte ich jetzt arbeiten. In der Wirtschaft mußte ich kleine Dienste tun: Brot und Semmeln für die Gäste in kleine Körbchen zählen, den Schanktisch in Ordnung halten, Sachen einholen und manchmal auch den Kegelbuben ersetzen.

Meine Mutter war damals eine sehr schöne Frau und sprach immer sehr gewählt; denn sie war jahrelang Köchin in adligen Häusern gewesen. Darum schalt sie nun täglich über meine bäuerische Sprache, wodurch sie mich so einschüchterte, daß ich oft den ganzen Tag kein Wort zu sagen wagte. Auch in der Schule spotteten mich die Kinder aus und nannten mich nur den Dotschen oder die Gscherte. So dachte ich oft des Nachts, wenn ich allein in meiner Kammer war, denn bei Tag hatte ich nicht viel Zeit zum Nachdenken, mit Sehnsucht zurück an das Leben bei meinen Großeltern und erzählte unserer großen Katze, die ich mit ins Bett nahm, mein Unglück.

Im Sommer des darauffolgenden Jahres kam der Großvater das erste Mal auf Besuch. Hiefür hatte die Mutter mich ein Trutzliedlein gelehrt; und als er nun bei uns in der Küche saß und mich auf dem Schoß hielt, drängte ich ungeduldig: »Großvata, Großvata, i kann was; du, Vata, hör doch! I kann was! «

»Glei derfst es sagn, Dirnei, glei«, entgegnete er; denn er sprach noch mit der Mutter.

Und als ich es endlich sagen durfte, da sang ich: »Was braucht denn a Bauer, a Bauer an Huat; für an so an gschertn Spitzbuam is a Zipflhaubn guat!«

Da sah ich statt des erwarteten Beifalls Tränen, die dem Großvater über die Wangen liefen, und nun merkte ich erst, was ich angestellt hatte.

»Großvata, i kann fei nix dafür!« rief ich. »D' Mutter hat mir's g'lernt.«

Er antwortete nichts darauf und strich mir nur wie zur Beruhigung übers Haar.

Nachts dann im Bett, ich schlief bei ihm, klagte ich ihm mein Leid und bat ihn, mich doch wieder mitzunehmen.

Und als er am Abend des darauffolgenden Tages vom Ostbahnhof fortfuhr, hängte ich mich an ihn, und als er eingestiegen war, sprang ich auf das Trittbrett und klammerte mich fest, so daß es der Mutter nur mit großer Mühe gelang, mich von dem fahrenden Zuge herunterzureißen. Danach bekam ich meine Prügel, die wohl berechtigt, aber nicht das rechte Mittel waren, um die Dinge besser zu machen.

Nachdem mein Stiefvater das Geschäft einundeinhalb Jahr geführt hatte, konnte er das Anwesen mit gutem Nutzen wieder verkaufen; denn er war ein tüchtiger Metzger und Schenkkellner und hatte die Wirtschaft in kurzer Zeit in die Höhe gebracht. Daraufhin beschlossen die Eltern, einige Zeit zu privatisieren und nachträglich Hochzeitsreise zu machen.

Während ihrer Abwesenheit blieb ich bei der Tante Babett, einer Schwester meines Stiefvaters, die den Haushalt bei uns führte. Sie war fast den ganzen Tag in der Kirche und hat mich recht gequält und geschunden; denn sie wollte mich auch zu einer so heiligen Person machen, wie sie war. Ich wurde allen Pfarrern vorgestellt, und denen klagte sie, wie mürrisch und ungut ich sei, worauf mich die geistlichen Herren ermahnten, ich solle mich bessern.

Als die Eltern von der Hochzeitsreise, die sie zu Verwandten in die Schlierseer Berge gemacht hatten, nach zwei Monaten zurückkamen, begann die Mutter zu kränkeln, stand oft nicht auf, mußte sich häufig erbrechen und wurde doch von Tag zu Tag dicker. Die Tante aber saß hinter verschlossenen Türen und nähte an Hemdlein, an Tüchlein und Windeln. Inzwischen hatte der Vater die Wohnung gekündigt und ein Haus mit einer Altmetzgerei in der Corneliusstraße gekauft. Mit dem Umzug dahin begann für mich ein ganz anderes Leben; denn die Tante Babett übernahm jetzt die Führung des Haushalts bei einem geistlichen Herrn, und da meinte die Mutter, ich sei nun groß genug, ihre Stelle zu versehen. Ich war damals neun Jahre alt. In aller Frühe mußte ich zuerst das Fleisch austragen, dann Feuer machen, Stiefel putzen, Stiegen wischen und der Mutter die Sachen einholen, die sie zum Kochen brauchte. Sie blieb jetzt immer am Morgen liegen, und so ging ich gewöhnlich nüchtern in die Schule.

In einer Februarnacht aber kam das Kind, und damit begann für mich eine harte Zeit. Nun hieß es um fünf Uhr aufstehen und zu den übrigen Arbeiten noch das Bad, Wäsche und Windeln für den kleinen Hansl herrichten. Kam ich mittags aus der Schule, wurde ich meistens mit Schlägen empfangen; denn ich hatte nachsitzen müssen, weil ich in der Früh zu spät gekommen war. Vor dem Essen mußte ich noch den Laden und das Schlachthaus putzen und das Nötige einkaufen. Bei Tisch hatte ich dann laut das Tischgebet zu beten. Als ich einmal beim Vaterunser statt auf das Kruzifix zum Fenster hinaussah, schlug mich die Mutter ins Gesicht, daß mir das Blut zu Mund und Nase herauslief; auch bekam ich nichts zu essen und mußte während der Mahlzeit am Boden knien. Nach Tisch hatte ich das Geschirr zu spülen, die Kindswäsche zu waschen und den Buben einzuschläfern. Ganz abgehetzt kam ich dann des Nachmittags in die Schule und konnte während der Handarbeitsstunden nur mühsam den Schlaf bekämpfen. Deshalb lernte ich nur schlecht handarbeiten und bekam in diesem Fach meist die Note »Ungenügend«. Zudem strengte mich besonders das Stricken an und verursachte mir stets Kopfweh. Das wußte die Mutter. Hatte ich nun bei der Hausarbeit etwas nicht recht gemacht, so gab sie mir mit einem spanischen Rohr sechs und manchmal zehn Hiebe auf die Arme und die Innenfläche der Hände, daß das Blut hervorquoll. Hierauf mußte ich mir die Hände waschen und an einem Strumpf in einer gewissen Zeit einen großen Absatz stricken. Vermochte ich vor Schmerzen bis zu der bestimmten Minute nicht fertig zu werden, so wurde die Züchtigung wiederholt.

Im übrigen machte ich in der Schule gute Fortschritte und war bald die Erste. Meine Lehrerinnen nahmen sich meiner sehr an, und als ich einmal in der Früh barfuß in die Schule kam, schickte mich mein Fräulein mit einem Brieflein nach Hause, worin sie der Mutter Vorwürfe machte. Doch hatte dies nur eine erneute Züchtigung mit einem Spazierstock meines Vaters zur Folge, einem sogenannten Totschläger oder Ochsenfiesel, in den ringsherum kleine Bleikugeln eingegossen waren.

Geliebt hat mich meine Mutter nie; denn sie hat mich weder je geküßt noch mir irgendeine Zärtlichkeit erwiesen; jetzt aber, seit der Geburt ihres ersten ehelichen Kindes, behandelte sie mich mit offenbarem Haß. Jede, auch die geringste Verfehlung wurde mit Prügeln und Hungerkuren bestraft, und es gab Tage, wo ich vor Schmerzen mich kaum rühren konnte.

Der Hunger, den ich zu leiden hatte, und der Umstand, daß ich in der Früh selten ein Frühstück bekam, veranlaßten mich, Trinkgelder, die ich von den Leuten für das Fleischbringen erhielt, oder auch etliche Pfennige von dem Betrag für das gelieferte Fleisch zu nehmen und mir Brot dafür zu kaufen. Als die Mutter durch Zufall dies entdeckte, mißhandelte sie mich so, daß ich mehrere Tage nicht ausgehen konnte. Da ich ein Kleid mit kurzen Ärmeln trug, sah die Lehrerin, als ich wieder in die Schule kam, an meinen Armen sowie auch an Hals und Gesicht die blauen und blutrünstigen Flecken, und ich mußte, trotzdem ich neue Strafen zu befürchten hatte, dem Oberlehrer der herbeigerufen worden, alles der Wahrheit gemäß berichten. Ein Brief an meine Mutter hatte nur den Erfolg, daß ich den ganzen Tag nichts zu essen bekam und die Nacht auf dem Gang unserer Wohnung, auf einem Scheit Holz kniend, zubringen mußte.

Carlamaria Heim

Geburt über dem Saustall eines Bischofs

(Romanausschnitt)

Also 1900 bin ich geboren. Damals muß noch der Prinzregent regiert haben, der Luitpold.

Mein Vater war Maurer. Dem ist damals das Angebot gemacht worden nach Erching ans Schloßgut vom Bischof zu gehen, als sogenannter Hausmaurer. Da hat er gemeint wunder was er hat, weil er da eine Wohnung gehabt hat und alles dabei.

Hin sinds vor meiner Geburt, das muß 1899 gewesen sein. Damals hat die Isar das arge Hochwasser gehabt. Da sind in München zwei Brücken eingestürzt. Die Leut haben noch lang davon geredet.

Da haben sie also im Schloßgut gewohnt. Oben war eine Wohnung und unten der Saustall. Und da bin ich auf die Welt kommen, überm Saustall, im Januar 1900 an Dreikönig.

Meine Mutter hat keine Muttermilch gehabt, und sie hat auch nicht genügend Milch kriegt vom Schloßgut. Laden war ja da keiner. Dabei war das doch ein riesiges Gut. So hat mich die Mutter mit Malzkaffee aufgezogen. Den hats in die Ludlflaschen, so hat man damals die Milchflaschen für die kleinen Kinder geheißen. Da ist ein Korken oben drin gewesen, und durch den ist ein Schlauch gangen, und da drauf ist der Dietze* gesteckt.

Später hat mir der Vater einmal Bier in die Ludlflaschen und hat sich recht gefreut, weil ich gleich fest gezogen hab. Er hat gesagt: »Das wird ein echtes Münchner Kindl«.

Sehr lang waren meine Leut nicht in Erching, es hat ihnen gar nicht gefallen dort. Wie's wieder nach München sind, hab ich noch nicht laufen können, ich hab's Laufen erst in München gelernt. Da haben sie so ein offenes Pferdefuhrwerk gehabt, und da-

* Schnuller

mit ist der Vater mit den Möbeln nach München. Die Mutter hat mich im Kinderwagerl gehabt und ist zu Fuß gegangen, das werden so dreißig Kilometer gewesen sein.

Eine Schwester hab ich auch gehabt, die Julie. Die war damals neun Jahr alt. Ob die auch mit der Mutter gangen ist, oder mit dem Vater auf dem Pferdefuhrwerk gefahren ist, das weiß ich nicht.

Wir haben dann in Haidhausen eine Wohnung gefunden, erst in der Einsteinstraße, damals hat sie noch Äußere Wienerstraße geheißen, und später in der Berg-am-Laim-Straße. Wir haben ein Zimmer gehabt und eine Küche. Ein Bett ist in der Küche gestanden, da hat meine Schwester geschlafen, und zwei Betten waren im Schlafzimmer, da hab ich in der Mitte zwischen meinen Eltern geschlafen, auf der Besuchsritze. Das war völlig normal damals für Arbeiter. Daß Kinder ein eigenes Bett oder sogar ein eigenes Zimmer haben, oder daß man ein Wohnzimmer hat, das hat es damals noch nicht gegeben bei Arbeitern.

Mein Vater war ein Sozi, jedenfalls was mir die Mutter später erzählt hat. Sie war ja ganz katholisch. Aber er hat damals schon die »Münchner Post«* gelesen, das war schon vor dem Ersten Weltkrieg. Unter den Arbeitern hats schon mehr Sozi geben, aber die sind schief angeschaut worden: Das ist ja ein Sozi »was willst denn von dem?« Viele waren auch in den Christlichen Arbeitervereinen.

Der Vater hat den Beruf nicht lernen dürfen, den er wollt. Er hätt gern Förster werden wollen. Er ist ja auch später immer noch so gern in den Wald gegangen. Er hat eigentlich gar nichts gelernt. Er hat als Hilfsarbeiter gehen müssen am Bau. Damals hat mans Taglöhner geheißen. Die sind pro Tag auszahlt worden. Die haben auch im Winter, wenn sie arbeitslos waren, nichts gekriegt.

Die Mutter hat ihn dann überredet, er soll sich einfach als Maurer ausgeben. Und das hat er dann gemacht. Er ist weggangen von seiner Baustell, hat an einer anderen angefangen und hat gesagt, er ist Maurer, und ist als Maurer eingestellt worden. Papiere sind da nicht verlangt worden.

Dann hat er da eine Weile gearbeitet. Dann hat ihn der Polier

---

* Zeitung der Sozialdemokraten

runtergerufen vom Bau und hat gesagt: »Du, paß einmal auf, du bist gar kein Maurer.« Dann ist der Vater furchtbar erschrocken und hat's wohl oder übel zugeben müssen. Dann hat der Polier gesagt: »Das macht nichts, du bist geschickt, das hab ich schon gespannt. Schaust mir zu, ich zeig dir's, wie du's machen mußt. Du hast das bald heraus.« Und dann ist er tatsächlich von da an Maurer gewesen und hat sich dann sogar vorgearbeitet zum Fassadenmaurer.

Mit meinem Vater hab ich mich sehr gut verstanden, der ist sehr an mir gehängt. Mit meiner Schwester Julie hat er gar nichts anfangen können, die war ihm zu fromm.

Wie meine Leut noch in Erching waren, da hat die Julie in Neufahrn in die Dorfschule gehen müssen, so eine, wo alle Klassen beieinand sind. Das hat meinen Leuten gar nicht gepaßt. Dann wollts die Mutter nach Freising in die Klosterschule geben. Da hat aber mein Vater gesagt: »Kommt gar nicht in Frage. Wenn wir die ins Kloster tun, die bleibt am End noch drin. « Der hats kennt, gell.

Mein Vater ist immer mit dem Radl in Wald gefahren. Die Mutter und die Julie, keine ist mit. Aber mich hat er immer mitgenommen. Da hat er einen Sattel angebracht gehabt auf der Lenkstange und da hat er mich immer naufgesetzt. Und ich bin mit größter Begeisterung mit.

Wenn wir eingekehrt sind, hab ich gebettelt: »Papa, ein Wurschti!« Dann hab ich halt eine Wurst kriegt. Und wenn ich eine Musik gehört hab, hab ich zu tanzen angefangen. Dann haben die anderen Männer gesagt: »Auf dein Pepperl darfst aufpassen, wenns einmal groß ist!« Das hat ihm sehr imponiert.

Mich habens als Kind Pepperl genannt. Da haben dann die anderen Kinder gerufen: »Pepperl Schneewepperl, steigst auffi aufs Steckerl, 's Steckerl bricht a, 's Schneewepperl fallt ra!« Da bin ich immer fuchsteufelswild worden.

Als Kind, fünf Jahr werd ich da gewesen sein, da hab ich mir einfach einen Krug genommen und bin zum Wirt gangen und hab gesagt: »Ein Quackerl Bier, der Papa zahlt's schon!« Und der Wirt hat gelacht und hat mir ein Quartel Bier geben. Dann hat er's aber am Abend dem Papa erzählt. Der hat auch gelacht, aber er hat's mir verboten. Gemerkt haben die daheim nichts. Ich hab das Bier schön stad im Hausgang austrunken. Nicht weil ich Durst gehabt hab, sondern weil's mir so geschmeckt hat.

Wie ich dann in die Schul kommen bin, da bin ich eigentlich recht gern gangen. Aber Läus hab ich immer heimgebracht von der Schul! Von der Hackl Leni, die ist neben mir gesessen. Die hat so viel Läus gehabt, das weiß' ich noch gut: Sie hat's Heft aufgeschlagen, und schon krabbelt da im Heft eine Laus. Da hab ich natürlich auch immer welche kriegt von der.

Dann ist meine Mutter einmal ganz narrisch worden. Die ist den ganzen Tag in die Arbeit gegangen, und wenns am Abend heimkommen ist, hats mir die Läus runterklauben müssen, alle Tag. Und am Wochenend hats mich dann mit Petroleum eingerieben, damits hin werden, die Viecher. Da sind dann die Haar einbunden worden über Nacht, und am andern Tag hat mans runtergewaschen.

Dann ist meine Mutter in die Schul und hat zur Lehrerin gesagt, sie soll mich wegsetzen von der, ich bring immer Läus heim. Dann hat die Lehrerin gesagt: »ja, wissen Sie, ich muß eine hinsetzen, die sauber gehalten wird. Wenn ich eine andere hinsetz, der sucht die Mutter nicht alle Tag die Läus runter.« Und auf das hin war meine Mutter so stolz, daß sie nichts mehr gesagt hat. Da bin ich eben sitzen geblieben neben der Lausigen und hab alle Tag geweint, wenn mir meine Mutter stundenlang den Kopf abgesucht hat. Damals hat's viel Läus geben. Da hat es geheißen: »Ein Kind, das nie Läus hat, ist nicht gesund.«

Mein Vater war später an der Residenz, am Königsbau hat er gearbeitet. Da ist er mittags heimgefahren, weils damals noch längere Mittagszeiten gehabt haben und dafür bis auf d'Nacht ziemlich lang gearbeitet.

Einmal wollt er auch wieder mit dem Radl heim zum Essen fahren, und da ist er am Johannisplatz, da bei der Chorherrstraß, direkt in die Vierer neigefahren, weil er gemeint hat, die hält. Das war damals eine Bedarfshaltestelle für die Trambahn. Er ist übers Gleis gefahren, und dabei hat ihn die Vierer erwischt: doppelter Schädelbruch.

Na ja, dann ist die Polizei kommen. Die Mutter war nicht daheim, die hat den ganzen Tag gearbeitet. Soviel ich weiß, wars damals in irgendeinem Restaurant als Spülerin. Meine Schwester war siebzehn und hat als Näherin gearbeitet, aber die war halt auch über Mittag daheim. Ich war acht Jahr. Meine Schwester ist dann gleich nei ins Krankenhaus, dann hat er die Augen aufgemacht, hat sich zur Wand hingedreht und war sofort tot. Reden hat er nimmer können.

Rente hat meine Mutter damals keine kriegt. Es müßt ja schon was geben haben, denn der Bismarck, der hat doch diese Invalidenversicherung eingeführt. Da haben die Leute geschimpft, daß er den Arbeitern das Geld abnimmt, weil sie halt so viel reinzahlen haben müssen. Das haben sie damals noch nicht begriffen, daß das fürs Alter einmal wichtig ist. Vielleicht war mein Vater noch zu jung?

Von andern hab ich dann gehört, die Mutter hätt schon ein paar hundert Mark kriegt vom Unfall. Na ja, da haben wir uns dann eingekleidet, schwarz zur Trauer, gell. Und eine Zeitlang wird es uns da schon besser gangen sein.

Wenn sie sich nachher wo hingewendet hat, dann hat es immer geheißen: »Ihre eine Tochter ist schon groß und mit dem andern Kind müssen S' schon allein durchkommen.« Die Mutter ist halt putzen gangen.

Ich bin dann lediglich lehrmittelfrei worden. Aber das war – für mich wenigstens, vielleicht habens andere gar nicht so empfunden – für mich war das sehr deprimierend, weil dann alle gewußt haben, daß wir arm waren.

Meine Schwester war viel krank. Sie hat Bleichsucht gehabt und war auch schon wegen Tuberkulose im Sanatorium gewesen. Der Vater hat auch Tuberkulose gehabt, das habens aber erst bei der Obduktion gemerkt.

Und ein Schwesterl hätt ich auch noch gehabt, das Annerl. Die hab ich aber gar nicht kennt, die ist schon gestorben, bevor ich auf die Welt kommen bin. Die hat die Masern so lang gehabt, und dann hat sie die galoppierende Lungenschwindsucht gekriegt. Die ist mit fünf Jahren gestorben.

Bertolt Brecht
Flüchtlingsgespräche
(Ausschnitt)

ZIFFEL »Vesperläuten, von Sankt Anna. Bierholen. Der Herrschaftskutscher in der Klauckestraße hat sich aufgehängt. Mariechen saß auf einem Stein. Messerspitzeln, von den Fingerknöcheln, vom Ellbogen, vom Kinn, vom Scheitel, von der Achsel. Das Messer kann auch schief im Boden stecken. Er hat auf die Stalltüre was mit Kreide geschrieben. Die Polizei ist verständigt: Fünferln. Das Fünfpfennigstück wird an die Hausmauer geschmissen. Wie weit es davon abspringt. Er ist abgesprungen und hat sie sitzen lassen. Auf dem Katzenstadel sitzen die Mörder. Mit Kreide, wo er die her hat? Pickeln. Kurze, zugespitzte Pfähle werden in den Boden getrieben, mit andern Pfählen herausgehauen. Sonst hau ich dich ungespitzt in den Boden, du Saumensch! Und der Handel mit Zinnsoldaten. Indianer, Germanen, Russen, Japaner, Ritter, Napoleon, Bayern, Römer. Repetent. Du alter Lackel solltest es wissen. Hund. Dreckkerl. Hosenscheißer. Arschkitz. Stenz, verrotteter. Gigerl. Ochs. Kamel. Rindvieh. Viechskerl. Schlappschwanz. Mistbauer. Sozi, Lump. Hur. Bankert. Hühnerbrust. Krampfadern. (Krampfpeppi.) Buckei. Betteln verboten. Geben Sie acht, im vierten Haus wohnt ein Polizeidiener.« Dritter Zettel:

»Sonntag Nachmittag. Die Blechkapelle aus dem Biergarten. Heiße Wurst mit Semmeln. Diese Mädchen haben eine schlimme Krankheit. Wenn du zum Weibe gehst. Hasengasse 11. Der Pfarrer von Sankt Max. Kramlichs ihr Joseph wird Geistlicher. Mit blauen Ringen unter den Augen. Beichten ist keine Sünd bei einem schönen Kind. Wenn man sich nicht beherrscht, kriegt man eines. In der Birkenau. Die Bänke. Hosenspanner. Das schlechte Element spickt. Vierer. Hände aus der Hosentasche, Geweiher! Das Fahrrad. Den Gummi erst trocknen lassen. Hinter den Ohren, noch nicht. Die Stunde der großen Verachtung in der Leihbibliothek. Das Fräulein mit der Brille. Fünf Pfennig pro Buch. Mit Busen. In der Badeanstalt, ohne Handtuch nur 10 Pfennig. Die Frauenabteilung. Kastanien. Fern im Süd. Auch auf dem Stadtwall. Am Ende Schiffer und Kahn. Das Volk Gottes. Und laß es dir gut gehn.«

Marieluise Fleißer
Abenteuer aus dem Englischen Garten

Wie ich beim Maurern gewesen bin, habe ich immer viel Steine heben müssen. Davon habe ich Hände bekommen, wo ich das Feinere nicht mehr damit spürte. Und wenn mir ein Kamerad die Hand gab, habe ich immer nichts in der Hand gehabt. Ich dachte, Emil, jetzt bist du schön der Blamierte, und wenn du an einem Mädel herumlangst und tust ihr weh, dann kennst du es nur am Schreien.

Aber meine Kameraden haben alle eine gehabt und sind abgeholt worden nach der Arbeit vor meinen sehenden Augen. Meine Kameraden haben an mir viel zum Lachen gehabt und gesagt: »Ach, der Emil, das ist ja noch der Kleine!« Aber ich hatte es im Gefühl, daß ich damit nicht richtig beurteilt bin.

Wir haben dann wieder einmal gestreikt, und es war eine höhere Macht für mich. Ich wußte nicht, was ich tue. Ich dachte, ich hole einen Kameraden von mir beim Maffei ab. Ich ging über die Brücke und mit der Zeit bin ich auf einer Landstraße bis in die Nähe vom Maffei gekommen, der Maffei ist auch da noch gestanden. Aber wie ich hinein bin, war mein Kamerad nicht mehr da.

Ich habe gemacht, daß ich wieder hinauskomme, und es war was Merkwürdiges, daß mir immer das, was ich will, nicht hinausgeht. Ich nahm mir vor, von jetzt an gehe ich nicht mehr zum Maffei, aber davon ist dem Maffei auch keine Lokomotive stehen geblieben. Ich bin dann noch recht dumm in den Wiesen herumgestochert, und nirgends hat es mir gepaßt. Da hat der Fankerl ein Mädel an mir vorbeigehn lassen, das war aber ein Mädel! Ich wußte gleich, die kommt mir heut nicht mehr heim ohne mich.

Ich bin immer hinter ihr her gewesen mit Absichten und bin laut aufgetreten, damit sie die betreffenden Absichten merkt. Sie blieb aber nicht stehn und sagte: »Emil, ja weil du nur da bist!« Ich spannte, daß ich selber den Anfang machen muß und es wird sich mit dem Emil erfüllen.

Ich habe hin und her geschaut, dann hat es sich mit dem Emil erfüllt. Ich sagte laut: »Fräulein, ich mache Sie auf was aufmerksam, und Sie haben ein Loch im Strumpf.« Sie schaute an ihren Fersen herunter und fand nichts. Ich sagte: »Ich bin nur froh, daß ich jetzt auch einmal ein Fräulein angesprochen habe, aber zu meinem Leidwesen ist die für mich zu fein.«

Mein Fräulein sagte nachdenklich, daß sie aber gar nicht so fein ist, da waren wir miteinander im schönsten Zug. Ich ging zur Hauptsache über mit den vorgesehenen Worten: »Fräulein, ich bin so frei, und vielleicht kommen Sie mit mir einmal auf ein Rendezvous. « Wenn nicht, können Sie mich gern haben. Den Nachsatz habe ich mir bloß gedacht. Es stellte sich heraus, mit meinem Vorschlag habe ich ihre geheimsten Gedanken erraten.

Wir machten aus für den folgenden Tag, daß ich mich um sieben Uhr abend an eine bestimmte Brücke stelle, die von den feinen Häusern in den Englischen Garten hinüberführt, dann, hat sie gesagt, kommt sie an mir vorbei und kennt mich. Mein Fräulein hat noch eigens verlangt, daß ich ihr in meinem Arbeiteranzug daherkommen muß genau so wie jetzt.

Ich sagte: »Fräulein, daß wir uns da gleich einigen, Sie werden halt auch bloß ein einziges Gewand haben.« Aber das war es nicht. Es ist aufgekommen, ich habe meinen Vorläufer bei ihr. Da hat sie sich einmal mit einem bestellt, der ist statt in seiner gewöhnlichen Bluse wie ein Krachkavalier mit einem Gocks dahergekommen und mit einer Krawatte so fürchterlich, daß er ihren großen Zorn erweckte.

Ich sagte niedergeschlagen, daß ich schon selber so gescheit bin und nichts gegen mich erwecke. Aber es paßt mir leider gar nicht, daß ich einen Präcedenzfall habe. Vielleicht geht sie bereits neben mir her und stellt Vergleiche an zwischen mir und noch einem.

Mein Fräulein verstand meine Anspielung nicht, sonst hätte sie doch was darüber gesagt. Ich dachte, Emil, das ist schon, wie es ist. Ich wollte es mir auch nicht verderben. Ich lenkte ein: »Fräulein, weil Sie mir das gleich so ehrlich sagen, will ich annehmen, daß damals alles mit rechten Dingen zugegangen ist zwischen Ihnen und dem bewußten Herrn.« Mein Fräulein lachte: »Ach, ein Herr war es gar nicht.« Mein Fräulein war über meinen geistigen Scharfblick erbaut.

Dann war lang gar nichts, auf einmal hat mich mein Fräulein flüchtig gegrüßt, und bis ich mich umschaue, ist sie in einem von den feinsten Häusern verschwunden und hat da gewohnt. Ich machte mir meine Gedanken, inwiefern ich zu der Ehre einer solchen Bekanntschaft komme. Und in meinem Arbeitergewand mußte ich deswegen erscheinen, damit ich mich dadurch von ihrem sonstigen Umgang unterscheide.

Es war eine Blonde. Jetzt wenn mich wer gefragt hätte, dann hätte ich gewußt, was ich sage, und meine Lieblingsfarbe ist blond. Aber wenn ich damals gewußt hätte, an was für eine ich gleich komme, ich wäre zu dem Fräulein nicht einmal hin.

Der Tag ist gekommen, der Tag ist gegangen, ohne daß ich mir was gebrochen habe dabei. Der bewußte Abend nahte heran, der ist dann auch verlaufen. Aber wie er verlaufen ist, da habe ich später viel darüber nachdenken müssen.

Da haben wir also einmal den Emil, außerdem war eine Hauptperson fällig, auf die hat der Emil wie verabredet an der Brücke gewartet. Daß ich so pressant war und mich schon um dreiviertel sieben Uhr wie ein Sterngucker hinstellte und schaute, davon will ich noch gar nicht reden. Aber wie es sieben Uhr schlug, war sie bleich vor Aufregung immer noch nicht angewandelt, da hat er mir schon geraucht. Ich ging ihr langsam entgegen. Vor ihrem Haus mußte ich erst noch lang hinstehn, da hat er mir gestunken.

Angewachsen bin ich inzwischen auch nicht. Deswegen ist meine zurückhaltende Miene bei meinem Fräulein dann auf einen traurigen Leichtsinn gestoßen. Vom Leichtsinn will ich immer noch nichts sagen, wie ist es mir außerdem mit meinem Fräulein gegangen? Gesagt hat sie was über mich, und es war nicht richtig, daß ich bis ganz zu ihrem Haus hingegangen bin. Da habe ich es gehabt.

Sie sagte: »Vielleicht hat mich jemand mit Ihnen zusammen gesehen.« Ich konnte die Weisheit nicht entdecken, die in ihrer Bemerkung steckte und ich schluckte daran. Die Tatsache blieb hart, vielleicht hat sie jemand mit mir zusammen gesehen!

Ich fragte mich, ob mein Fräulein so weitermacht und mir gegenüber auf dem ganzen Spaziergang nichts von ihrer großen Liebe bekennt. Das wäre aber von ihr nicht schön gewesen. Ich sagte: »Fräulein! Man läßt nicht gleich einen Kriegszustand aufkommen mit einer fremden Person.« Letztere Empfindung hat sie, wie sich herausstellte, mit mir geteilt.

Auf dem Weg, wo wir hingingen, habe ich immer soviel glotzen müssen vor lauter beleidigter Ehre. Wir nahmen die Straße, die am Kleinhesseloher See vorbei nach hinten in die Hirschau führt. Hier gingen nicht soviel Menschen wie auf der vorderen zum Aumeister hinunter.

Bloß die Radler waren nicht ausgestorben, und es vermehrte meine Leidenschaft für die Radler nicht. Sie fuhren schnell und in dem Bewußtsein, daß sie keine Laterne angesteckt haben, dabei wird es bereits dunkel. Mein Fräulein behauptete, daß ihr das viele Klingeln nichts macht. Es war wieder für lang still zwischen uns. Ich schmeckte immer herum mit meinem Vorsprung, und es schmeckte nach Staub und Abend und bittrem Gebüsch. Diese Tätigkeit erwies sich für die ganze Dauer des Spaziergangs als ungenügend.

Ich mußte bald einmal was sagen, sonst kamen wir miteinander nicht recht in Schuß. Ich sagte: »Im Englischen Garten kann man halt um diese Zeit nie so recht alleinig sein.« Ich wurde rot wie ein Ertappter, ich fürchtete schon, ich habe meine Gefühle verraten. Ich bekam nicht heraus, was sie so allein in dem München treibt. Sie war nicht in Stellung.

Ich begab mich dann mit meinem Fräulein in ein größeres Gespräch über Wald und Flur. Ich sagte: »Beobachten Sie diese Gruppe Pappeln von uns aus dreißig Schritt rechts. Können Sie abschätzen, wieviel Bäume sind es?« Da hat mein Fräulein sich noch nichts ankennen lassen.

Ich sagte: »Das Nadelholz und das Laubholz ist in dieser wilden Anlage ungleichmäßig verteilt. Das Laubholz herrscht vor, hat aber vielfach nur einen niedrigen Stand erreicht.« Da schaute sie mich bereits an, und es hat was bedeutet.

Ich sagte: »Vorne taucht in großer Entfernung eine Gestalt auf, die sich auf der linken Seite der Straße hält. Ich erkenne jetzt, die Gestalt ist weiblich, sie hat einen Rock. Es ist anzunehmen, daß die Gestalt auf uns keine feindlichen Absichten hat.« Da hat mein Fräulein vor Wohlgefallen an mir gelacht.

Ich sagte: »Die Straße, auf der wir gehen, ist auch für Lastkraftwagen geeignet, wird aber auf grund der abwegigen Lage dazu nur selten benutzt.« Da ist mein Fräulein bereits mit mir per Arm gegangen.

Ich sagte: »Auf jener Straße klingeln gleichzeitig drei verschiedene Radler. Der mit dem dunklen Ton ist der letzte und hat bereits ein Licht, aber der mittlere ist schneller wie der vordere gefahren.« Da blieb mein Fräulein neben mir stehn, und bis ich mich umschaue, habe ich meinen Kuß weg, ohne zu klagen.

Ich kam zur Erkenntnis, mein Fräulein ist eine Vife. Das habe ich mir nicht zweimal sagen lassen.

Mein Fräulein hat jetzt immer so leichtsinnig gelacht, aber, hat sie gesagt, ich darf mir nichts dabei denken. Per Arm und ein wenig schief sind wir bald rechts und bald links auf der Landstraße dahingeschoben und haben die Radler geärgert. Mein Fräulein sagte, jetzt muß ich sie aber auch einmal anschaun, denn bis dahin habe ich mich von ihr nur anschauen lassen. Leider wurde bei der Ausführung nichts daraus, ich habe halt mein Fräulein so auf Kommando nicht erblicken mögen.

Sie zählte bis zwanzig, damit ich mich sammle. Ich biß mich auf meine Zunge vor Grimm. Mein Fräulein merkte den Grimm nicht, sie lachte über mich, wie ich dastehe mit meinem todernsten Gesicht und muß erst von ihr den Gebrauch meiner Augen erlernen.

Da war es mir aber zu dumm, ich habe es ihr richtig gesagt, was sie für ein Weibsbild ist, dann habe ich ihr meine Augen wie ein Wilder gegeben. Die hat sie dann gehabt, wenn sie was daran hatte, aber ich war ihr inzwischen beleidigt. Unschlüssig gingen wir weiter und blieben ein Stück vorn wieder stehn. Mein Fräulein hat mir im Geiste Abbitte geleistet und ich ließ mich erweichen.

Wir haben uns dann immer so grausam anschauen müssen, sie hat die Augen herausgestreckt wie auf einer Fotografie. Davon war sie auf einmal ernst. Aber wie ich selber ausschaute dabei, das hat kein Auge wie das ihre erspäht, und sie behielt ihre Beobachtung für sich. Jetzt erfolgte lang gar nichts, doch war es die höchste Zeit, und ich hätte meinen Arm um ihre Taille legen müssen, so verloren war sie schon in mein Gesicht. Und den Arm habe ich nicht um ihre Taille gelegt, denn die Taille war mir noch zu fremd. In eine solche Verlegenheit habe ich mein Fräulein gebracht, und wir sind immer noch hingestanden.

Da hat es mein Fräulein vielleicht schon gereut, daß sie nicht gegangen ist mit einem anderen, sondern hat sich die ganze Seligkeit vom Emil erwartet. Das habe ich daran gekannt, weil mein Fräulein so hochdeutsch wurde. Sie ging immer schnell weiter und schaute sich nach mir nicht einmal um. Ich konnte ihr das ja nicht erklären, was ich für ein Langsamer bin. Wenn ich kaum das erste Wort zu ihr sagte, verzog sie schon den Mund, und ich verstummte.

Aber sie durfte alles sagen, und wenn ich mich so benehme, ist sie so frei und will nichts mehr von mir wissen. Ich fragte: »Wie habe ich mich denn benommen?« Darauf schaute sie mich bloß an, und es mußte aus einem wichtigen Grund ihr Geheimnis bleiben. Um mit den Sternen zu sprechen, ich war in der Vernichtung. Ich widersetzte mich: »Wenn ich es nicht weiß, kann ich mich ja nicht verbessern.« Mein Fräulein hat das ihrer Aussage nach von mir gar nicht verlangt.

Bei der Gelegenheit langten wir an dem bewußten Kreuzweg an, wo sich mein Fräulein zum ersten Mal von mir trennen wollte. Und so lang die Nacht war, wenn wieder so ein Abschied kam, habe ich mir jedesmal die Stelle mit bezug auf mein Fräulein gemerkt. Es war hinterher eine ganze Sammlung.

Für diesmal machte sie nicht viel Geschichten mit mir, »adieu!« sagte sie und dann war sie weg. Ich habe ihr von dem Platz aus, wo ich blieb, wie ein sanftes Kamel nachschauen können. Verdrossen setzte ich mich ins Gras. Ich dachte, wenn das alles ist, was mir von dem Abend bleibt, das ist aber wenig, und es war wenig.

Auf einmal hörte ich Schritte, die mußten von einem Fußgänger sein, der sich vorhin entfernte und jetzt kommt er mir wieder nah. Bis ich mich besinne, war sie wieder da und rief mich mit Namen Emil an, das sah ihrem Wankelmut gleich. Anfangs mochte ich gar nicht aufschaun wegen einem Fußgänger oder so wem. Sie bestand darauf, daß sie, wenn sie Emil sagt, damit mich meint und keinen anderen.

Wir erkannten, wie dumm wir sind und machen aus der Zuneigung noch ein Geheimnis. Damit war es vorbei, wir drückten im Gehn unsere Gesichter aneinander. Wir wankten ein wenig im Schritt und Gegenschritt und starrten auf ein bleiches Licht in der Ferne. Die Straße war bleich wie Bein.

Wir ließen Bäume hinter uns und wieder Bäume, wir wären so gern allein gewesen und waren doch nicht allein. Dafür gab es viel zuviel Radler, und wenn man meinte, wie weit der noch von einem weg ist, war der Kerl schon bei einem dort und die Radler sind so frech und schauen einem direkt ins Gesicht.

Wir kamen darauf, daß wir uns abseits vom Weg auf einen Rasen hinsetzen müssen. Sie sagte: »Geh du zuerst!« Da hat es mich aber gerissen. Denn das hat soviel geheißen als wir sind per du. Ich schaute sie an, und wir waren per du.

Ich ging voraus, sie immer hinter mir her mit angehaltenem Atem. Sie wollte sehn, wie weit ich sie führe. Ich setzte mich nicht gar so weit von der Straße hin, da konnte sie über die ausgesuchte Stelle nichts sagen. Sie nahm Platz, und es war eine Enttäuschung für sie, aber sie konnte nichts sagen. Sitzend gelangte ich zu der Erkenntnis, was ich für ein Ochs bin.

Wir warteten auf eine bessere Zukunft, das war der nächste Radler. Der stellte sich ein und beleuchtete uns bereits von weitem bengalisch. Sie sagte: »Siehst du!« Der zweite Radler kam, ich gab immer noch nicht meine Schüchternheit zu als Veranlassung für unkluges Verhalten. Beim fünften Radler wünschte sie mir viel Vergnügen. Die ganze Bitterkeit lag in ihrer Stimme, ein Ortswechsel schien mir begründet.

Ich legte mich mehr ins Gebüsch zurück, damit es sie nicht so in die Augen blendet. Sie blieb sitzen und sah nicht ein, warum das jetzt noch sein muß. Ich habe mich aber von ihr nicht beleidigen lassen. »Damit du nicht umsonst aufgestanden bist,« sagte sie und fühlte sich doch noch zum Nachgeben bewogen.

Das war nicht, wie wenn ich sage, hier ist ein Strich, von hier aus geht der eine Zustand in einen anderen über. Da war lang gar nichts. Dann war doch so was in meinem Kopf, mit dem habe ich wo hoch hinaufstoßen müssen. So ein Stößiger bin ich gewesen und war schon ganz in den Himmel versetzt, so war ich an ihr versunken. Ich habe erst lang hernach wieder was gesehen.

Da war es nicht der heilige Aloysius, der vor meinem inneren Auge stand. Ich habe es mir ankennen lassen, es ist nicht der heilige Aloysius, deswegen darf ich mich jetzt nicht blamieren. Mein Fräulein war so gut und hat mich nicht blamiert. Wir sind dann noch recht einfältig miteinander gewesen. Wir packten uns beim Gesicht, davon mußten wir lächeln, da war eine süße Verklärung, die uns durchdrang.

So habe ich es getrieben und sie auf den Hals geklopft wie eine Stute, die sich dann umschaut. Was meine Stute war in dem Fall, die hat schon von selber gewußt, wer ihr klopfte. In den Bäumen war manchmal ein Knistern, ich stellte keine Betrachtungen darüber an, da habe ich ganz was anderes getan in der Zeit. »Magst mir an mein Herz langen?« habe ich gesagt und so voll ist mir im Hals gewesen, daß ich ihn weggesprengt habe, den Hemdenknopf. Da habe ich ihre Hand geführt an mein Herz, sie hat mein Pumpern gespürt. Bei allem fragte ich sie, ob sie das mag, und trug zum Liebesgespräch meinen natürlichen Teil bei.

Aber wie ich dann ernst machen wollte, da war es ihr noch nicht ernst. Und wie ich abermals ernst machen wollte, war es das gleiche, sie hielt mich hin. Inzwischen war ich verstimmt. Wenn ein anderer an meiner Stelle wäre, fragte ich, ob sie es dem auch so macht? Brenneifersüchtig wurde ich, weil sie für mich allein nicht das richtige Herz hat.

Ich sagte es ihr, meine Stimme überschlug sich dabei, aber verstanden hat sie mich deswegen ganz gut. »Du warst ja doch schon bei einem anderen!« stieß ich heraus, ich war wie von Sinnen. Was mein Fräulein war, die hat gleich recht geschaut. Sie wurde auffallend still seit meinem Ausbruch. Ich stammelte: »Gell, das habe ich gewußt.« Ich mußte ihr zugeben, daß ich noch nicht richtig mit einem Mädel war, ich hatte mich ja doch schon verraten.

Meinem Fräulein sind die Tränen gekommen, weil es mir so mit ihr geht. Alles habe ich gesagt, und wie lang ich schon aus bin auf ein Verhältnis, da wird sie mich doch nicht auf diese Weise verachten. Sie wird schaun, was sie aber an mir für eine ewige Treue erleben wird, eine Treue war so ewig überhaupt noch nicht auf der Welt.

Da weinte mein Fräulein erst richtig heraus, und ich hatte ihr doch nichts getan. »Sie, Fräulein!« sagte ich ihr vor und blies sie an, daß sie lachen soll, aber aus ihrem Gesicht war inzwischen der ganze Leichtsinn verschwunden. Mein Fräulein behauptete groß und klein, was sie für eine Schlechte ist, sie hat sich wieder einmal wie so oft bei mir vergessen. Dahin war die Verklärung, aber der Jammer, der war da und was für ein Jammer.

Inzwischen ermannte sich mein tränenüberströmtes Fräulein ein wenig. So blaß war sie und mit einem solchen Beileid trocknete sie sich an ihrem durchweichten Taschentuch ab und ließ dabei solche Blicke über mich hingehn, die von einer schönen Seele sprachen, daß ich mir dachte, sie ist doch die rechte und die oder keine.

Ich legte sie mir in den Arm so zart, wie es nur ging, und atmete und sagte: »Also!« Mein Fräulein fragte, ob es mir wirklich nichts macht, sie muß das schon wissen. Die Frage war mir verdächtig. Ich fragte finster, was mir nichts machen soll? Daß ihr einer wie der andere sein muß, denn sie darf sich in niemand hängen. Bevor sie sich anhängt, muß sie ihn schon verlassen.

»Ja so!« sagte ich. Mit einem tiefen Atemzug wechselte ich in eine andere Haltung hinüber. Meine Wenigkeit war schwer gekränkt. Ich schaute durch die Bäume zum Himmel hinauf mit langem Blick. Wie da die Sterne standen, die vergesse ich in ihrer Stellung mein Lebtag nicht, so tief bohrten sie sich ein in mein Herz. Was sie mir vormachte, dahinter mußte was stecken, wofür ich als lernender Maurer nicht zuständig war. Nach der Vorgeschichte fühlte ich mich als der Gefoppte.

Inzwischen beging mein Fräulein eine unüberlegte Handlung. Sie tat ihren Kopf auf mein Knie her und bildete sich ein, ich werde sie noch für ihre Schlechtigkeit trösten, die hat sie auch nicht verschuldet. Ich war so frei und stieß das Frauenzimmer von mir weg, da hat das Fräulein aber geschaut.

Wenn es so mit ihr steht, fragte ich, warum ist sie dann überhaupt mit mir gegangen? Hier entschuldigte sich mein Fräulein mit der allgemeinen Gleichgültigkeit und sie möchte meinen, schlimm ist es weniger für die anderen. Schlimm ist es nur für sie selber, aber sie ist da wie in einer Zange. »Halt den Mund!« sagte ich.

So sanft wie sie drüben saß auf ihrem Platz, die hat sich doch alles von mir gemerkt für später, wo sie es einmal wieder anbringt. Der Wind lief durch die kleinen Zweige, die jungen Buchenblätter wehten weich, das Sternenlicht sickerte um uns herum, das half uns alles nichts. Mein Fräulein streifte mit dem Blick über verschiedene Bäume hin, sie rückte an ihrem Kleid. Dann war sie so weit gefaßt und erhob sich als erste. Ich hörte auf zu atmen.

Mit niedergeschlagenen Augen vertraute sie mir an, sie hat kein Recht nicht. Wie es nun einmal ist, trägt sie mir auch nichts nach, wenn wir uns jeder für sich entfernen. Vielleicht finde ich bald eine andere, mit der es mir besser geht wie mit ihr, das wünscht sie von Herzen. So hat mein Fräulein scheidend an meine Gefühle gedacht. Das hat die Sache gelindert.

Wie sie da stand in ihrer Betroffenheit und nichts wie bitteren Abschied über die Lippen brachte, ging es mir schon vor, wie ich sie in ihrer Abwesenheit einmal vermisse. Ich sagte mir, so, jetzt kann ich wie der Ochs, der ich bin, allein im Englischen Garten liegen, und mein Fräulein bleibt freilich in weiblicher Gesellschaft dabei, aber ich schon schön nicht. »Setz dich!« schrie ich, »Kanaille!« Mein Fräulein hat sich danach gerichtet.

Wir haben dann noch miteinander geredet und recht dumm geschaut. Ich habe mir Mut zugesprochen und es wird für mich auch was geben, was hilft, aber suchen müssen die Menschen halt. Dann haben wir es gesucht in Gedanken, Worten und Werken. Unmäßig stierte ich auf sie hin, ich traute mir gar nicht mehr wegschaun vor lauter innerer Fassung. Ich schlang in mich hinein, das ganze fremde Geschlecht, und meine Augen hat es mir herausgetrieben, von dem vielen Gefühl. Mein Fräulein war so gut und beklagte sich nicht über den ihr gebotenen Anblick.

Ich hatte jetzt den schönsten Anschluß an meinem Fräulein, sie hätte allerhand mit mir anstellen können, damit sie sich von meinem Adam überzeugt, aber sie hat mir kein solches Ansinnen gemacht. Ich konnte ja nicht gut sagen: »Fräulein, du mußt an mich ein Ansinnen stellen.« Der hellichte Jammer ergriff mich, weil sie anscheinend neben mir nicht einmal weiß, was ich für sie tun will.

Da schlug ich in sie hinein wie blind, das hat sie schon besser begriffen, gleich darauf habe ich sie gehabt. Die Sterne schnitten sich mit ihrer Bahn, der Wind tauchte uns ein, in den Bäumen rührte es sich. Das alles habe ich dann wieder gemerkt und meine Beobachtungen von der Natur vervollständigt. Aber dann wollte ich heimgehn.

Ich drängte in sie, daß sie einmal geht, sie konnte sich lang gar nicht fassen. So ein Herrscher war ich dabei und mit »geh« und »geh« ist das Weibsbild endlich gegangen. Ich mußte schon früh auf den Bau.

In meiner Joppe fand ich eine letzte Zigarette. Wie sie angeraucht war und erwies sich als für den meinigen bestimmt, verlangte die neben mir auch eine Zigarette, aber ich konnte ihr keine reichen. Darüber ging mir die Kehrseite der Medaille auf, und es war nicht das gleiche, wie wenn man mit sich selber allein ist und braucht an nichts weiter denken, als was einen persönlich angeht. Ich versprach, in der Stadt kaufe ich ihr eine und war im Geiste bereits so splendid.

Danach wollte ich es mir richten, denn auf ihre Faxen habe ich nichts mehr gegeben. Ich versprach, ich stelle sie bald einmal meinen Kameraden vor. Sie darf mich dann auch wie andere Mädel von der Arbeit abholen und soll nur zuschaun, wie die es machen. Davon wurde mein Fräulein verstockt. Aber wenn das ein Gesicht von ihr war, dann habe ich darauf nichts gegeben, mein Name war Emil.

Wir sind gegangen und gegangen, alles war anders. Wir schickten uns, weil uns ein wenig fror. Ich zog die Händ von meinem Fräulein unter die Achsel, das war alles, was ich noch für sie tat. Ich gab mich immer weniger mit ihr ab. Im Schritt richtete sie sich nach mir.

Die Nacht hing hoch in den Bäumen wie feiner Rauch, ich sagte es meinem Fräulein nicht. Der Wind rührte an meinen bloßen Kopf. Ich ging dahin wie allein und schaukelte im Gang stark mit den Schultern.

Dann ist es langsam Zeit geworden, daß ich mir die Meinige ziehe. Ich machte sie damit bekannt, sie muß mir in allem folgen. Sie schaute bloß vor sich hin, der Blick war mir für einen guten Willen zu schnell. Da wollte ich gerade einmal sehn, wer bei uns Herr im Haus ist.

Mittlerweile kamen wir ganz schön hin an den falschen Weg, ich hatte schon im voraus an den gedacht. Erklärt habe ich es ihr auch, daß wir den jetzt nehmen. Die Erklärung erfolgte wider mein besseres Wissen. Glaubst, mein Fräulein hätte in Reue und Leid ihre bis dahin gehabte irrige Ansicht bekannt? Glaubst, sie hätte sich in überquellender Liebe auf meine Angaben verlassen? Um die Welt nicht. Erklärt hat sie es mir, es geht aber noch eine Zeitlang auf der Hauptstraße zu, und dann kommt erst der Seitenweg rechts. Da war keine Liebe dabei, da hat auch keine Liebe dabei sein sollen.

Ich habe es ihr aber richtig gesagt, was der Weg in Wirklichkeit für einer ist, aber es ist der, den ich im Geiste meine. Sie sagte, in ihren Augen habe ich meine Physiognomie vervollständigt. Ich sagte: »Ich gebe dir schon eine Physiognomie!« Dieses Weib nahm das Wort nicht zurück, wobei sie vor Schreck erbleichte. Direkt einen scharfen Mund nahm sie vor lauter besserem Wissen an, und sie gefiel sich darin, aber mir gefiel sie nicht.

Ich war einfach starr, wie fremd mir mein Fräulein inwendig ist. Aber wie ich ihr ins Gewissen redete, was war das Ende? Da ist mein Fräulein bereits nicht mehr mit mir per Arm gegangen. »Emil, es geht nicht«, sagte sie, und es ist einfach nicht gegangen. Mir stand über mein eigenes Fräulein der Verstand still. Was aber und geht nicht? Daß sie mein Verhältnis ist, sagte mir mein Fräulein ins Gesicht. Anscheinend hatte ich keinen Grund, daß ich mich darüber beklage.

Es muß keine besondere Mitteilung gewesen sein, die sie mir damit machte, und so direkt bei ihr dort wollte ich auch nicht nach meinem Herzen greifen. Bloß ein wenig gehoben hat es mich, und in ein kleines Gehen bin ich gekommen und immer wieder einen strauchelnden Schritt zurück. Mein Fräulein, was es bemerkte, hat mich hilfreich gehalten.

Sie war überhaupt wie eine barmherzige Schwester mit mir, und ich sage, das hat die leicht können! Und so arg schön hat sie meinen Namen genannt und die Hände zusammengelegt, wie wenn sie mich anfleht um Verzeihung, den Tort mir aber doch antut. Nichts wie einen Emil hat sie aus mir gemacht vor lauter Namensnennung, aber so falsch war sie dabei. »Emil, es geht nicht«, das war ihr Refrain, und das ist er geblieben. »Gell, dir war halt was nicht recht,« habe ich gesagt, die Stimme ging mir darüber aus. Es war schon, wie es war, die Schlechtigkeit lag bei meinem Fräulein, ich hatte es zu tragen. So jammervoll war es mit ihrer ewigen Treue bestellt, »Emil, es muß geschieden sein«, hat es geheißen, und dann war sich geschieden.

Aber auf das wenn es ankam, das konnte ich auch und nicht bloß mein Fräulein! Nachher war ich sogar der Erste und habe die Seelenstärke besessen. Mittendrin ließ ich sie stehn, ich lief auf und davon. Jetzt kommt aber das Nette, denn was hat mein Fräulein, was sich von mir trennen wollte, getan? Neben mir hat sie herlaufen müssen, sage ich, denn ohne mich findet sie den Weg nicht im Finstern hinaus. Wie habe ich da mein gedankenloses Fräulein verlacht!

Aber selber stieß es mir schmerzlich auf, wie mein Fräulein mich immer noch braucht in der Stunde des Verrats, so unersetzlich ist und bleibt eben der Emil. Ich sah mich nicht um, sie war selber schuld, wenn sie immer noch neben mir herlief.

Mit Fleiß stimmte ich einen frechen Gesang an. Damit zeigte ich ihr, wie wenig ihre Anwesenheit bei wem andere Menschen ergreift. Die Lieder habe ich nicht alle gewußt, ich bin sonst keiner von denen. Da habe ich mir geholfen und unaufhörlich das gleiche gesungen. Mein Zweck war auch damit erreicht, mein Fräulein war rot unter der nächsten Laterne.

So trieb ich sie wie ein Spottvogel heim durch den ganzen Englischen Garten, der heute bereits ohne meine Veranlassung der Schauplatz mancher Schlechtigkeit war. Ich will meinem Fräulein nichts nachsagen, an ihrem Benehmen habe ich bald was gespannt. Mitten im Singsang faßte sie mich an meiner Schulter an, dabei war sich meines Wissens seit vorhin noch immer geschieden. Daran erkannte ich, mein Fräulein hat sich leider für ihre wahren Gefühle ein wenig überteilt ausgesprochen. Ich erbarmte mich aber nicht über sie. Mein Fräulein hat ihren Irrtum gemerkt und die Hand, die ihr fortgelaufen war, mit der Bitte um Entschuldigung schnell wieder an sich gezogen.

An einem Gärtnergrundstück vorbei gingen wir zu den ersten Häusern hinüber. Jetzt hätte mein Fräulein den Weg ja von selber gefunden, aber sie machte von Erdkunde keinen Gebrauch. Wenn ein Mensch sah, was sich da für ein junges Kind schon solche Lieder vorsingen läßt, der hat sich auch seinen Teil über das Mädel gedacht. Vielleicht wollte ich das gerade. Dafür redete ich sie noch saudumm an und fragte, was sie bei mir noch zu tun hat.

Mein Fräulein stand da wie ein Stein. Später weihte sie mich in die Gründe zu ihrem Benehmen ein. Das hätte sie nie von sich gemeint, sagte sie. So wie sie sich heut kennenlernt, kann sie sich nicht einmal auf sich selber verlassen. Und sie kann nicht so von mir weg. Das war kein Grund für mich, daß ich ihr die Ehre ihrer Bekanntschaft mit mir verzieh.

Wieder an einem Eck sagte ich: »Gehn wir einmal dahin«, und wir sind einmal dahin gegangen. Denn an der finstern Ecke, wo die zwei Gartenzäune im schiefen Winkel gegeneinanderlaufen und dahinter ist gleich ein Verschlag, dort stand mein Busenfreund und noch einer daneben. Mein Busenfreund war mit einer Magd da. Bei der hatten sie sich bis dahin auf eine Weise benommen, daß ihr zum Bewußtsein kam, sie ist weit und breit das einzige weibliche Wesen. Die Magd hörten wir schon lachen von weitem, so hat es ihr gepaßt.

Wie ich mit der meinigen hin bin, die immer noch kindlicher

dreinschaute vor lauter schlechter Behandlung auf dieser Welt, da waren die drei auf einmal still. Ein Steinchen, was sich ein Kind droben aufgehoben hat, ist irgendwo von einer Latte am Zaun heruntergefallen. Eine Zeitlang hat man nichts gehört als das Steinchen. Mir verschnürte es selber den Hals. Ich sagte: »Servus beisammen!« Ich habe ihnen mein Fräulein gleichsam präsentiert, das war aber auch ein Fräulein! Die Burschen haben meinen festen Blick verstanden. Und ich hatte einen großen Erfolg, das war Balsam auf meinen Zorn. Mein Fräulein, was feiner war, wußte es nicht anders wie mit »guten Abend!« Da waren die zwei strammen Kameraden so frei und brachten ihrerseits einen guten Abend auf hochdeutsch heraus. Bloß die Magd hielt sich nicht daran. Sie starrte mit unbestimmtem Blick wohin, wo kein zweites Fräulein stand. Die Magd hat schön geschaut, wen ich da anbringe, und war weit und breit nicht mehr das einzige weibliche Wesen.

Wir haben dann alle fünf auf was gewartet. Aber mein Fräulein ergriff auch nicht die Initiative in dem beabsichtigten lebhaften Gespräch. Deswegen mußte es dann unterbleiben. Wieder hat sich ein Steinchen gemeldet von dem unbekannten Kind, und das Kind, was gemeint hat, seine sind wunder wie gut aufgehoben, ist nicht im Hemd angelaufen gekommen und hat seine Steinchen gerettet.

Während der ganzen Zeit haben sich die Burschen das Gesicht von meinem Fräulein gemerkt. Einer seufzte und wechselte mit dem Fuß in eine andere Stellung hinüber. Mein Fräulein schaute bei der Magd immer auf die Frisur hin, und die Angelegenheit war dringend. Denn der bläßliche Mittelscheitel, der nie anders gezogen wurde, war bereits zur breiten, abgestorbenen Straße geworden, beim Betrachter erweckte er Wehmut. Ich warf meinem Fräulein einen Blick zu. Sie schaute schnell weg und unterdrückte eine naseweise Bemerkung.

Mein Fräulein war dann über das Schweigen, das sie verursacht, noch recht niedergeschlagen. Sie schämte sich neben dem Zaun, weil es nicht mehr schön ist, wie sie mit mir herumzieht. Aber ich sage, das hat meinem Fräulein nicht anders gehört. Vor lauter Verlegenheit entfernte sie sich unvermittelt aus der deften

Versammlung, aber der, welcher vorhin seufzte, hat sich aufgeschwungen und beim Abschied hinzugefügt: »Guten Abend – Fräulein!«

Wir gingen so herum, bis sich die Empfindung von Schmach in meinem Fräulein gesetzt hat. Dann standen wir wieder an einem Zaun. Mein Fräulein wußte nicht, was jetzt kommt, ich selber auch nicht. Vor uns zog sich lang eine halbfertige Straße mit Bauplätzen hin. Ein Trambahngeleise war durchgelegt, weit vorn zwinkerte eine Laterne. Ich lehnte am Zaun und sah dem blinkenden Geleise nach, wie es von mir davonlief. In einem Hof hielt ein Herr seinen Hund zurück, weil er den Mond anheulte.

Ich langte nach meinem Fräulein, sie ließ sich gerade nicht stören. Wir berührten uns fast, aber ihre Gedanken gingen keinen was an. Wie sie mit dem Blick am Geleise hing und sich weit hinauszog an den verlaufenden Schienen, als müsse sie flüchten, lag eine Bereitschaft an das Unbekannte darin, die ich nicht verstand. Einer unbändigen Sehnsucht hatte sie sich verschrieben, ich kam da nicht mit.

Damit konnte sie mir zwar nicht imponieren. In gleichmäßigen Abständen stieß ich mit meinem Stiefel nach ihrem Schuh hinüber, daß es klappte. Mein Kopf gab der Pendelbewegung, wenn sie den Körper durchlief, mit regelmäßigem Zucken nach. Damit hörte ich noch lang nicht auf, einfach so, weil es mir eben Spaß machte, darum. Ich schlug meine Zeit tot und kam mir als ein rechter Hui-Kerl vor. Da hat mein Fräulein auf einmal was gehabt.

Sie lief ein paar Schritt in die Straße hinaus, blieb stehen und schaute zu mir zurück, alles hatte seine Bedeutung. Wie auf der Bühne lief sie wieder ein wenig in die Straße hinein und war beim Geleise. »Magst«, spottete sie, »ich lege meinen Kopf auf die Schiene da. Wir spielen, ich lasse mich von der Trambahn überfahren.« Und wieder kam ich nicht mit.

»Weg mit der Nuß!« sagte ich, aber die Person ließ sich nicht halten. Sie schnitt eine Grimasse, als sie mit suchendem Hals die geschliffene Schiene probierte, und machte verkehrte Welt und setzte den Hals wie an ein Rasiermesser an. Von weitem sang eine mörderische Trambahn heran, ich war wie gebannt.

Sie hielt unsinnig lang aus und rollte nicht weg, der Fahrer warnte schon mit dem Signal. Gerade riß ich sie noch zurück, weil es das nicht brauchte.

Ich trug sie dem Zaun zu, sie machte sich ängstlich leicht. Mir war, als ob sie nach mir horchte. Dies Horchen erbitterte mich. Ich wollte ihr die Faxen schon austreiben und ich fuhr es ihr hin: »Ich gebe dir schon, was du brauchst. Um ein Haar waren wir beide darunter.«

Ich stellte sie nieder und stieß sie gegen den Zaun, sie gab einen kleinen Laut von sich. Der Stoß pflanzte sich durch den Zaun fort. Ich stierte auf das nachzitternde Holz, warf mich weit zum Ausholen zurück und stieß sie wieder hin mit aller Kraft. An meinem Blick, der so ganz von innen kam, mußte sie es begreifen. Sie hatte mich auf eine gemeine Probe gestellt, der Schreck saß mir noch in den Gliedern. Sie versuchte nicht einmal sich zu wehren. Da reute sie mich. Ich packte sie an ihrem Weibsgesicht mit heißem dringlichem Griff beider Hände. In einem Zug fuhr ich ihr über Auge und Nase und Mund, als ob ich wieder wegwischen könnte, was ich da im Zorn mit ihr machte.

Sie rührte sich nicht, sie hielt die Augen geschlossen und lächelte mit unfaßbarem Ausdruck wie ein gestorbenes Kind, so voll Gehorsam und feindseliger Beharrung zugleich, daß es mich überlief. Ich wußte, der werde ich nicht Herr, das kränkte mich tief.

Ich steckte die Hände in die Taschen und nahm sie gleich wieder heraus. Ich trat am Trottoir herum, aber ich trat mir das Kalte, was meine Eigenliebe lähmte, nicht ab. Für einen lernenden Maurer war es zu hoch. Ich lehnte mich an den Zaun und fing nichts mehr an mit meinem Fräulein.

Plötzlich fing sie zu beichten an und fragte, ob ich mir eine Zeit denken kann, wo sie immer schön heimging und keiner konnte ihr an. Ich sagte: »Nein, das kann ich nicht.« –

»Siehst du!« sagte mein Fräulein und war mir über. Sie versuchte mir zu erzählen, wie alles kam. Dabei atmete sie schnell und so von oben weg, als hätte sie es auf der Lunge, auch die Worte redete sie immer schnell aneinander vorbei, als ob das, was sie momentan sagt, nicht das Wesentliche wäre, aber zum Wesentlichen kommt sie dann gleich. Ich wurde nicht schlau daraus, aber ich wollte auch nichts verpassen. Gerade als ich anfing die Ohren zu spitzen, sagte mein Fräulein, eigentlich ist sie schon fertig, sagen kann man es doch nicht.

Soviel sah ich, sie ist durch den Ersten, auf den sie alles gesetzt hat, so nebenhinaus gekommen. Durch einen Mann, den sie nicht vergessen kann, bleibt sie für immer von mir geschieden.

Geschaut habe ich, das hat mir alles soviel gemacht, was mir da passiert in jungen Jahren. Bei der, dachte ich, hast du es halt doch nicht herausgerissen. Es übermannte mich wieder, ich wollte ja nicht von ihr lassen. Da war ich mit ihr Gesicht bei Gesicht und ich schnaufte meine Dummheit hinein in ihr Haar. »Schau«, habe ich ihr gesagt, »für mich bist du halt doch keine Schlechte.«

Da hat sie gehorcht und wohin gelacht, wo ich in der Richtung ungefähr war, aber sie war wie in einem ganz anderen Raum, da nahm sie mich nicht mit hinüber. Die Person hatte ihren Stempel schon weg. Ich hätte sie stehn lassen können, mir pressierte es nicht. Nun, ich hätte ganz gern was gelernt. Am ersten Abend wird alles zu einer Erfahrung, man spannt sich unwillkürlich auf mehr. Manchmal ging wer an uns vorbei und wenn es ein Weibsbild war, schaute sie her, aber der Mann schaute meistens weg.

Der Rückschlag, der mußte kommen. Ich starrte in den weiten Himmel hinauf, ich konnte ja doch nichts machen. Ich dachte an das, was mich morgen vielleicht reut, wenn ich es heut unterlasse. Ich stieß sie an und sagte trocken, es ist so weit ganz schön, aber das, worauf ich am meisten aus bin, aus dem ist soviel nicht geworden, ich muß schon darum bitten.

Ich habe mich davon nicht abbringen lassen und sie in den Luitpoldpark geführt, wo wir über die niedrige Buchsbaumhecke stiegen. Hier wäre es schon gegangen. Ich stieß meine gewesene Flamme an, da war sie mir störrisch. Sie hätte sagen können: »Hund dürrer, fall um, wenn du Zeit hast!« Aber nein, sie fand kein erlösendes Wort.

Inzwischen haben wir immer was singen gehört, das war halt gesungen, aber schön war es nicht. Dann sind die Burschen auf den freien Platz herausgekommen, gerade konnte ich mein Fräulein noch an der Hecke herunterreißen. Wir preßten uns eng an den Buchsbaum, damit sie uns nicht schnappen. Das waren mir schon die richtigen Brüder.

Ganz Junge waren darunter, die zum ersten Mal dabei sind und auf die daheim noch eine Tracht Prügel wartet. Die Jungen wurden ganz schön gesteuert. Sie wären nicht auf die Idee gekommen, ihre Lehrmeister kriegen sie noch heut in die Zange und nützen das hinterher aus. Bis jetzt waren sie bei der Sentimentalität angelangt. Mit starren Augen schrien sie ihre unverstandenen Lieder aus nackten wüsten Hälsen und verrieten sich keiner vor dem anderen.

Ich hätte ihnen sagen können, daß es nicht dabei blieb. Die Älteren hätten die Jungen, selbst wenn die wollten, nicht ungerupft wieder heimgehn lassen. Ich wußte Bescheid durch einen Kameraden vom Bau, auf dem Bau hat man uns vor der Luitpoldpark-Bande gewarnt. Mit einem mannbaren Rausch fing es an, ein gefährliches Laster wurde daraus und sogar Kriminelles, weil die Lehrmeister hinterher ihre Verführten erpreßten.

Die Älteren hatten die Jungen in einer Reihe untergefaßt und kommandierten. Die Jungen ließen sich führen wie die Geprellten. Die Zeit floß ihnen verworren dahin, Kälte kroch sie an. Mit Gröhlen übertäubten sie eine unklare Angst vor Schmach. Von allem dachten sie, es müsse so sein und hielten die eigene Haut hin.

Jetzt gingen sie dicht an uns vorbei mit schleifenden Schritten durch den Kies neben der Hecke. Sie waren sich lauter künftige Feinde. Wir zwei Braven stellten uns tot wie die Käfer und lagen im Gras. Ich hätte mich nicht gern aufspüren lassen von einer Bande, weil man da den Kürzeren zieht, alle sind gegen einen.

Sie waren glücklich vorüber, wir zwei Braven atmeten auf. Mein Fräulein suchte mich am Arm mit einer Bewegung. Mit Bitterkeit hielt ich ihr vor, mit mir meint sie es auch nicht besser, als daß ich hingehn muß und mir da einen Anschluß suchen, wo ich ihn finde. Da hat mein Fräulein den Leib, der sie war, mit einer weiten Bewegung ins Gras hinein und wieder ins Gras geschleudert, soviel hat ihr das alles gemacht, wie es hart auf hart geht unter den Menschen. Zwischenhinein hat sie doch was versprochen und nackte Dinge gesagt aus blicklosem Gesicht. Das Haar wehte ihr in die Augen hinein wie eine Flut und gar nicht mehr ausgekannt hat sich mein Fräulein. Da war sie mir zum letzten Mal recht, ich habe mich hingeschoben und sie lange fixiert, bis sie mir klein wurde unter der Hand. Die Wolken waren über uns und unsere Blicke waren in uns.

Ich blieb noch sitzen und schaute den Platz an, denn hier hatte es sich ereignet. Inzwischen war ich schon kühl. Ich war in meinen Gefühlen schon ganz von ihr abgefallen. Der Bau wartete nicht, der Mann muß ja auch einmal schlafen. Die Bande konnte jederzeit wieder herkommen auf ihrer Streife, es war besser, ein halb schon schlafender Mann forderte da nichts heraus.

Ich sagte: »Junge, steh auf!« so war es jetzt. Ich mochte auch nicht so lang wie in dem Fall das Weib die Vergangenheit pflegen. Ohne ein Wort gingen wir quer durch die Wiesen den Arbeiterhäusern zu. Hier habe ich meine verflossene Flamme befremdet.

Denn wenn ich einen Menschen kennenlerne, sage ich, will ich von dem auch ein Andenken haben. Ich deutete es noch schonend an: »Fräulein, wann bekomme ich meinen goldenen Ring?« Mehr wurde da gar nicht verlangt, meine Verflossene wollte mich nicht verstehn, sie beschleunigte ihren Schritt.

Ich war so frei und zog ihre Hände schon selber suchend durch meine Finger. Aber mein Fräulein läßt ihre Ringe daheim, wenn sie Ausgang hat mit einem Bruder, wie ich bin. Gekränkt sagte ich: »Der Karl hat erst neulich von einer einen Ring bekommen.« Mein Fräulein gab mir nicht darauf an. Damit bestätigte sie meinen Verdacht, daß sie mir keinen Ring gibt.

Ich hatte noch was auf dem Herzen, mein Fräulein mußte wieder heran. Ob sie sich auch vor anderen zu mir bekennt und nicht Bitterkeit sich festsetzen läßt in meinem Herzen? »Gewiß,« sagte sie und gab mir hastig die Hand. Dann war meine Hand leer, ich wußte nicht, ob es gewiß ist.

Wolfgang Koeppen
Taube Ohren, beifällige Hände

Die Stadt hatte gelitten, aber bald zeigte sie sich blind für die Möglichkeit der Erneuerung, die in der Zerstörung verborgen lag. Die Menschen waren durch ein Fegefeuer gegangen, doch man wußte nicht, ob sie geläutert und gerettet waren. Sie richteten sich ein. Auch die Kirche war verfolgt worden; sie sprach ihre Märtyrer selig, und die nicht Gemarterten nahmen die Zügel der Führung straff in die erfahrene Hand.

Man besann sich auf die Feste, die Kirche auf die im ehrwürdigen Kalender festgelegten religiösen, das Bürgertum auf die bierstädtisch deftigen, die überlebenden Schwabinger auf die Legende von der Kunststadt, den Budenzauber der Ateliers, und alle förderten den Umsatz der Brauereien. Irgend jemand mußte die Zeche bezahlen. Die Kirche hielt sich an den Staat, die Bürger profitierten von der Konjunktur, einer glücklichen Rechnung mit einer schwarzen Unbekannten, die Schwabinger verkauften ihren Nonkonformismus weit unter Wert an die konformistischen Geschäftsleute, und alle, ob sie nun säten oder ernteten, ernährte Gott der Herr. So blühte neues Leben aus den Ruinen! Die Schaufensterauslagen, die runden Wangen, die Wiederherstellung des schon verloren Geglaubten, die allzu vielen Automobile. Der Bau neuer Straßen, die Errichtung neuer Plätze scheiterte am heftig vorgetragenen und allen heiligen Wunsch, die alten zu erhalten. Jedes moderne Haus steht am Ende von den Zuständigkeitsinstanzen um Stockwerke geköpft da. Die Theater spielen für Abonnenten, die teils der Bildungspflicht und dem Gesellschaftsanspruch neuabendländisch verklärt genügen, teils unterhalten, aber niemals beunruhigt werden wollen. Brecht ist noch immer ein unheimlicher Revolutionär, und der neue Dichter ist nicht erschienen. Das sogenannte Experiment findet im Werkraumtheater der Kammerspiele nicht vor der Jugend und nicht vor dem

Werkvolk statt, das sich mit dem Hausbackenen einer ihre Aufgabe verkennenden Volksbühne begnügt, sondern vor den um des Berufs oder um des Dabeigewesenseins wegen mitredenden Premierengängern, die die Köpfe schütteln, aber gar nicht daran denken, dem Autor den Gefallen eines Theaterskandals zu bereiten. Berlin schlug vielleicht endgültig der Krieg. Viele, die Berlin belebten, kamen nach München. Aber was tun sie in München? Sie sprechen enthusiastisch unverbindlich vom Isar-Athen, jammern über föhnbedingten Kopfschmerz, Herzflattern und Kniezittern und passen sich den Gegebenheiten an, dem Bier, den Festen, den familiären Maskeraden, den bürgerlichen Saturnalien.

[...] Zum Hofgarten stellt sich mit breiter Front und großer Auffahrt der Herkulessaal. Er wird benützt, so weit die Gesellschaft die geistige Verbrämung liebt. José Ortega y Gasset predigte hier kurz vor seinem Tode tauben Ohren und beifälligen Händen. Die großen Orchesterkonzerte stützen den Glauben an eine erhaltene und fortwirkende Tradition. Die Abende der Musica Viva rütteln manchmal mit Schönberg, Strawinsky, Alban Berg, Krenek und Henze an diesem schönen Glauben; doch nicht allzu sehr. Der international elegante, der snobistische, der aristokratische Teil der Wohlhabenheit unterstützt die neuen Töne, indem er sich, ihnen lauschend, zeigt. Was geht ins Ohr hinein, was geht hinaus? Eine Bohème tritt kaum in Erscheinung, kein Olymp trägt zu den Entscheidungen bei. Eine kleinbürgerliche Freiheit ergeht sich an Sommerabenden im Garten, während die großbürgerlichen Automobile zu den mondänen Bergplätzen brausen. An den Wegen der Gartenarchitektur sitzen Paare, wie in den Entwurf eingeplant. Der Pavillon der Mitte schützte die Militärkapellen vor Regenfällen und wird es wieder tun. Der Mond hängt über dem zerstörten Armeemuseum, wohl romantisch, doch mehr noch unheimlich, was aber niemand zu empfinden scheint. [...]

In der Wirtschaft zur Seerose trifft sich, was vom alten Wahnmoching übriggeblieben ist. Mit dem Bier spült man Verbitterung, Demütigung, ach so viel Anpassung hinunter, und schlecht gemimt ist der Stolz, der Blick des freischaffenden Mannes unter der alten Baskenmütze. Man erinnert sich und blickt in das Grab. Die

Groschenwirte haben ihre Lokale an fixe Herren verpachtet, die am Abend die Kulisse von Montmartre für Mark und Dollar verkaufen. Man drängt sich in künstlich geschaffener Dunkelheit. Man drängt sich aneinander. Man drängt sich wozu? Junge und alte Bürger kommen in ihren Automobilen gefahren und suchen die Unbürgerlichkeit auf die allerbürgerlichste Weise.

Man trifft keine Dichter in den Schwabinger Nachtlokalen. Am ehesten trifft man sie noch auf dem Schwabinger Boulevard, auf der einst pappelbewachsenen Leopoldstraße. Bele-Bachem-Stühle in den Sonnenaugenblicken vor den italienischen Cafés. Man genießt die Einsamkeit in der Menge. Hausfrauen und Schulmädchen. Bärtige Maler, die Pinsel und Farbe hassen. Eisessende Jünglinge mit hohlen Lockenköpfen. Die kleinen und großen und immer grellen Automobile einer bundesdeutschen Jeunesse dorée, die in München studiert, die alten Fremdenpensionen bereichert und mit hohem Wechsel die Jahre ihrer Liederlichkeit verbringt, bevor sie sich den Geschäften und den Familieninteressen zuwendet.

5

Schwabinger Gefühl

Erich Mühsam

Schwabing. Brutstätten der Münchener Kultur

(Ausschnitt)

Schwabing, habe ich hier früher schon einmal behauptet, ist, wie Montmartre, weniger ein geographischer als ein kultureller Begriff. Äußerlich ein Münchener Stadtteil wie jeder andere, mit Läden, langen Straßen, hohen Wohnhäusern, einzelnen Villenstraßen in den an den Englischen Garten angrenzenden Bezirken und mit sehr gemischter Bevölkerung: reiche Leute, hohe Beamte, Staatspensionäre, Professoren, Studenten, Kleinbürger, viel Arbeiter, und ganz nördlich, wo die Häuser niedrig und spärlich sind, noch durchaus rustikales Ackerbürgertum. Gewisse Partien haben ganz den dörflichen Charakter gewahrt, den Schwabing vor hundert Jahren hatte, als es noch nicht durch eine großstädtische Hauptstraße an München herangebaut, noch nicht von der Residenz als Außenviertel aufgenommen war. Da gibt es noch, rund um eine alte kleine Kirche herum, schiefgestellte, ländliche Häuschen und mit mächtigen Bäumen bestandene Biergärten vor verhutzelten Gastwirtschaften, wo einmal die Münchener Bürgerfamilien bei ihren Sonntagsnachmittagsausflügen den Verderb der guten Sitten am Hofe der Lola Montez beklagt haben mögen.

Dies alles ist nichts, was den Stadtteil Schwabing wesentlich von anderen Städten oder Vororten unterschiede, die, ehedem winzige Bauerngemeinden, von nahegelegenen Metropolen verschluckt wurden und sich deren Ansprüchen nach und nach akklimatisierten. Dennoch ist Schwabing von etwas Besonderem ausgezeichnet, von einer anderen Art Lebensgeist, als er sonst waltet, von einer eigenen seelischen Atmosphäre im Dunstkreis seiner Wohnstätten. Architektonisch kommt das kaum zur Geltung, denn nur einem aufmerksamen Beobachter würde auffallen, wie ungewöhnlich viele Häuser in den eintönigen, von keinerlei Schönheitssinn in den Stadtplan gezeichneten Straßen mit großen, in quadratische Scheiben geordneten, Dachfenstern versehen sind. Das sind die Ateliers, in denen sich jener besondere Schwabinger Geist zu Werken der bildenden Kunst in Öl oder Gips zu materialisieren befleißigt. Und es ist doch wohl auch nicht der künstlerische Schaffensfleiß, der die Schwabinger spezifische Atmosphäre schafft; denn es kann nicht geleugnet werden, daß das wichtigste Merkmal dieser Atmosphäre, die Regellosigkeit der Konvention im Verkehr zwischen den Menschen, in deren künstlerischer Produktion den allerschwächsten Ausdruck findet. Ich habe große Künstler gekannt – in München und anderswo –, die in ihren Werken die radikalsten Konventionsverächter waren und in ihrem persönlichen Gebaren alles eher als Schwabinger Typen, und umgekehrt sah ich in Schwabinger Ateliers Bilder und Skulpturen, die sich mit pedantischer Sorgfalt an die akademische Konvention hielten, deren Schöpfer aber in Erscheinung und Lebensführung allen westeuropäischen Gepflogenheiten eine wahrhaft nihilistische Verhöhnung entgegenstellten. Das sind die Gestalten, die den Stadtteil Schwabing zum Kulturbegriff Schwabing machten – Maler, Bildhauer, Dichter, Modelle, Nichtstuer, Philosophen, Religionsstifter, Umstürzler, Erneuerer, Sexualethiker, Psychoanalytiker, Musiker, Architekten, Kunstgewerblerinnen, entlaufene Höhere Töchter, ewige Studenten, Fleißige und Faule, Lebensgierige und Lebensmüde, Wildgelockte und adrett Gescheitelte –, die bei der denkbar größten Verschiedenheit voneinander (einer individuellen Verschiedenheit, die dem juste milieu ganz unbekannt ist) nur verbunden waren durch ihre gleich himmelweite Entfernung von eben diesem juste milieu, vereint waren in einer unsichtbaren Loge des Widerstands gegen die Autorität der herkömmlichen Sitten und des Willens, ihr individuelles Gehaben nicht unter die Norm zu beugen.

Welche lokalen Eigentümlichkeiten Schwabings besondere Eignung zum Zentrum eines sozusagen experimentellen Gesellschaftsindividualismus bewirkten, kann ich nicht feststellen. Doch scheint die Entdeckung Schwabings nicht erst auf den Einzug der Boheme der achtziger Jahre gewartet zu haben, die von dort aus unter Führung Michael Georg Conrads den Sturm durchs Siegestor gegen die Propyläen organisierten, deren Schatten die Villa schützte, wo Paul Heyse in grimmigem Eifer den Hellenismus einer etwas ramponierten Klassizität gegen den Banditismus modernen Geistes verteidigte. Schon vor jenen hundert Jahren, als die Erlesenheit des Münchener Geistes sich in die Verse des Königs Ludwig I. und die Wortwitze des Hoftheater-Indendanturrates Moritz Gottlieb Saphir absetzte, suchte sich ein wirklich großer Geist und dabei einer der absonderlichsten Käuze seiner Zeit schon das damals völlig abgelegene Dorf Schwabing zum Wohnsitz aus: das war der Philosoph der Christologie, der Theosoph Franz von Baader, der täglich nach München hineinspazierte, irgendeinen harmlosen Handwerksmann beim Knopf faßte und ihm seine Fragen über das Gottesbewußtsein oder seine mystische Sozietätswissenschaft vorlegte. Der einfache Verstand des von Wissenschaft unbelasteten Gehirns sollte die Gelehrsamkeit des weisen Mannes regulieren. Welche prachtvolle Vorurteilslosigkeit, welch unzünftlerisches Verfahren, welche echte und beste Schwabingerei!

Dies mag das eigentliche Charakteristikum des Begriffs Schwabing sein, die Unbekümmertheit um das Urteil anderer Leute. Jeder Mensch ist ein Eigener; aber wer es zeigt, heißt anderswo ein Sonderling. Schwabing war eine Massensiedlung von Sonderlingen, und darin liegt seine pädagogische Bedeutung. Schwabings auffällige Minderheit bewirkte bei der unauffälligen Mehrheit, daß sie nicht mehr auffiel. Ja, ganz München gewöhnte sich an das Ungewöhnliche, lernte Toleranz und gönnte der Seltsamkeit ihr Lebensrecht. Jeder, der längere Zeit in München gelebt hat, erinnert sich eines Zigarrenhändlers mit grauem Knebelbart, dessen Haare unter dem Hut hervorstachen, zu einem grauen Zopf geflochten und mit einem Schleifchen zusammengehalten. Der Mann – ich weiß nicht, ob er noch lebt – wohnte selbst gar nicht in Schwabing, aber es war eine Frucht Schwabingscher Erziehung, daß er sich trug, wie es ihm paßte, und eine noch weit schönere Frucht Schwabinger Einflüsse war, daß sich in ganz München kein Mensch über den Frisurindividualismus des Mitbürgers aufregte. Daran, daß sich jemand überhaupt nach ihm umsah, war mit Sicherheit ein Fremder zu erkennen.

Im allgemeinen war die Langhaarigkeit der Schwabinger Männer so wenig wie die Kurzhaarigkeit vieler Schwabinger Frauen – Lotte Pritzel und Emmy Hennings brauchten den Bubikopf nicht erst von der Mode geschnitten zu bekommen – noch die Samtkittel der Schwabinger Maler ein wichtiges Kennzeichen Schwabings. Kennzeichen war nur, daß jeder seine Aufmachung selbst bestimmte, einer von Eitelkeit, ein anderer von Bequemlichkeit, der dritte von Stilgefühl und mancher auch von seinem Schneider beraten. Uniformität gab es höchstens in dem Ästhetenzirkel um Stefan George. Dort trug man hochgeschlossene Westen mit schwarzen Krawattentüchern, bis zum Kinn und dünne silberne Ketten, die um den Hals gelegt waren und in einer Westentasche verschwanden. Das gehörte zu der Weihe, zu welcher die Zugehörigkeit zu jenem Kreise verpflichtete; denn so trug sich der Meister selbst, dem Franziska zu Reventlow, »die Gräfin«, respektwidrig den Namen »Weihenstefan« angehängt hatte.

Im eigentlichen Schwabing lag das Café Leopold, wo Albert Langen und seine Mitarbeiter vom »Simplicissimus« ihre Erholung suchten. Da saß Karl Wolfskehl mit den übrigen Jüngern Stefan Georges, und hier kam ich zum erstenmal mit der einzigartigen Frau in Berührung, deren große Persönlichkeit, die sich nur im Milieu Schwabings frei entfalten konnte, allein genügen würde, um Schwabings Bedeutung als Kulturbegriff sicherzustellen: der Gräfin Franziska zu Reventlow. Von dieser außerordentlichen Frau, dem innerlich freiesten und natürlichsten Menschen, dem ich begegnet bin, gleichmäßig ausgezeichnet von höchstem weiblichem Charme, gepflegtester geistiger Kultur, kritischster Klugheit, anmutigstem Humor und vollkommenster Vorurteilslosigkeit, wird in anderen Zusammenhängen mehr zu sagen sein. Vom Schwabinger Gesamtmilieu aber erhält man ein vortreffliches Bild, wenn man sich mit dem wundervollen Buch beschäftigt, das auf über zwölfhundert Seiten die »Gesammelten Werke« der Gräfin (so riefen wir Freunde sie, wenn wir zu ihr sprachen – es lag keinerlei Wertung darin, nur eine Bezeichnung) zusammenfaßt. Die Tagebücher – sie brechen 1910 ungefähr da ab, wo meine eigenen Erinnerungen durch seltsame Konspirationen mit den

Erlebnissen der Gräfin zusammengeraten – beleben auf jeder Seite Stätten, Namen, Stimmungen und, obwohl bis dahin meine Wege die ihrigen nur flüchtig kreuzten, Situationen, die eine Art familiärer Zusammengehörigkeit Schwabings offenbaren, eine Gemeinsamkeit des Erlebens aller, auch ohne mitwirkende Beteiligung aller. Das köstlichste Bild Schwabings – mindestens eines bestimmten Ausschnittes dieser kulturgeographischen Kuriosität – hat die Gräfin in dem Buch gezeichnet«, das den Namen trägt »Herrn Dames Aufzeichnungen oder Begebenheiten aus einem merkwürdigen Stadtteil«. Da lernt man dieses »Wahnmoching« kennen, mit seinen Riten und Ekstasen, seinen Verstiegenheiten und seiner Geheimsprache – es ist eine ebenso liebenswürdige wie schonungslose Verhöhnung des reinen Ästhetentums, das sich zufriedengab, wenn es die großen Probleme der Menschheit in ein klingendes Wort und ein genießerisches Seufzen eingefangen hatte. Es gibt noch ein anderes Dokument, das die Geheimnisse der Stefan-George-Gemeinde mit ihrer liturgischen Rhythmik, nur für Eingeweihte verständlich, dem Gelächter Schwabings preisgab: das war eine in fünf hektographierten Nummern erschienene Zeitung, die den Namen führte »Schwabinger Beobachter«; sie kam vor meiner Münchener Zeit heraus – in den Tagebüchern 1904 erwähnt, doch hat die Gräfin sie mir einmal zu lesen gegeben. Die Betroffenen sollen sehr entsetzt gewesen sein, als sie herausbekamen, daß die Haupttäterin die allseits umschwärmte Reventlow war; denn sie hatte das affektierte Getue derart lächerlich gemacht, daß von Weihe und Glorie noch Jahre später einiger Respekt abgebröckelt war.

Ich habe selbst das Weihezeremonial um den Meister herum nie mitgenossen. Persönliche Beziehungen pflegte ich allerdings mit vielen, die zeitweilig mitten dazwischen gesteckt hatten, so mit Friedrich Huch, dem feinen Prosadichter, der leider früh gestorben ist, und dem Graphiker Rolf von Hörschelmann; aus dem engsten Kreis um Stefan George kannte ich nur Karl Wolfskehl, näher; erst bedeutend später kam ich auch mit Rainer Maria Rilke in Fühlung.

Ein völlig anderes Schwabing lebte in den Bohemelokalen der

Türkenstraße: der »Dichtelei« und dem »Simplicissimus«. Dort traf sich vagabundierendes Künstlertum und an keine Zeremonien gebundene Fröhlichkeit aller Art Außenseiter. In der »Dichtelei« machte ich die Bekanntschaft Frank Wedekinds, und zwar auf nicht ganz salonfähige Art. Wir kannten uns vom Sehen und kamen an verschiedene Tische desselben Lokals zu sitzen. Erst da, wohin der Zufall die Gäste einer Wirtschaft manchmal gleichzeitig hinaustreibt, kamen wir nebeneinander zu stehen, wobei Wedekind mit einer höflichen Verbeugung seinen Namen nannte und ein Gespräch begann, das einen kernigen Spruch Martin Luthers zum Ausgangspunkt nahm. Er lud mich dann an seinen Tisch, wo ich Marya Delvard, Marc Henry und anderen vorgestellt wurde, die ich fast alle schon gesehen hatte und bei denen, wie bei Wedekind selbst, der Übergang zur offiziellen Begrüßung nur noch eine Formalität war. Wahrscheinlich hätte mich jener Abend auch ohne Wedekinds originelle Initiative an seinen Tisch geführt; denn die Gesellschaft wuchs dauernd, und die meisten, die sich noch einfanden, waren bereits meine Bekannten, darunter Scharf, Dauthendey, Hanns von Gumppenberg und diverse Schwabinger Damen. Max Halbe war zu jener Zeit wieder oder noch mit Wedekind verkracht. Daher wurde ich erst viel später zum Besuch seiner Kegelbahn eingeladen. Darüber und über meine langjährige persönliche Verbindung mit Frank Wedekind ist noch zu berichten.

Als die Wirtin der Dichtelei, Kathi Kobus, wenige Häuser entfernt die Künstlerkneipe »Simplicissimus« eröffnete, begleiteten sie die meisten ihrer Stammgäste ins neue Lokal. Viele meiner Münchener Freundschaften hatten hier ihren Ursprung. Die Maler Albert Weisgerber, Max Unold, die Dichter Hans Bötticher (jetzt: Joachim Ringelnatz), Balder Olden und viele andere waren dort regelmäßige Gäste, andere, die ich von Berlin kannte, traf ich dort wieder, so Ferdinand Hardekopf und Emmy Hennings. Ich glaube, dort habe ich auch meinen Freund C.G. von Maaßen zuerst getroffen, den ewigen Herausgeber der großen E.Th.A. Hoffmann-Ausgabe, Bibliophilen, Satiriker und Lebenskünstler, diesen gelehrten Spötter und ironischen Bücherwurm. Unsere

Freundschaft, ursprünglich wohl erwachsen auf dem Boden gemeinsamer Freude an Büchern und Bordeauxwein, hat trotz dergrößten Verschiedenheit unserer Anschauungen standgehalten, über Krieg und Revolution und über die langen Jahre meiner zwangsweisen Entfernung aus der menschlichen Gesellschaft – bis auf den heutigen Tag,

Schwabing! Ich denke an zahllose Stunden der Vergnügtheit«, der Besinnung und des künstlerischen Genusses. Ich denke an Faschingsnächte von maßloser Ausgelassenheit und an Menschen von seltsamen Gehaben, aber genialer Beweglichkeit des Geistes, so an den Psychiater Dr. Otto Groß, den bedeutendsten Schüler Sigmund Freuds, dem es wohl zu danken ist, daß die Psychoanalyse aus der einseitigen Betrachtung des Lebens, von der sexualen Seite herausfand zur Erkenntnis der sozialen Bedingtheit des seelischen Erlebens. Ich denke an die trefflichen Schwabinger Mädchen, die Leben und Liebe vorurteilsfrei und unbefangen zu nehmen und zu geben verstanden. Ich denke an die freie seelische Luft, die Schwabing durchwehte und den Stadtteil zu einem kulturellen Begriff machte. Das ist alles vorbei. Gewisse Ereignisse veranlaßten den Münchener Hofbräubürger Anstoß zu nehmen an den freien Schwabinger Sitten, und er ging ans Ausräumen. Das geschah gründlich; selbst Rainer Maria Rilke wurde ausgewiesen. Jetzt beschäftigt man sich in München mit der Frage, warum das geistige Leben der Stadt anscheinend darniederliege. Ja – warum wohl?

[...]

Franziska Gräfin zu Reventlow

Tagebücher 1895–1910

(Ausschnitt)

14. Juni

Bubi morgens ohne Hut und Bücher aus der Schule, der Lehrer hätte ihn geohrfeigt. Ihn also herausgenommen. O weh – und ich bin dem Mann zweihundertfünfzig Mark schuldig.

15. Juni

Nachmittags gegen fünf zum Hochwasser, dann von Großhesselohe zu Fuß bis München und bei Thalkirchen auf die Brücke. Machte großen Eindruck. In strömendem Regen zurück.

16. Juni

Vormittags geglast. Nachmittags lange geschlafen.

1. Juli

– Ja immer so weiter. Es ist eigentlich ein ganz fröhlicher Sommer, das kaputte Herz ist wieder ganz geworden und bin ganz mit mir und Bubi allein. Und der liebe Adam, der gute. Günther seh' ich wenig mehr und mag ihn auch nicht sehen. Immer Angst, es könnte wieder etwas zurückkommen, und ich könnte wieder Gefühl für ihn haben, damals hat mir doch alles verdammt weh getan. Und er hat sich auch geirrt – ach, Schluß damit. –

Ich wäre so glücklich, wenn meine äußere Lage anders wäre. Das Leben ist mir wieder ganz sonnig.

3. Juli

Regensonntag mit Rolf Brockdorff, spät mit Bubi heim.

Die Woche geglast und kein Geld.

7. bis 14. Juli

Elendig herumgelegen, Kopf- und Bauchweh recht verzweifelt, kein Geld und kann nichts tun. Wir können bald nicht mehr Trambahn fahren – Oberammergau wird nichts – ich bin eigentlich ganz ruhig und ganz gleichgültig. Aber ich will ein Ende machen, so oder so. Also beschlossen, hier die Bude zuzumachen und nach Berlin, dort alles versuchen, und wenn es die Friedrichstraße sein sollte. Ich will nicht mehr.

Noch einmal aufgerafft, Ansichtsgläser gemacht, dann drei Tage hier herumgezogen und einen Tag Kochel, hoffte immer, aber – froh, als ich mit Bubi wieder zurückfahren konnte, bin viel zu nervös, um mit Menschen zusammen zu sein.

15. bis 19. Juli

Ein Glas nach dem andern.

19. Juli, Donnerstag

Zu Holm, um wegen des Buches zu fragen, noch unentschieden, aber eine Übersetzung. War ich selig, gleich hundert Mark Vorschuß und nachmittags mit Bubi Einkäufe gemacht Am liebsten möchte ich gleich alles verputzen, aber man ist jetzt gebranntes Kind und vernünftig.

Günther getroffen, mich abends abgeholt. Englischer Garten – Mondschein – Gott sei Dank, meine Sentiments sind völlig vorbei.

20. Juli

Günther zum Frühstück und Mittag. Abends mit Wahls Hofbräu und Ceylon-Teestube.

Samstag, 21. Juli

Nachmittags im Schandwetter in der Stadt, Bubi Handschuhe und, eine rote Badehose gekauft, die er zu Hause vor Freude den ganzen Abend über den Kleidern trägt. Ich mir auch Batisthöschen gekauft, und am Sonntagmorgen führen wir darin einen großen Freudentanz auf.

Fünfzig Mark für verkauftes Bild, jetzt schwimmen wir wieder, geben aber natürlich gleich wieder zuviel aus.

Sonntag, 22. Juli

Früh Übersetzung, nachmittags Kintopp, der lang' entbehrte. – Todesnachricht von Onkel Georg. Heimweh. Der Mann ist mir in seiner Jugend sehr viel gewesen.

24., 25. Juli

Englischer Garten, Übersetzung. Rauchen seit zehn Tagen abgewöhnt, fühle mich viel wohler dabei. Adam im Stephanie getroffen, dann Petriche. Abends Stern.

27. Juli

Schon um halb fünf aufgewacht. Ganz allein den herrlichen Morgen genossen, das Bübchen schläft noch. Ich glaube, ich könnte noch einmal jung werden. (Schaf)

Bubi lernt jetzt schwimmen – endlich aus eigenem Antrieb, nachdem er früher nicht dazu zu bringen war.

28. Juli

Es geht auf einmal wieder so glatt, eine ganze Masse Geld zusammengekommen. Wundervoll, so ein paar Stunden ruhig dazuliegen und sich keine unmittelbaren Geldgedanken machen zu müssen. Abends Günther. Ich mag es nicht, es macht mich momentan doch wieder sentimental. Konnte nicht einschlafen und war traurig.

29. Juli

Still gelegen, sehr elend und sehr vergnügt. Alles geht wieder einmal in staunenswerter Weise.

Aber das Voraus-Heimweh fängt schon an. Wenn ich vom Mittagsschlaf aufwache, ist mir gräßlich zumut. Ich habe mein rotes Zimmer so sehr gern. Es ist viel Schönes, viel blöde Illusionen und viel Trauriges drin gewesen. – Winterabende – ich sehe, daß ich doch noch nicht zuviel dran denken darf. Dann reißt es wieder.

30. Juli

Stadt, Einkäufe, Handschuhe, Blusen etc. Muß mich jetzt sehr zusammennehmen, um nicht einen furchtbaren Anfall von Leichtsinn zu bekommen. Es ist zu überwältigend. Nachmittags Stephanie, Adam erwartet, der nicht kam. Dann todmüde mit Bubi im Leopold gesessen und Blätter gelesen.

Freu' mich, daß er seine Wasserangst überwunden hat, die ihm in allen vorigen Jahren gar nicht abzugewöhnen war. Jetzt geht er mit Seligkeit zum Baden, schade, daß ich nicht mit dabei sein kann. Nachmittags Koch, abends mit ihm Ceylon-Teestube.

Sonntag, 31. Juli

Noch vier Sonntage in München – dann fort. Weiß selbst nicht recht, wie mir dabei zumute ist.

Das Schlimmste ist die Trennung von Bubi, alles andere macht mir nichts aus. Aber dies ist kaum zu ertragen. Jetzt hab' ich ihn dreizehn Jahre, und nie getrennt. Und nun? Wenn ich ihn einmal weggebe, kommt's mir vor, als ob alles aufgelöst wäre, und wer weiß, wann ich ihn wieder nehmen kann. Mir graut schon vor den einzelnen Momenten – wenn ich ihn an die Bahn bringe und dann noch allein hier bin. Die Reise nach Berlin ohne ihn, die ersten Tage dort ohne ihn, die erste Nacht, wo er nicht neben mir in seinem Bettchen liegt.

1. August

Gestern mit Koch Ratskeller und Teestube, saßen vor dem Kamin und hielten Teegespräche. Ich habe mich so darauf gefreut, ihn zu sehn, aber er war nicht so, wie ich mir gedacht hatte, nicht mehr wie früher. Damals war es irgend etwas Besonderes, jetzt ist er wie irgend jemand anderes. Er hat den fernen Charme verloren.

1. bis 15. August

Übersetzung, morgens immer im Englischen Garten, göttliche Sommermorgen, Boot gefahren – »Schwenten« gefüttert. Dann heimwärts arbeiten. Bubi geht baden – ich habe natürlich zu Gott und der Welt keine Zeit. Mittags Schwabinger Brauerei und Leopold. Arge Wehmut nach dem vorigen Sommer – ich möchte wieder eine schöne Amour haben, es ist so traurig ohne, aber es findet sich kein geeignetes Objekt.

Nein, das Leben ist auch so schön, sehr still, sehr sommerlich, sehr Bubi. Und Geld, ich kann doch jetzt ruhig leben, wenn's auch nur eine Zeitlang ist, es spannt doch alle Nerven wieder aus. – Hier und da Koch, einen Abend Ludwigshöhe und an seinem letzten Abend im Englischen Garten am See zu Abend gegessen.

Dienstag, 16. August

Übersetzung fertig, Gott sei Dank, ich bin todfroh, und Langen nimmt mein Buch*, das bedeutet 450 M. Dazu die Übersetzung. Aber ich bin wie ein Sieb, das Geld tropft nur so durch – alles was man in den fünf Monaten entbehrt hat, rächt sich jetzt fürchterlich. Einerlei, abbrechen müssen wir doch, sonst wär's in zwei Monaten die gleiche Situation in Grün. Man kann wenigstens alles in Ordnung bringen, herrichten und die letzte Zeit noch etwas angenehm leben. Mittag fertig. Leopold. Hegners letzten Tag gefeiert, dann nach Starnberg zu Kitzingers**, abends mit Petrichs und Hegner Leopold.

Mittwoch, 17. August

Abschiedsgang mit Hegner durch den Englischen, dann zu Langen, Geld geholt, eine Orgie von Schulden gezahlt, gefeiert und nachmittags nach Grabenstätt. Ach Gott, war einem da zumut.

Voriges Jahr fast um dieselbe Zeit fuhren wir hinaus, fanden unser altes Winkl und schwelgten sechs Wochen, und noch dazu mit einem »holden Sonnenglück« im Herzen.

Das ist hin, und alles ist verkracht, aus der ganzen Glasaffäre nichts geworden, na etc. pp. –

Nun wurde es aber doch recht schön, wir wohnten in Grabenstätt, am ersten Morgen gleich auf den Hochfelln, Füße geschwol-

---

* Das Novellenbuch »Das Logierhaus zur schwankenden Weltkugel«.

** Der Strafrechtler Professor Dr. Fritz Kitzinger von der Universität München.

len, konnte nur mit Mühe und unendlicher Zeit absteigen. Zweiten Tag nach Chieming – unser altes Boot ist fort – auf der ganzen Linie sind wir entheimatet. Also in Chieming eins gemietet, nach Seebruck gefahren, Haasens besucht. In Hagenau und bei der Oxerin. Am dritten Tag früh nach Winkl, mit dem neuen Verwalter angefreundet, uns feurig angeboten, wiederherzukommen (aber zwei Tage später die Nachricht, daß Orlowski das Gut verkauft hat). Dann Hagenau und mittags mit Rad nach Chieming, dort gegessen, dann Seebruck. Erst gebadet, dann Abschiedskaffee mit Haasens und per Schiff nach Prien. Abends in München.

Es war schön, aber alles abschiedlich. Noch einmal der Berg, noch einmal der See, alle noch einmal – und wer weiß, wann wieder. Hier auch. So schön, abends in seine Wohnung zurückzukommen, ein Heim zu haben. Nein, mir ist gräßlich weh bei dem allen. Ich möchte fort, ich will fort. Ich muß fort, und es zerreißt mich. So war es immer bei mir. Man ergebe sich in sein Schicksal – wenn man kein andres hat.

Sonntag, 21. August

Langer, heißer einsamer Tag. Englischer Garten. Mit Bubi zu Hause. Nachmittags Hofgarten mit Mrs. Herbst.

Montag, 22. August

Etwas elend. Bluse genäht. Daher Kopfweh.

Samstag, 27. August

3 Tage herumgelegen. Dann Übersetzung durchgelesen und letzte Geschichte abgeschrieben. Dann noch einmal im Halbdunkel um den See mit dem kleinen Referendar.

Sonntag, 28. August

Nervöser Morgenspaziergang. Versöhnungsfrühstück in der Brauerei. Nachmittags Matrosenanzug für Bubi genäht und spät See.

Montag, 29. August

Genäht wie wahnsinnig.

Dienstag, 30. August

Nach Tisch zu Holm, Übersetzung abgeliefert und sämtliche Gelder einkassiert. Im Hofgarten Adam und Dülberg* getroffen. Abends mit Bubi beim Baschl.

Mittwoch, 31. August

Besorgungen für Bubis Geburtstag. Ach, dieser schlimme dreizehnte Geburtstag, ich bin ganz auseinander, möchte immerfort heulen. Mein Bübchen, mein Tierlein weggeben, das ist doch der schlimmste Abschied in meinem ganzen Leben und ich werde beinahe wahnsinnig, wenn ich daran denke.

Eine Gans gekauft, dieser Geburtstag soll besonders prunkvoll werden. Und jetzt schreib' ich und möchte zerspringen. – Vor dreizehn Jahren! –

1. September

Morgens das Tierlein geweckt. Er drapiert sich griechisch mit Handtüchern und Kopfband, freut sich wahnsinnig über den Meccano und schenkt mir einen schönen Bleiguß. Mittags Gänsefraß. Bubi spielt den Tag voller Seligkeit und ist so glücklich. Ach, ich kann nicht, kann nicht fort. Nachmittags wollen wir grade zur Stadt, als der Rolf Brockdorff auftaucht. Alle zusammen ins Kino, Bratwurstglöckl und Stephanie. Um zehn Uhr heim mit meinem glücklichen kleinen Tier und gedacht, wo treiben wir jetzt hin in diesem Jahr?

2. September

Bubi immer noch ganz warm mit seinem Meccano, nachmittags Rolf, Jahreszeitenbar.

3. September

Kleidereinkäufe, Brief von Ernst, daß ich vorläufig nicht bei ihnen wohnen kann, und von Jaffé ein Anerbieten als Privatsekretärin. Das wirft mich nun vollends hin und her. –

---

* Der Schriftsteller Franz Dülberg.

Wieder dableiben und »weiterwursteln« oder fort mit dem Gefühl, du hättest bleiben können und den Bubi behalten. Sehe mich andauernd in einer scheußlichen Mietsbude in Berlin – mit dem fürchterlichsten Heimweh. Aber hierbleiben, sich im besten Fall bescheiden durchwühlen mit all den Schulden –

Bubi ist auch dafür, daß wir unseren Plan aufrecht erhalten.

Donnerstag, 29. September

Bubis letzter Tag. Jetzt ist er vorbei, aber ich weiß noch nicht, wie ich das aushalten soll. Früh gingen wir in den Englischen Garten. Mittags in der Schwabinger Brauerei. Alles fertig gemacht und sieben Uhr in Ödipus. Von dort direkt zur Bahn. Dort Reichel getroffen, der Bubi in sein Coupé nahm. Ja, und dann fuhr er weg – mein Kind, mein Bübchen fuhr weg. – Ich mit Adam in den Ratskeller, dann zu mir. Ich schlief in meinem roten Zimmer, die Lampe am Boden. Wachte um fünf Uhr früh auf und ging durchs ganze Haus. Gestern abend hätte ich nicht mehr den Mut dazu gehabt. – Und kein Bübchen mehr da. Nein, ich kann nicht, ich kann nicht. –

Berlin, Sonntag. 2. Oktober

Den ganzen Tag gepackt bis abends in der Dunkelheit, dann noch Listen geschrieben. Olden saß daneben, es war doch etwas tröstlich, daß jemand da war. Ja, und dann fortgewandert! Mit Olden* Ceylon-Teestube. Immer das Gefühl: Bubi ist nicht mehr da. Bei Haasens übernachtet. Nächsten Morgen nicht imstande abzureisen, sondern mit Olden gebummelt. Besorgungen gemacht, und noch einmal im Hofgarten gesessen. Abends ab. Schauervolle Fahrt, ohne zu schlafen. Früh hier in Berlin an, alles sonnig und schön, aber Bubi nicht da, und es ist Sonntag. Ich kann nicht schlafen, mich überhaupt nicht hinlegen, dann kommt diese verzweifelte Sehnsucht.

Berlin, Montag, 3. Oktober

Bei Ernst. Telegramm aus Paris von Günther, daß ich in der Pari-

---

* Der Schriftsteller Balder Olden.

ser Ausstellung* engagiert. Ekstase. Hin und her gerannt, um alles zu besorgen und nur auf Geld gewartet.

Dienstag, 4. Oktober

Abends Telegramm von Günther: »Noch ungewiß. Brief folgt.« Ach, diese Wut. Wollte trotzdem hinfahren, aber alle raten so ab, daß ich resigniere. Vielleicht wird's ja noch.

Mittwoch, 5. Oktober

Ganzen Tag auf Bescheid und anderes gewartet, nervös bis zur Raserei.

Donnerstag, 6. Oktober

Heute vor acht Tagen mein Bübchen fort. Seine traurigen Briefchen zerreißen mir gänzlich das Herz. Ich glaube, ich kann's nicht länger, ich fahre einfach hin. – »Ich bin ganz traurig und bitte, nimm mich doch bald nach Berlin. Du fehlst mir.«

Ich könnte in einem fort weinen.

Freitag früh

Noch keine Antwort aus Paris. Jetzt geb' ich's allmählich auf und muß zu den anfänglichen Plänen zurückkehren, aber ich habe jetzt nicht mehr die rechte Lust dazu. Wieder herzbanges Briefchen von Rolf. Ich kann nicht, kann nicht.

Samstag, 8. Oktober

Diese acht Tage eine Ewigkeit von Qual, kamen mir vor wie Wochen. Heute Absagebrief von Günther. Du lieber Gott, vor einem Jahr – da war alles so sonnig und ich so glücklich;

Nachmittags mit Gaupp in Sanssouci. Immer schnürt sich mir das Herz zusammen: wenn Bubi mit wäre, und was tut er jetzt?

Sonntag, den 9. Oktober

Ein ganz fürchterlicher Anfall von Spinnerei. Ich lege mich nach Tisch schlafen, dusele kaum ein, aber da überfällt es mich so, daß

---

* Münchner Kunstgewerbeausstellung im Grand Palais, Paris..

ich im Zimmer hin und her laufe wie ein wildes Tier. Ich sehe unsere Sonntage in München: Ich lieg auf dem Sofa, Bubi liest oder spielt drüben, wir machen Besuche oder gehn ins Kino, kommen heim, machen uns unsern Tee und kriechen in die Betten.

Mit Gaupp spazieren auf den großen Spielplatz, der Kleine hüpft herum, mir ist wahnsinnig zumut, die ganze Welt scheint schwer und entsetzlich.

Montag, 10. Oktober

Meine neue Behausung eingerichtet und einen fürchterlichen Abend verbracht. Hin und her gerannt und gedacht, gedacht, oh, ich habe wahnsinniges Heimweh, immer bin ich in unserer Wohnung und höre Bubis süße Stimme, und wir sind immer zusammen, von früh bis spät; oh, das namenlose Glück, dreizehn Jahre hab' ich's gehabt, und wo ich's jetzt eine kurze Zeit von mir lasse, verlier' ich den Verstand. Ich kann mir einreden, was ich will, immer wieder sage ich mir, du hättest es doch nicht tun dürfen.

Ich steh' vor dem Spiegel und seh' mich an und sage mir fortwährend: »Was hast du getan?«

Lange, lange wachgelegen, mit fürchterlichem Kopfweh aufgewacht und einem Gefühl, als ob ich schwer krank würde. Liege zwei Stunden wach im Bett, bis es so arg wird, daß ich es nicht aushalte.

Dienstag, 11. Oktober

Nein, jetzt bin ich entschlossen, bis zum 1. November versuch' ich es auszuhalten, dann fahr' ich nach Deutsch-Altenburg*, hole mein Bübchen, wenn's nicht anders geht, wieder zurück nach München und nehme Jaffés Stellung an. Dies halte ich nicht aus. Den halben Tag bei Ernst verbummelt, um nur nicht zu Hause zu sein, aber nun bin ich doch da und sitze und rase wieder. Kann mich nicht entschließen, etwas allein zu essen, weil ich dran denken muß, wie Bubi und ich immer zusammen gefuttert haben.

---

*Bad Deutsch-Altenburg a.d. Donau, wo Rolf bei Freunden wohnte.

Erich Mühsam
Tagebücher 1910–1924
(Ausschnitt)

München, Montag, d. 8. Mai 1911

[...] Nach dem Theater Simplicissimus. Emmy hat ein Verhältnis mit dem kleinen Keller angefangen. Ich Esel habe die tolerantesten Prinzipien, dazu noch einen Tripper und war doch eifersüchtig. Natürlich ließ ich mir nicht das mindeste merken. Aber es ist doch eigentümlich, wie lieb ich das kleine Hurenweib habe. Sie trug mit Morax zusammen die schöne Ballade vom Räuber vor, der seinen Bruder abmurksen will und an seiner »blassen Brust« das Bild der Mutter findet. Der große Bilderbogen, den ich dazu gezeichnet habe, wirkte sehr lustig zu dem Leierkastenlied. Eine peinliche Überraschung wurde uns dadurch zuteil, daß die Ichenhaeuser plötzlich mit Else Lasker-Schüler das Lokal betrat. Die eifersüchtige Megäre, die komplett wahnsinnig ist, hat Emmy in Berlin mit Schimpfreden und Drohungen nachgestellt. Nun war das arme Kind ganz verängstigt. Ich hoffe, sie fährt bald wieder ab. Es wäre recht widerwärtig, wenn Emmy wieder keine Ruhe vor ihr hätte. Ich bin aber entschlossen, trotz aller Freundlichkeiten der törichten Frau gegen mich und trotz meiner Verehrung für manche ihrer Gedichte, Emmy sehr energisch gegen sie zu verteidigen. – Heut nachmittag war Emmy bei mir. Sie erzählte, daß Keller bei ihr geschlafen habe. Wir gingen in den Englischen Garten, wo wir uns viel küßten, dann aß sie bei mir Mittag. – Danach ging ich zu Hauschild, der sich meinen armen Schwanz besah. Er verulkte, mich, daß ich in meinen Jahren noch solche »Kinderkrankheiten« bekäme. Aber er fand, daß sich der Zustand wesentlich gebessert habe, empfahl mir, die bisherige Behandlung energisch fortzusetzen und riet wieder sehr von Spritzen ab. Er stellte mir in Aussicht, daß ich in vierzehn Tagen gesund sein könne. Noch vierzehn Tage! Aber wenn nur dann die Geschichte vorüber ist!

München, Dienstag, d. 9. Mai 1911

Pfemfert schickt mir die beiden letzten Nummern der ›Aktion‹, in denen die Enquete über Kerr fortgesetzt wird. Dehmel schreibt ganz dumm, Else Lasker-Schüler macht mindere Knittelverse, Kurtz spreizt sich, und die übrigen sind ziemlich belanglos. Ob Kerr viel Nutzen von der Umfrage haben wird? – Erfreulich war mir, daß das Blatt unaufgefordert eine ganz gut redigierte, und ziemlich auffällige Annonce des ›Kain‹ bringt. Wüßte ich nur erst, wie Nr. 3 bezahlt werden soll! [...]

Nach dem Abendbrot traf ich im Bauer Emmy mit Morax und Ida, Keller und Engert. Emmy war sehr aufgeregt, da gleichzeitig mit der Ichenhaeuser die Else Lasker-Schüler in einer Ecke des Lokals saß. Das verängstigte Kind fürchtete Revolver und Vitriol. Mir fiel mal wieder die angenehme Aufgabe zu, zu parlamentieren. So setzte ich mich zu der Lasker und kam auf Umwegen zu dem Thema Emmy. Ich erreichte das Versprechen, sie werde während der Zeit ihres Münchner Aufenthalts nicht mehr den Simpl betreten noch Emmy im mindesten nahetreten. Als ich zu Emmys Tisch zurückkam, war sie gerade dabei, einen Zustand zu kriegen. Ich begleitete sie mit Keller zusammen nach Hause und sie stieß schreckliche Drohungen gegen Elschen aus. Auch noch solche Geschichten!

Abends Torggelstube [...]

München, Mittwoch, d. 10. Mai 1911

Die Angelegenheit Else Lasker-Schüler – Emmy spitzt sich dramatisch zu. Ich erhielt einen langen Brief von Elschen, in dem sie Emmy als »geiles kleines Nähmädchen« beschimpft, in deren Mund ihr »erlauchter« Name (an einer anderen Stelle »die Majestät meines Namens« – immer dick unterstrichen) nichts zu tun habe, und worin sie schließlich erklärt, sie lasse sich das Betreten öffentlicher Lokale nicht verbieten. Ich hielt es für ratsam, diplomatisch zu sein und schrieb einen langen vorsichtigen Antwortbrief, von dem ich auch noch eine Abschrift nahm, so daß mir wieder die Zeit, wo ich hätte arbeiten mögen, zum Teufel ging. Ich bat die Lasker, mir persönlich den Gefallen zu tun, den Simpl zu meiden. Abends im Café kriegte ich dann einen weiteren albernen Brief, in dem unter anderem stand, sie (Tino von Bagdad) habe in Berlin nur Emmy aus dem Café entfernt wissen wollen, um den einzigen Ort, wo man sich aufhalten könne, nicht verflachen und verhuren zu lassen. Im übrigen: »Bei Philipp sehen wir uns wieder. « – Ich ging also mit in den Simpl, um bei eventuellem Krach Emmys Partei nehmen zu können. Aber Elschen kam nicht. Jedenfalls vermute ich, daß ihre Hysterie sie nicht ruhen lassen wird, bis nicht der Krach da war. Und wenn sie ihn nicht provoziert – Emmy ist auch nicht die Zahmste.

Nachmittags kam Rößler ins Café und dann zu mir zum Abendbrot. Auch Emmy erschien. Die beiden geilten sich aneinander auf, und nach dem Essen legte sich Rößler auf den Diwan und es begann ein Piacere, zu dem ich sittsam das Gaslicht ausdrehte. Da ich merkte, daß Emmy sich ganz auszog, und so schon wie auf Kohlen stand, da die Gruppe Tat auf mich wartete, ließ ich die beiden bald allein. – Es ist seltsam, daß ich auf den alten Rößler nicht eine Spur eifersüchtig bin. Die ganze Geschichte gestern machte mir einen diebischen Spaß. Ich mußte über Emmys unbefangene Selbstverständlichkeit sehr lachen. Sie ist schon ein erotisches Genie. Sie will immer und jeden Mann, und jede Situation ist ihr recht. [...]

München, Donnerstag, d. 11. Mai 1911

Gestern abend, als ich mit Halbe und Genossen von der Kegelbahn aus zu Kathi Kobus kam, saß Elschen Lasker mit der Ichenhaeuser richtig im Lokal. Emmy hatte sie vorher nicht bemerkt, bekam jetzt aber, als sie die Frau sah, wieder richtige Zustände der Todesangst, so daß wir schleunigst aufbrachen und in ziemlich großer Gesellschaft ins Stefanie gingen. Ich schrieb der Lasker von dort aus einen Brief, in dem ich ihr erklärte, ich sehe in ihrem Verhalten einen Akt der Geringschätzigkeit gegen mich und betrachte daher unsere freundschaftliche Beziehung als erledigt. [...]

München, Sonntag, d. 14. Mai 1911

Die Lasker-Geschichte nimmt allmählich die Formen einer komischen Groteske an. Meinen Brief, in dem ich ihr die Freundschaft kündigte, schickte sie mir zerrissen zurück, mit der Aufschrift, sie verbitte sich strengstens (dick unterstrichen) jede weitere Belästigung. Morax übergab mir die Fetzen und bestellte mir zugleich die spätere Mitteilung der Dame an mich, sie habe es nicht so gemeint. Und nun beteiligt sich auch die Ichenhaeuser – Emmy nennt sie unhöflich Frl. Siechenhäuser – an der Korrespondenz. Gestern bekam ich einen total verstiegenen Brief von ihr. Wenn ihr Diener Jehovah ermittle, daß ich ein Hurenvieh sei, so müsse ich Millionen Meilen weit von ihrem Lande fortgehen. Scheißtrommel! – Inzwischen hat Emmy selbständig Schritte unternommen, um die Dichterin Tino loszuwerden. Sie hat veranlaßt, daß ihr von Berlin aus ein Telegramm ins Café Bauer geschickt wurde, wonach sie sofort nach Hause zurückkommen möge. Natürlich ist sie darauf nicht reingefallen und hat angeblich das ganze Material der Polizei übergeben. Wenn das wahr ist, wäre sie als Käsehändlerin entlarvt. Die Zeit ihres Münchner Aufenthalts kann immerhin noch recht unterhaltende Intermezzi bringen.

München, Mittwoch, d. 17. Mai 1911

Vor genau einem Monat kam die Gonorrhöe zum Ausbruch. Heute kann ich sagen, daß es etwas besser geht. Aber noch ist Ausfluß da, und der kleinste alkoholische oder sexuelle Exzeß kann mich wieder ganz herunterbringen. Dabei sehne ich mich maßlos nach Umarmungen. Es ist so viel Kraft aufgespeichert, dabei das ganze Interesse so auf den Genuß konzentriert, daß ich mich mitunter vor Geilheit kaum zu lassen weiß. Gestern nachmittag kam ich zu Emmy. Sie stand splitternackt in ihrem Atelier und wusch sich. Trotz meines Zustands küßte ich sie wie ein Rasender. Das gute Kind freut sich auch auf die erste Nacht, wo es wieder gehen wird. […]

Der Maler Oppenheimer ist wieder in München. Er stellt bei Tannhauser aus. Der Kerl hat eine unverschämte Schnauze. Das Urbild eines Prager Judenbengels. Aber sachverständige Leute erklären ihn für sehr talentiert, und Heinrich Mann ist anscheinend immer noch mit ihm befreundet. Kokoschka behauptet allerdings, als ich ihn hier zuletzt sprach, Oppenheimer plagiiere ihn. – Er kam abends ins Café Bauer. Wir gingen dann in die Torggelstube, wo die Herren Rößler, Strauß, Meßthaler und noch einer, dessen Name mir nicht einfällt, pokerten. Ich kibitzte bei Rößler, der mir aus jedem größeren Pott, den er zog, eine Mark abgab. Ich kam um sechs Mark bereichert heim. Rößler wohnt jetzt hier in der Pension. Heute früh hatte ich schon seinen Besuch.

München, Freitag, d. 19. Mai 1911

[...] Mit dem ›Kain‹ bin ich noch immer völlig im Rückstand. Ich muß endlich mal mit Steinebach sprechen, um zu erfahren, ob die nächste Nummer überhaupt sicher herauskommen kann. An Julius Muhr in Wien habe ich geschrieben und ihn um eine Unterstützung für das Blatt gebeten. Aber es scheint sehr fraglich, ob er schicken wird. Vielleicht gibt Steinebach selbst Kredit, so daß es weitergehen kann. Jedenfalls bin ich sehr in Sorge. – Daß Papa sich nicht rührt, ärgert mich schwer. Ich habe es ihm wirklich nahe genug gelegt, mir zu helfen, und er brauchte sich, wenn er mir schon 3000 Mark vorstreckte, deshalb auch nicht einen Schnaps entgehen zu lassen. Ich begreife den alten Mann nicht. Er muß sich doch sagen, daß der Wunsch, er möchte sterben, nachgerade Leidenschaft in mir werden muß. Ich habe keinen Anzug am Leibe, mit dem ich mich in einträglicherer Gesellschaft sehen lassen kann. Ich trage zerrissene Stiefel, weil mich die 4 Mark 50 reuen, die das Besohlen kostet. Ich habe viel zu wenig Wäsche, und überall hapert's und fehlt's. Sobald der Vater stirbt, bin ich ein begüterter Mann. Warum macht er mir das so fühlbar? Sehr merkwürdig!

München, Montag, d. 22. Mai 1911

Donnerwetter, der 22.! – Von der neuen ›Kain‹-Nummer ist noch gar nichts da. Ich muß wirklich diese Blätter etwas vernachlässigen, will ich das Meinige für das Blatt tun. Ich weiß noch nicht einmal, was alles hineinkommt. Über den Hauptartikel bin ich noch ganz im unklaren. Gestern, als ich an die Arbeit wollte, rief mich Emmy aus dem Café Bauer an, ich möchte hinkommen. Dort kam nach einiger Zeit Wihelm Michel und Frau, und wir gingen ins Stefanie, wo ich mit Michel Billard spielte. Nachts zu

Emmy aufs Atelier. Das ist eine wüste Bude. Ein mächtiger Raum, dessen ganzes Mobiliar in einem dürftigen Lager, einem Ecktisch, einer primitiven Waschvorrichtung, ein paar unterschiedlichen Sitzgelegenheiten und einer Staffelei besteht. Alles unglaublich verschmiert, ein wüstes Durcheinander von Abfällen, Papier, kleiderähnlichen Stoffen und Malgerätschaften. An den Wänden Zeichnungen von allen Bekannten und Heiligenbilder, Kreuze und ähnliches. Denn Emmy ist katholisch-fromm und trägt sich mit der Absicht, zum Katholizismus, überzutreten. Morax und Ida und Engert lagerten in dem Atelier, in dem Emmy, angetan oberhalb mit einem verschlissenen Herrengehrock, unten mit feinen batistenen Höschen, herumsprang und den schmierigen Engert karessierte. Morax besaß eine Familienkarte für die Blumensäle, und wir beschlossen, allesamt dorthin zu gehen. Wir nahmen vor dem Café Bauer eine Droschke, aus dem Café kamen noch Keller und Otten, die sich mit Morax in eine zweite Droschke setzten, und nun fuhr die ganze groteske Kavalkade unter dem erstaunten Grinsen des zusammengelaufenen Publikums davon. Wir sahen wüst genug aus. Ich auf dem Rücksitz, nach vorn Engert, dessen Abgeschabtheit nachgerade beängstigend wirkt und der in seiner unerhörten Länge, mit dem gewaltigen Maul, der schwarzgeränderten Brille, den wilden Haaren und den dürren Bewegungen unerhört auffällig wirkt. Neben ihm die kleine, verhutzelte, proletarische, kränkliche, unsagbar häßliche Ida Weber und dann Emmy mit dem goldigen kurzen Jungenhaar und dem schwarzen Käppi drauf, dem verschlissenen Gehrock, den sie jetzt als Paletot trug und dem grünseidenen Fetzen, den sie zur Verdeckung des weißglänzenden Kragens darüber gewickelt hatte, und den violetten Strümpfen, die sie leger auf die gegenüberliegende Bank legte, damit ich ihre Beine streicheln konnte. So fuhren wir durch alle Hauptstraßen, was an dem schönen Sonntagnachmittag erhebliches Aufsehen machte, zumal ich oft erkannt wurde.

In den Blumensälen selbst war es ziemlich fad. Am besten gefiel mir eine Kinematographen-Nummer, wo ich zum ersten Mal einen bewegten Film auf dem Film dargestellt sah, der von den Zuschauern (in effigie) zertrümmert wurde. Emmy juchzte wie ein kleines Kind, und klatschte bei jedem Reklamelichtbild in die Hände. Wir haben allesamt all unser Geld ausgegeben und fuhren nachher mit den letzten Groschen per Straßenbahn zurück. Auch die Fahrt war noch recht fidel.

Dann begleitete ich Emmy und Morax bis vor den Simpl und ging ins Stefanie, wo ich Schach spielte. Nach kurzer Zeit rief Emmy mich telefonisch an. Ich solle sofort hinkommen, es sei etwas Dringendes. Morax hatte mich rufen lassen, weil vier Kriminaler, darunter die, die ihn seinerzeit verhaftet hatten, da waren. Nun fürchtete er, daß die Polizei etwas gegen ihn im Schilde führe. Da die unsympathischen Gäste bald gingen, ging ich ins Stefanie zurück, wo ich Heinrich Mann und Oppenheimer traf. Mann scheint mit der Benatzky auseinander zu sein.

Er erzählte, daß die Lasker-Schüler – sie treibt sich noch immer in München herum – ihm aus heiler Haut Krach gemacht habe, weil er angeblich ihren Mann – Herwarth Walden ausgerechnet! – einmal nicht ehrerbietig genug gegrüßt habe. Sie beschimpfte ihn ganz unglaublich: Das Bild, das Oppenheimer von ihm gemalt habe, sei viel zu bedeutend. Er sei nur der Text zu Oppenheimers Musik etc. Mann sagte, er habe sie dabei die ganze Zeit freundlich angelächelt, denn er glaube, sie sei irrsinnig. Das glaube ich auch.

München, Freitag, d. 9. Februar 1912

[…] Abends Fest bei Uli: Ich hatte zuerst großen Ärger über Lotte. Sie knutschte mit Cronos auf einem Diwan. Ich wollte ihr guten Abend sagen. Dabei stieß sie mich mit dem Fuß so stark vor die Brust, daß mir fast der Atem ausging. Ich war wütend. Sie kam natürlich gleich an und bat um Verzeihung: Es sei nicht bös gemeint gewesen. Aber mir war – schon durch den heftigen Schmerz, den ich empfand, die Laune verdorben. Uli merkte das und holte von mir den Grund meiner Verstimmung heraus. Sie war unendlich nett dabei, küßte mich sehr herzlich und sagte: »Aber Mühsam, du weißt doch, daß wir dich alle liebhaben.« Dann holte sie Lotte herbei, die mir zum Trost die Zunge, so weit es ging, in den Mund schob. Ich war charakterlos genug, mich dabei wirklich zu beruhigen, und so küßte ich fröhlich weiter: die Kündinger, Emmy, einen homosexuellen jungen Italiener, Strich und sogar die häßliche Frau Kutscher. Schließlich kamen Götzens, und bei Fanny fand ich genug zu tun. Die Frau ist rasend verliebt in mich, »Mach mich nicht toll!« bat sie fortwährend, und als ich sie nachhaltig bat, sie möchte mich doch endlich mal besuchen, sagte sie: »Wenn du willst, daß ich sterben soll, komme ich.« Nachher ging ich mit ihr in den Raum, wo wir die Kleider abgelegt hatten, und im Halbdunkel griff ich ihr unter den Rock und befriedigte sie. Währenddem wurden wir plötzlich durch den kleinen Hoerschelmann unterbrochen, der ein Glas Bowle für Fanny brachte. Zu unserm Schrecken rief er plötzlich noch jemand an, und wir entdeckten«, daß direkt neben uns, geradezu unter uns, Cronos gelegen hatte und so tat, als ob er schliefe. Dann krümmte sich noch aus einer Bettstatt, die mit Überziehern bedeckt war, ein Russe empor. Wahrscheinlich hatten die beiden unsere ganz ehebrecherische Tätigkeit beobachtet. Es war sehr unangenehm. Aber sie werden's für Schnapslaune angesehen haben und nicht ahnen, wie tief (nachgerade auch in mir) diese Liebe wurzelt. Mit Luitpold und Stefanie schloß die Orgie. [...]

Joachim Ringelnatz
Simplicissimus-Lied

I.

Mitternacht ist's. Längst im Bette
Liegt der Spießer steif und tot,
Ja, dann winkt das traulich nette
Simpel-Gasglüh-Morgenrot.
Und mich zieht's mit Geisterhänden,
Ob ich will, ob nicht, ich muß
Nach den bildgeschmückten Wänden
In den Simplicissimus.

II.

Wo sich zum gemeinen Wohle
Künstler und Bohême trifft,
Wo die Kathi still zur Bowle
Mischt das tödlich scharfe Gift;
Wo mit Mandolinenklängen
Sich verwebt der Weißwurst Dampf,
Lausch ich fröhlichen Gesängen
Und dem Mords-Klaviergestampf.

III.

Wo das Malweib uns stets heimlich
Vor- und hinterrücks skizziert,
Wirkt der Dichter rühm- und reimlich,
Tanzt man, scherzt und rezitiert.
Ist auch vollbesetzt das Zimmer,
Fremdling, stoß dich nicht daran,

Kathi Kobus findet immer
Plätze noch für zwanzig Mann.

IV.

Schwelg' ich dann bei Knödelsuppe
Hier im Simplicissimus,
Ist die ganze Welt mir schnuppe,
Bis die Polizei ruft: »Schluß!«
Scheid ich einst von diesem Globus,*
Sei mein letzter Abschiedsgruß;
»Pfüa di Gott, mein' Kathi Kobus!
Heil dir Simplicissimus!«

*Der Reim »Globus-Kobus« ist gesetzlich geschützt.

6

An der grünen Isar …

Oskar Panizza

Abschied von München

(Ausschnitt)

Wo fang' ich nun an? Traun, Eure Vergangenheit ist groß und gewaltig. Und Ihr habt Ursache, Euch deshalb in die Brust zu werfen. Einer Salzstätte mit Brückenzoll über die Isar verdankt Ihr Eure Entstehung? Nun, attisches Salz habt Ihr damals gewiß nicht gehandelt. Und wenn man Euch betrachtet, muß man jenen Recht geben, die sagen, es sei Viehsalz gewesen. Doch das macht nichts. Es ist Euch wohl bekommen. Noch heute besteht Eure Stadt aus zwei Drittel Metzgern. Die Fleischer-Innung ist bei Euch die vornehmste. Den halben Süden Deutschlands nebst der Schweiz versehet Ihr mit Euren vortrefflichen Rostbeefs. Und Eure Schlachthäuser sind mustergültig.

Aber wehe, wer Euch und Euren Fleischermessern mit anderen Dingen, als mit Rostbeefs und Kuttelfleck in die Quere kommt! Wehe, wer Euch zumutet, Gedanken zu verdauen! Ihr zerhackt und zermetzgert ihn in der entsetzlichsten Weise. Schon Eure Schimpfnamen »Dünng'selchter«, »Dickg'selchter Hanswurst!« u. a. sind alle der Metzger-Innung entnommen. Bluttriefend muß derjenige von Euch sich zurückziehen, der die frevelhafte Zumutung an Eure Gehirnchen gestellt hatte. Und Eure Rache ist komplett.

Die erste, glänzende Leistung, mit der Ihr nach dieser Richtung in der Geschichte steht, sind die Jahre 1519–1521, als durch die Reformation an Euch die ungeheuerliche Zumutung herantrat, zu denken – ermesset! – ohne den Papst, Euren geistigen Nährvater in Rom, in religiösen Dingen zu denken – erstarrt! – und Eure Seele zu untersuchen – schaudert! – Wie habt Ihr damals aufs Rad geflochten und Eure Messerchen spielen lassen? Dutzendweis ersäuftet Ihr die Lutherischen in der Isar. Und hundertweis schlepptet Ihr von den Wegen nach Augsburg und den protestantischen Centren die Wanderer und Reisenden herein, berocht sie, ob es Geistes-Menschen waren, und warft sie dann in den Kerker oder in den Fluß. Ja, gegen das geistiger geartete Regensburg schlosset Ihr Euch sogar hermetisch ab – so groß war Eure Furcht vor dem Geist! – und ließet nicht einmal protestantisches Gemüse, protestantische Äpfel und protestantische Gelbe-Rüben herein. Und zu den Hinrichtungen und Ersäufungen erschienen Eure Fürsten und nickten wohlwollend Beifall und Eure Prinzeßchen patschten in die Hände. O Ihr süßen, herzigen Geschöpfe, auch in Euren Adern rollt das Münchner Metzgerblut!

»Aber man nennt uns doch ›Isar-Athen‹?« –

Ja, man nennt Euch ›Isar-Athen‹! Das ist aber das Resultat einer Geistesverwirrung. Immer hat es nämlich unter Euch einzelne geisteskranke Fürsten gegeben, die, wie das so geht, wenn der Geist wandert, sich über den durchschnittlichen Metzger-Horizont ihrer Umgebung erhoben, und weil Ihr von einer Salzstößlerei herstammt, meinten: sie seien in Attika oder in Arkadien geboren. Sie ließen nun Marmorbrüche eröffnen und bauten statt Schlachthäuser »Ruhmeshallen« – denkt Euch! – statt Metzger-Gesellen-Häuser »Feldherrnhallen« – fallt um! – Glyptotheken und Pinakotheken, und stellten dahinein – Euch zum Vorbild – die Marmorgeschöpfe eines entschwundenen hochgeistigen Geschlechts – welcher Wahnsinn« – und über Eure Stadt erhob sich in zwanzigfacher Lebensgröße das hochgemute Bronze-Bild einer vornehmen Frau mit griechischem Kopfbau – Euch Breitschädlern und Stirngedrückten gegenüber! – und Euer König hoffte, Eure Weiber würden sich an diesem Standbild versehen und Kinder mit noblen Schädel-Indices gebären! – das Euch! – Merkt Ihr nun, wo's dem Manne fehlte! – Daher stammt Euer Ruf von ›Isar-Athen‹. –

»Aber wir sind doch sonst auch noch berühmt. Wir brauen doch auch Bier!« –

Ja, Ihr braut auch Bier. Und so glücklich-naiv waret Ihr in diesem Metier, daß Ihr meintet, weil Ihr Alkohol versandtet, Ihr versehet die Welt mit Geist. Während es doch nur Sprit war. Faktisch war es auch nur eine Art Rache an dem Geist der Welt, die Ihr da nahmt. Denn so gedieh bei Euch, den Denkscheuen, dieses Gebräu im Hinblick auf seine Fähigkeit, bei den Trinkern das Denken zu unterdrücken, daß Ihr es den Geistesmenschen, die außer Eurem Weichbild gedeihen, zuschicktet und sie vergiftetet und – dumm machtet, und so wiederum, wie bei der Reformation, zu Eurer Rache kamt.

Feindselig schlosset Ihr Euch immer ab gegen alles, was Geist bedeutete. Es war Eure einzige Feindschaft, diese aber unerbittlich. Sonst wart Ihr gut, o herzensgut, Ihr seid ein weiches, zerfließendes Geschlecht, süß und duftig wie das Schmalz zu Euren Nudeln, eine schmalzgute Menschensorte, aber wehe, wer Euch mit Geist entgegentritt, da werdet Ihr unbarmherzig. Schon Ende des vorigen Jahrhunderts erregte Kant Eure namenlose Wut. – Sie waren wohl heftige Wolffianer, diese Münchner, oder entschiedene Berkeleyaner – O Gott, beileibe nicht! Nein, sie waren gar nichts; sie mieden Philosophie wie Wasser (damit ist alles gesagt) – nein, Ihr gerietet außer Euch vor Wut, daß überhaupt so ein Mensch es wagte, über die höchsten Dinge zu philosophieren – Geist zu haben. Und so thatet Ihr denn das Fürchterliche, und: am Hofe Eures Fürsten (Karl Theodor) erhielten die Hunde den Namen Kant (Häußer, Geschichte der rheinischen Pfalz. Bd. II, S. 970). So rächtet Ihr Euch an einem Mann, dessen Werke Ihr nicht verstandet.

Und wie habt Ihr an Schubart gehandelt? Der junge Brausekopf war zu Euch gekommen, und hatte sich da und dort als Musiker und Schriftsteller anstellig gezeigt. Es war wieder einer von der geistigen Sorte. Staatsrat von Lori – es hat immer auch Aufgeklärte unter Euch gegeben – wollte die junge Kraft für München festhalten. Und es handelte sich um eine Anstellung für Schubart. Da erfuhr man, daß er Protestant sei, in Ludwigsburg eine Parodie auf die christliche Liturgie verfaßt habe und »an keinen heiligen Geist glaube«. – Jetzt war's aus? – O nein! Es erfolgte der gemessene Befehl: Schubart kann bleiben und erhält eine Anstellung, wenn er – katholisch wird. Aber der kecke Schwabe war zu frisch, es ekelte ihn der Prozessionen, wenn er ihnen begegnete, und der junge Gotteslästerer ging nach dem nahen Augsburg, wo er die erste deutsche Zeitung gründete.

Ja, ja – »wenn er katholisch wird« – das war immer Eure Kondition und Präsumtion. Euer Herz-Jesu-Fleisch, Eure Milch Mariä und die sekreten Haarbüschel der Jungfrau aus der Michelskirche, und die Schweiß- und Bluts-Tropfen und all das stinkige Windel-Zeug, und all' die Papp-Mahlzeiten Eurer Hostien, und die Knochen- und Uterus-Litaneien – wenn man die mitmachte, wenn man da anbetete, wenn man hier zu Kreuze kroch, dann war man bei Euch salviert, dann war man lieb Kind, dann durfte man an Eurem Tischlein sitzen, dann durfte man von Eurem Biersüpplein essen, dann durfte man mit Euren Weibern im Bettlein schlafen, dann durfte man alles thun. Aber wehe, wer Kantianer war oder sonst sich mit geistigen Dingen beschäftigte!

Da war um jene selbe Zeit, Ende des vorigen Jahrhunderts, eine Sekte bei Euch, »Illuminaten« hießen sie – »Moderne« würde man heute sagen – die unternahmen die Elefanten-Arbeit, – Euch zu illuminieren – denkt Euch! – Euch ein Licht aufzustecken – hört! – Eure Gehirnchen nach der geistigen Richtung zu bilden – erwägt (wenn Ihr könnt)! – Aber Ihr habt ihnen schon heimgeleuchtet. Einem einzigen Mann, der das Beten zu den Blutstropfen Christi gerügt hatte, hingt Ihr zweiundvierzig Anklagen an den Hals. Hunderte von hervorragenden Männern konnten sich nur retten, indem sie sich mit den schmutzigen Greueln Eurer Gebärhaus-Religion befleckten und mit einem *sauve qui peut!* an die »Brüste Mariä« warfen. Es galt als ein »Kriminal-Verbrechen, von der damals im Gange befindlichen unmenschlichen französischen Revolution nur auf irgend eine Art günstig zu reden«. Und jeder neu eintretende Staatsdiener mußte einen Revers unterschreiben, kein Kantianer zu sein und sich mit nichts geistig zu beschäftigen, was außerhalb des Gebäraktes der heiligen Jungfrau gelegen sei.

Und so habt Ihr es im großen Ganzen bis heute gehalten. Als in diesem Jahrhundert wieder einmal einer Eurer Könige ein bißchen »geisteskrank« werden mußte, um Euch ein wenig auf die Geistesspur zu helfen, und Max II. eine deutsche Dichterschule gründete, – für Euch! – und norddeutsche Professoren berief – da Ihr keine Geschichtsschreiber produziertet! – und eine protestantische Prinzessin ehelichte, da war es bei Euch aus, das war für Euch zu viel. Offen bekanntet Ihr von der Kanzel herab, die Ehe mit einer Protestantin sei Konkubinat. Und der König, der solche Ehe eingehe, sei ein Ketzer. Ihr machtet damals ernstlich Miene, den bairischen Thron gegen die päpstliche Tiara auszuspielen. Leopold von Ranke scheute sich, in einer solchen Stadt eine Professur unter glänzenden Bedingungen und aus der Freundschafts-Hand Eures Königs anzunehmen. Er kannte den mariologischen Untergrund, auf dem Eure Stadt ruhte, die mephitischen, römischen Malaria-Dünste, die aus Euren Fundamenten aufstiegen, wogegen auch die beste Kanalisation nicht hilft, und das Grundwasser Eurer Seele, das aus der römischen Kloake gespeist wurde. Und als Sybel dann an Rankes Stelle annahm, warft Ihr ihn richtig hinaus, wie Ihr Schubart hinausgeworfen hattet, weil er »Geschichte in deutschem Geist gelehrt hatte«. Und als dann Max II. starb, hieß es allgemein, Ihr hättet ihn vergiftet.

Und als später wieder einer Eurer Könige »geisteskrank« werden mußte, um Euch neuerdings auf die Gedankenspur zu helfen, und Ludwig II. seinen Richard Wagner berief, da ging aufs neue bei Euch die Hetze los. Wagner war nur Komponist, kein Historiker. Aber seine verminderten Septakkorde waren Euch viel zu sächsisch, sein Profil viel zu protestantisch, seine Stirn viel zu keck und frei, und seine lebhaften Gestikulationen erinnerten viel zu sehr an 1848. Und so warft Ihr ihn hinaus, wie Ihr den Schubart und den Sybel und den Ranke und den Aventin und die Argula von Grumbach und den Schelling und den Cornelius hinausgeworfen habt, und Max Joseph I. und Max II. und Kaulbach und Lutz und Döllinger und alle andern Protestanten-Freundlichen gerne hinausgeworfen hättet. Denn vor allem, was Geist hat, habt Ihr ein unüberwindliches Grauen.

»Aber inzwischen haben wir uns doch gebessert!?« –

Inzwischen habt Ihr Euch doch gebessert? Das kann ich nicht gerade sagen. Ihr habt Euch ein bißchen gebessert, weil Ihr nicht anders konntet, weil Katholik zu sein eine Schande, ein Brandmal, eine historische Monstruosität geworden war. Weil katholisch sein so viel hieß, wie dumm sein. Deswegen habt Ihr Euch ein bißchen gebessert. Das heißt: scheinbar! Ihr habt von Büchner und Voltaire gerade so viel gelesen, daß Ihr zu der Erkenntnis gekommen seid: direkt ausrotten, verbrennen oder in der Isar ersäufen kann man heute die Protestanten nicht mehr wie in den Jahren 1519–1521. Aber noch heute werft Ihr in direkter Umgebung Münchens wenigstens protestantische Leichen auf den Schindanger oder grabt sie wie in Tirol auf offenem Felde ein (Evang. Sonntagsblatt aus Baiern. 1895 No. 44). Noch heute verkündet Euer Erzbischof jedes Jahr von der Kanzel, die Ehen mit Protestanten seien noch immer, wie zur Zeit der Vermählung Max' II. mit der protestantischen Prinzessin Maria von Preußen, Konkubinate. Und solche Ehemänner und Ehefrauen würden weder in der Beichte absolviert, noch in der Sterbestunde getröstet. Noch heute lehren Eure Schulmänner in der Schule, Luther sei ein »Schuft«, seine Ehefrau Katharina von Bora eine »Hure« gewesen, und werden vor Gericht freigesprochen. Noch im Jahr 1854 begrüßet Ihr neben Köln – welche Schande! – das Dogma der unbefleckten Empfängnis Mariä mit offenkundigem Frohlocken, nanntet es eine Panacee gegen preußische Gedanken, nordische Kriegsführung und Kantsche Philosophie. Und noch heute ist der Schwur auf dieses Dogma, auf diesen sexuellen Konzeptions-Akt, die Bedingung für die Großmeisterschaft Eures höchsten Ordenskapitels, deren Inhaber der König sein muß – der Empfängnis-Akt der Maria sonach die Grundlage der bairischen Verfassung. – Und nur ein einziger Eurer Prinzen – einer muß immer »geisteskrank« sein – hat sich dieser wüsten Unterschrift geweigert.

Ihr Euch gebessert? O geht mir, Ihr Sensualisten, die Ihr immer in den Geburtsteilen Eurer Maria wühlt und stundenlang ein und dieselbe sexuelle Phrase litaneit, bis dem Zuhörer Uebelkeit ankommt. Ihr süße Metzgersorte, die Ihr das Herz-Jesu-Fleisch und die Brüste Eurer unbefleckten Jungfrau mit derselben Eleganz der Kundschaft vorschneidet, wie Eure Fleischer die »Ripperln« und »Karbonadeln«. Durch Strafgesetz sind Unsittlichkeiten und Obscönitäten, auf Erregung der Geschlechtslust berechnete Worte und Vorträge, verboten. Aber Ihr holt es in Eurer Kirche nach, und mit Euren vor dem Strafrichter sicheren Litaneien stopft Ihr Euch durch stundenlange Uebung mit geschlechtlichen Erregungen toll und voll. O geht mir, Ihr mit Eurer *Haut-gout*-Religion, Ihr rotes, unbeflecktes, himbeersaftiges Geschlecht! Noch diesen Sommer grubt Ihr einen Haufen stinkiger Knochen aus – ich glaube, Modestus hießen sie – und stelltet sie unter Assistenz Eures Fürsten an einem andern Orte auf, damit sie dort Wunder thun sollten.

Und wie war es 1870? Ich will davon schweigen, daß Ihr damals, während Eure Söhne und Brüder mit den Waffen ins Feld hinauszogen, in Euren Landeskirchen für den Sieg der Franzosen betetet (siehe den Bericht des Dekanats Sulzbach an seine vorgesetzte Konsistorial-Behörde in München) – aber dann, als die Entscheidung auf der irdischen Wahlstatt gefallen, und einige Eurer besten Söhne sich anschickten, für Euch den Sieg auch auf der geistigen Wahlstatt zu erfechten, als der profunde, gelehrte Döllinger, der schneidige Professor Friedrich, der elegante Johannes Huber einen letzten Versuch machten, Euch von den Nesselhaken des römischen Stuhls loszulösen, Euch aus dem Schmutz der römischen Kloake herauszuziehen, habt Ihr da nicht wieder für den Sieg des Feindes gebetet und Roms Sache gegen Deutschland zu der Eurigen gemacht, diese Heroen, Döllinger und die andern, vor Eurer Nase beschimpfen und exkommunizieren lassen? Habt Ihr endlich nicht Eure Altkatholiken zu Boden geworfen und zu Religionsgenossen zweiter Klasse gemacht? So groß war auch wieder in diesem Fall Eure Furcht vor den Geistesmenschen!

Ihr beschwert Euch, daß Ihr »Vasallen« seid? – Mein Gott, »Vasallen«! – Vasallen des Königs von Preußen zu sein, das ist nicht das Schlimmste, was Euch passieren kann. Aber daß Ihr in geistiger Hinsicht der ganzen übrigen Welt Vasallen geworden seid, das dünkt mich doch das Bedenklichere in Eurer Lage. Meint Ihr nicht? Oder nennt mir einen Mann aus den letzten Jahrhunderten, der aus Eurer Mitte heraus, und ohne von Euch kujoniert und hinausgeworfen worden zu sein, das Gesetz seines Geistes der übrigen Welt imponiert hätte! Nur einen! – Aber keinen Bierbrauer. –

Und so habt Ihr jede freie geistige Bewegung bei Euch erstickt. Kommt eine neue Litteratur, eine Litteratur, die, wie in jüngster

Zeit, auf die feinsten Fühlfäden in der menschlichen Natur spekuliert, trampelt Ihr mit Euren derben, bairischen, eisenbeschlagenen Gebirgsschuhen auf ihr herum. Kommt ein neues Theater und bittet Euch um das feinste Lauschen Eurer Seele, reißt Ihr die Mäuler auf und speit Gift und Galle auf das, was, wie Ihr wohl wißt, hundertfach über Euch und Euren trübäugigen Katholizismus erhaben ist. Gerade jetzt ist es wieder ein junger schneidiger Held, ein Theaterdirektor, der es unternommen, Euch Geist zu reichen – was denn sonst? – und ein Protestant hat Euch ein wunderschönes Haus gebaut, um Euch die geistigen Früchte in goldener Schale zu bieten, und wieder erfaßt Euch jenes furchtbare Grauen vor dem Geistigen, wie zur Zeit Luthers, der Illuminanten, Max' II. und Richard Wagners, und wieder erhebt Ihr Eure eisenbeschlagenen Stiefel und mit katholischer Wut tretet Ihr den jungen Mann zu Boden, belegt ihn mit Tiernamen und schickt Euch an, ihn hinauszuwerfen. Vor hundert Jahren nanntet Ihr Kant »Hund« – Eure Hunde »Kante« – heute nennen Eure Witzblätter und Staatsanwälte die »Modernen« »Schweine«. Ist das die Art, wie Ihr Euer Vasallentum dokumentiert, indem Ihr Eure geistigen Lehnherrn mit Tiernamen bezeichnet?

Merkt Ihr denn nicht, daß Ihr mit Eurem Katholizismus langsam, seit einem halben Jahrhundert sicher, von allem geistigen Einfluß, aller Politik, von aller Weltherrschaft ausgeschlossen seid, in die Klasse der romanischen Völker gerückt seid? Und ahnt Ihr nicht, daß es Euer spezifisch katholischer Geisteszustand ist, der das bewirkt hat? Eure Herz-Jesu-Anbetung, Euer Milch-Maria-Enthusiasmus, Eure Knochen-Fleisch-Milch-Haare- und Geburtsteile-Religion? Und doch habt Ihr noch nicht genug! Seid noch nicht satt! Immer mehr Knochen, immer mehr Messen, immer mehr Fegfeuer-Schrecken, immer mehr Jesuiten-Missionen und Redemptoristen-Niederlassungen. Haben denn diese Knochen Euch vor dem politischen Verderben gerettet? Haben sie nicht vielmehr Euch das Mark aus den Knochen geraubt? Und Euch und den Wienern, Euren Geistesverwandten, gelehrt, bei Königgrätz und Kissingen die Waffen wegzuwerfen?! –

Und jetzt? Statt aus der Vergangenheit zu lernen, statt einzig den Weg zu kennen und frei zu machen, der Euch noch retten kann, und welches der Weg ist, den Gustav Adolf kam, statt Eure Thore weit und Eure Herzen offen für den protestantischen Geist zu halten, verbarrikadiert Ihr Euch hinter mittelalterlichen Gefühlen und versperrt Euch hinter altertümlichen Rathaustürmen. Kaum daß ein frischer, nordischer Gedanke, oder ein preußischer General über Eure Grenze kommt, schreit Ihr: Ach unsere Reservatrechte! Ach unsere Marienmilch! Ach unsere Briefmarken! Ach unser angestammtes Fürstenhaus! Unsere Herz-Jesu-Andachten! Unsere normalspurigen Eisenbahnen! Unsere Heiligen-Knochen! Unsere Windel-Verehrung! Unser Alt-Ötting und Andex! Unser heiliger Vater in Rom! Unser unveräußerliches Recht auf geistige Versumpfung! – Wir wollen keine Preußen sein! Wir wollen Baiern sein! Bajuwaren! – *Bajuwarii!* – und schreit und lamentiert über Vasallentum.

Vasallen? – Vasallen des Königs von Preußen? – Ihr seid keine Vasallen des Königs von Preußen! Ihr seid Vasallen von Rom. Das ist Euer Vasallentum! –

Damit wären wir in der Euch so lieben Stadt angelangt, in der Stadt, in der alle Konzile beginnen und schließen. Auch mein Konzil ist zu Ende. Ueberlegt Euch, was Ihr davon haltet. Vielleicht kommt einmal einer nach mir, der wiederum mit Euch Konzil abhält, aber weniger konziliant verfährt.

Adieu, meine lieben Münchner!

Erich Kästner
Spielen in der Trümmerlandschaft

München, 18. Oktober 1945

Das schmale Pensionszimmer, in dem ich augenblicklich kampiere, steckt schon am frühen Morgen voller Menschen. Alte Freunde und neue Bekannte teilen sich in den Genuß, mir beim Waschen, bei der Zahnpflege und beim Rasieren zuzusehen. Die Portion Aufmerksamkeit, die übrigbleibt, widmen sie der Debatte. Sie hocken auf dem Sofa, auf dem Bett, auf den Stühlen, die das Mädchen und die Wirtin begeistert nachliefern. Es ist angenehm kühl im Raum, weil es an Fensterscheiben mangelt, und wenn unten amerikanische Lastwagen vorüberdonnern, wird man den Eindruck nicht los, einer Unterhaltung zwischen aufgeregten Taubstummen beizuwohnen. Es soll Zimmer geben, in denen man den Straßenlärm besser hört als auf der Straße selber. Ich habe Glück gehabt. Ich habe so ein Zimmer gemietet.

Will man erfahren, worüber bei mir gesprochen wird, genügt es zu wissen, wer sich unterhält. Es sind Schauspieler, Verleger, Journalisten, Maler, Regisseure, Filmautoren, Chansonetten, Kabarettdirektoren, Kunstkritiker, Komponisten und andere unseriöse Menschen. Sie kommen aus München, aus den Bergen, aus Frankfurt, aus Heidelberg, aus Stuttgart, aus Hamburg, und sie reden, sehr oft im gemischten Chor, über Theater, Verlage, Lizenzen, Zeitschriften, Kabarettprogramme, Zigarettenpreise, Kunstausstellungen, Hörspiele, Tourneen, Bohnenkaffee, Zeitungsartikel, Zementscheine, Bühnenstücke aus der Schweiz, Morgenfeiern und vieles mehr. Man plant, gründet und redet. Das Reden steht leicht im Vordergrund. Alle diese Versammlungen, die, von niemandem einberufen, trotzdem täglich stattfinden, gleichen einem Pantheon nur bis zu einem gewissen Grade; wir sind weniger berühmt und, das vor allem, viel weniger tot.

Ich berichte von meinem Zimmer mit den zerbrochenen Fensterscheiben und den turbulenten Gesprächen nur, weil es nicht das einzige Zimmer Münchens ist, in dem es jetzt so zugig und so begeistert zugeht. Und wir wissen: nicht nur hier, sondern überall in deutschen Städten wird es trotz Trümmern, Not und Kummer ähnlich sein!

»Was sind Hoffnungen, was sind Entwürfe?« Die Zahl und Reichhaltigkeit der Pläne überbietet auch in München das bereits Vorhandene oder fast Greifbare bei weitem. Denn nur zwei Theater sind bespielbar. Erich Engel, der neue Intendant der Kammerspiele, hat soeben mit »Macbeth« eröffnet. [...] – Bislang gastierten und alternierten auf Engels Bühne Holsboers ausgebombtes Volkstheater-Ensemble mit Bruno Franks »Sturm im Wasserglas« sowie Rudolf Schündlers und Otto Osthoffs Kabarett »Die Schaubude« mit ihrem ersten Programm. Das zweite, an dem Axel von Ambesser, Herbert Witt und ich seit Wochen arbeiten, soll bald im »eigenen Haus« herauskommen, einem reizenden Theater für sechshundert Personen, dem im Moment nur noch der Fußboden, das Dach und die Bestuhlung fehlen. Aber das sind ja Kleinigkeiten! Zum Direktor des Staatlichen Schauspiels wurde Paul Verhoeven ernannt. Da er kein Haus hat, soll er zunächst im Ballsaal der Residenz und später im renovierten Thronsaal spielen. [...] Kindertheater, Jugendvorstellungen und Vorträge plant er für die jüngste Generation; und als Höhepunkt seiner Bemühungen in der ersten Spielzeit träumt Verhoeven, fürs nächste Jahr, von Aeschylos »Orestie«auf dem Platz vor dem zerstörten Nationaltheater, das von den Luftangriffen zu einer Art Tempel auf der Akropolis umgearbeitet worden ist. – Ein anderes Ensemble wird, unter Dr. Laubs Direktion, in einer Nymphenburger Turnhalle bald mit dem »Fröhlichen Weinberg« aufwarten. – Das Prinzregententheater ist der Staatsoper, die unter Knappertsbusch mit dem »Fidelio« beginnen wird, und Symphoniekonzerten vorbehalten. – Die Regensburger Domspatzen sangen in einer Morgenfeier. Harald Kreutzberg hat, mit stürmischem Erfolg, seine erste Tanzmatinee nach dem Kriege absolviert. – Soviel über das, was bereits geschehen ist, was geschieht und in Kürze geschehen wird.

Der Rest sind Pläne. Lizenzen sehen ihrer Geburt entgegen. Es sind schwere Geburten darunter. Konzessionen sind zu erwarten. Die Namen weiterer Kabaretts schwirren durch die Luft. »Das Steckenpferd« soll eines heißen. »Das Wespennest« ein anderes. Theaterdirektoren in spe verhandeln mit ihrem künftigen Ensemble über Aufführungen in noch nicht vorhandenen Häusern. Man besetzt Stücke und setzt Proben an, ohne das Buch in Händen zu haben. Kuriere stieben durch die Lande, um es bei irgendwem aufzutreiben. Aber bei wem? Wo ist der Verleger? Wer hat die Rechte?

Kein Hindernis ist hoch und kein Abenteuer verzwickt genug, den edlen Eifer zu dämpfen. Mögen die privaten Sorgen getrost dazukommen! Wohnungssuche, Zuzugsgenehmigung, keine Möbel, das letzte Paar Schuhe, keine Nachricht von den Angehörigen, keine eigene Bibliothek, gepumpte Oberhemden am Leib – alles tritt schattenhaft zurück hinter das, was nun, nach zwölf Jahren geistiger Fesselung und Bedrohung, endlich wieder winkt: die Freiheit der Meinung und der Kunst! (»Amen, das ist, es möge also geschehen«, steht bei Luther.)

Zu der echten, schönen Begeisterung gesellt sich freilich eine andere Triebfeder: der eiserne Vorsatz, nicht zu denen gehören zu wollen, die unter die Räder kommen werden. Die interne deutsche Völkerwanderung der letzten Jahre und das Durcheinander der letzten Kriegsmonate haben es mit sich gebracht, daß, um ein Beispiel zu nennen, zur Zeit in und um München nicht weniger als zweitausendfünfhundert Schauspieler darauf warten, wieder theaterspielen zu können! Filmen wollen sie selbstverständlich auch – aber das ist, angesichts der Zerstückelung Deutschlands, ein Kapitel für sich, und beileibe kein besonders lustiges Kapitel!

Also, zweitausendfünfhundert Sänger und Schauspieler wollen auf die Bühne zurück, und die meisten Bühnen sind zerstört! Es ist klar, daß in dem Kampf ums Bühnendasein mancher wird unterliegen müssen. München, das seine vorbildliche Eignung, ein bedeutendes deutsches Kulturzentrum zu werden, historisch wiederholt glänzend bewiesen hat, hat jetzt eine unvergleichliche Chance, sich erneut zu solch einem Mittelpunkt entwickeln zu können. Viele der besten deutschen Regisseure, Schauspieler, Dirigenten, Opernkomponisten und Autoren hat der Krieg aus anderen Gauen, aus Berlin und aus den Kriegsgefangenenlagern des Südens und Westens an den Strand der grünen Isar gespült. Münchens Chance ist einmalig, und es scheint sie entschlossen wahrnehmen zu wollen!

So etwas geht nicht reibungslos vor sich. Die bayerischen Künstler sind auch nur Menschen. Selbstverständlich gibt es unter ihnen solche – naturgemäß weniger bedeutende, vom bevorstehenden Konkurrenzkampf deshalb besonders bedrohte –, die es tausendmal lieber sähen, ihre Stadt bliebe, was sie im letzten Jahrzehnt war, eine künstlerisch mittelmäßige süddeutsche Provinzstadt. Ihre Existenzangst ist größer als ihre Courage. Sie wollen lieber im bajuwarischen Milieu die Hauptrolle spielen als in einem westeuropäischen Zentrum eine Nebenrolle.

Trotzdem hat es den Anschein, als wäre es der Wunsch sowohl der Behörden wie auch der lange verfemt und verspottet gewesenen intellektuellen Schicht, die einmalige Gelegenheit willkommen zu heißen. Die Erinnerung an frühere Münchener Großzeiten ist noch nicht völlig verblaßt. Noch denken viele an die Glanzepoche Schwabings, Wedekinds und der ruhmreichen Skandinavier zurück. Und der Ausblick in einen neuen gelobten Kulturabschnitt wärmt schon heute ihr zärtlich für die Kunst schlagendes Münchener Herz. – Und so mag es also nicht vergeblich sein, daß in manchem kalten, zugigen Zimmer ihrer alten, zerborstenen Stadt die Köpfe rauchen!

Was am meisten im Rennen zurückliegt, ist die Operette. Das Gärtnerplatztheater wird mit einigem guten Willen und nicht unbeträchtlichen Kosten wiederhergestellt und der leichten Muse übergeben werden können. [...]

Damit hätte ich über Münchens Theaterlage das Wissenswerte oder doch wenigstens das, was ich über das Thema weiß, berichtet. – Abschließend wäre noch eines Kuriosums zu gedenken: der ersten Theaterkritik, die vor kurzem, nach der langen schrecklichen Zeit der nationalsozialistischen »Kunstbetrachtungen«, in der »Münchener Zeitung« erschien. Sie erregte beträchtliches Aufsehen. Nicht weil sie besonders wertvoll oder besonders schlecht gewesen wäre, sondern weil die offenen, ehrlich gemeinten Worte zur Sache völlig ungewohnt waren. Sie wirkten so verblüffend wie ein Trompetensolo auf der Baßgeige! Es hagelte Zustimmungen, es regnete Entrüstung. Man war auf alle Fälle im ersten Moment vollkommen überrascht, daß jemand wieder ungescheut seine Meinung äußerte. Der Herr, der die Kritik geschrieben hatte, wird über deren Echo nicht minder verblüfft gewesen sein als die Leser der Zeitung über seine Kritik. Ich weiß ziemlich genau darüber Bescheid. Denn der betreffende Herr war ich selber.

Asta Scheib

Frühstück im Franziskaner

Regen fällt. Von Schneeflocken durchmischt, aber doch Regen. Er macht die Freude über einen frühen Schneewinter zunichte. Die Flocken, die immer schneller fallen, dünner und schließlich zu Regenfäden werden, schmelzen die weißen Schneehüllen der Häuser und Straßen zu schmuddligen Fetzen. Wie immer an meinem Geburtstag. Früher ist mir nicht aufgefallen, daß mein Geburtstag sich jedesmal gegen die Schönheit des Winters stemmt. Ihre Zerstörung einleitet. Früher war ich stolz auf mein Sternzeichen, zählte die Tage, war verliebt in das Datum. 22.11.

Letztes Jahr habe ich erst am Abend bemerkt, daß ich Geburtstag hatte. Es fiel mir erst auf, als die Schneeflocken, die ihr Verbrämungswerk so tänzerisch und elegant begonnen hatten, sich wie dünne Nadeln in den Schnee bohrten – da fiel mir ein, daß heute mein Geburtstag sein müsse. Mein Mann kann nicht an alles denken. Heute jedoch ging das Telefon, gerade, als ich vor dem Haus den Schneematsch wegkehrte. Mein Mann sagte, er habe einen Termin in der Residenzstraße. Das könne er gut damit verbinden, mit mir im FRANZISKANER Weißwürste zu essen.

Ich stelle mein Auto am Marstall ab, verlasse es wie ein Soldat seinen Unterstand. Ich springe über die Kettenabsperrung, es treibt mich an der Oper vorbei, denn ich fürchte, meiner Cousine zu begegnen, die hier lebt und ihr Spinnennetz immer enger knüpft. Sie verzeiht mir nicht, daß ich es war, der unsere Tante ihr Vermögen vermacht hat. Und sie vertraut Freunden an, daß mein Mann mich nur wegen des Geldes geheiratet habe. Da sei sie ganz sicher. Überall spüre ich die Fäden ihres Spinnennetzes. Bis ich sie bemerke, bin ich schon gestürzt. Wohin ich komme, war sie schon da. Sie sorgt sich um meine Freunde. Vor allem sorgt sie sich um meinen Mann. Erzählt ihm Geschichten über mich, nacherzählte, veränderte. Sie weiß, daß es meinen Mann bestätigt, wenn er über mich empört sein kann. Daß ihm jeder Mensch recht ist, der ihn in diesen von ihm so geschätzten Zustand versetzt, aber die Mutmaßungen meiner Cousine sind ihm die liebsten. Ich selber versuche schon nach Kräften, meinen Mann gegen mich aufzubringen, aber lieber nährt er seine Empörung über mich aus zweiter Hand.

Ich beeile mich, in den FRANZISKANER zu kommen, und stelle auf halbem Wege fest, daß ich versehentlich in meinen alten Turnschuhen aus dem Haus gegangen bin. Obwohl ich mich sonst korrekt auf das Treffen mit meinem eleganten Mann vorbereitet habe. Lodenkostüm, Lodenmantel, Mayserhut. Mit den Turnschuhen jedoch bilden sie eine Disharmonie, die ich vor meinem Mann nicht rechtfertigen kann. Diese Verlegenheit peitscht mich geradezu durch die Maximilianstraße, die mir meiner Cousine wegen ohnehin schwer passierbar ist.

Vor dem FRANZISKANER steht eine große Dame im Pelz. Friß nicht das böse Salz, mein Liebling, sagt sie zu ihrem Dackel. Der war mit Sicherheit aus Gergweis, denn er fraß doch das böse Salz. Unser Willi, der aus Gergweis stammt, täte das auch. Er beißt mich, wenn ich mich in meiner Zerstreutheit neben meinem Mann auf dem Beifahrersitz niederlassen will, den Willi innehat. Davon abgesehen, verdanke ich Willi meine Kontakte zur älteren Bevölkerung, die ich ohne unseren Dackel nicht hätte. Allein habe ich auch kein Ich. In mir denken drei Tageszeitungen, fühlt das Rundfunkorchester, handelt die Television. Ich bin ausgestopft mit Buchstaben, überzeugt von Theorien ständig wechselnder Kompetenzen. Ich habe das kleine Fontaneum, einen Fuß in Robin Wood. Ich bin ein Lodenkostüm voller Zufälligkeiten.

Der Kellner im FRANZISKANER ist mit meinem Mayserhut zufrieden, ich kann unbemerkt meine nassen Turnschuhe ausziehen und sie unter dem Tisch mit der Süddeutschen Zeitung ausstopfen. Dazu verwende ich nur die Anzeige von Karstadt Oberpollinger, sonst verprelle ich den Nachbarn, der sich abends immer unsere Zeitung holt. Er ist wohlhabend, Arzt mit einer stets überfüllten Praxis. Sicher könnte er die Süddeutsche Zeitung selber kaufen, doch er sagte mir, daß er sein Vermögen vom Behalten habe und nicht vom Ausgeben. Das leuchtet mir ein, doch wüßte ich niemanden, bei dem wir die Süddeutsche Zeitung mitlesen könnten, denn unser zweiter Nachbar hat ein Nachttopfmuseum und keine Zeitung.

Ich sage dem Kellner, daß ich noch nicht bestellen möchte, da mein Mann es unerträglich finden würde, nach mir zu essen. Allerdings verrate ich dem Kellner nicht, daß mein Mann das Alleinessen ablehnt, weil ich dann, von keinem Kauzwang gehemmt, auf ihn einreden könnte. Der Kellner ist trotz meiner Abstinenz reichlich beschäftigt mit dem Heißhunger eines Gastes, der am Nebentisch sitzt. Wie ich meine nassen Turnschuhe unter dem Tisch verstecke, ißt dieser Herr gerade Weißwürste aus der großen dampfenden Terrine. Danach bringt ihm der Kellner Tafelspitz, und jetzt steht eine Haxe mit Kraut vor ihm. Der Mann ißt alles ruhig, ernst und konzentriert. Etwas an ihm erinnert mich an unseren Kater. Diese gewisse Humorlosigkeit, diese Strenge hat auch unser Kater, wenn er der Katze Mimi das Futter wegfrißt. Ließe man unseren Kater in den FRANZISKANER, würde er ebensoviel bestellen wie der Herr vom Nebentisch.

Ein junger Mann am Tisch vor mir springt jetzt auf, weil ein blondes Mädchen hereinkommt und ihn anlacht. Noch zornig, aber schon viel mehr freudig ruft er: jawobleibstdudennsolang und dann küßt er sie und sie setzen sich, und es wird heller im Raum.

Mir fällt ein, daß ich seit einer halben Stunde auf meinen Mann warte. Ich beginne, mir die Worte zurechtzulegen, die ich zu seiner Begrüßung sagen würde. Keinesfalls dürfte ich so einfach sagen jawobleibstdudennsolang. Mein Mann ist sensibel. Leider habe ich in den zwanzig Jahren unserer Ehe keine Worte für ihn gefunden. Ich habe das Geheimnis nicht entdeckt, das ich in ihm vermutete. Manchmal denke ich, daß er keines hat, aber darüber traue ich mich nicht zu sprechen. Mit niemandem. Was ich auch in mich hineingefüllt habe, all die Fetzen und Brocken, ihm kann ich sie nicht hinwerfen. Er frißt mir nicht aus der Hand. Und so kann ich auch nicht freudig sagen hallodabistdujaliebling. Darin sähe mein Mann eine Ironie, die mich nicht kleidet.

Wenn nicht meine Worte meinen Mann verärgern, ist es mein Ton. Dieser Ton, sagt mein Mann, dieser Ton! Wenn du dich nur selber hören könntest. Kann ich aber nicht, niemand kann das. Aber so wie mein Mann mich hört, kann er es nicht aushalten. Daher beschließe ich, meinen Mann diesmal schweigend zu empfangen. Mit einem Lächeln. Dann würde er nach geraumer Zeit fragen, was ich gegen ihn habe, da ich so penetrant schweige. Aber bis dahin hätten wir unsere Weißwurst gegessen, und er müßte rasch in seine Kanzlei zurückgehen.

Als mein Mann nach einer Dreiviertelstunde immer noch nicht da ist, erbitte ich mir vom Kellner die Erlaubnis, meinen Mann im weitverzweigten FRANZISKANER zu suchen. Ein Gast tritt mir auf die Zehen und erinnert mich daran, daß ich auf Strümpfen unterwegs bin. Auf Strümpfen und im Hut. Hätte ich am Morgen die Haare gewaschen, könnte ich jetzt wenigstens den Hut absetzen, aber so geht das nicht. Ich verdiene meinen gepflegten Mann nicht. Schließlich passiert nichts in meinem Leben, ich hätte genug Zeit gehabt, mich auf ein Weißwurstessen durch gemäßes Schuhwerk und wehendes Haar vorzubreiten, aber nein. So durchstreife ich den FRANZISKANER, Vagabund unter Seßhaften, die mir Heimat voraushatten und richtige Schuhe und richtige Wörter. Sie besitzen die wahren Töne, ihre Männer und Frauen sind nicht geliehen, sondern ererbt von den Vätern. Mein Lächeln flattert über dem Abgrund, kann sich nirgends halten. Da sehe ich meinen Mann.

Er sitzt unmittelbar neben dem Eingang Perusastraße und beugt sich gerade vor, damit er der Frau einen Kuß geben kann. Sie beugt sich auch vor, doch nur ein wenig. So wenig, wie ich es nie wagen würde. Mir ist kalt. So lange schon. Und da bietet sich mir ein Bild, Anlaß zur Verzweiflung, nicht Television, kein kleines Fontaneum, Sturzflug aus eigener Kraft, dem Ende entgegen. Apokalypse im Franziskaner, das paßt zu mir, zu meinem Hut. Im Mayserhut vor dem Jüngsten Gericht. Auf Strümpfen gehe ich zum Marstall zurück. Dieser Novembertag, mein Geburtstag, würde rasch dunkeln. Novembertage sind sparsam mit dem Licht, sie machen keine Versprechungen. Ich hoffe, daß nichts so kommt, wie ich es will.

Hans Pleschinski

Gärtnerplatz – Männerschau

Nachdem (vorab) sämtliche Beziehungen gescheitert waren – am Ende durch wechselseitige Mordandrohungen, Voodoo-Bannzauber, Geschirr in den Lüften, dann am Boden –, hatte ich mir geschworen, keine Nacht ungeküßt ins Bett zu gehen.

Ein ebenso kühnes wie schönes Vorhaben.

Doch dafür ist das Gärtnerplatz-Viertel erfunden worden. Wie das geschah, weiß eigentlich niemand. Vielleicht weil im Zentrum dieses Viertels Münchens zweite, bezaubernde Oper steht, das schnörkelige Gärtnerplatz-Theater. Um dessen Ränge, Logen und Bühne sammelten sich vielleicht seit der Jahrhundertwende schon immer gern die Männer, deren Leben von heftigen Liebesausbrüchen, ebenso vehementen Trennungen, manchem theatralischen Sehnen geprägt ist. »Sei der Meine!« – »Das kann ich nicht! Ich brauche meine Freiheit!« – »Deine Freiheit führt dich in dein Unglück!« – »Dann ist es wenigstens selbsterwählt! …«

Das Gärtnerplatz-Viertel mit sternförmigen Straßen erstreckt sich in Münchens Mitte – damit eigentlich verwirrend tief in Bayern – vom Viktualienmarkt bis zur Isarvorstadt, von ›Karnoll's Kaffeestandl‹ mit vorzüglichen Nußhörnchen und Kaffee für 90 Pfennig bis zum Thalkirchner Friedhof, zieht sich also hin zwischen gelegentlichem Genuß und ummauertem Memento Mori. Im Osten strömt die Isar. Im Westen stinken die Auspuffgase vom Sendlinger Torplatz in den Himmel.

Im Grunde finden sich in Deutschland nur drei Stadtteile, in denen man leben kann. Sankt Georg in Hamburg, wo es keine Sperrstunde gibt und die Ledermänner am Samstagmittag rasch noch Geschirrspülmittel kaufen. Schöneberg im eitlen, ewig unfertigen Berlin. Und das Gärtnerplatz-Viertel – gar nicht so viele Kilometer vor Italien –, wo der junge Maler in der Klenzestraße einen Blumenstrauß fürs Wochenende beim Floristen, zum Beispiel ›Blumen-Else‹, mit 25 Mark und zwei Wangenküssen bezahlt: »Was machst du heute abend?« – »Aufreißen.« – »Ich fühle mich so alt und verbraucht.« – »Da rate ich zu Gurkenmilch.«

Selbst oder gerade Gauweiler hat dieses Viertel nicht veröden können, und der Segen manches Kardinalerzbischofs oder Kurienkardinals, wenn nicht gar bayerischen Landtagsabgeordneten, wird dieser Lebensgegend, in der Frauen die Frauen, Männer die Männer lieben, es hin und wieder sogar Mann und Frau miteinander versuchen, zuteil geworden sein. Es ist die bunte, die beschwipste, die kreative Ecke Münchens, wo Fassbinder in der ›Deutschen Eiche‹ seinen Stammtisch terrorisierte, wo Hubert Fichte Sahnestücke kaufte, wo die Polizei sich mit Razzien gegen Stricher am bequemsten unterhalten kann, wo Liebesfrust zu Arbeitshöchstleistungen ansporn, wo neben dem Geschäft für künstliche Kniegelenke der Fach-Shop für Erotik-Gummi-Underwear liegt. Hier ist's ungezwungen. Hier ist man der Liebe des Sokrates zum jungen Alkibiades, des Prinzen Eugen zu Anton Hirscheder, der Virginia Woolf zu Vita Sackville-West und Thomas Manns Vorlieben verpflichtet. Diese Referenzen stärken im Laufe der Zeit, das lockert auf. Die Menschheit sei für die Vielfalt der Schöpfung dankbar.

München ist nicht New York, nicht einmal ›swinging‹ Amsterdam mit dessen Experimenten der Daseinsgestaltung. Mit den meisten seiner Nachkriegsstraßenzüge wirkt München sogar abweisender, karger, preußischer als Schwedt a.d. Oder. Mitunter wie eine Zementhalde zu Füßen der Alpen, mit erschreckend vielen Filzkappen auf den Köpfen cholerischer Ex-Almviehtreiber. Ungastliches Millionendorf, derzeit durch nichts mehr ›Heimliche Hauptstadt‹.

Trotz dieses Befunds: Es gibt das ›James‹, wo man überm Blattspinat mit Keto von Waberer plaudern kann; den hehren Friedensengel am Isar-Hochufer, wo man gern Silvester feiert; die Lokale, Erlebnistankstellen rund um den Gärtnerplatz: »Fred hat sich von Georg getrennt.« – »Kein Wunder ... nachdem auch ich schon mit Georg geschlafen hab ...« – »Und, wie war's?« – »Wenn ich dir Details erzähle, weiß es morgen schon tout Munich.« – »Hast du gestern im Fernsehen Götz George im ›Totmacher‹ gesehen?« – »Nein, aber auf Ö 2 ›Schlafes Bruder‹. Man erkennt echt den Gehfehler von André Eisermann.« – »Der war ja hier auf der Falckenberg-Schule.« – »Jetzt latscht er durch Hamburg ...«

Wieviele Schwule, Lesben gibt es in München? Zwischen 50000 und 70000. Selten sieht man diese facettenreichen Legionen vereint. Zumeist vereinzelt stehen sie vor diesem oder jenem Schaufenster. Man sieht sie mit Wahlzetteln für den Einzug der ›Rosa Liste‹ in den insgesamt beschwingten Münchner Stadtrat kämpfen. Man erspäht sie plötzlich in der Investment-Abteilung einer Bank, beim Schlangestehen für einen Pavarotti-Abend in der Staatsoper, in der Christnacht-Mette. Oder man erhascht einen ihrer freundlich-distanzierten Blicke aus einem Wagen der Trambahnlinie 20, dem ›T.S.E.‹, ›Tuntenschnellexpreß‹ in den Englischen Garten. Doch der Begriff ›Tunte‹ ist so veraltet wie fast alle Klischees über die homophile Welt. In ihrem Outfit hat sich immerhin fast die gesamte heterosexuelle männliche Jugend einem schwulen Erscheinungsbild angepaßt: kurzes Haar, Träumen von einem Partner am Tresen, keine Furcht mehr vor dem ›Schönheitssalon‹. Schwule sind eine Avantgarde. Wenn sie wegen Hautkrebsgefahr bald nicht mehr am Eisbach sonnenbaden, wird der Rest der Welt peu-à-peu nachziehen. Dann wird Blässe wieder ein Ideal sein.

Der ortsfremde Homosexuelle, ob jung, ob alt, ob schön, ob häßlich, wird im Gärtnerplatz-Viertel zuerst das ›Sub‹ aufsuchen, die gemeinnützige Beratungsstelle mit Bibliothek, Café, Überfall-Notrufnummer und Info-Tafeln: Hier wird der orientierungsuchende Fremde feststellen, daß zum glorreichen Ende des Jahrtausends die human-homosexuelle Infrastruktur nicht nur Karwendeltouren für gehörlose Schwule und Lesben, einen schwulen Fußballklub, den Kurs ›Leben mit HIV Positiven‹, den ›Bundesverband Gay Manager‹ umfaßt, sondern er kann innerhalb der eisernen Weltgemeinschaft – auch gleich einen Nymphenburger fragen: »I arrived from New York City tonight. Do you know where I can sleep.« – »Well«, nickt vielleicht der Einheimische, »if you do not find a hotel tonight, I have a couch at home.« – »Fine.«

Kapitalistischer als die schwule Welt war seit Anbeginn der Zivilisation noch nichts. Jugendlichkeit ist die Natur-Aktie, die niemals eine Baisse kannte. Doch der Komplex Alter + Interessantheit + Schlankheit + Dezenz hat in Gärtnerplatznähe auch immer gute Karten in dem Spiel ›Lernen wir uns kennen? Geh du deiner Wege!‹

Einen der schärfsten Ärsche im Viertel hat Alexander. Er bräuchte dafür, wie auch die Standlfrauen vom Viktualienmarkt befinden: »einen Waffenschein«. Überdies ist er wohl ein vorzüglicher Heilpraktiker.

Schwule um den Gärtnerplatz sind nicht reich. Man schaue sich die Straßenkehrer in der Hans-Sachs-Straße an. Unter ihnen fegen einige der sympathischsten. Doch es gibt auch Wohnungs- oder Hausbesitzer, die beste Reuschel-Bank-Klientel abgeben und die heimlich CSU wählen. Im Privatleben sieht man diese Wähler mitunter in Berlin, wie sie nachts aus einer Kellerbar krabbeln. Aber Strauß hat ja auch andernorts vorbildhaft vergnügungsbewußt gelebt. Und daraus viel Dynamik entwickelt.

Aids ist im Gärtnerplatz-Viertel eigentlich kein Sensationsthema mehr. Das bunte Volk wurde zuerst und am massivsten von des Herrgotts menschenverachtender Geißel getroffen. Man lernte mühsam, sich zu schützen. Nun kann man Frauen, Mütter, Heterosexuelle warnen, die meinten, um sie mache der Virus eine anständige Kurve. Doch Aids ist in den Straßen von der Maximilianskirche bis zur Zahnklinik an der Lindwurmstraße – ein Erlösungsort, den man zum Zahnziehen manchmal an Feiertagen aufsuchen muß – ein Grund zu bleibender Trauer. Die attraktivsten, die lebhaftesten und begehrtesten Schwulen sind durch Aids in Urnen und Särge gewandert, zumindest ihre Körper. Und die verbliebenen haben – nicht anders als Soldaten vor Verdun – die Reihen geschlossen. Aids, Helfen, Ängste, Sterben haben Melancholie gelehrt, Schicksalsgefühle beigebracht, von denen kein Schulunterricht je wußte. Avantgarde im Leben, aber auch bis vor kurzem Avantgarde im Tod? *Carpe Diem* und Memento Mori zwischen Viktualienmarkt und Thalkirchner Friedhof, wo Carl Spitzweg, die Brauerfamilie Pschorr ruhen.

Der Schwule ist depressiv, wenn er sich schlecht fühlt. Er ist heiter, wenn er heiter ist. Wenn er liest, dann liest er. Wenn er Nudelauflauf zubereitet, soll es am Ende schmecken.

Der Schwule ist im Bedarfsfall sehr kommunikativ. Denn in der Regel ist er Single und teilt sich in der Gesellschaft oder einem einzelnen Gegenüber um so lieber mit. Und wer möchte nicht ein bißchen glänzen? Hingegen wirken Männer, die zusammenleben, oft muffig. Bis in die Knochen. Das ist so, wenn Jäger nur noch in der Jagdhütte ruhen. »Der Sepp will wieder nach Gran Canaria. Ich raste aus.« – »Du wirst mit müssen. Um des lieben Friedens willen.« – »Immer Sonne und Nackte und das Scheißessen. Ich pack mir den ganzen Maupassant ein.« – »Schau mal, die geile Kiste da!« – »Auch nur, bis das Gewebe erschlafft.« – »Hengste!« – »Was?« – »Hengste! Sie treiben mich in den Wahnsinn.« – »Ach, hat meine Schwester auch mal gesagt.«

Homosexuelle und Lesbierinnen haben sich seelisch gar nichts mitzuteilen, bilden aber eine sinnvolle Einheitsfront … gegen Faschistoides, das die Gesellschaft zerstört.

Schwule gelten als verhältnismäßig frei, Gestalter ihrer Leben. Eine kurze Weile ihres Lebens waren sie meistens schön. Und sind sie es nicht mehr, dann ist ihnen bewußt, daß sie es einmal waren. Man möchte nicht wissen, oder doch, wie viele Menschen in Erding und Hamburg von Erfahrungen, einem Leben mit Homosexuellen träumen. In gewisser Weise bilden sie den Gipfel der Männlichkeit. Schon rein logisch herrscht sie dort mehr, wo zwei Männer sich vertrauensvoll nähern, als dort, wo Mann und Frau sich auf ein Bett legen. Schwulen gelingt es selten, zusammen zu leben; es klappt nicht mit der alltäglichen Aufgabenverteilung. Der gehorsam staubsaugende Freund am Isartorplatz entspricht keinem Ideal. »Du bist mir nicht mehr fremd genug, um mich anzulocken.« – »Soll ich mich verkleiden?« – »Als ich dich kennenlernte, dachte ich, du wärst so energisch.« – »Ich kann dir gleich den Badezimmerspiegel von der Wand reißen!« Der Schwule sucht in euphorischen Augenblicken noch das Heldische. Späte

Recken der Heiligen Schar der Thebaner. Nur zu seiner eigenen Unterhaltung und der Variation zuliebe gibt er sich manchmal mädchenhaft. Im Gebiet des Glockenschalls von Sankt Maximilian zerbrechen manche Frauen an diesen schwierigen Männern, die sie anziehen und sie nicht begehren. »Jetzt bin ich schon blau, aber wir trinken im ›Prosecco‹ noch einen, Philipp!« – »Tut mir leid, Cordelia, aber jetzt muß ich schlafen gehen.« – »Ach, du hörst nur so gut zu!« – »Dann können wir uns ja nächste Woche wieder treffen. Ciao, Bella!« – »Ciao … « – »Dann hast du die Affäre mit diesem ekelhaften Typen auch schon besser verdaut.« – »Wenn du meinst, Philipp … «

Das ›Prosecco‹ in der Thekla-Straße ist ein enger und recht aufgewühlter Laden. Ich weiß nicht, warum. Weil bis drei Uhr nachts vielleicht wirklich viel Prosecco durch die Kehlen rinnt. Und manchmal bestaunt man auch außerhalb der Faschingszeit eine Federboa um breite Schultern. Mancher junge Schwule führt seine Mama, auf Besuch aus Heilbronn, auch hierher, um in einem todesmutigen Handstreich der zuerst versteinerten, dann betretenen, am Ende schunkelnden alten Dame die ganze Wahrheit über seine Vorlieben einzuschenken. »Ich will nicht länger lügen.« – »Ich sag es Papa erst nach seiner Kur. Du liebes, dummes Kind! Wie kam denn das?«

Hier haben Zarah Leander und Georgette Dee ihre Jünger. Im ›Vilanis‹ wiederum, einem Tagescafé, sitzt oft ein junger, fülliger Ungar am Fenster, der immer in ungarischen Geschichtsbüchern schmökert. Hinter dicken Brillengläsern klärt er jeden auf, der ihn danach fragt, daß er ein Fan Attilas sei und daß Ungarn durch Attila ganz besondere Ansprüche in Europa habe.

Ins ›Morizz‹, das sich wegen eines anderen Lokals nicht ›Max‹ nennen durfte, mag gehen, wer will. Schicke junge Karrieristen der Hochglanzjournalstik tummeln sich da, stellen fest, daß woanders in Deutschland die Arbeitslosigkeit grassiert und daß Cornelia Froboess, mit ihrer herrlichen Ofenrohrstimme, viel zu selten in den Kammerspielen zu sehen ist. »Sie ist so androgyn.« – »Das ist das Geschlecht der Zukunft.« Die thailändischen Suppen sind vorzüglich, und wer aus welchem Ort und welchem Gespräch was macht, hängt auch immer von ihm selbst ab. Attraktiv sind die Mädchen und die vielen Jungs dort im ›Morizz‹, anders attraktiv als die Boys and Men im ›Bau‹, wo sie in Jeanskluft, in Ledermontur, ganz in glänzendem Latex mit ihrem Löwenbräu an den Lokalwänden wachen … und sich im Anschauen üben. Überhaupt scheint es eine Krankheit zu sein, daß man sich fortwährend anschaut, sich bewundern läßt – mit einem Mal nicht mehr in Gesprächen geübt ist, kein nettes Wort findet – und, jeder für sich, mit über die Jahre länger werdenden Gesichtern allein nach Hause zieht. Wo sich viel Schönheit ballt – auch im ›NewYork‹, auch im ›Seitensprung‹ –, wandelt sich passive Erotik selten in aktiven Sex, als könnte dabei Flitter abblättern. Man kennt das vom sterilen Leben der Mannequins und Models. Ein frisches »Ich mag dich« hört man wohl hauptsächlich in Köln. In München gilt Annäherung vielfach als Beleidigung. Oder wollen Männer einfach im Sturm genommen werden, nach einem Pro-forma-Abwehrgebaren?

Trugen römische Legionäre Unterhosen?

Wie war es unter den Duschen der Olympiamannschaft 1936 (und bei den Staffelläuferinnen)?

Hygienische Ketten, Motorradstiefel fürs Schlafzimmer, ausrangierte US-Uniformen, Lederchaps wie für Cowboys im Sattel bei Glut und Hitze, Schwanzverstärkungsringe – die auch im heterosexuellen Haushalt ihren Dienst zu leisten beginnen –, Kondome mit Himbeergeschmack, Handschellen aus Edelmetall, Dildos für Lustgefühle der vielfach vernachlässigten Analregion, fein gearbeitete Ledergesichtsmasken bieten auf dem Rive Gauche von Isar-Athen die diversen Vorratshäuser an. Man weiß: Je vergeistigter, verantwortungsvoller das Leben eines Mannes ist, desto unbezähmbarer könnte sein Trieb werden, sich auch einmal zu einem maskierten, gefesselten, sensiblen Stück Fleisch vereinfacht zu sehen, auf das zart, aber entschieden die Peitsche des Freundes niedersaust, um die reinigenden Schmerzlustschreie hervorzulocken. Erniedrigung als Erlösung von der Zivilisation. Das hochkulturelle Geschäft der Domina. Aber auch geübt in der Komplizenschaft zweier Männer. Manche wollen nur lieben bei

Regen, in der Nacht, auf nasser Erde. Ist der Homo sapiens so dem Urknall der Schöpfung am nächsten?

Unter einem Deckenschmuck von herabhängenden Stiefeln trinken Männer aus Münchens Mitte ihr Weißbier im ›Ochsengarten‹. Keine Frau verläuft sich in dies Gehege mit gepiercten Brustwarzen, Schnauzern, wo geflippert, über Steuererklärungen debattiert wird, wo in der Menschenfülle und im matten Lichtschein ein Dirigent aus London seinen Knackarsch in Leder am Knackarsch in Leder eines Augsburger Juristen vorbeischiebt und wo man früher oft Francis Bacon, den Maler, gesehen hat. Duft von Lederfett von schweren Jacken, Knirschgeräusche unter Sohlen, coole Blicke – Tequila: »Prost!« Ein deutsches Traditionslokal für schwarze Herren, weltweit berühmt. Ralf König könnte hier zu seinen Comics inspiriert werden: »Ich träume von einem Kerl, der mich auf seiner *Honda* bis nach Ägypten mitnimmt. Weg aus dem ganzen Trott, mit einem geilen Kumpel. «

Die Gründerzeithäuser machen die Hans-Sachs-Straße zu einem der schönen Bummelpfade der Voralpenmetropole. Im ›Arena‹-Kino widmen sich Zuschauer auf knarrendem Gestühl irischer Filmkunst mit Untertiteln. Um in den Kellerraum des ›Modernen Theaters‹ zu gelangen, muß man sich durchs Gewühl des ›Café Zweistein‹ zwängen, wo ›Normalos‹, die heterosexuelle Bohème, auf ihre Berufung warten. Vor manchen Fassaden geht man besser einen Bogen. Ein paar üppige Begonientöpfe prangen auf allzu abschüssigen Fenstersimsen.

Weiß Gott nicht jeder Schwule liest Gottfried Wilhelm Leibniz' schöne Rechtfertigung, warum Gott das Üble auf der Welt zugelassen habe. Diese und jede übrige illustrierte oder unbebilderte Lektüre wäre aber, in dieser Ecke, im engagierten Buchhaus ›Max & Milian‹ zu haben: Prachtbände über Waden der Antike, der Geheimtip »Die Wunder von Glogau« im Christian Rohr Verlag, sinnvolle Kampfschriften der Individual-Emanzipation aus drei Jahrtausenden und sämtlicher Kulturen. Postkarten, aus dem Reservoir des modern-kleinen Geisteshauses, werden manchen Briefträger, beim Blick aufs Photo, sich schon haben fragen lassen: »Umarmen sich verrußte und behelmte amerikanische Feuerwehrmänner immer so fest nach dem Rettungseinsatz?«

Eine schwul dominierte Bar im Gärtnerplatz-Viertel ist der gewaltfreieste Ort, den man sich wünschen kann. Doch auch im ›Nil‹ wird keiner jünger. »Ich war fünfzig Jahre zu sehr auf Sex fixiert.« – »Du, es war das beste Mittel gegen Schlaflosigkeit, Rheuma, Depressionen, glaub mir.« – »Und die große Liebe?« – »Hauptsache, es bleiben zwei, drei gute Freunde!« Bistrotische, Theke aus hellem Holz, große Deckenventilatoren. Das ›Nil‹ in der Sachs-Straße ist ein Nachtfluß, in dem das Leben verschwimmt. Der Musikkritiker einer großen Zeitung starrt dem Pferdepfleger der Tierärztlichen Hochschule nach. Selten umgekehrt. Beim verhältnismäßig ungebundenen Lebensstil des homophilen Menschen werden Treueschwüre, Trennungen, unvermeidliche Selbstfindungen, Euphorien im Galopp durchlaufen: mitunter hat der 25jährige Heizungsmonteur mehr Tage in Schutt und Asche hinter sich als seine Großeltern. Man sieht traurige, doch selten verzweifelte Gesichter. Zur Formalität gehört es in dieser altehrwürdigen Männerwelt, ein Lächeln zu bewahren, Mund und Lippen nicht hinter der Hand zu verbergen, den Kopf mit einem kleinen Stöhnen plötzlich auf die Schulter eines unbekannten Bar-Nebenmanns sinken zu lassen: »Ah, la vie!« – »Oui, la vie.« Hier erblickte man die neuesten Modekreationen, bevor sie sich in die Welt ausbreiteten. Straff gegeltes Haar mit langen Koteletten, allmählich wieder langes Haar, Jeans, die in Fetzen hängen, Ohrringe, die nun jeder Lackierergeselle in Pullach trägt. Frauen halten sich gern hier auf. Sie befinden sich zwischen vollständig ausgestatteten Männern, ohne die Aggressionen und Machtansprüche von Männern fürchten zu müssen.

Weshalb der serbische, ganz und gar heterosexuelle Kellner Nacht für Nacht hier arbeitet, gilt als süddeutsches Rätsel. Der kräftige Südosteuropäer vom ›Nil‹ sammelt ausgelesene Zeitungen ein und wird es nicht müde, zwischen Lesbierinnen andere Frauen zu erkennen. Hinter der Bar ziehen sämtliche Gesprächsfetzen durch die Ohren von Andreas, dem Württemberger, von irgendeinem Gläserspüler, durch dessen Armbehaarung das Wasser perlt. »Noch einen Pinot?« – »Ja, warum nicht meinen Geburtstag vorfeiern.«

Im ›Nil‹ kann der Mensch, der längst geschiedene Mann stundenlang mit einer Schorle an die Säule gelehnt stehen bleiben und in sich nachforschen, wann plötzlich in einem Gruß seines Schwagers ein viel größeres Einverständnis gelegen hatte als beim Aufwachen neben der Ex-Ehefrau. Die Tamilen kommen aus der Regennacht mit ihren Rosensträußen ins Lokal und werden kaum eine von ihren Rosa centifolia für die nächtliche Begleitung los; noch später macht bisweilen der laut begrüßte Bäcker mit seinem Korb voll ofenfrischer Brezeln für zwei Mark einen guten Schnitt. Hier sitzen Singles, die idealen Steuerzahler für Kommune, Freistaat und Bund, und hier wird ohne jede Geburtenkontrolle der Bevölkerungsexplosion auf dem Globus entgegengewirkt. Ein wunderschöner junger Mann mit langem blonden Haar schläft lautlos schon seit ein Uhr gegen die Holzvertäfelung gestützt. Auf seinem Oberschenkel liegt ein aufgeschlagenes Lehrbuch der Mathematik. Um 3 Uhr entläßt das ›Nil‹ seine Gäste in die Nacht.

Dann ist das monumentalste Phallussymbol Bayerns schon seit Stunden nicht mehr angestrahlt, die Türme der Frauenkirche. Wenn er nachts seinen Mantelkragen zusammenzieht, denkt der Mann im Münchner Gärtnerviertel, wo die Straße mit dem Namen des berühmten Leo von Klenze den Platz seines Erzrivalen in der Baukunst, Friedrich von Gärtner, durchbohrt, manchmal über vieles nach: Sollte er einsam bleiben und asketisch werden? Sollte er sich zur festen Liebe und zur Treue bekehren? Arbeit oder Muße den Vorrang geben? Die Welt ist eine Hure – sollte er dabei mitmachen? Sollte er erst einmal schlafen gehen? Und bei einem Blick auf eine von fern entgegenkommende Gestalt aus dem Dunkel hebt er den Kopf und bejaht das Leben.

Herbert Rosendorfer
Grantige Selbstzüchtigungen

München, die Stadt München, die »Minkene Stadt«, München, das geleuchtet hat, gibt es nicht mehr. Nicht der Krieg hat München zerstört, sondern der Wiederaufbau. In einem jüngst erschienenen Buch, das unter den Fortschrittlern, die ja immer noch in der Mehrzahl sind, einen Aufschrei der Empörung hervorgerufen hat, ist nachgewiesen, daß mehr historische Bausubstanz, also wertvolle Architektur, *nach* dem Krieg den Planungen der entmenschten Städtebauer zum Opfer gefallen ist, als *während* des Krieges den Bomben. Jaulend haben Ministerpräsident und Bürgermeister bestritten. Es hat nichts geholfen: die Feststellungen in dem Buch stimmen. München, schlicht gesagt, gibt es nicht mehr.

Natürlich hat man die Theatinerkirche nicht abgerissen, auch nicht das Hofbräuhaus, aber man hat einen überflüssigen und noch dazu halbherzigen ›Altstadtring‹ gebaut, der eine der schönsten Straßen der Stadt, die Maximilianstraße, zerstörte; man hat das Roman-Mayr-Haus am Marienplatz durch ein künstlerisch völlig indiskutables Kaufhaus eines architektonischen Schreibtischtäters ersetzt und damit den Stadtkern entwertet. Man hat am Isarufer eine ganze Reihe feiner Gründerzeithäuser abgerissen, um mit dem ›Europäischen Patentamt‹ ein Zeugnis bereits überholter Modernität zu errichten. Die bauen, stellt man erstaunt fest, immer noch allen Ernstes in Glas und Beton, als gäbe es übermorgen noch etwas zu heizen. Aber das ist eine andere Frage. Man hat die Theatinerkirche nicht abgerissen. Man hat die Juwelen belassen, aber man hat sie ihrer Fassung beraubt. Ein urbanes Bauwerk ohne die architektonischen Bezüge – die oft nur zufällig entstanden, aber eben gewachsen sind – ist isoliert, nur noch ein Museumsgegenstand, ›geht nicht mehr‹ wie eine kaputte Uhr. Das Ensemble als schutzwürdiges Objekt wurde erst in den letzten Jahren entdeckt zu spät. Zu spät zum Beispiel für das ›Rochusbergerl‹ hinterm Maximiliansplatz, wo das Erzbischöfliche Ordinariat eine Art Westwall hinbaut. Genauso schlimm aber sind die Baumeister-Untaten, die man nicht mehr wahrnimmt, weil sie schon länger stehen, die öden Betongeschwüre aus den fünfziger Jahren, wo man noch dem Aberglauben der Funktionaliät nachjagte: die trostlose Maxburg, der Kaufhof, der Hauptbahnhof mit seiner lächerlich asymmetrischen Kunstgewerbefassade. Das Ensemble als schutzwürdiges Objekt wurde zu spät entdeckt, wird erst heute diskutiert – nicht geschützt. Wenn es auf Spitz und Knopf kommt, hat noch immer der Beton gesiegt. Erst voriges Jahr, beim ›Zacherlgarten‹ am Sendlinger-Tor-Platz war es so. So sind die feinen, unwägbaren Fäden, die das Bild Münchens zusammengehalten haben, der Münchner Stadt, die einmal geleuchtet hat, zerschnitten. Die urbanen Zusammenhänge sind zerfallen. Es gibt noch einzelne museale Bauwerke, die einmal in München gestanden haben. Sie sind umgeben von Allerweltsarchitektur. München gibt es nicht mehr. […]

Daß sich München vor einigen Jahren die schmückende Bezeichnung ›Weltstadt mit Herz‹ beigelegt hat, kann außer Betracht bleiben, da es sich um eine sinnleere, alberne Formel handelt, die einer auch nur annäherungsweisen Nachprüfung nicht standhält und außerdem nur dann herangezogen wird, wenn die Dackelbesitzer wieder einmal dagegen protestieren, daß sie den Dreck ihrer Tiere selber beseitigen sollen. Zu denken geben muß dagegen aber das Gerücht von München als der ›heimlichen Hauptstadt‹ der Bundesrepublik. Nicht, daß das Gerücht stimmte, nur: wie kam es dazu, und warum hält es sich so hartnäckig? Wahrscheinlich ist das Gerücht – wenn der Slogan ›heimliche Hauptstadt‹ nicht ursprünglich ironisch gemeint war – eine Ausgeburt des Neides. Nicht die, natürlich, haben das Gerücht aufgebracht, die gern in München wohnen würden, sondern diejenigen, die solche Leute ärgern wollen. Eine Hauptstadt ist München nicht – ja, schon: die Hauptstadt eines Bundeslandes, aber das ist Hannover auch, sogar Saarbrücken. Eine Hauptstadt, eine Metropole, eine Weltstadt ist München nicht, war es nie. Dazu ist fast alles, was es hier gibt, eine Spur zu provinziell, mit

Ausnahme vielleicht der – spärlichen – Zeugnisse aus der kurfürstlichen Zeit, der eigentlichen, einzigen großen Zeit Münchens, der Zeit, in der München, wenn auch nur drei Jahre lang, Kaiserstadt war. [...] Die Bezeichnung ›Millionendorf‹ für die Stadt ist zutreffender als das Gerücht von der heimlichen Hauptstadt.

Selbstzüchtigung, gegen sich selbst gerichtete Seelenstacheln, Grant. Nicht der aufbauende Friedensfürst Ferdinand Maria lebt im Andenken des Volkes fort, sondern sein abenteuernder, verschwenderischer, ja gewissenloser Sohn Max Emanuel; nicht der noble und gebildete König Ludwig I. ist der bayrische Märchenkönig, sondern sein Enkel Ludwig II., der nicht nur vom Feind Bismarck Geld genommen, der sogar Pläne gemacht hat, sein Königreich gegen ein Fürstentum in Indien zu vertauschen, weil er die Gesichter seiner Untertanen nicht mehr vertragen hat. Kasteiung durch Erinnerungen. So wird auch Hans Jochen Vogel als Märchenbürgermeister in das Gedächtnis des Volkes eingehen. Bei seinem Amtsantritt 1960 hat er – man glaubt heute gar nicht mehr, daß ein auch nur leise vernunftbegabtes Wesen Derartiges ernsthaft zu äußern gewagt hat – verkündet, daß das Ziel der Stadtplanung die autogerechte Stadt sein müsse. Die Pläne waren dementsprechend. Sie waren umwälzend, vor allem erdumwälzend. Manche Erdhaufen stehen heute noch. Das ist aber auch wieder ein anderes Kapitel. Worauf ich hier hinauswill, ist ein Plan, der damals – wenn auch spaßhaft – vorgeschlagen wurde: nicht in der Stadt eine U- und S-Bahn und einen Altstadt- und einen Mittleren und Äußeren Ring und eine Isartangente und das alles zu bauen, sondern weit draußen im Dachauer Moos, da wäre es viel billiger, und dann die Stadt dorthin zu verlegen.

Es gibt Winkel in München, die so aussehen, als wäre alles Autogerechte tatsächlich hinaus ins Dachauer Moos verlegt worden. Es gibt noch solche Winkel. Der Freitagnachmittag, dieser kleine Herbst der Woche, ist am besten geeignet, solche Winkel zu entdecken: der alte Botanische Garten, wenn dort im Café der müde Kellner die Stühle schon auf den Tisch gestellt hat und nur ein einziger Gast unter den leuchtenden Kastanien vor seinem Bier sitzt; der Innenhof des palastähnlichen Hauses an der Ecke Brienner Straße/Odeonsplatz, wenn es so leise geworden ist, daß man den Brunnen hört, und die gold-gelbe Theatinerkirche überragt; das Idyll fast wie in einer römischen Vedute; der Brunnenhof der Residenz, wenn nicht gerade der ›Feinkostkäfer‹ mit Lastwagen das Buffet für einen Staatsempfang anfährt; ein paar enge Gassen in Obergiesing, wo noch eine Gastwirtschaft ihren Vorgarten mit leeren Bierfässern gegen die Fahrbahn abgrenzt; die Mondstraße, wo noch der Auer Mühlbach fließt, sofern nicht gerade ein Fernsehteam hier einen Film über das alte München dreht. An manchen Tagen, oft nur für einige Augenblicke, fällt hier die Zeit von den Fassaden, tritt die Unruhe zurück von den Plätzen und Bäumen, öffnet sich eine gewisse Lautlosigkeit, die für einen Moment über der Straße schwebt wie der lichte Föhnhimmel. Die Momente werden zusehends seltener, aber noch gibt es sie. Sie lohnen es einem, daß man in München lebt. Manchmal sind sie so herzergreifend, daß man meint: trotz allem kann man nur hier leben.

7

Menschen und Mächte

Oskar Maria Graf

Ein ungelöstes Rätsel

(Romanausschnitt)

In Berg war es schon eine ganze Woche lang sonderbar rege zugegangen. Viel zahlreicher als bisher, bei Tag und bei Nacht, sprengten berittene königliche Kuriere dorfein- und dorfauswärts. Sie grüßten kaum noch und hatten, soweit sich das in der Geschwindigkeit erkennen ließ, ernste, verwichtigte Mienen. Mit verhängten Zügeln, in wildem Galopp jagten sie dahin, daß die Leute erschrocken auswichen. Ihre Pferde schäumten und dampften, und wenn die klappernden, eisenbeschlagenen Hufe auf einen Stein schlugen, blitzten winzige Funken auf. Sie hatten Befehl, den jungen König zu suchen, der sich wie so oft in einer seiner vielen phantastisch ausgeschmückten, durchaus nicht für diesen Zweck bestimmten Jagdhütten im Gebirge aufhalten mußte. Unverrichteter Dinge kehrten sie ins Berger Schloß zurück. Dort waren während des Tages die Minister, die hohen Militärs und auch Bismarcks preußischer Gesandter eingetroffen. Ihre eleganten, geschlossenen Kutschen, die – von Starnberg herkommend – fast stündlich in den Schloßhof rollten, sausten an den staunenden Bergern vorüber und hinterließen dichtwirbelnde Staubwolken. Die vornehmen, ordengeschmückten Herren blieben im Schloß und warteten mit banger Ungeduld. Einigen von ihnen konnte man es vom Gesicht ablesen, daß sie nicht wenig aufgebracht waren über den erstaunlich sorglosen Monarchen, der in dieser kritischen Zeit nicht im geringsten an seine Pflichten dachte und in der Gebirgseinsamkeit seinen sattsam bekannten verstiegenen Träumen nachhing. Bei den Landleuten, denen ihre jeweiligen Herrscher bis jetzt fremd und gleichgültig geblieben waren, erfreute sich der kaum fünfundzwanzigjährige König einer ungemeinen Beliebtheit. Er war der erste Wittelsbacher, der sein Leben fast ausschließlich in ihren Gauen verbrachte und den Bauern viel von seiner Pracht und Größe sinnfällig zeigte. Sie hörten wohl hin und wieder allerhand dunkle Geschichten über ihn und redeten auch darüber, aber sie glaubten doch an nichts Abträgliches. Sie zweifelten schon deshalb daran, weil der sonst so leutscheue König sich offenbar zu ihnen hingezogen fühlte und oft wider alles Erwarten in einer jähen Anwandlung von spielerischer Volkstümlichkeit einen Bauern besuchte oder mit Holzknechten im Gebirge beisammen saß, sich freundlich mit ihnen unterhielt und dem einen oder anderen irgendein Geschenk machte.

Ganz anders dachte über den König seine nächste Umgebung, denn was hatte dieser schwer lenkbare Herrscher im Lauf seiner kurzen Regierungszeit all den würdigen Männern nicht schon für schwierige Rätsel aufgegeben.

Er war ein maßloser Phantast und ein störrisches Kind zugleich. Das meiste, was seine Vorfahren ausgezeichnet hatte, verabscheute er. Er mochte militärisches Gepränge und Uniformen nicht, trug fast immer Zivilkleider und liebte dennoch zuweilen pompöse, von Gold, Silber und Hermelin strotzende Krongewänder und Mäntel, ja, er legte nicht selten eigens angefertigte, prunkende Ritterrüstungen an, wenn er einsam träumte. Dabei haßte er alles Blutvergießen und Kriegerische. Nirgends in seinen Gemächern oder Jagdhütten fand sich eine moderne Schießwaffe, dagegen blinkende Brustwehren, Helme und altertümliche Schwerter. Jagd, Manöver, Kanonendonner und Krieg waren ihm ein Greuel. Wiewohl er über Riesenkräfte verfügte, hielten ihn viele für feig. Im Krieg von 1866 war er nie an der Front gewesen und hatte auch niemals ein Verwundeten-Lazarett besucht. Er litt nicht etwa am krassen Elend des Krieges, er schob alle diese Dinge nur weit weg. Er wollte nichts von ihnen hören und sehen. Er war weibisch und eitel wie keiner seines tausendjährigen Geschlechtes. Jeden Tag machte er stundenlang Toilette, ließ sich seine fast bläulich schimmernden, dichten schwarzen Haare täglich sorgfältig brennen und locken, benützte Salben und Pasten und die teuersten Parfüms.

Als er nach einer strengen, engen und einsichtslosen Erziehung vor knapp sechs Jahren seinem jäh verstorbenen Vater auf den

Thron gefolgt war, berückte er alle durch seine wahrhaft strahlende Jünglingsschönheit. Gebieterisch groß und gertenschlank, um die hohe Stirn das Lockenhaar, mit von dichten Brauen beschatteten tiefblauen Augen, ein gleichsam gemeißeltes, bartloses, bleiches, frauenhaftes Gesicht voll starker Anmaßung und doch wieder irgendwie entwaffnend – so sah ihn das jubelnde Volk der Hauptstadt, in hingerissener Erstaunung und huldigte ihm wie noch keinem Wittelsbacher, obgleich er es tief mißachtete und jede billige Leutseligkeit haßte. Sehr bald mußten alle, die mit ihm zu tun hatten, erkennen, wie schwierig der Umgang war, wie unberechenbar die Launen des höchsten Herrn waren. Der unvorbereitete, neunzehnjährige König schien sich für alle erlittene Unbill seiner Jugendzeit an den Menschen rächen zu wollen. Er herrschte, und alle hatten widerspruchslos zu folgen. Er ließ nichts gelten als seine eigene Meinung und verbat sich jeden wohlmeinenden Rat. Zudem verfuhr er völlig wahllos mit seiner Umgebung. Den Ministern und Kabinettssekretären trat er meist mißgelaunt und gereizt entgegen und forderte oft Unmögliches von ihnen. Dann wieder lieh er sein Ohr bereitwillig einem Stallmeister oder unterwürfigen Lakai. Außer seinem häßlichen, eisgrauen, genialischen Großvater, dem ersten Ludwig, welcher im wilden Jahr 48 wegen seiner Liebschaft mit der spanischen Tänzerin Lola Montez dem Thron hatte entsagen müssen, konnte der junge König keinen Verwandten leiden. Er mied sie alle. Jener alte Ludwig ging noch einige Jahre als unauffälliger, schäbig gekleideter Privatmann in München herum und war auch hin und wieder in Berg zu sehen. Die Überlieferung will wissen, daß er den jüngeren bewunderte, aber mehr noch um ihn bangte; denn alles, was sein Enkel tat, war von einer fremdartigen, schaurigen Großartigkeit, die eher an einen asiatischen Sultan denn an einen europäischen Landesherrn gemahnte. Er hatte einen wildwuchernden Geschmack für starre, leere, majestätische Pracht. Blau und Silber in jeder Verarbeitung bevorzugte er, und in wirren, prallen Ornamenten, in welchen stets Schwäne oder Pfauen die tragende Rolle spielten, konnte er sich nicht genug tun. Im ersten Stockwerk der altehrwürdigen Münchner Residenz hatte er, trotz allen Abratens der Fachleute, die eine Einsturzgefahr befürchteten, ein riesiges Schwimmbassin errichten lassen, umgeben von dichten exotischen Pflanzen. Der Plafond darüber war tiefblau, und silberne Sterne prangten darin. Ein schwanenförmiges Boot schwamm auf der künstlich erleuchteten Wasserfläche. Der König saß darin, angetan mit einer Ritterrüstung, und er lauschte einem unsichtbaren Orchester. Im Berger Schloß waren fast alle Räume in Blau gehalten, und blau ausgestrichen war auch das weite, hohe Bad mit einer Decke, die einen überlebensgroßen Schwan mit ausgebreiteten Flügeln zeigte. Alle königlichen Kutschen waren mit blauem Samt gepolstert, dazwischen viel aufdringliches Silber.

[…]

Und jetzt stand der Krieg vor der Tür. Der Krieg mit Frankreich, das Ludwig liebte und verehrte, dessen Königen er nachzustreben versuchte.

Kein Wunder also, daß die im Berger Schloß versammelten Minister und Militärs unruhig waren. Kein Wunder erst recht, daß der preußische Gesandte sehr nervös im weiten Park hin und her ging. Gewiß, kurz nach dem Friedensschluß von 66 hatte es Bismarck fertiggebracht, mit Bayern ein Militärbündnis abzuschließen. Es war ihm auch nur deshalb gelungen, weil er dem König die vertrauliche Mitteilung gemacht hatte, daß Napoleon seinerzeit, bei Ausbruch dieses unseligen deutschen Bruderkrieges, für seine Neutralität von Preußen einen Streifen bayerischen Landes verlangt habe. Das bewog den im ersten Augenblick bitter empörten Ludwig, den antifranzösischen Vertrag zu unterzeichnen. Nun waren aber Jahre darüber vergangen und der Groll des Königs längst vergessen, im Gegenteil, seit er Napoleon persönlich kennengelernt und Frankreich gesehen hatte, schwärmte er dafür.

Man geht nicht fehl, wenn man annimmt, daß die Herren im Schloß – ungewiß, wie der unberechenbare Monarch sich entschließen würde – all diese Dinge durchsprachen und alle Möglichkeiten erwogen. Es läßt sich auch denken, daß es Bismarck während jener ungewissen Tage nicht allzu wohl in seiner Haut war.

Der König wurde endlich in einer Jagdhütte in der Nähe von

Hohenschwangau gefunden und verständigt. Nur widerwillig kehrte er nach Berg zurück und blieb anfangs völlig unzugänglich. Seinen Minister Holnstein und den preußischen Gesandten wies der fürs erste barsch ab. Die Herren waren in heller Verzweiflung. Der König sperrte sich in sein blaues Zimmer auf der Seeseite, ging grübelnd hin und her und trat manchmal auf den offenen Balkon. Er sah auf das still daliegende Wasser, schaute hinüber nach Possenhofen, knirschte und ballte die Fäuste.

Aber von all dem wußten die Landleute nichts. Sie hatten nur die dahinsausende Karosse des Königs gesehen. Einige Reiter folgten ihr weiter.

Zufällig, in einer Frühe, als der Maxl vor das Haus trat, sah ihn der Kernaller und rief, abgehackt und herausgestoßen, wie es seine Gewohnheit war, grinsend über den Gartenzaun: »Haha, Bäcker-Maxl, ha!... Jetzt geht's der Monarchie an den Kragen. Haha! Nur zu wünschen! Nur zu wünschen! Euern Ludwig, euern Firlefanz, haha! Dem machen die eigenen Herrschaften den Garaus, haha! Nur zu wünschen, nur zu wünschen! Denk an den alten Kernaller, wenn es passiert ist, haha!« Noch ehe aber der Maxl etwas fragen konnte, war der alte Mann hinter der Haustüre verschwunden.

»Hm, jetzt so was, hm«, brummte der Maxl leicht überrascht und tappte ebenfalls nachdenklich in den Hausgang zurück. Der Kernaller hatte damals, anno 75, als alle glaubten, es komme jeden Tag Krieg, prophezeit, daß er nicht komme, daß dieser ›windige Preußenschädel Bismarck auf die Finger geklopft bekommen habe‹ – und richtig, es war nichts mit einem Krieg gegen die Franzosen geworden. Jetzt machte er wieder so seltsame Andeutungen über den König. Sonderbar!

Im Dorf wurde getuschelt, daß im Schloß drunten Gitter vor den Fenstern der königlichen Gemächer angeschraubt worden wären. Der Schmied Leibfinger war eines Tages von einem Herrn geholt worden und hatte verschiedene Türklinken abmachen müssen. »Und in die schönen, weißlackierten Türen haben sie Löcher gebohrt«, erzählte der Schmied kopfschüttelnd und dämpfte seine Stimme, »aber um Gottes willen, Maxl, verrat mich nicht! Es ist mir auf'bunden worden, daß ich kein Sterbenswort sag' ... «

Der Irlinger, der am Anfang der Pfingstwoche den Maxl besuchte, redete allen Ernstes von einer bevorstehenden ›Revolution‹ und berichtete, daß eine königliche Kommission, die aber gar nicht vom König, sondern von den Ministern und Prinzen ernannt worden sei, in Neuschwanstein gewesen und dort von den Bauern der Umgegend totgeschlagen worden sei.

»Sie wollen ihn einfach absetzen, unseren Ludwig! Eine Schand'! Aber da, glaub' ich, verrechnen sich die Herren, da geht das ganze Bayernvolk los«, schimpfte der Mehlreisende, aber, meinte er des weiteren, es sei schon wieder eine Kommission nach Neuschwanstein gereist, und was jetzt mit dem armen König passiert, das wisse kein ehrlicher Mensch.

»Absetzen?! Absetzen – den König?!« rief der Maxl bestürzt. Der Gedanke war unfaßlich. Einen König absetzen, das war doch einfach unmöglich, das hatte es doch noch nie gegeben! Das stand höchstens in den Geschichtsbüchern aus früheren, halb barbarischen Zeiten! Aber heute? Jetzt? Im eigenen Land?

»Ah! Was du schon für Räubergeschichten dahererzählst!« meinte der Maxl wiederum und musterte den Irlinger ungläubig. Der aber blieb ganz ernsthaft. Das vielleicht beim König manches recht sonderbar sei, gab er zu, das sei doch nicht zu bezweifeln. Und er verwies auf dessen unglücklichen Bruder Otto. Der war doch auch vor etlichen vier Jahren auf einmal, inmitten einer kirchlichen Feier, wahnsinnig geworden. Jeder Mensch wisse, daß man den kranken Prinzen im Schloß Nymphenburg unter strengster Bewachung interniert halte.

Ja, davon hatte der Maxl auch schon gehört. Er wurde nachdenklich. Eine Weile schwieg er.

»Hm, und was passiert denn nachher? Haben sie denn schon einen neuen König?« fragte er schließlich geradewegs.

»Das weiß kein Mensch«, erwiderte der Irlinger und fuhr fort: »Der kleine Mann hat doch noch nie was erfahren, was die da droben bei Hof im Sinn haben. Aber ich sag' dir eins, Maxl, ich fürcht', das wird nicht gut abgehen. Unsern König...« Er kam nicht weiter. Draußen vor den Fenstern, von der Dorfstraße her, wurde ein vielfaches, flinkes Klappern vernehmbar. Maxl und Irlinger hoben den Kopf und schauten durch die angelaufenen. Scheiben. Eine Abteilung Chevaulegers ritt vorüber. Die Pferde griffen weit aus, der Dreck spritzte, die Reiter troffen vor Nässe. Schnell verschwanden sie, als sie den abfallenden Berg erreicht hatten, über welchen die Dorfstraße zum See-Ufer hinablief. Einige Berger standen staunend vor der Haustüre.

»Hm, was ist denn das? Was soll denn das bedeuten?« fragte der Maxl endlich, und der Irlinger sagte: »Weiß, der Teufel! Jetzt aber glaubst du, daß ich nicht geflunkert hab'!«

»Ich kann und kann's nicht verstehen!« schloß der Maxl und schaute ins Leere. Bald darauf ging der Irlinger.

Drunten im Schloßhof, dessen Tor rasch zugezogen wurde, hatten sich die eben angekommene Reiterei und verstärkte Gendarmerieabteilungen eingefunden. Fremde Wachen marschierten vor der Schloßmauer auf und ab, mit verschlossenen Mienen. Barsch trieben sie jeden stehenbleibenden Neugierigen weiter. Zum Müller, vor dessen Tür die ganze Familie stand, schrie einer hinüber: »Ins Haus mit euch! Was gibt's da zu gaffen!« Erschrocken verschwanden die Angerufenen, aber sie lugten insgeheim fortwährend durch die trüben Fenster. Zwei- oder dreimal sausten dunkle Kutschen vorüber und rollten in den Schloßhof. Gegen Abend kam in jedes Berger Haus ein höherer Polizeibeamter mit zwei Gendarmen. Sie verlangten nach dem Familien-Oberhaupt, und der hohe Herr sagte befehlsmäßig. »Ab heute ist es verboten, nach Einbruch der Dunkelheit die Straße zu betreten, Besuche zu machen oder sich in Wirtshäusern aufzuhalten! Bei Tag darf niemand sich in der Nähe der Schloßmauern oder oben am Parkzaun sehen lassen. Das ist streng untersagt, verstehen Sie?!«

Wortlos, staunend und betreten hörten es sich die Berger an. In jeder Stube, ja sogar in den Schlafkammern wurde noch lange raunend gesprochen und gerätselt, was denn das alles zu bedeuten habe. Plötzlich – es war in der dunkel verregneten Freitagnacht vor Pfingsten – vernahmen die Dörfler ein dumpfes, jagendes Wagenrollen und Pferdegetrappel, und einige, die aus dem Bett sprangen und zum Fenster hinausspähten, konnten undeutlich die königliche und noch eine Kutsche erkennen, begleitet von Reitern. Am andern Tag dachte niemand mehr an regelrechte Arbeit. Die Nachbarn sahen einander fragend und bang in die Augen und flüsterten sich zu: Der König sei wieder im Schloß – aber als Gefangener! Der Schmalzer-Hans kam zum Maxl und berichtete vorsichtig: »Schauderhaft! Schauderhaft! Sagen tut man, der König ist narret! … Von der Stadt sind Doktoren da! Die Majestät ist eingesperrt wie ein gefangener Voge! Ja, hm, kann's denn so was geben? So was! Unser armer, guter Ludwig!«

Im Dorf tauchten überall Gendarmerie-Patrouillen auf. Feindselig und drohend sahen sie aus mit ihren umgehängten Karabinern. Mit bösen Blicken verfolgten sie die Leute. Die Kinder liefen erschreckt vor ihnen davon. Eine seltsame Lautlosigkeit, ein stummer Druck durchzog Berg. Jeder Mensch war eingeschüchtert und empört, und in mancher Stube schimpfte einer: »Ja, Herrgott, muß man sich das gefallen lassen? Das Maul soll jeder halten, und unsern König wollen sie wegräumen?! Ganz insgeheim wollen sie ihn umbringen wie einen Lumpen! Diese Sippschaft! Gift wollen sie ihm einfach geben, die Lumpen, die windigen!« Viele Gerüchte kamen auf und machten die Runde. Zum Rosenkranzbeten kamen am Samstag fast alle Leute der Pfarrei. Zwar leierten sie die üblichen Gebete und Litaneien nicht anders als sonst herunter, aber kein Mensch hatte die rechte Andacht. Später, vor der Kirche und beim Klostermaier in der Wirtsstube, wurde erzählt, daß die Gebirgler aus dem Schwangau rebelliert hätten, dabei habe es verschiedene Tote gegeben, und jetzt, hieß es, würden die Gebirgsbauern scharenweise gen Berg ziehen, um für den guten König einzustehn.

Der Jani-Hans fehlte jetzt. Ihn deckte schon seit etlichen Jahren die Erde. Er hätte wohl auch diesmal das richtige, anspornende Wort gefunden. Ein verhaltener Kampfgeist brodelte in den Leuten. Kühn und laut plärrte der Daiser-Hans, der diesmal nicht im mindesten zum Spaßmachen aufgelegt war: »Herrgott, Männer! Wir haben siebenzig und einundsiebzig mitgemacht und keine Kugel geforchten, und jetzt, wo's gegen unsern König geht … «

»Psst! Pscht! Gendarmen kommen! Psst, um Gottes willen!«

rief der Klostermaier, und jäh schwiegen alle. Die Türe der verrauchten Stube ging auf.

»Auseinander gehen! Gehts heim! Schluß machen!« rief ein fremder Oberwachtmeister, und die Helme hinter ihm blitzten im trüben Schein des Petroleumlichts. Aller Augen hefteten sich auf die Uniformierten.

»Herr Klostermaier, lassen Sie zahlen! Höchster Befehl!« wieder holte der Oberwachtmeister trocken, und in hastiger Unruhe kam der Wirt dem nach. Brummend und zähneknirschend gingen die Leute an den wartenden Gendarmen vorüber und stapften in den dunklen Regen hinein.

Der Pfingstsonntag brach an. Vollzählig wie nie wanderten die Männer, Weiber und Kinder dem Pfarrdorf zu. In Berg sollte – so sprach sich herum – eine Messe in der kleinen Kirche stattgefunden haben. Sie war aber noch gestern abend abgesagt worden. Einige wollten wissen, daß der König den Wunsch geäußert habe, dieser Stillen Messe beizuwohnen. Man habe es ihm aber versagt.

Jeder Mensch war voll Grimm. Alle warteten gespannt, ob denn der sonst so offenherzige, derbe Pfarrer Klostermaier nicht irgendeine Bemerkung über die schändlichen Ereignisse im Berger Schloß während seiner Predigt fallenlasse, doch der Geistliche schien diesmal eigentümlich gehemmt zu sprechen. Auffällig war nur, daß er am Schluß dieser Predigt wie üblich die Hände faltete, aber nicht mehr sagte: »Lasset uns beten für unseren allergnädigsten, erlauchten Landesvater, Seine Majestät, unseren vielgeliebten König Ludwig«, sondern einfach anhub: »Und lasset uns beten für unser gnädiges, erlauchtes Königshaus.« Der Pfarrer war kein Politiker. Die Kirche ging mit der Macht. Viele in den Betstühlen wurden finster und beteten nicht mit.

Beim Wirt Klostermaier saßen diesmal bereits sechs Gendarmen, als warteten sie. Die Bauern schauten sie haßtief an und machten kehrt. Auch beim Wiesmaier, in Leoni, ja sogar in der entfernten Rottmannshöhe – so wurde später bekannt – befänden sich solche Polizeitruppen. Die Erbitterung in der ganzen Pfarrei stieg von Stunde zu Stunde. Untätig hockten die Dörfler in ihren Stuben und spähten durch die Fenster. Manchmal hielten sie den

Atem an und lauschten gespannt, als wollten sie feststellen, ob denn die Haufen der Gebirgler schon anmarschiert kämen. So verrann dieser düstere, verregnete Pfingsttag, und erst gegen Abend schien das regelmäßige Tropfen dünner und karger zu werden. Bald nach dem Gebetläuten wurde es dunkel. Mürrisch ging man zu Bett, doch niemand fand einen Schlaf. Der Maxl half diesmal sogar, wenn's auch nicht nötig war, dem Gesellen in der Backstube.

Nach neun Uhr – auf einmal, ganz schwer, bang und fast flehend – fingen die Berger Zinnglocken zu läuten an, und alle schreckten auf. Ungeachtet aller behördlichen Verbote rannten die Leute auf die stockdunkle Straße und fingen laut und erregt zu fragen an. Da rief der Kommandant einer Gendarmerie-Abteilung frostig in die schwarze, triefende Nacht: »Seine Majestät, unser allergnädigster Herr und König, ist verschieden!« Eine stokkende Sekunde lang blieb es totenstill. Es schien ungewiß, was sich ereignen würde. Da brachen etliche Weiber ins Knie und fingen tonlos zu beten an: »Der Herr gebe ihm die ewige Ruhe!« Und alle knieten zuletzt und beteten schaurig weiter: »Und das ewige Licht leuchte ihm!« Starr blieben die Gendarmen stehen und nahmen ihre Helme ab. Ihre Köpfe senkten sich. Man hörte leises Schluchzen und lautes Weinen. Jeder Berger vergoß Tränen. Es war ein zerstoßenes, erschüttertes Flehen. Sogar der Maxl und der Bäckergeselle liefen von der Arbeit weg. Es war nur gut, daß sie erst mit dem Teigkneten fertig geworden waren. Als die Betenden nach dem ersten Vaterunser wie auf ein stummes Zeichen aufgestanden und hinüber in die schnell erleuchtete, leere Kirche gegangen waren, kamen die beiden in die dämpfige Backstube zurück, blaß und mitgenommen.

»Ich wett', sie haben ihn umgebracht!« sagte der Maxl kopfschüttelnd, »hm, auf einmal soll er so schwer krank gewesen sein? Das macht mir keiner vor! Weggeräumt haben sie ihn einfach! So eine Verbrecherbande! Solche Gauner! Und da soll sich das Volk nicht rühren, hmhm!« Sinnend starrte er vor sich in. Vielleicht fiel ihm der Kernaller ein. Er hatte also wieder recht gehabt. Das war fast erschreckend.

»Das Volk, Herr Bäck'meister, wenn ich was sagen möcht' – das Volk ist noch nie gefragt worden. Das hat bloß die Steuern zu zahlen!« näselte der Bäckergeselle Schießl aus sich heraus, und überrascht schaute ihn der Maxl an. Es stimmte – ja, das stimmte. »Morgen werden wir ja mehr wissen«, sagte er nur noch.

Ja, am andern Tag erfuhr man allerhand: gegen fünf oder sechs Uhr war der König mit dem ihm zugeteilten Leib-Irrenarzt von Gudden zu einem Spaziergang im Park aufgebrochen. Wachen waren nicht gefolgt, weil der Kranke zu irgendwelchen Besorgnissen keinen Anlaß gegeben hatte. In einem unerwarteten Augenblick aber war der riesenhafte König, nachdem er rasch Mantel und Jacke abgerissen hatte, auf den See zugeeilt, um – wie man später herausfinden wollte – schwimmend das andere Ufer zu erreichen und zu entfliehen. Der Irrenarzt war ihm gefolgt und hatte sich im Wasser an ihn geklammert. Der König hatte sich zu erwehren versucht und den Mann aller Wahrscheinlichkeit dabei niedergeschlagen, gewürgt und ertränkt. Jedenfalls zeigten sich an dem leblosen Arzt Spuren eines solchen Kampfes. Der König selber war aber sonderbarerweise zusammengekauert als Leiche in der Nähe aus dem Wasser gezogen worden. Ob ihn ein Herzschlag getroffen oder ob er aus Überdruß auf die Weise, daß er sich einfach nicht mehr aus der Tiefe erhob, seinem Leben ein Ende gemacht hatte, konnte nie aufgeklärt werden. Viele Jahre später erst taten die zwei Berger Fischer, der Lidl und der Kramer-Jakl, welche die königliche Leiche entdeckt und geborgen hatten, den Mund auf und sagten: »Sie ist vollgepumpt und aufgebläht gewesen wie ein Luftballon. Am Ufer, wie die Doktoren und Sanitäter Wiederbelebungsversuche gemacht haben, ist dem Toten nichts wie Seewasser wie ein Springbrunnen aus dem Maul gelaufen, fort und fort. Aber zum Leben ist unser Ludwig nicht mehr gekommen. Aus war's für ewig mit ihm.«

Die Bauernleute aus der ganzen weiten Pfarrei strömten zusammen und wallten in dichten Scharen zum Schloß hinunter. Drängend begehrten sie Einlaß, aber sie wurden heimgeschickt. Obgleich sie alle von einer ohnmächtigen Trauer niedergehalten waren, wurden sie schließlich doch rebellisch und stießen wüste

Verwünschungen aus. Sie wichen erst, als das Tor aufging und eine berittene Abteilung ausgeschwärmt gegen sie heranrückte. Als der erregte Haufen sich bergan wälzte, fuhr – die Letzten sahen es noch – die geschlossene Kutsche der Kaiserin Elisabeth, die zu jener Zeit in Possenhofen weilte, in den Schloßhof. Sie, die einzige Freundin Ludwigs, machte den ersten Totenbesuch und blieb über eine Stunde im Gemach, in welchem man die Leiche notdürftig aufgebahrt hatte. Sie soll mit dem Toten wie mit einem Lebenden geredet, soll schließlich getobt und geweint und zerknirscht gebetet haben, und sie mied seit diesem Tage Bayern. Es kamen später noch einige Kutschen, unter anderen erschien aus Starnberg der preußische Gesandte von und zu Eulenburg. Erst am übernächsten Tage wurden die Landleute ins Schloß gelassen. In der hohen Vorhalle, die überreich mit Palmen, Blumen und Kränzen geziert war, auf einem Podest, der weit über mannshoch war, stand die Bahre des toten Königs. Einige Besucher, die die Treppen emporsteigen wollten, wurden zurückgewiesen. Niemand sah also die Leiche von Angesicht zu Angesicht, niemand aber beachtete auch nur einen Augenblick die in der Nähe aufgebahrte Leiche des Doktors von Gudden. Und weil dies so war, darum sagten die Berger noch Jahrzehnte lang, daß im königlichen Sarg Ludwig gar nicht gelegen habe, er sei vielmehr schwimmend über den See gekommen und entflohen, er lebe immer noch und werde eines Tages aus der freiwilligen Verschollenheit auftauchen, um ein verdientes, zerschmetterndes Strafgericht gegen seine hinterlistigen Widersacher abzuhalten. Das glaubten nach und nach alle treu anhänglichen Bayern. Sie warteten vergeblich.

Am dritten Tag nach Pfingsten ging das Schloßtor weit auf. Reiter mit Trauerfloren auf den verhüllten Helmen trabten voran, dann kamen zwei prunkvolle Totenkutschen, in der prächtigeren lag der König, in der anderen von Gudden, eine kleine Schar hoher Würdenträger, fremde Geistliche folgten gesenkten Hauptes, den Beschluß bildete wieder eine düstere Abteilung von Reitern. Der stumme Zug nahm langsam die Richtung nach Oberberg zu. Rechts und links von der Dorfstraße knieten die Leute mit entblößten Köpfen und gefalteten Händen. Sie erhoben sich, nachdem

Reiter und Wagen vorüber waren, und folgten laut betend. Niemand verwehrte es ihnen. Bis zum Anfang des Waldes außerhalb der Berger Feldgemarken gaben sie dem Toten das Geleit. Seltsam aber, trotz alledem konnte sich keiner von ihnen des bedrückenden Eindrucks erwehren, als hätten sie dem düsteren Zug eines Hingerichteten das Geleit gegeben. Als sie auseinandergingen, war jeder von ihnen benommen, und keiner sagte ein Wort …

Wie der Maxl halbwegs vorausgeahnt hatte, so kam es. Die Berger Hofhaltung wurde aufgehoben, sang- und klanglos verschwand die Dienerschaft nach und nach. Nur die Gärtnerei blieb. Alle wertvollen Möbelstücke, darunter ein goldener Betstuhl des Königs, wurden auf höheren Befehl weggeführt. Das machte böses Blut im Dorf und in der Pfarrei. »Umbringen und ausrauben auch noch! Pfui Teufel!« schimpften die Leute ganz offen. Vom neu ernannten ›Landesverweser‹, dem Prinzregenten Luitpold, der bis zum Tode des geisteskranken Prinzen Otto die Regierung übernommen hatte, wollte kein Mensch etwas wissen, am allerwenigsteln die Berger. Die waren froh, daß er sich nie bei ihnen sehen ließ. ›Windiger Erbschleicher‹ war das mildeste Schimpfwort, mit dem sie ihn belegten.

Ernst Toller
Eine Jugend in Deutschland

In breiten Schwarmreihen ziehen die Weißen in Schwabing ein, die Bürger haben die Fenster geöffnet, sie jubeln, sie überschütten die Soldaten mit Geschenken. Eine Frau in ärmlicher Kleidung läuft auf einen Offizier zu und reicht ihm eine Rose.

Eine Gruppe Soldaten postiert sich vor der Kirche, unserem Haus gegenüber.

Der erste Mai.

Ich stehe am Fenster, die Freundin berührt meine Hand.

– Man beobachtet uns, als ich eben die Treppe hinaufging, wurde die Tür im dritten Stock geöffnet, irgend jemand muß Sie gesehen haben und für verdächtig halten.

– In der nächsten Straße wohnt Doktor Berut, mein Freund.

– Ich hole ihn.

Minuten später ist Doktor Berut bei mir.

– Du mußt fort, ein Mann wurde erschlagen, nur weil er eine vage Ähnlichkeit mit Dir hatte, die Menge weiß nicht, daß Du die Gefangenen retten wolltest, sie hält Dich für den Mörder.

– Wohin soll ich?

– Komm zu mir, hier darfst Du nicht bleiben, die Wohnung gehört einem Ausländer, sie wird bestimmt durchsucht.

Ich ziehe meinen Überzieher an und schlage den Kragen hoch, wir gehen die Treppe hinunter, im dritten Stock öffnet sich eine Tür.

– Weitergehen! ruft mir leise Berut zu.

Vor der Haustür stehen zwei Offiziere.

– Ich gehe voran, sagt Berut, Du folgst mir.

Einer der Offiziere blickt mich mißtrauisch an, ich gehe auf ihn zu:

– Sind Sie Preuße oder Bayer?

– Bayer natürlich, schnarrt er in preußischem Militärdeutsch.

Ich grüße, er grüßt, ich gehe weiter.

Über der Stadt kreisen Aeroplane und werfen Flugzettel herab, ich wage nicht, mich zu bücken und einen aufzuheben.

Berut erwartet mich am Eingang seines Hauses, neben ihm steht die Portierfrau und liest einen der Flugzettel.

– Da könnt ma ein schönes Stück Geld verdienen, wenn ma wissen tät, wo der Levine und der Toller stecken.

– Möchten Sie das Geld verdienen?

– Brauchen könnt mas scho.

Ich gehe rasch die Treppe hinauf in die Wohnung von Berut.

Fern rollen dumpf Artillerieschüsse. Es wird also doch gekämpft.

– Die Roten halten sich am Stachus, die Weißen haben den Platz umzingelt.

– Ich muß zum Stachus.

– Du kommst nicht durch. Du wirst erkannt und erschossen, wie willst Du den Truppenkordon passieren?

Berut geht fort, nach einer Weile kehrt er zurück, ein Unbekannter begleitet ihn.

– Ich bin nicht Ihr Genosse, sagt der Unbekannte, ich bin auch nicht Sozialist, man will Sie morden, darum helfe ich Ihnen, kommen Sie in meine Wohnung, dort bleiben Sie, bis Sie weiterkönnen.

– Warum sollte Ihre Wohnung nicht durchsucht werden? Berut lächelt.

– Sein Vater ist bayerischer Fürst, er floh aus Angst vor uns. Wenn Du irgendwo sicher bist, dann dort.

Ich warte, bis der Abend dämmert, dann gehe ich in die Wohnung eines dieser namenlosen Menschen, die immer da sind, wo Hilfe nottut.

– Der Köchin werde ich sagen, Sie sind ein Freund aus Berlin, Sie sind krank, Sie können nicht abreisen.

Am nächsten Tag besucht mich Berut, er begrüßt mich mit breitem Lachen:

– Deine Leiche liegt im Schauhaus.

– Meine Leiche?

– Hier ist die Zeitung mit der amtlichen Meldung. Du wurdest erschossen aufgefunden und ins Schauhaus gebracht. Polizisten holten den Chauffeur, der Dich in Dachau gefahren hat, er erkannte Deine Leiche und schluchzte vor Rührung, für die nächsten Tage hast Du nichts zu fürchten, sie werden Dich nicht suchen.

Ich lese die Nachricht von meinem Tode und denke an meine alte Mutter. Auch sie hat die Nachricht gelesen, drei Tage kauerte sie auf einem Schemel, sie verhängte die Spiegel, sie trauerte um den Sohn, am vierten Tag erfuhr sie, daß ich noch lebe.

– Der einzige Mensch, der mich in meinem Versteck besucht, ist Berut. Auch die Polizei hat inzwischen erfahren, daß ich noch lebe. Eines Tages bleibt Berut aus, er ist verhaftet. Im Polizeipräsidium setzt ein Kriminalbeamter ihm den Revolver an die Stirn und droht, er werde erschossen, wenn er nicht sofort mein Versteck angäbe. Berut führt den Kriminalbeamten in eine fremde Wohnung. Er habe sich geirrt, sagt er, er erinnere sich nicht mehr. Ein Offizier rettet ihn vor der Erschießung.

Auf meinen Kopf hat die Regierung einen Preis von 10000 Mk. ausgesetzt, an den Litfaßsäulen klebt ein Plakat:

10000 Mark Belohnung
wegen Hochverrats

nach §81 Ziff. 2 des RStGB ist Haftbefehl erlassen gegen den hier abgebildeten Studenten der Rechte und der Philosophie Ernst Toller. Er ist geboren am 1. Dezember 1893 in Samotschin in Posen, Reg. Bez. Bromberg, Kreis Kollmar, Amtsger. Margonin, als Sohn der Kaufmannseheleute Max und Ida Toller geb. Kohn.

Toller ist von schmächtiger Statur, er ist etwa 1,65–1,68 m groß, hat mageres, blasses Gesicht, trägt keinen Bart, hat große braune Augen, scharfen Blick, schließt beim Nachdenken die Augen, hat dunkle, beinahe schwarze wellige Haare, spricht schriftdeutsch.

Für seine Ergreifung und für Mitteilungen, die zu seiner Ergreifung führen, ist eine Belohnung von

zehntausend Mark

ausgesetzt. Sachdienliche Mitteilungen können an die Staatsanwaltschaft, die Polizeidirektion München oder an die Stadtkommandantur München-Fahndungsabteilung gerichtet werden. Um eifrigste Fahndung, Drahtnachricht bei Festnahme und weitmöglichste Verbreitung dieses Ausschreibens wird ersucht.

Bei Aufgreifung im Auslande wird Auslieferungsantrag gestellt.

München, den 13. Mai 1919.

Der Staatsanwalt bei dem standrechtlichen Gericht für München.

Das Bild ist schlecht, und ich habe mir inzwischen einen Schnurrbart wachsen lassen, aber der Köchin ist nicht zu trauen, vielleicht erkennt sie mich, ich muß eine andere Wohnung suchen.

Niemand will mich aufnehmen, die Intellektuellen sind verängstet, die Wohnungen der Arbeiter werden täglich durchsucht.

Eines Morgens weckt mich der hallende Schritt einer marschierenden Kolonne, ich springe ans Fenster, ein Zug Soldaten hält vorm Haus.

Jetzt ist es soweit, denke ich.

Mein Gastfreund ist ratlos. ›Wir werden beide erschossen.‹

Er zeigt auf die Querstangen der Gardinen: ›Die hohlen Stangen sind vollgepfropft mit Munition, meine Eltern haben sie versteckt, damals, als die Roten die Bürger Münchens aufforderten, Waffen und Munition abzuliefern.‹

Er hat die Brille aufgesetzt, er nimmt die Brille ab, er putzt sie, er sieht mich mit blinden Augen verlegen an.

– Irgend etwas müssen wir versuchen, sage ich, haben Sie einen eleganten Anzug?

– Ja, einen Cutaway.

– Ziehen Sie ihn an.

– Besitzen Sie ein Monokel?

Er zieht die Schublade auf: ›Hier von meinem Vater eine Sammlung.‹

– Klemmen Sie den Glasscherben ein.

Mit dummem, offenem Mund blickt er mich verständnislos an.

– Vielleicht helfen uns diese Requisiten, vor Cut und Monokel knickt jeder Offizier zusammen.

Mein Einfall war närrisch, was soll es helfen, wenn ein Herr um sechs Uhr früh in Cut und Monokel die Tür öffnet, in diesem Augenblick erscheint er mir als Rettung, ich helfe meinem Freund beim Anziehen, ich suche ihm die rechte Krawatte, großartig sieht er aus, würdig und unverdächtig.

Inzwischen durchsuchen die Soldaten das Haus, oben im Atelier beginnen sie, dort wohnt ein Maler, ein bekannter Nationalist. Bevor er seine Gesinnung bekennen kann, hageln die Ohrfeigen:

– Maler? ruft der Feldwebel. Ein Schlawiner!

Über uns tappen schwere Schritte, die Wohnung der ersten Etage wird durchsucht, gleich werden die Soldaten an unsere Tür klopfen.

Vom Hof tönt Geschrei, die Frau des Pförtners weint und jammert, die Soldaten haben ihren Mann verhaftet, sie stoßen ihn auf die Straße.

Wir warten, wir reden gleichgültige Worte, wir starren nach der Tür, wir hören klingeln, wir gehen in den Korridor, nicht an unserer Tür wurde geklingelt, Spannung sitzt uns in den Kniekehlen, keiner spricht mehr ein Wort, jetzt müssen sie kommen, wären sie nur erst da, unerträglich dehnen sich die Sekunden.

Ich höre Kommandorufe, ich gehe zum Fenster, ich traue meinen Augen nicht, ich sehe, wie die Soldaten sich formieren und, den verhafteten Pförtner, wankend mit erhobenen Händen in der Mitte, abmarschieren.

Sind sie unserer so sicher? Stehen Posten vor der Tür?

Niemand kommt.

Später hören wir, daß der Offizier, als er den hohen adligen Namen am Türschild las, den Soldaten abwinkte.

Die deutsche Revolution weiß, wen sie zu respektieren hat.

Das Schicksal hat mich wieder verschont, aber jetzt ist keine Zeit zu verlieren, ich muß das Haus verlassen.

Wohin soll ich?

Erschießungen, Mißhandlungen, Verhaftungen haben die Mutigsten eingeschüchtert, endlich, am Abend, ist eine junge Frau bereit, mich für eine Nacht in der Wohnung ihrer Eltern zu beherbergen.

Vor dem Haus, in dem sie wohnt, stehen Soldaten, sie flirten mit den Hausmädchen, ich zögere, ich kann nicht mehr zurück, unerkannt drücke ich mich an ihnen vorbei ins Haus.

Der Vater der jungen Frau ist Arzt, er wohnt auf der einen Seite des Stockwerks, auf der andern liegen die ärztlichen Sprechzimmer und die Zimmer der Tochter. Er darf nichts merken, er würde mich verraten.

Müde von den Erregungen dieses Tages, lege ich mich auf das Sofa des kleinen Wohnzimmers, immer, wenn ich eingeschlafen bin, höre ich die Stimme der jungen Frau:

– Eben wird die Tür aufgeschlossen.

– Jetzt hat man geklopft.

– Da kommen Menschen.

Ich lausche. Nichts.

Ich sehe nach der Uhr. Es ist halb sechs.

Die junge Frau steht in meinem Zimmer.

– Gleich wird das Hausmädchen das Wohnzimmer reinigen, verstecken Sie sich.

Ich kauere auf dem Boden des Schlafzimmers, über mir Wäsche und Decken, ich kann kaum atmen, das Mädchen räumt nebenan auf, ich darf mich nicht bewegen, im Spiegel des Wohnzimmers kann sie das Schlafzimmer überblicken.

Das Mädchen ist gegangen.

– Gleich wird mein Vater mir Guten Morgen sagen. Gehen Sie ins Badezimmer. Hocken Sie sich in die Badewanne. Werfen Sie das Badelaken über sich.

Ich sitze in der kalten Badewanne und horche, ich höre Schritte, höre die Tür sich öffnen, ich warte, höre wieder Schritte, die sich entfernen, ich schleiche rasch ins Wohnzimmer.

– Mein Vater hat nichts gemerkt, aber noch eine Nacht können Sie nicht bleiben.

– Wissen Sie jemand?

– Vielleicht nimmt Rainer Maria Rilke Sie auf. Ich werde ihn fragen.

Am Nachmittag kommt Rilke.

Immer wenn ich ihn sehe, denke ich an ein Bild, das ich in irgendeinem Buch fand, es zeigt einen Tataren, der, beutelbeladen, auf kleinem Steppenpferd müde durch die gelbbrennende Wüste ritt. Der jungen Frau bringt er langstielige Maréchal Niel-Rosen, die er, man sieht es, sorgfältig gewählt hat, sie sind nicht mehr Knospen und noch nicht zur Blüte geöffnet, sie stehen in jener süßen Schwebe, wo sie nicht wissen, ob sie sich schließen oder entfalten sollen.

Mattgraue Augen unter schweren Lidern sehen mich traurig und behutsam an, dann senken sich Blick und die Spitzen des hängenden Schnurrbarts auf seine Hände.

– Ich bin sehr betrübt, bei mir sind Sie nicht sicher, zweimal schon wurde mein Haus durchsucht. Sie hatten meine Wohnung unter den Schutz der Räterepublik gestellt, ich vergaß, den Anschlag zu entfernen, das wurde mir zum Verhängnis. Vor zwei Tagen war die Polizei wieder da. Detektive haben beim Photographen eine Mappe gefunden, in der Ihr Bild neben meinem lag. Dieser Zufall war der Anlaß zu neuer Verfolgung

Rilke geht, bald danach wird er aus München ausgewiesen. Die Kämpfe der Politik berührten ihn nie, daß er ein Dichter war, machte ihn der Polizei verdächtig.

Endlich ist ein Mensch bereit, mich aufzunehmen, der Maler Lech. Ich darf nicht länger zögern, aber wie komme ich zu ihm, mein Steckbrief hängt an allen Litfaßsäulen, mein Gesicht ist allzuvielen bekannt. Ich verkleide mich. Der Schauspieler Werin hilft mir. Ich ziehe einen Gehrock an, Haar und Augenbrauen werden weiß gepudert und geschminkt, einige Minuten später verläßt ein soignierter alter Herr, sichtlich Rückenmärker, mit leichtem Knickschritt das Haus.

Der Maler Lech wohnt in einem Gartenhaus Schwabings. Drei Wochen bleibe ich dort verborgen. Tagsüber schleiche ich gebückt durch die Zimmer, damit niemand mich am Fenster erblickt, abends wage ich mich für Minuten in den Garten und atme die Luft des Frühlings. Lech und seine Frau haben nicht viel zu essen, das Wenige teilen sie mit mir. Leer verrinnen die Tage. Ich lese in den Zeitungen, daß die Polizei nach mir fahndet, kaum eine Stadt, in der man mich nicht gesehen haben will. Eisenbahn-Züge werden angehalten, Dörfer umzingelt. Einmal sucht man mich in Österreich, Soldaten dringen in das Schloß Ottensheim an der Donau, wo Verwandte wohnen. Die Schweizer Grenzbehörden verhaften einen Arzt, er habe mich heimlich über die Grenze geschafft. Man bedroht meinen Bruder, der in Ostdeutschland wohnt.

Man verhaftet meinen Vetter, obschon er als Leutnant der weißen Garde im Freikorps Epp dient und geschworen hat, er werde mich erbarmungslos niederknallen, wenn er mich träfe.

Mein Steckbrief ist selbst in den kleinsten Weilern Deutschlands plakatiert. Arbeiter und Arbeiterinnen versuchen mir zu helfen, sie zerstören mein Bild im Steckbrief.

Man sucht mich im Atelier des Malers Sohn-Rethel, dem Enkel des Totentanzzeichners. Rethel muß mit erhobenen Händen der Haussuchung folgen, da man mich nicht findet, wird er geohrfeigt und mißhandelt.

Polizisten, Soldaten, Denunzianten wollen den Kopfpreis von zehntausend Mark verdienen.

In eine Wohnung der Römerstraße dringen zwei Kriminalbeamte. Während sie die Zimmer durchsuchen, schrillt die Klingel, vorsichtig öffnet der Kriminalbeamte Gradl die Tür, draußen stehen Soldaten der Regierung Hoffmann.

– Das ist Toller, ruft der Führer.

Revolver knallen, der Kriminalbeamte sinkt tot zu Boden.

Ich lese den Zeitungsbericht, ich weiß, was mich erwartet, ich will die Stadt trotzdem nicht verlassen. Aber ich muß mich schützen. Mit Wasserstoffsuperoxyd entfärbe ich mein Haar, nach einigen Waschungen wird es rötlich, wie ich mich im Spiegel sehe, erkenne ich mich selbst kaum.

Vom Atelier führt eine Tapetentür in die Kammer eines vorgebauten Erkers. Wir verhängen die Tür mit Bildern, die Nagelköpfe auf einer Seite sind abgefeilt, niemand weiß von meinem Versteck außer einem Freund.

Eines Abends besucht mich eine Frau, sie sagt, sie sei seit Jahren Mitglied der Partei, sie wolle mich aus München herausführen, sie habe auch anderen bei der Flucht geholfen, sie läßt sich die Wohnung zeigen, das Atelier, die Kammer hinter der Tapetentür.

Am nächsten Morgen um vier Uhr schlagen Fäuste an die Wohnung. Die Polizei! Ich springe aus meinem Bett, laufe aus Fenster, das Haus ist von Soldaten umstellt.

– Sie sind da! rufe ich meinen Freunden zu, die im anderen Raum schlafen, ›einer von Euch muß rasch in mein Bett.‹

Meine Kleider hatte ich, wie immer, abends in die kleine Kammer gelegt, im Hemd laufe ich in mein Versteck, packe von innen die Türklinke und warte.

Schritte nähern sich, ich höre Stimmen, ich höre, wie man die Zimmerwände abklopft, das Klopfen kommt näher und näher, noch eine Sekunde, noch eine Sekunde, jetzt klopfen sie gegen meine Tür, jetzt müssen sie mich finden, ich halte den Atem an, wieder wird geklopft, wieder, das Klopfen entfernt sich, ich höre Schritte, nach einer Weile ist es still.

Sie haben mich nicht gefunden, merkwürdig, ich bin nicht froh, ich weiß, sie werden mich finden, wenn sie mich nur nicht quälen, wie Landauer, wie Eglhofer, wie die andern.

Von draußen ruft Lech mir leise zu:

– Bleiben, sie sind noch im Haus!

Wieder nähern sich Menschen, ich höre eine gequetschte Stimme:

– Wo ist die Tapetentür, die wir in der gleichen Wohnung im ersten Stockwerk gesehen haben?

Eine andere Stimme schreit:

– Dort!

Bilder werden abgenommen, durch die Türritzen dringt Licht. Ich stoße die Tür auf, ich sehe Kriminalkommissare und Soldaten.

– Sie suchen Toller, ich bin's.

– Hände hoch! schreit ein Soldat.

Die Kriminalkommissare schauen mich scharf an, sie erkennen mich nicht. Ein Soldat fällt auf die Knie, richtet mit quellenden Augäpfeln das Gewehr auf mich, entsichert und hält die zitternden Finger am Abzug.

– Sie sind ...?

– Ja, ich bin Toller. Ich werde nicht fliehen. Wenn ich jetzt erschossen werde, wurde ich nicht auf der Flucht erschossen. Sie alle sind meine Zeugen.

Die Kriminalbeamten stürzen sich auf mich und fesseln meine Hände mit Handschellen.

– Meine Herren, soll ich im Hemd mit Ihnen zur Polizei gehen?

Man löst meine Fesseln, ich darf mich anziehen.

Wie ich an meinen Gastfreunden vorbeigeführt werde, sage ich, um sie vor Verhaftung zu schützen:

– Diese Menschen wußten nicht, wer ich bin.

Es half Lech nichts, er wurde zu vielen Monaten Festung verurteilt.

Wir gehen durch die morgenleeren, dämmrigen Straßen, voran marschieren drei Soldaten, an den Eisen der Handgelenke halten mich die beiden Kommissare, drei Soldaten mit schußfertigem Gewehr folgen.

In der Luitpoldstraße schlägt die Uhr fünf, eine alte Frau trippelt zur Morgenmesse, an der Kirchentür wendet sie sich um und erblickt mich.

– Habt Ihr ihn? schreit sie, sie senkt den Blick zu Boden, läßt betend den Rosenkranz durch die Finger gleiten, dann, an der geöffneten Kirchentür, kreischt der zerknitterte Mund:

– Totschlagen!

Lion Feuchtwanger

Cajetan Lechners rauhester Tag

(Romanausschnitt)

Der Altmöbelhändler Cajetan Lechner saß im Kapuzinerbräu, als dort die Revolution ausbrach. Hörte mit an den historischen Schuß, die Rede Kutzners, schaute mit eigenen Augen, wie der Führer und der Staatskommissar Hand in Hand auf dem Podium standen. Das Herz ging ihm auf. Schon sah er wieder das Schrankerl in deutschem, in seinem Besitz, träumte schon das gelbe Haus befreit von seinem fremdrassigen Räuber. Gewaltig in das blaugewürfelte Taschentuch schneuzte er, mächtig aus dem kropfigen Hals schrie er Heil. Viele Krüge Bieres leerte er. Nur eines wurmte ihn in dieser historischen Nacht: daß er seinen Photographenapparat nicht mit hatte, daß er nicht für die Nachwelt in einem künstlerischen Bild hatte festhalten können den grauen Tonkrug, aus dem der Führer sich stärkte nach der Verkündigung der nationalen Einheit, oder die beiden Hände, des Kutzner und des Flaucher, wie sie vereint lagen im Treuschwur.

Die Nacht rückte vor. Von außen immerzu der Trommelwirbel anziehender Truppen. Ordonnanzen und Kellnerinnen mit Ordern und Bier. Allmählich wurde der Alte müde. Aber er ging nicht nach Haus, er schlief, zusammen mit vielen andern, im großen Saal des Kapuzinerbräus, der als Heerlager hergerichtet war.

Nicht aber schliefen die Führer. Sie wachten, sie regierten. Im ersten Stock hatte Kutzner sein Oberkommando aufgeschlagen. Alles war gut abgelaufen, es war auch ohne den Klenk gegangen, er hatte die Miesmacher strahlend widerlegt. Er arbeitete, erließ Aufrufe, verkündete das Standrecht, die Einsetzung eines nationalen Staatstribunals.

In der Stadt unterdes feierten die *Wahrhaft Deutschen* ihren leichten Sieg. Verwüsteten das Gebäude der verhallten Linkszeitung, plünderten es aus, zerschlugen die Maschinen, die Setzkästen, schmissen johlend die Büsten der Sozialistenführer zum Fenster hinaus. Verhafteten an Hand einer schwarzen Liste Parteifeinde aller Art, Abgeordnete und Stadträte der Linken, Juden in gehobener Stellung. Schleppten die Gefangenen herum, unterhielten sie durch langsame, umständliche Erwägungen, wo und wie man sie am besten erledige, ob durch Hängen an diesen Baum oder an jenen Laternenpfahl, ob durch Erschießen an dieser Mauer oder an jenem Sandhaufen. Besonders Mißliebige wurden gröblich mißhandelt, bespuckt, ihrer Kleidung beraubt. Man hielt Kriegsrat über sie, führte sie mit vorgehaltenen Maschinenpistolen in ein Gehölz, eröffnete ihnen, jetzt sei es soweit.

Kutzner und Vesemann, im provisorischen Oberkommando, erließen noch immer Aufrufe. Die Nacht rückte vor, gewisse Nachrichten aus den Kasernen, die längst da sein mußten, wollten nicht eintreffen. Man telefonierte nach Flaucher, nach dem Landeskommandanten, schickte Kuriere, ersuchte, forderte, befahl. Die Herren blieben verschwunden. Ein Gerücht kam auf von einem Rundtelegramm Flauchers, er lehne den Putsch ab, erkläre die mit Waffengewalt erpreßte Stellungnahme für ungültig. Andere Meldungen kamen, die Reichswehr stehe hinter Flaucher, auswärtige Polizei, auswärtiges Militär sei im Anmarsch. Kutzner wollte die Gerüchte nicht wahrhaben, erklärte hochfahrend, er sei bereit, zu kämpfen und zu sterben. Allein das war eine Geste. Seine innere Freude entwich wie Luft aus einem angestochenen Reifen. Die alte Lähmung war wieder da, die peinliche Erinnerung an das Abendessen in der Rumfordstraße, an das Geflenn und Geschrei seiner Mutter.

Im Hauptsaal der Möbelhändler Cajetan Lechner schlief nicht gut. Der Raum war voll Rauch, roch nach Menschen und Bier. Der Morgen kam herauf, die alten Knochen taten weh. Aber dann kriegte er Kaffee und ein Gewehr. Seine Zuversicht hob sich, sein Humor war wieder da. Es wurde acht Uhr, zehn Uhr, man wartete, es gab Bier und Weißwürste. Endlich hieß es, jetzt sei es soweit. Auf geht's. Antreten zu einem Demonstrationszug, Richtung Zentrum, Marienplatz.

Der Gauleiter Erich Bornhaak hatte den Demonstrationszug

vorgeschlagen. Es war Blödsinn, hier untätig herumzuhocken, sich auf die Eroberung des Kapuzinerbräus zu beschränken, sich von Flaucher den Weg vorschreiben zu lassen. Ob der nun umgefallen war oder nicht, ob die Möglichkeit bestand, ihn, war er umgefallen, zu einem zweiten Umfall zu bewegen, das war piepe. Begeisterung war in der Stadt, ein großer Teil der Reichswehr stand zu ihnen, auch gegen die Vorgesetzten. Ein Demonstrationszug, selbst gegen Flaucher, wird bald erweisen, woran man ist.

Es war ein ansehnlicher Zug, bestehend freilich zumeist aus sehr jungen Leuten. Kutzner und Vesemann schritten voran, beide in Zivil, flankiert von Soldaten mit aufgepflanztem Seitengewehr. Man marschierte in Zwölferreihen. Cajetan Lechner war in der vierzehnten Reihe. Er nahm sich wunderlich aus mit seinem weißlichen Schnauzbart, dem mächtigen Kropf, den angegrauten Koteletten unter diesen strammen jungen Leuten: aber er stellte seinen Mann. Man hatte Kaffee im Leib, auch Bier und Würste, man marschierte, an der Spitze Vesemann und der Führer, und indem man marschierte, siegte man. Heute eroberte man München, morgen Bayern, in einer Woche das Reich, in einem Monat die Welt. Am Straßenrand standen Leute, winkten, schrien Heil. Eine erkannte Cajetan Lechner ganz genau, das war die Hofrätin Beradt, die Alte aus dem Prozeß Krüger. Sie verteilte Astern und Zigarren, und bei ihr ging es ganz wild auf mit Heil und Hurra.

An der Ludwigsbrücke stand Polizei. Es waren schäbige zwölf Mann. Auf den Pfiff eines Offiziers warfen sich die ersten zwei Reihen der *Wahrhaft Deutschen* auf die Polizisten, spuckten sie an, entwaffneten sie, überwältigten sie, führten sie ab. Der alte Lechner schaute angeregt; so also war das, wenn man siegte. Geschwellt marschierte er weiter, der innern Stadt zu. Zweibrückenstraße, Theatinerstraße, Marienplatz. An den Mauern die Anschläge der neuen nationalen Regierung sind heruntergerissen. Neben ihren Resten kleben andere Plakate, Proklamationen Flauchers: in seiner Hand ruhe die gesamte vollziehende Macht des bayrischen Staates; wer sich Kutzner und Vesemann anschließe, werde als Hochverräter behandelt. Herunter mit den Sauplakaten. Wahrscheinlich ist es nur ein jüdischer Dreh. Wei Residenz, zur Feldherrnhalle.

Was? In der Residenz liegt Landespo wäre ja noch schöner. Die kämen un gen. Man staut sich, schreit, fuchtelt. De ner kann nicht recht erkennen, was eigentli er: um die Feldherrnhalle herum kommt Reichs zu uns oder zu den andern?

Ein Knattern. Die schießen ja. Wer schießt? Einige Jesus Maria und Josef, hat es die gerissen? Einer, wie er u drückt den Bauch hoch wie bei einer gymnastischen Übung. Au die andern, denen offenbar nichts geschehen ist, schmeißen sich hin. Er selber, der alte Lechner, schmeißt sich hin, einfach in den Dreck, trotzdem er seinen schönen Rock anhat.

Ein Fuchs, auf der Flucht, in höchster, Todesgefahr, das hat man mehrmals beobachtet, beißt unterwegs schnell noch eine Gans tot und schleppt sie mit. Der alte Lechner, wie er in der Residenzstraße an der Feldherrnhalle im Dreck liegt und mit nie erlebter Anspannung alle seine Gedanken darauf richtet, aus der Gefahr herauszukommen, ringsum äugend, was geschieht und wie sich die andern anstellen, findet Zeit, einige allgemeine und einige besondere Beobachtungen zu machen. So ist das also, mein Lieber, mit Krieg und Schlacht und Vorstürmen, mit Vaterland und Revolution. Verflucht ungemütlich, Herr Nachbar. Eine Sauerei, Herr Nachbar. Er sieht das graue Auto des Führers, wie es umdreht, wie es mit Vollgas, rücksichtslos, durch die dichten Menschen davonfährt. Wie gern säße er darin. Es kommen noch ein paar Schüsse. Er sieht, vom Boden aus schräghinauf lusend, wie die Kugeln an der Mauer zerspritzen. Schad, daß er seinen Apparat nicht dabei hat. Einige richten sich hoch, laufen fort, geduckt. Trampeln über ihn weg. Herrschaftseiten, das war sein Arm. Schießen die weiter, die Saubazi? Eine Mauer her. An der Mauer zerspritzten die Kugeln. Er möchte hinter so eine gute, steinerne Mauer, durch die die Kugeln nicht durchkönnen. Jetzt ist schon wieder einer auf seinem Rücken. Hundskrüppel, saugrober. Das ist doch keine Art nicht. Eine Kugel kommt geflogen, gilt sie mir oder gilt sie dir?

er Rammel. Er schnauft, es wird ihm weh und weich am Leib.

will da fort. Er wird jetzt einfach fortlaufen. Es scheint stiller, t ganz kurz gedauert. Rings um ihn die meisten stehen auf, gend, laufen, verdrücken sich. Es ist schon ganz leer um ihn. er Boden ist bedeckt mit Waffen. Herrgottsakra, hier treten sie ihn noch zu Tod. Er richtet sich hoch, auch er. Schon schiebt es ihn mit, reißt es ihn mit in eine Seitenstraße.

Hier, Gott sei Dank, ist es still, hier fliegt nichts herein, hier ist es gut. Jetzt merkt er erst, wie schwach er ist, weich und weh und überall wie aus Watte.

Die Schießerei hatte keine zwei Minuten gedauert. Vor den ersten Kugeln der Reichswehr war der ganze Zug zerstoben. Nicht allen aber war das gut hinausgegangen wie dem Cajetan Lechner, nicht alle waren zerstoben; viele Verwundete lagen, achtzehn Tote auf dem Odeonsplatz.

Unter ihnen zum Beispiel der Gymnasiallehrer Feichtinger. Er hatte mitgeholfen, den Mann Krüger zu verurteilen. Dann hatte er zwei blaue Hefte benötigt, war, um sie zu kaufen, erst am Isartorplatz umgestiegen statt am Stachus, war bestraft worden, hatte sich erbittert dem Kutzner angeschlossen. Nun lag er vor der Feldherrnhalle. Er war sein Leben lang stolz darauf gewesen, daß ihm die Brillengläser nie zerbrochen waren. Sie waren auch jetzt unversehrt; aber der Gymnasiallehrer Feichtinger war tot.

Einer der Führer auch lag unter den Erschossenen. Der Windige hatte mehr Kugeln pfeifen gehört als die meisten im Zug; sie machten ihn nicht nervös, er wußte, wie man sich am besten davor schützt. Drei Jahre lang war er an Punkten der Erde gewesen, wo es Kugeln gab wie Regentropfen; jetzt, hier, auf dem gemächlichen Odeonsplatz, hatte es ihn ereilt. Da lag er, zu Füßen der fragwürdigen Feldherren, blutlos die eben noch sehr roten Lippen, keine Augenweide mehr.

Der Altmöbelhändler Cajetan Lechner stand in seiner Seitenstraße. Er zitterte, er war sakrisch erschöpft: aber er lebte. Vor ihm, neben ihm drückten Menschen in ihn hinein, preßten. Er stand gepreßt an eine mächtige Haustür, eine breitflügelige. Da wird nichts zu machen sein, die ist bestimmt abgesperrt. Trotzdem. mühselig, griff er nach der Klinke, suchte, drückte gegen die Klinke. Siehe, ein Teil der Tür öffnete sich. Er war in einem weiten, hellen Hausgang. Gleich wieder schloß er die Tür, mechanisch. Es war besser, wenn da nicht zu viele mit hereinschwappten.

Es war eine gute Tür, die wohl keine Kugel durchließ. Wenn nur nicht das Gewehr so merkwürdig an ihm herumbaumelte. Er möchte das Gewehr los sein, ums Leben gern. Dann wäre er die ganze Sache los und hätte mit den Kugeln nichts zu schaffen. Er tappte die niedrigen Steinstufen hinauf, zum ersten Stock. Dort war ein Schild: Dr. Heinrich Baum, Dr. Siegfried Ginsburger, Rechtsanwälte. Er läutete. Er hoffte nicht, daß man öffnen werde. Aber schau an, die Tür klinkte auf. Ein Fräulein fragte ihn, was er suche. Er antwortete mechanisch, er wolle zum Herrn Rechtsanwalt. Man ließ ihn ein. Ein jüngerer, hagerer Mensch mit nicht unguten, bebrillten Augen fragte ihn, was er wünsche. Cajetan Lechner sagte: »Ja mein, ja mein.« Er nahm das baumelnde Gewehr von der Schulter, lehnte es an ein Aktengestell. Es wollte nicht stehen. Er hielt es auf der einen Seite, auf der andern, behutsam; er dachte, wenn es falle und scheppere, dann sei es ganz aus. Schließlich, leise, sehr vorsichtig, legte er es quer über den Schreibtisch. Dann sagte er: »Herr Doktor, ich hätte eine Bitte. Dürfte ich austreten?« Der Anwalt zeigte ihm selber den Weg.

Cajetan Lechner, die Tür hinter sich verriegelnd, atmete auf. Das war ein hartes Rennen gewesen, aber er hatte es gemacht, und jetzt war er in Sicherheit. Er hockte da, atmete. Dann, ruhiger geworden, säuberte er sich umständlich. Das war eine schwere Arbeit, und sie gelang nicht restlos; denn er hatte sich übel bekleckert.

Er blieb lange in der guten Sicherheit hinter der versperrten Tür. Umständlich, mit noch zitternden Gliedern, zog er sich wieder an. Dann nahm er die Binde mit dem indischen Fruchtbarkeitsemblem vom Ärmel, warf sie in die Schüssel, zog die Spülvorrichtung. Die Binde wollte nicht hinunter. Er nahm eine Art Besen und stopfte sie vollends hinein. Dann, befriedigt, setzte er sich noch eine Minute. Endlich, leise aufseufzend, verließ er den Raum.

Er wollte sich drücken; aber das Schreibfräulein führte ihn von neuem zu dem Anwalt. »Was wünschen Sie?« fragte freundlich der bebrillte Herr. »Eigentlich nichts weiter«, sagte Cajetan Lechner. »Nichts für ungut, Herr Doktor«, sagte er zutunlich. »was bin ich schuldig?« »Nichts«, sagte der Anwalt. »Nur: was soll ich mit dem Gewehr?« fragte er. Cajetan Lechner zuckte die Schultern. »Wollen Sie es nicht mitnehmen?« fragte der Anwalt. »Nein, nein«, sagte mit entsetzter Abwehr Cajetan Lechner.

Der Anwalt trat ans Fenster. Von der Straße kam nur noch wenig Lärm. Cajetan Lechner hockte da, schweigend. Es war ein großer, kahler Raum; doch er gefiel ihm besser als irgend ein andrer Raum, den er kannte, und er wollte möglichst lange bleiben. »Jetzt, scheint es, schießen sie nicht mehr«, sagte am Fenster der Anwalt und wandte sich langsam um. Der alte Lechner stand schwerfällig auf. »Also dann geh ich halt«, sagte er. »Dann sage ich halt: Vergelt's Gott.« Er schob sich hinaus. Vor der Tür stand er lange und schaute das weiße Schild an mit den schwarzen Buchstaben: Dr. Heinrich Baum, Dr. Siegfried Ginsberger. Das sind Juden, stellte er fest.

Auf der Straße war es unfreundlich, kalt. Dem Cajetan Lechner war noch immer, als baumle ihm das verflixte Gewehr um die Schulter. Er fühlte sich schwach in den Gliedern, hatte Hunger, das Bedürfnis, sich richtig zu waschen. Aber er hatte eine große Scheu davor, nach Hause zu gehen an den Unteranger. Auch in kein Restaurant traute er sich; ihm war, jeder müßte ihm ansehen, wie übel er sich bekleckert hatte. Er strich durch die Straßen, erschöpft. Gelangte schließlich in die Isarauen. Ging immer weiter. Harlaching, die Menterschwaige. Schlank und hoch, spannte sich die Großhesseloher Brücke. Er setzte sich auf eine Bank, schaute auf den Fluß, der graugrün und unabänderlich vorüberrollte. Er hatte ernstlich gehofft, durch den Kutzner das gelbe Haus zu kriegen und vielleicht auch wieder das Schrankerl. Jetzt hatte sich der Kutzner als ein Narr und ein Schisser erwiesen und er selber auch nicht als bayrischer Löwe, und er war keineswegs hochgekommen, sondern auf diese Bank. Die Großhesseloher Brücke zog ihn an. Sie war sehr hoch, ein beliebtes Ziel aller Selbstmörder, von ihr sprang sich's tief und sicher. Von ihr waren zahllose Dienstmädchen aus ihrem Liebeskummer, zahlreiche verelendete Dreiquartelprivatiers aus ihrem Hunger und Gewurstel für immer herausgesprungen. Wenn es Sommer wäre, dachte der Cajetan Lechner, dann könnte man schön kommod ins Wasser gehen: so muß man springen. Denn plötzlich war er fest entschlossen, seinem versauten Leben ein Ende zu machen. Gestern, wird es in der Zeitung heißen, sprang der geachtete Altmöbelhändler Cajetan Lechner von der Großhesseloher Brücke in die Isar. Die Schande trieb ihn in den Tod.

Müd und steif schleppte er sich auf die Brücke. Kinder spielten dort, Lausbuben, so zwölf- oder vierzehnjährige, sie spielten Kutzner und Flaucher. Der alte Cajetan Lechner schwang sich mit krachenden Knochen auf das Brückengeländer. Es war kalt. Ein heftiger Husten überkam ihn, er zog sein blaugewürfeltes Taschentuch, schneuzte sich. Die Buben waren aufmerksam geworden. »Da kommt her«, schrie einer, »da springt einer ab, das wird fein.« Sie sammelten sich um den alten Lechner, erwartungsvoll, ihn durch wohlwollende Zurufe anfeuernd.

Cajetan Lechner hockte auf dem Brückengeländer, die Knaben störten ihn. Wenn die so damisch herstierten, da konnte eines nicht auf einen vernünftigen, weihevollen letzten Gedanken kommen. »Fahrt ab, Saububen, dreckige«, sagte er. Aber die dachten gar nicht daran. Sie debattierten, wie hoch die Brücke sei, und ob einer da schon durch den Luftdruck getötet werde oder erst unten zerschmettere. Sie hatten ähnliches im Film gesehen, sie waren sachverständig und sehr gespannt auf die Wirklichkeit

Der alte Lechner hockte auf seinem Geländer. Es war verflucht kalt, die Füße waren ihm ganz steif, da kriegte man ja das Reißen. Eigentlich war ihm die Stimmung vergangen. Doch er genierte sich vor den Buben, so unverrichteterdinge wieder herunterzusteigen. Sie hatten ganz recht, er war ein Unwürdiger, es gehörte sich, daß er da hinuntersprang. Er suchte sich anzufeuern, sich seinen ganzen Jammer vorstellend. Die Buben schimpften, daß er sie so lange warten ließ. Aber der Appetit war ihm ebenso rasch vergangen, wie er ihm angeflogen war. Da half kein Anfeuern mehr; wenn eines nicht in Stimmung ist, dann kann man nicht verlangen, daß man da hinunterspringt. Grimmig aus seinen wasserblauen Augen schaute er auf die Knaben, stieg umständlich herunter vom Geländer, schimpfte: »Rotzbuben, dreckige, gescherte Lackel, Saubagage, damische«, trollte sich. »Schisser, Hundskrüppel, elendiger«, derbleckten ihn die Buben zurück.

Er schleppte sich wieder zur Bank, todmüde, als müßte er jeden Knochen einzeln vor sich hertragen. Hinter ihm klang es noch immer: alter Saubartel, Hundskrüppel, dappiger, Lahmarsch, trauriger. Er möchte gerne länger ausruhen, trotz der Hundsbuben. Allein wenn er auf der Bank sitzenbleibt, dann erkältet er sich auf den Tod.

Er ging zurück zur Stadt. Jetzt waren überall die Plakate Kutzners abgerissen, nur mehr die Plakate der Regierung klebten. Er stellte sich vor solch einen Anschlag, las, ohne zu begreifen. »Der Schuft von einem Flaucher, der Verräter, der Hundling«, schimpften die Leute. »Ja, ja«, sagte Cajetan Lechner. Wenn einer ihn anschaute, glaubte er, er schaue schief, rieche ihm seine Schande an.

Schließlich, getrieben von Schwäche, traute er sich doch in eine Wirtschaft. Er aß eine Leberknödelsuppe. Erst aß er mechanisch, gierig, aber dann schmeckte es ihm, und er bestellte eine saure Lunge, und hernach bestellte er einen Kalbsbraten. Dazu trank er ein Bier, und noch eins, und dann trank er Kaffee. Er saß lange in der rauchigen Wirtschaft, es war warm, er dunstete aus. Das war ein böser Tag gewesen. Das Schrankerl hin, das gelbe Haus hin, die Ehre hin. Unwürdig war er, so benahm man sich nicht als Hausbesitzer und Vizepräsident der Grüabigen.

Aber es war doch gut, hier zu hocken. Wie die Kugeln an der Mauer zerspritzten, das war scheußlich gewesen. Jetzt hatte er einen Kalbsbraten und eine saure Lunge im Magen, und sein Gewehr war er auch los und die Armbinde, und jetzt geht er ins Volksbad und badet.

Er zahlte und gab ein reichliches Trinkgeld. In der Trambahn, auf der Fahrt zum Volksbad, schauten sie ihn schon wieder so an. Dann lag er in der Wanne. Er blickte träumerisch auf die Inschrift, daß man nach fünfundvierzig Minuten die Badezelle wieder verlassen haben müsse, und daß der Friseur im Hause sich auch für Fußpflege empfehle. Schade, daß man nur so kurz in der Wanne bleiben durfte. Der Lechner hatte das Gefühl, als spüle er mit jeder Minute mehr von dieser damischen Revolution und von seinem unwürdigen Revolutionsadam fort. Aber er mußte bald heraus aus der blaßblauen Wärme und wieder in seine beschmutzten Kleider.

Seufzend fuhr er nach Hause. Wenn man die Kinder brauchte, dann waren sie nicht da: heute, wo er die Wohnung leer hoffte, da hockte natürlich die Anni und wartete auf ihn. Sie hatte eine Mordsangst ausgestanden. Es hatte so viele Tote und Verwundete gesetzt, sie wußte, er war dabei gewesen, und er war die ganze Nacht und den ganzen Tag nicht nach Hause gekommen.

Er hatte für ihre Fragerei ein nichtssagendes, mürrisches Gebrabbel. Verlangte ins Bett; er fürchtete das Reißen oder wenigstens einen starken Schnupfen, sie solle ihm einen Fliedertee machen. Hastig, während sie ihm den Tee bereitete, zog er sich aus, suchte die Wäsche vor ihr zu verstecken. Sie brachte ihm eine Wärmflasche und das heiße Getränk. Er schwitzte, brummte, fühlte sich wohl. Aber ganz ausschwitzen konnte er seine Unwürdigkeit und Schande nicht. Soll ihn der Hautseneder frotzeln: er hat keine Lust mehr, Hausbesitzer zu sein. Nie mehr wird er vergessen, wie es ihm weich und weh um den Leib war. Er wird sich nicht mehr einmischen in die Händel der Großkopfigen. Ein solcher wie er muß froh sein, wenn sie ihm sein Bier, seine saure Lunge und seine Ruh lassen. Er wird sich überwinden und wird ohne ein Wort zuschauen, wie in Zukunft bei den Grüabigen ein anderer den Vize macht.

Herbert Rosendorfer
Deutsche Suite
(Romanausschnitt)

Das Glückwunschtelegramm des Reichspräsidenten lautete:

MÖGE VATERLÄNDISCHER FEIST UND DEUTSCHE GESINNUNG DIESES FÜRSTEN DAS BAYRISCHE VOLK DEREINST INS DRITTE JAHRTAUSEND FÜHREN STOP HEIL UND SEGEN IN SEINE WIEGE STOP HINDENBURG

Der Papst übermittelte speziellen apostolischen Segen. In die Besucherliste in Nymphenburg trugen sich unter anderen Karl Valentin und Karl Ludwig Troost ein. Das ›Feist‹ in des Reichspräsidenten Telegramm war übrigens ein Übermittlungsfehler. Es sollte ›Geist‹ heißen. Wo sich der Fehler eingeschlichen hatte, ob in München bei der schriftlichen Absetzung des Telegrammes oder in Berlin bei der Aufnahme, ob sich der Fehler möglicherweise schon im Konzept der Reichspräsidialkanzlei befunden hatte, konnte nie mehr geklärt werden. Freilich ahnte damals, am 2. April 1933, noch niemand, welche schmerzliche Anspielung das ›Feist‹ einmal werden sollte.

Der Prinz war ein, biologisch gesehen, ganz gewöhnliches und gesundes Kind von ca. 13 Pfund Gewicht. Es waren Anzeichen von blonden Haaren festzustellen, soweit erkennbar, hatte er blaue Augen, aber das haben ja alle Babies. Im übrigen war dieses am 2. April 1933 in der Kronprinzensuite des Schlosses Nymphenburg geborene Kind alles andere als gewöhnlich und normal. Es war der älteste Sohn des damals gerade zweiunddreißig Jahre alten Kronprinzen Luitpold von Bayern und seiner Gemahlin, der Kronprinzessin Emilie, einer geborenen Prinzessin von Hessen-Darmstadt, mithin der älteste agnatische Enkel Seiner Majestät, des Königs Rupprecht I., der seit 1921 in Bayern regierte.

Nachdem die Monarchie in Bayern als einzige den Herbststurm von 1918 – der die anderen deutschen Kronen hinwegraffte, als wären sie dürres Laub – überdauert hatte, glaubte man allgemein, daß so bald nichts mehr diese Staatsform erschüttern könne, und rechnete, daß nach menschlicher Voraussicht dieser neugeborene Prinz dereinst das Zepter über das gottgesegnete Bayernland sowie die ebenfalls gottgesegnete Pfalz schwingen werde.

Nun, das Zepterschwingen, das 1933 noch der alte König Rupprecht besorgte, war gar nicht mehr so einfach. Schon im 19. Jahrhundert hatte mancher der bayrischen Könige sein Zepter geschwungen und geschwungen, und die Regierung und das Parlament hatten doch getan, was sie wollten. König Ludwig I. hatte das Zepter so heftig geschwungen, daß ihm schließlich die Krone vom Kopf fiel, und König Ludwig II. hatte sich mit seinem Zepterschwingen sogar in die Zwangsjacke des Dr. Gudden hineingefuchtelt. Es mag sein, daß es die nur mehr oder weniger latent monarchische Staatsform war, die der heute nahezu heiligmäßig verklärte Prinzregent Luitpold mit Geschick praktizierte – er hat nie den Königstitel geführt, obwohl er de facto der Herrscher Bayerns war –, die die monarchische Verfassung in Bayern die Revolution von 1918/19 überleben ließ. König Ludwig III., des Prinzregenten Sohn, auch eher ein bürgerlicher, um nicht zu sagen kleinbürgerlicher Fürst, ein harmloser Mensch von großem Leibesumfang (war es dieses sein Erbteil, das in dem 1933 geborenen Erbprinzen zu so verhängnisvollen Folgen führen sollte?), verließ im November 1918 München für einige Wochen, Bayern nur für vier Tage. Man sagt, die bayrischen Revolutionäre hätten die Revolution in Bayern nur aus Pietät gegenüber dem angestammten Herrscherhaus ausgerufen. Toller und Eisner, sagt man, haben gefürchtet, daß der milde König Ludwig III. aufs äußerste indigniert gewesen wäre, wenn bei ihm, ausgerechnet bei ihm keine Revolution gewesen wäre, wo man sonst überall in Deutschland Revolution gemacht habe. Kann sein und nicht auch – sagte Ludwig Thoma –, ist's wie's mag: der König kehrte in seine Hauptstadt zurück und wurde durch den Schrobenhausner Vertrag mit der Reichsregierung vom 12. Dezember 1919 als Reichskommissar für Bayern und die Pfalz manifestiert. Nach diesem Vertrag begnügte sich der König staatsrechtlich mit den Funktionen eines Prinzregenten – das Wort begeisterte sofort alle aufrechten bayrischen Revolutionäre –, wobei ihm die persönlichen Prärogativen als ehemaligem König ausdrücklich zugestanden wurden. Ludwig III. war also König und nicht auch: ein außerordentlich geschickter Schwebezustand, der kaum zu durchschauen und von einer Revolution schon gar nicht zu stürzen war.

Als Ludwig III. 1921 starb, wurde sein ältester Sohn Rupprecht zum ›Nachfolger‹ ausgerufen und stillschweigend von der Reichsregierung als König anerkannt. Mit Dekret des Reichspräsidenten Ebert vom 22. April 1923 wurde festgestellt, daß Rupprecht der Titel eines Königs von Bayern, Herzogs von Franken, Pfalzgrafen bei Rhein etc. etc. *persönlich* rechtens zustehe, die Frage aber, welche Staatsform in Bayern gelte, späterer Regelung vorbehalten bliebe. Ohne Zweifel mit Vorbedacht unterblieb diese ›spätere Regelung‹. Lediglich in einem Handschreiben des Reichspräsidenten vom 1. Jänner 1929 (damals schon Hindenburg) erfolgte die Erklärung, daß »die vom König von Bayern derzeit ausgeübten Rechte die Reichsverfassung nicht tangieren« und alles übrige bayrische Angelegenheit sei. Da der König so gut wie alle Rechte ausübte, die sein Vorgänger vor dem 7. November 1918 ausgeübt hatte, wurde dieses Handschreiben des Reichspräsidenten von königstreuer bayrischer Seite – und wer wäre nicht königstreu gewesen in Bayern? – als Bestätigung der monarchischen Staatsform seitens der Reichsregierung ausgelegt. Der bayrische Ministerpräsident Held und der Erzbischof von München und Freising, Kardinal von Faulhaber, erklärten gemeinsam am 18. Mai 1929 beim Festbankett zum 60. Geburtstag König Rupprecht I. – also nicht ganz offiziell, aber doch ausdrücklich –, daß sie keinen Anlaß sähen, »eine 1918 oder 1919 stattgehabte staatsrechtliche Veränderung anzunehmen«.

Die bald danach erfolgte Vermählung des Kronprinzen Luitpold mit Emilie, der Tochter des in München lebenden Prinzen Moritz von Hessen-Darmstadt, wurde mit großem vaterländischem Aufwand gefeiert. Der Übertritt der neuen Kronprinzessin

Emilie zur katholischen Konfession (»aus tiefinnerster Überzeugung«, hieß es im Hofbulletin) erfolgte am Wiesensonntag – das ist der Sonntag der Eröffnung des Oktoberfestes – des Jahres 1930 unter freudiger Anteilnahme der Bevölkerung, was schon allein dadurch gewährleistet war, daß 20 Ochsen – die Zahl entsprach den Lebensjahren der Königlichen Hoheit – gebraten und portionsweise gratis unter die jubelnde Bevölkerung verteilt und 20 Hektoliter Freibier ausgeschenkt wurden.

Als dann am 2. April 1933 der Erbprinz geboren wurde, war zwar der Jubel der Bayern und die Zuneigung des Volkes zum angestammten Herrscherhaus nicht minder groß, es war aber nicht zu verkennen, daß die Situation für den König von Bayern seit Hitlers sogenannter Machtübernahme zunehmend heikler geworden war. Die Nazis hatten, kaum daß die ›Koalitionsregierung des Nationalen Zusammenschlusses‹ am 30. Januar 1933 vereidigt worden war – in der im übrigen nur vier Nazis waren: Hitler, Frick, Göring und Goebbels, alle übrigen waren parteilos bis auf Hugenberg, der der DVP, und Seldte, der dem ›Stahlhelm‹ angehörte –, ein so umfangreiches Gesetzgebungs- und Verordnungssperrfeuer abgehaspelt, daß man staunen mußte. »Daß nur die Schreibmaschinen so schnell schreiben können«, räsonierte König Rupprecht, »irgendwie müssen diese Scheißwische ja geschrieben werden, oder sondert Hitler das ab wie Schleim?«

Am 4. Februar 1933, also eine knappe Woche nach der ›Machtübernahme‹, erließ der Reichspräsident die ›Verordnung zum Schutze des deutschen Volkes‹, in der – mittels des berüchtigten Notstandsartikels 48 der Reichsverfassung – die wichtigsten verfassungsmäßigen Grundrechte aufgehoben wurden. Wieder knappe drei Wochen später, am 27. Februar, brannte der Reichstag, und schon erging am 28. die ›Verordnung zum Schutze von Volk und Staat‹, die den Ausnahmezustand verhängte. Der Zustand sollte gute zwölf Jahre dauern. Eine Woche darauf, am 9. März, wurde für Bayern ein Reichskommissar ernannt.

Ein Reichskommissar, so hieß es, sei »der Inhaber einer höheren Amtsstelle, eingesetzt für einen bestimmten, meist als zeitlich begrenzt angesehenen Zweck, der sich nicht ausreichend von den bestehenden Behörden erfüllen läßt«. Wie man sich erinnert, war der einzige staatsrechtlich verbriefte Rechtstitel Rupprechts auf die Herrschaft in Bayern die seinem Vater seinerzeit zuerkannte Eigenschaft eines Reichskommissars. Es war immer schon strittig gewesen, ob damals der alte König Ludwig III. faktisch Reichskommissar sein oder ob er *gleich* einem Reichskommissar – aber eben als König oder Prinzregent – fungieren sollte. Rupprecht leitete nun, im März 1933, von der Ernennung eines Reichskommissars die beruhigende Gewißheit ab, daß Hitler und seine Nazis das Königreich Bayern de facto, ja sogar de iure anerkannten. »Damit steht fest«, sagte der uns schon bekannte Justizrat von Scheuchenzuber, »daß Ew. Majestät allenfalls *gleich* einem Reichskommissar regieren resp. regierten. Aus der Sicht der Reichsregierung, beeile ich mich hinzuzufügen. Aus der Sicht des bayrischen Staatsrechts regieren Ew. Majestät allein kraft angestammten Herrscheramtes. Nun, wenn – aus Reichssicht – ein Reichskommissar ernannt werden, ohne daß Ew. Majestät, verzeihen Ew. Majestät, abgesetzt wird, bedeutet dies, daß Ew. Majestät eben nicht Reichskommissar sind, sondern nur in der Funktion diesem gleich. Also bedeutet die Ernennung dieses Reichskommissars nicht nur keine Einengung Ew. Majestät Regierungsbefugnisse, sondern dekretiert im Gegenteil Ew. Majestät rechtmäßige Regierung in Bayern auch aus der Sicht des Reiches.«

»Ihr Wort in Gottes Ohr«, murmelte der König.

»Übrigens ist der Reichskommissar niemand anderer als mein alter Freund Epp«, fügte der Justizrat hinzu, »Ew. Majestät erinnern sich: Franz Ritter von Epp, er befehligte im Krieg das Bayrische Infanterie-Leibregiment und 1919 das nach ihm benannte Freikorps, das in München gegen die Kommunisten kämpfte. Epp ist gebürtiger Münchner.«

»Ja, ja«, grantelte Seine Majestät, »dieses Arschloch.«

Am 10. März kam Epp von Berlin angereist und machte sofort eine devote Aufwartung beim König. Der Ritter war ein pensionsreifer Trottel von fast siebzig Jahren. Daß Hitler gerade ihn zum Reichskommissar für Bayern ernannt hatte, mußte man durchaus als rücksichtsvoll betrachten. Jedenfalls war Epp keine ernste Gefahr für Bayerns Eigenständigkeit. Dennoch sah man in Hofkreisen der Unterredung des Königs mit Epp mit Besorgnis entgegen. Die Audienz dauerte mehr als eine Stunde, obwohl ursprünglich nur zwanzig Minuten vorgesehen gewesen waren. Die Majestät und der Reichskommissar plauderten angeregt über ein Problem, das beide beschäftigte: die Hämorrhoiden.

»De Nazi«, sagte der König nachher zum Hofmarschall Grafen Arco-Valley, »de Nazi san gar net so.«

Viele sagten das damals. Aber immerhin hatten die königlichen Hämorrhoiden den Thron der Wittelsbacher zunächst einmal gerettet. Das sogenannte ›Zweite Gleichschaltungsgesetz der Länder mit dem Reich‹ vom 7. April 1933, das allerdings ausdrücklich nur eine vorläufige Regelung im Hinblick auf ein umfassendes Reichsgesetz über den Neuaufbau des Reiches war, beschnitt zwar die Rechte bayrischer Eigenständigkeit erheblich, umging aber das Problem der bayrischen monarchischen Staatsform mit Stillschweigen. Nach der hektischen Geschäftigkeit der Nazis im Frühjahr 1933 war dann auch eine Zeitlang Ruhe, denn die Nazibonzen waren nach ihrer Etablierung damit beschäftigt, sich am artfremden und minderrassigen Vermögen zu bereichern, vor allem aber, gegeneinander zu intrigieren. Die Hoffnung allerdings, die Nazis würden sich dabei gegenseitig ausrotten, erfüllte sich nicht. Es waren ihrer offenbar doch zu viele.

Die Geburt des Prinzen am 2. April 1933 verlief normal. Erste alarmierende Anzeichen zeigten sich erst einige Jahre später, obwohl sich bei der Taufe die beiden anwesenden Taufpaten, die Prinzen Wolfgang und Georg von Bayern (stellvertretend auch für Papst Pius XI., Hitler, Hindenburg und Erzherzog Otto von Habsburg), häufig im Halten des Kindes abwechseln mußten, weil es ziemlich schwer war. Kardinal Faulhaber, der den Täufling und die hohen Herrschaften an der Tür der Schloßkapelle in Nymphenburg mit einem schneidigen »Heil Hitler!« empfangen hatte (er schrieb damals gerade an seinem Buch ›Judentum, Christentum, Germanentum‹), taufte den Prinzen auf die Namen:

Otto Ferdinand Maria Ruprecht Moritz
Pius Achilles Paul Adolf Wolfgang Georg
Tassilo Ludwig Deodatus Valentin.

Die Wahl der Vornamen und vor allem die des ersten Vornamens war im Hinblick darauf, daß dieser Prinz als ältester Sohn des Kronprinzen dereinst die bayrische Krone tragen sollte, von eminenter Bedeutung. Bekanntlich hatten die neueren Wittelsbacher mit dem Namen ihres altvorderen Stammvaters Otto wenig Glück gehabt. Der Prinz Otto von Bayern, zweiter Sohn König Ludwigs I., hatte als erwählter König von Griechenland eine wenig günstige Figur gemacht und war endlich von den Griechen davongejagt worden. Sein gleichnamiger Neffe, der jüngere Bruder und Nachfolger des bayrischen Märchenkönigs Ludwigs II., der, wie man so sagte, *unglückselige* Prinz Otto, wurde zwar nach Ludwigs II. Tod zum König proklamiert, doch wegen seiner gänzlichen Regierungsunfähigkeit infolge ›Schwermut‹ übernahm sein Oheim Luitpold, der weltberühmte und in Bayern überaus populäre Prinzregent, die Herrschaft über das Königreich. Der König Otto wurde derweilen im Schloß Fürstenried bei München wie ein Vieh gehalten und verfiel im Lauf der Jahre, die er in der Zwangsjacke verbrachte, tatsächlich der Schwermut, denn anfangs, erzählt man sich heute noch heimlich, sei er gar nicht so dumm gewesen, jedenfalls nicht dümmer als andere Prinzen. Man habe aber gefürchtet, daß er seinem Bruder Ludwig zu ähnlich sein könnte und noch mehr Schlösser bauen und noch größere Schulden machen würde. Deshalb übergab der Prinzregent Luitpold den an und für sich liebenswürdigen König den rohen Irrenwärtern von Fürstenried, die sich mit prinzregentlicher Duldung einen Spaß daraus machten, den König wie einen Narren zu behandeln. Über dreißig Jahre war der König so eingesperrt, und das kann auch einen weit weniger sensiblen Geist zerstören. Zum Schluß bettelte der arme gefangene König, der, weil er mit niemandem reden durfte, die Sprache verloren hatte, nur mehr darum, ein wenig im Park spazierengehen zu dürfen, und kratzte mit seinem Stock an der verschlossenen Tür seines Zimmers. Die

Wärter machten aber nicht auf. Die Kratzer an der Tür kann der Besucher des Schlosses Fürstenried heute noch sehen. Es ist dies wohl das erschütterndste Denkmal des Hauses Wittelsbach. 1916 erlöste der Tod den König Otto 1. von seinen Leiden. Kein Prinz des königlichen Hauses wurde seitdem – aus Aberglauben oder aus schlechtem Gewissen – Otto genannt. Nun, 1933, wollte Kronprinz Luitpold durch die Wahl eben dieses Namens den Bann brechen.

»Ich woaß net«, kommentierte König Rupprecht die Namenswahl.

»Lieber nicht«, hatte die Kronprinzessin Emilie im Wochenbett gebeten.

Der Kronprinz blieb bei seiner Wahl, zumal ja auch sein Freund und Vetter, der Erzherzog Otto von Österreich, einer der Taufpaten war. Daß sich die Hoffnung, durch diese Flucht nach vorn dem Fluch, der offenbar im königlichen Hause auf diesem Namen lastete, die Spitze abzubrechen, alles andere als erfüllte, zeigte sich bald.

Abgesehen von dem Schreib- und Übermittlungsfehler im Glückwunschtelegramm des Reichspräsidenten – der, wenn man ihn in dem Zusammenhang überhaupt beachtet, höchstens symbolischen Charakter hat – zeigten sich beim Prinzen Otto bis etwa 1937, seinem vierten Lebensjahr, keine alarmierenden Anzeichen. Auch als 1936 der zweite Sohn des Kronprinzenpaares geboren wurde – Prinz Maximilian Maria Arnulph Wilhelm – und man einen Vergleich hätte ziehen können, fiel nichts auf. Erst im Winter 1937 in Tutzing, zum zweiten Weihnachtsfeiertag, geschah es unmerklich und doch alarmierend. Es schneite halb, halb regnete es.

»Der Kerl macht immer Schwierigkeiten in letzter Zeit«, sagte Göring zum Kronprinzen Luitpold.

»Diese heute wird nach menschlichem Ermessen wohl seine letzte sein«, sagte der Kronprinz.

Die Bemerkung bezog sich auf den ehemaligen Generalquartiermeister Erich Ludendorff, der an diesem Tag begraben wurde.

Ludendorff, neben Hindenburg ein Heros des Ersten Weltkriegs, war einerseits so nationalistisch und antisemitisch eingestellt, daß sich selbst lupenreine Nazis noch eine Scheibe davon abschneiden konnten (Putzi Hanfstaengl, der etwas selbstgefällige Reichs-Auslandspresse-Chef der NSDAP, hatte einmal gesagt: »Gegen Ludendorff wirkt Hitler fast wie ein Zionist.«), anderseits hatte sich Ludendorff, namentlich unter dem Einfluß seiner Frau Mathilde und nach seiner kläglich gescheiterten Präsidentschaftskandidatur von 1925 zu einer Art Oberpriester eines völkischen Spiritisten-Zirkels entwickelt, dessen lautstark verkündete Trivial-Philosophien selbst die Naziideologen zu kompromittierend fanden. Aber man konnte den alten Heros nicht einfach liquidieren wie den knopfnasigen Hauptmann Röhm oder ähnlich unbequem gewordene Gesinnungsgenossen.

Längst mieden die Nazi-Oberen den alten General, zumal in dem Jahr 1937, als Hitler ausreichend mit seinem Modellkrieg in Spanien beschäftigt war. Aber immer wieder schreckte eine im Sinn der Naziideologie unorthodoxe Äußerung Ludendorffs die Parteispitzen auf und brachte sie in Verlegenheit. (Namentlich die spiritistische Verbindung Ludendorffs mit Bismarck und dessen durch diese Verbindung kundgegebene politische Ratschläge brachten Hitler regelmäßig zum Rasen.) Aber was wollte man mehr machen, als diese heilige National-Kuh gesellschaftlich zu schneiden oder totzuschweigen?

Es war wie eine Erlösung, als Ludendorff endlich starb. Alle die Nazi, die Ludendorff die ganzen letzten Jahre geschnitten hatten, fanden sich aufatmend bei seiner Beerdigung ein. Hitler selber kam allerdings nicht. Als sein Vertreter bei ›Ableistung dieser traurigen Pflicht‹ fungierte Göring. Auch König Rupprecht kam nicht selber, sondern schickte seinen Sohn.

Es war feucht, aber nicht richtig kalt. Ein kräftiger, aber kein scharfer Wind, eine Art großer, unsichtbarer, feuchter Waschlappen fuhr über den Friedhof von Tutzing. Mathilde Ludendorff – die sonst für Freikörperkultur schwärmte und gern durchsichtige Chiffonkleider trug – stand ganz in Schwarz am offenen Grab. Neben ihr stand Ludendorffs ehemaliger Adjutant, Hans Streck, der nach dem Ersten Weltkrieg Tenor geworden war und zeitweilig Hitlers Nichte und Geliebte Geli Raubal im Singen unterrichtete.

Streck sang das ›Largo‹ von Händel, die Feuerwehrkapelle von Tutzing begleitete. Der Sänger kämpfte gegen die großen feuchten Schneeflocken, die ihm der Wind in den aufgerissenen Mund blies.

Ziemlich weit hinten stand die Kronprinzessin Emilie, vor ihr auf einem fremden Grabhügel standen in grünen Lodenanzügen ihr Sohn, der Erbprinz Otto, und dessen um ein Jahr älterer Vetter, Prinz Ignaz von Bayern.

Kronprinzessin Emilie langweilte sich und betrachtete die beiden Kinder. Der Fünfjährige war einen halben Kopf kleiner und ungelogen um ein Drittel schmächtiger als der vierjährige Erbprinz: nicht, daß der Prinz Ignaz zurückgeblieben oder verkümmert gewesen wäre, nein, der Erbprinz war so groß und dick. Kronprinzessin Emilie schüttelte den Kopf. ›Merkwürdig‹, sagte sie zu sich selber und beschloß, gelegentlich einmal einen Arzt zu fragen. –

Ödön von Horváth

Wie der Tafelhuber Toni seinen Hitler verleugnet hat

Gegen den Satan der Fleischeslust ist noch kein Kraut gewachsen, besonders im Fasching nicht. Auch wenn man eingeschriebenes Mitglied der NSDAP ist, erliegt man halt leicht der Versuchung, wie uns dies der Fall Tafelhuber zeigt. Der Tafelhuber Toni war nämlich ein überaus eifriger Hakenkreuzler, aber trotzdem verleugnete er bei der letzten Redoute seinen Hitler, und daran war nur so ein raffiniertes Frauenzimmer, Gott verzeih ihr die Sünd, schuld. Die hat den Tafelhuber Toni direkt um ihre Finger gewickelt, akkurat wie die Dalila ihren Simson. Dabei war der Tafelhuber gar kein Simson nicht.

Begonnen hat es so: wie es nämlich angefangen hat, da ist der Toni noch bei seinen speziellen Parteifreunden gesessen, in der Nähe der illuminierten Tanzfläche. Eine illustre Korona war das. Noch hat er sich nicht mal nach dem Schatten eines Weibes umgeschaut, sondern hat bloß sarkastische Bemerkungen fallen lassen über dem Kardinal Faulhaber seine letzte Predigt. Aber dann wollte es plötzlich das hinterlistige Schicksal, daß er seine Circe findet. Das war eine üppige Erscheinung, direkt rassig. Sie ging als Andalusierin und hatte was für ihn. Sie ist an ihm vorbeigerauscht, und er fühlte sich magisch hingezogen. Und sie hat halt nicht locker gelassen mit ihren verheißungsvollen Augen und den halbgeöffneten sinnlichen Lippen. So wurde er verzaubert.

Fünf mal hat er dann getanzt damit, und zwar gleich hintereinander. Sie preßte sich an ihn, und ihm tat das wohl, denn sie war halt kein Krischperl. Hernach wurde er plötzlich romantisch und gebrauchte ein dichterisches Bild, worauf sie sich an seinen Arm hängte und meinte, sie müsse nun etwas trinken vor lauter Linksrum. Er stieg mit ihr auf die Galerie in ein schattiges Eck. Dort setzten sie sich, und wie auf ein Kommando intonierte die

Musik eine getragene Weise. Aber das war alles nur Schicksal. Sie trank einen süßen roten Likör, und er sah ihr dabei zu. Dann kamen sie sich immer näher und gaben keinen Ton von sich. Mitten drin ging aber plötzlich ein Herr vorbei, und dieser Herr war ein Jud. Er lächelte rabulistisch und warf der Andalusierin einen provozierenden Blick zu, den diese automatisch erwiderte, denn sie war halt eine kokette Person.

Der Tafelhuber jedoch wollte seiner Beobachtungsgabe schier nicht trauen. Vor seinem geistigen Auge wiederholte er sich diese Szene, und immer mehr wurde für ihn diese Episode abermals zum Beweis. Er wollte es sich nicht gefallen lassen, daß ein Semit die Seinige so orientalisch-lüstern anschaut, aber der Orientale war schon verschwunden, und nun entstand zwischen dem Paar ein Meinungsaustausch über diese ganze Judenfrage. Der Tafelhuber wurde immer stolzer und setzte seiner Andalusierin allerhand auseinander, aber diese blieb verstockt. Ja sie meinte sogar, daß ihr das schon sauwurscht wäre, ob Jud, ob Christ, ob Heid, für sie wäre die Hauptsache, daß einer ein Menschenantlitz trägt. Und plötzlich fuhr sie ihn an: »Oder bist du gar so a Hakenkreizler? Die mag i nämlich scho gar net!« Sie sah ihn direkt durchbohrend an. »Mei Vater is Sozialdemokrat, mei Mutter is Sozialdemokrat, und i bins a«, sagte sie und zog sich zurück von ihm, so daß es ihm an der ihr bisher zugewandten Seite ganz eisig entlang wehte. Weil er halt auch schon ziemlich durchschwitzt war. Er wollte sich an ihr wärmen wie an einem Feuer – aber da fiel ihm schon wieder der Kardinal ein und der Herr Owen Young, besonders letzterer grinste sehr höhnisch – »Nur nichts mehr denken«, dachte der Tafelhuber verzweifelt und konnte nicht mehr anders. Sein aufgestacheltes Verlangen nach den einladenden Formen seiner marxistischen Andalusierin blieb weiter bestehen und wuchs sich aus, trotz der diametral anderen Weltanschauung. Auch ein SA-Mann ist halt zu guter Letzt nur ein Mensch. Auch er ist doch nur ein Mann mit demselben Gestell wie ein Exot. Was helfen da alle guten Vorsätze, das Leben legt seine Netze aus und fragt weder nach Rasse noch nach Religion. Manchmal ist halt auch bei einem Hitlermann der Geist willig und das Fleisch schwach. Und er sagte: »Nein, ich bin kein Hitler nicht.« – So hatte er seinen Hitler verleugnet, ehe die dritte Française getanzt war.

Aber hernach hat er es mit den Gewissensbissen bekommen und nicht zu wenig. Er ist ganz dasig an den Tisch seiner Parteigenossen zurückgekehrt und hat sich einen furchtbaren angetrunken vor lauter Zerknirschung. Düster hat er vor sich hingestarrt und gegrübelt, eine lange Zeit. Dann ist er plötzlich aufgesprungen und hat losgebrüllt: »Ja Herrgottsakrament, sind wir denn noch in Deutschland oder nicht?!« Man beruhigte ihn und setzte ihm auseinander, daß er sich noch in Deutschland befände, und zwar mitten in München, aber er wollte es nicht glauben. Er lallte nur Abwegiges vor sich hin und wankte benommen. Man führte ihn hinaus in die frische Luft. Ein feiner Nebel lag über dem Asphalt, und wenn er sich nicht hätt übergeben müssen, dann hätt er die Sterne der Heimat gesehen.

Bertold Brecht

Schwierige Zeiten

Stehend an meinem Schreibpult
Sehe ich durchs Fenster im Garten den Holderstrauch
Und erkenne darin etwas Rotes und etwas Schwarzes
Und erinnere mich plötzlich des Holders
Meiner Kindheit in Augsburg.
Mehrere Minuten erwäge ich
Ganz ernsthaft, ob ich zum Tisch gehn soll
Meine Brille holen, um wieder
Die schwarzen Beeren an den roten Zweiglein zu sehen.

Grete Weil

Lebensgefährlich, Jüdin zu sein

(Ausschnitt)

Habe ich gewußt, daß es lebensgefährlich war, Jude oder Jüdin zu sein?

Nein, ich habe es nicht gewußt, so wenig wie meine Eltern oder irgendwer aus unserer Familie.

Hat die kleine, die glückliche Grete irgendwann begriffen, daß sie nicht nur mit einem silbernen Löffel im Mund geboren wurde, sondern daß sie durch ihre Geburt in eine tödliche Falle gelaufen war?

Es hat sehr lange Zeit gedauert, bis sie es begriff, und ich weiß noch nicht sicher, ob sie es heute ganz verstanden hat.

Denn was ist das überhaupt: Jude? Wir lebten wie alle Menschen rings um uns, feierten Weihnachten mit einer mit bunten Kugeln und Lametta geschmückten Riesentanne in Egern. Zu Ostern gab es in Garten und Haus versteckte Schokoladeneier. Fritz war nicht beschnitten (ich habe sehr lange nicht gewußt, was das ist), und bei Mädchen gab es sowieso kein Kennzeichen. Wir gingen weder zur Kirche noch zur Synagoge, sprachen keine Gebete, redeten nicht über Gott, ganz sicher nicht über Jahwe.

Daß der Antisemitismus im Land wuchs, das nahmen wir, versteht sich, zur Kenntnis, wenn es uns selbst auch erst spät betraf.

Ein beliebtes Thema: Wer steht einem näher, ein bayerischer Bauer oder ein Jude aus Polen? Für Mutter, Fritz und mich (bei Vater weiß ich es nicht so genau) war es der bayerische Bauer, schon weil wir nichts, aber auch gar nichts über den Juden aus Polen wußten. An welche Gebräuche hielt er sich? In welcher Sprache redete er mit seinem Gott? Hebräisch? Polnisch? Jiddisch?

In amtlichen Dokumenten, z.B. auf dem Schulbogen, war bei uns als Religion nicht *jüdisch*, sondern *israelitisch* oder *mosaisch* angegeben. Eine Heuchelei. Später sagte man: Ich habe den und den Verwandten in Auschwitz verloren, nicht: er wurde in Auschwitz umgebracht. Verschlampte Sprache. Redensarten wie die Katze um den heißen Brei, daß man sich nicht die Pfoten verbrenne.

Jude, was ist das? Ich habe es als Mädchen nicht gewußt und weiß es heute auch nicht genau.

Eines ist zu der unklaren Definition hinzugekommen: Ich bin Teil einer Gemeinschaft des Leidens, der Schmerzen. Kann ich davon wegkommen? Offensichtlich nicht.

Da gibt es einen Gott Jahwe, mit dem ich nichts anzufangen weiß. Da gibt es ein Land Israel, mit dem ich nichts zu tun habe. Trotzdem bin ich Jüdin. Alle sagen es. Ich sage es selbst, sage es ohne zu zögern. Dabei rede ich doch sonst nicht daher, ohne zu wissen, wovon ich spreche.

Ich bin Jüdin.

Mache ich mir den Maßstab der Nazis zu eigen: vier jüdische Großeltern, acht jüdische Urgroßeltern? Wo gerate ich hin? Eine Rasse? Ein Volk? Eine Gruppe, die immer ein Volk sein wollte und nie eines war.

Man gerät in einen Sumpf, wenn man anfängt, darüber nachzudenken.

Und doch ein gewisser Stolz: Einstein und Freud waren Juden. Marx, Chagall. Als ob ich irgendetwas mit Einstein, Marx, Freud, Chagall zu tun hätte.

Frühe Ablehnungen:

Eine Klassenkameradin, Tochter eines berühmten Internisten mit zahlreichen jüdischen Patienten und Patientinnen, hatte die ganze Klasse zu sich nach Hause eingeladen, die ganze Klasse mit Ausnahme der Jüdinnen. Vielleicht wußte der berühmte Papa ja nichts davon. Ich mochte das Mädchen nicht besonders, trotzdem tat es weh.

Da war also etwas: ein Makel. Zwei oder drei aus meiner Klasse trugen Hakenkreuze, die mich störten, doch man brauchte sie ja nicht auf sich selbst zu beziehen.

Man bezog sie trotzdem auf sich selbst.

Nach dem Kriege traf ich in einem Frankfurter Theater eines der Mädchen wieder. Sie schien ehrlich erfreut, mich zu sehen, besuchte mich, brachte Blumen mit, sehr auf Freundschaft bedacht. Es half nichts, ich brach die Beziehung bald ab, konnte nicht umhin, in dieser erwachsenen, recht reizvollen Frau das Kind mit dem Hakenkreuz zu sehen, das mich kränkte.

Fritz und ich, beide leidenschaftliche Bergsteiger (ich noch etwas leidenschaftlicher als er), wollten der Sektion München des Alpenvereins beitreten (weil es anständiger war, wenn man schon die Hütten benutzte) und wurden ohne Angabe von Gründen abgelehnt. Andere Gründe konnte es nicht geben. Wollte man nicht mit uns in den Hütten zusammen schlafen? Rochen wir anders? Stanken wir? Wir lebten so lange in Deutschland wie die Ablehnenden. Gehörten Goethe, Schiller, Hölderlin, Mozart und Beethoven nicht genauso uns wie ihnen? (Nur kannten wir sie meistens besser).

Wir hatten mit Israel nichts zu tun, außer daß vielleicht vor hunderten odet tausenden von Jahren einer unserer Vorfahren dort gelebt hatte. Doch in welch weit entfernten Gebieten hatten die Vorfahren der anderen damals gelebt?

Edgar wurde in Mauthausen ermordet, weil er Jude war, aus keinem anderen Grund.

Ich weigere mich zu sagen, daß ich ihn in Mauthausen verloren habe. Ich habe ihn nirgendwo verloren. Er wurde dorthin gebracht und ermordet.

Hat Edgar gewußt, was ein Jude ist? Ich glaube nicht, wir hätten doch darüber gesprochen oder er hätte in einem der beiden hoffnungslosen Briefe, die ich von ihm aus dem verfluchten Ort bekam, eine Andeutung gemacht: jetzt weiß ich es. Es ist ein Todesurteil. Nimm dich in Acht. Auch du bist bedroht. Ich glaube nicht, daß er dachte, ich sei bedroht. Mit seinem Tod solle ich mich aussöhnen, schrieb er, verdeckt für den Zensor, deutlich für mich. Das schreibt man keiner, die selbst vom Tod bedroht ist.

Manchmal überkommt es mich, und dann bin ich geneigt, gewisse positive Eigenschaften wie hohe Sensibilität oder auch Gerechtigkeitssinn für jüdisch zu halten, obwohl ich genau weiß, daß es überall Sensibilität und Gerechtigkeitssinn gibt, so gut wie unsensible und ungerechte Juden. Auch mit diesem Unterscheidungsmerkmal ist es also nichts. Was ist das: »Jude«?

Das erste Ehejahr
(Ausschnitt)

[…]
So ging unser Leben weiter wie bisher.

Am 27. Januar 1933 hatte Mu Geburtstag. Edgar und ich fuhren nach Frankfurt, um ihn mit ihr zu feiern. Als wir zurückkamen, war die Welt verändert. Ich weiß nicht mehr, wo, wie und durch wen ich erfahren habe, daß am 30. Januar Hitler als Reichskanzler vereidigt worden war. Das eingreifendste, zerstörerischste Ereignis meines Lebens, und ich habe vergessen, habe verdrängt, wie ich es erfuhr.

Jetzt endlich fingen wir an zu begreifen, aber noch blieb im katholischen Bayern alles beim Alten. Würde es sich von dem, was in Berlin geschehen war, absondern können? Sehr unwahrscheinlich. Doch in einer Situation wie der unseren hofft man bis zum Ende und gegen jede Vernunft.

Am Rosenmontag waren wir auf dem Kammerspielball im Regina-Hotel. Edgar tanzte mit einer Bekannten von uns, kam zu mir und sagte: »Ellen ist verrückt geworden, dauernd redet sie davon, daß der Reichstag brenne.«

Wir tanzten weiter, fuhren nach dem Regina ins Luitpold, in dem es keine Sperrstunde gab. In der Morgendämmerung kamen wir nach Hause, am Siegestor kauften wir eine Zeitung und lasen, daß der Reichstag brannte. Da war der Fasching zu Ende, einen Tag zu früh brach im grauen Winter der Aschermittwoch an. Aber noch immer war in Bayern alles anders.

Die Kammerspiele galten damals allgemein als links, ohne es je wirklich zu sein. Der Direktor Otto Falckenberg, großer und poetischer Regisseur, war ein ganz und gar unpolitischer Mensch, der es nie gewagt hätte, in dieser Zeit ein linkslastiges Stück herauszubringen. Uns ärgerte das. Gemeinsam mit einem jungen Journalisten wollten wir so etwas wie einen Verein gründen, in dem linke Stücke im geschlossenen Kreis vorgelesen werden sollten, und wir hatten als erstes Stück an *Die heilige Johanna der Schlachthöfe* von Brecht gedacht. Doch um der Sache Gewicht zu geben, wollten wir jemanden mit einem Namen dabei haben und schrieben deshalb an den mit uns befreundeten Schriftsteller Bruno Frank, ohne zu wissen, daß er sich sofort nach dem Reichstagsbrand ins Ausland abgesetzt hatte. Unser Brief erreichte ihn in der Emigration. Er schrieb eine ausführliche Antwort, in der er uns auseinandersetzte, warum er von der Sache überhaupt nichts halte, sie sei unnütz und komme viel zu spät.

Nach dem Reichstagsbrand überschlugen sich die Unglücksnachrichten aus Berlin. Doch noch immer hatte die Verhaftungswelle nicht auf Bayern übergegriffen. Ich war mit meinem Schwager Hans schon lange zum Skilaufen verabredet. An dem Tag anfangs März 1933, an dem er kommen sollte, hatten die Nazis durch die Einsetzung eines Reichsstatthalters in Bayern die Macht übernommen. Ich fuhr zum Bahnhof, um Hans abzuholen, als ich den Odeonsplatz überqueren wollte, fand dort gerade die Siegesfeier statt. Natürlich wollte ich nicht wegfahren, während sich in München die Ereignisse überstürzten. Auch hatte ich Angst um Vater, den die Nazis schließlich schon einmal, während des viel harmloseren Hitler-Putsches, hatten verhaften wollen. An Gefahr für Edgar dachte ich überhaupt nicht. Ich fuhr dann schließlich doch, weil Edgar Angst vor Hansens Reaktion hatte, wenn ich mich wirklich nicht an unsere Verabredung halten würde. Im Silvretta-Gebiet trafen wir meinen

Bergführerfreund Willy Wechs. Er brachte noch eine Dame mit, eine Frau Stresemann, Schwägerin des verstorbenen ehemaligen Reichskanzlers und Außenministers. Sie sagte mir: »Wissen Sie eigentlich, daß Wechs ein überzeugter Nazi ist?« Ich wußte es nicht, war erstaunt, bestürzt, konnte aber nicht mit ihm darüber reden.

Ich hatte zu Hause die Namen der Hütten hinterlassen, in denen wir übernachten wollten.

Eines Tages kam ein Tourist herauf und brachte mir ein Telegramm. Es war von Mutter und lautete. »Ehrenwörtlich alles gesund, trotzdem Heimkehr dringend erwünscht.»

Wir fuhren trotz der starken Lawinengefahr sofort zu Tal und nahmen den ersten Zug nach München.

Ich hatte meine Ankunftszeit telegrafiert, Fritz holte mich ab. Da erfuhr ich, daß Edgar verhaftet worden war und bekam als erstes einenWeinkrampf. Später hörte ich, was geschehen war: Der Direktor der Kammerspiele, Falckenberg, war von den Nazis verhaftet worden, und seine treue, besorgte Sekretärin hatte zu Edgar gesagt, vor allem müsse ein Brief aus Rußland, aus der Korrespondenz verschwinden, er solle ihr dabei helfen. Zusammen sahen sie die Postmappen durch und fanden auch den Brief eines früheren Mitarbeiters, der schrieb, wie gut es ihm in Rußland ginge, wie sehr er sich über einen Besuch Falckenbergs freuen würde.

Als die Sekretärin und Edgar den Brief aus der Mappe nahmen, ging gerade, von ihnen nicht bemerkt, ein Elektriker durch das Zimmer. Edgar steckte den Brief ein, hatte aber kein gutes Gefühl dabei, ihn mit in unsere Pension zu nehmen und brachte ihn deshalb zu meinen Eltern. Später ging er noch zu der großen Schauspielerin Therese Giehse, um sie zu warnen. Sie fuhr noch in der selben Nacht nach Zürich.

Als Edgar am nächsten Morgen ins Theater kam, war die Gestapo dort. Die Sekretärin war schon festgenommen worden. Die Gestapoleute interessierten sich vor allem für einen Brief des ersten Dramaturgen Heinrich Fischer, der als Tscheche nach Prag gefahren war und Edgar in einem Schreiben an das Theater bat, ein paar Dinge für ihn zu erledigen. Nach dem Brief aus Rußland fragte niemand. Daß Edgar auch den für uns so gefährlichen Brief von Bruno Frank bei sich hatte, erfuhr ich erst viel später.

Auf irgendeine mir unbekannte Weise hörten meine Eltern von Edgars Verhaftung und zerrissen daraufhin den Rußlandbrief höchst dilettantisch in unzählige kleine Stücke, anstatt ihn zu verbrennen oder im Klo herunterzuspülen. Am Abend jedoch rief Falckenberg bei ihnen an, um mitzuteilen, man werde ihn freilassen, wenn er beweisen könne, daß dieser Brief aus Rußland wirklich harmlos sei, sonst müsse er in Haft bleiben. Die ganze Nacht hindurch saßen meine Eltern, um den so gut zerrissenen Brief wieder zusammenzusetzen. Falckenberg kam wirklich frei, auch die Sekretärin, und ein gleichfalls verhafteter junger Direktionsassistent. Um Edgars Freilassung bemühten sich viele Menschen, Kollegen von Vater, Angehörige des *Stahlhelms*, des Bunds der Frontsoldaten, aber alles war vergebens. Einen Juden ließen sie so schnell nicht wieder laufen.

Zum ersten Mal war ich wirklich froh, daß wir verheiratet waren. Ich konnte Edgar zwar nicht besuchen, doch ich durfte ihm Lebensmittel und, was wichtiger war, auch Bücher bringen. Außerdem erreichte ich es, daß er von einer Gemeinschaftszelle in eine Einzelzelle verlegt wurde, obwohl die meist älteren Beamten mich für verrückt hielten, als ich darum bat, doch ich wußte, daß er viel lieber allein sein würde. Jeden Tag verbrachte ich viele Stunden im Polizeipräsidium in der Ettstraße, machte mich gut zurecht, trug einen schwarzen Samtmantel, von dem ich wußte, daß er mir gut stand. Viele Nazis, die früher im Gefängnis gesessen hatten, waren inzwischen als Beamte eingestellt worden, und soweit es mein Stolz mir erlaubte, flirtete ich mit ihnen. Außer mir waren viele Arbeiterfrauen in der Ettstraße, die herauszufinden versuchten, wohin man ihre als Kommunisten oder Sozialdemokraten verhafteten Männer gebracht hatte. Einmal sagte ein ganz junger Nazi zu einer Arbeiterfrau, sie solle aufstehen, um mir Platz zu machen. Ich schob ihr den Stuhl wieder hin, der Nazi schien es mir nicht übel zu nehmen.

In diesen Tagen begann ich zu verstehen, was Faschismus

wirklich bedeutete. Ich begriff, daß, wenn man einen Menschen vierzehn Tage ohne Anklage, ohne Verhör grundlos festhielt, es auch vierzehn Wochen, vierzehn Monate oder auch vierzehn Jahre sein konnten. Trotz meiner Verzweiflung hatte ich in diesen Tagen nie das Gefühl einer wirklichen Gefahr, das kam erst sehr viel später.

Als alles nichts nützte, hatte meine tatkräftige Mutter einen Einfall. In der Zeitung hatte gestanden, daß Hitlers Pressesprecher Putzi Hanfstaengl gesagt habe, bei einer Revolution kämen natürlich immer auch Ungerechtigkeiten vor, die man aber, sobald man von ihnen wisse, sofort wieder gutmachen werde.

Mutter ging zum Telefon, rief Frau Hanfstaengl, eine Amerikanerin, die sie nicht kannte, an und sagte, sie habe so einen Fall zu melden. Am nächsten Tag kam Edgar frei, allerdings waren Heinrich Himmler und sein Stellvertreter Heydrich, die damaligen Leiter der Bayerischen Politischen Polizei, gerade in Berlin. Bevor Edgar entlassen wurde, mußte er einen Wisch unterschreiben, daß er sich bedroht gefühlt und freiwillig in Schutzhaft begeben habe und dieses wieder tun werde, wenn er sich noch einmal bedroht fühle. Edgar wollte nicht unterschreiben, als man ihm jedoch bedeutete, dann käme er nicht frei, unterschrieb er, freilich mußte er sich vorläufig jeden Tag in der Ettstraße melden. Entlassen, ging Edgar über die Straße in Vaters Kanzlei, von dort aus wurde ich angerufen und erwartete ihn, der mit einem Taxi kam, in der Widenmayerstraße. Er stieg aus dem Wagen, und ich fiel in seine Arme. Es war einer der schönsten Momente, wenn nicht überhaupt der allerschönste Augenblick meines Lebens.

Wir wußten jetzt, daß wir Deutschland verlassen mußten, sahen jedoch Schwierigkeiten voraus, wie wir, zwei Germanisten, im Ausland zu Geld kommen sollten, um zu überleben. Ich wäre gern in die Schweiz gegangen wegen der Berge, erkannte aber, daß es sehr schwer sein würde, dort eine Aufenthaltserlaubnis zu bekommen.

Edgar kündigte bei den Kammerspielen, Falckenberg fragte naiv, warum er denn nicht beim Theater bleiben wolle. Es folgte die Zeit der großen Verwirrung, der Ratlosigkeit.

Es ist nicht einfach, das alles so weit Zurückliegende noch einmal aufzuschreiben, sich zurückzuversetzen in den Zustand des Nichtwissens, Nichtbegreifens. Hilfe sind Thomas Manns Tagebücher. Auch hier die Ratlosigkeit, obwohl die ganze Familie schon im Ausland war. Aber was hieß schon Ausland, man mußte sich für ein konkretes Land entscheiden, und überall würde es schwierig sein. Wenn dies schon für Thomas Mann galt, wie viel mehr für uns, die Nichtprominenten, die kleinen Leute, auf die man nirgendwo gewartet hatte.

Nachdem die Meldepflicht in der Ettstraße vorbei war (sie hörte ganz plötzlich auf, eines Tages hatte man Edgar gesagt, er brauche am nächsten Morgen nicht mehr zu kommen), zogen wir nach Frankfurt ins Haus meiner Schwiegereltern, was von Übel war. Edgar und mein Schwiegervater, zwei Menschen, die nie miteinander ausgekommen waren, konnten es in dieser Zeit erst recht nicht. Mein Schwiegervater verstand überhaupt nicht, was geschah, wollte weitermachen wie bisher.

Warum sollte er seine schöne, gut gehende Fabrik verkaufen?

Erst als man drohte, seine Arzneimittel aus der Liste der für die Kasse zugelassenen Medikamente zu streichen, fing er an, diesen tödlichen Schlag zu fürchten. Edgar überredete ihn, den Betrieb zu »arisieren«, d.h. Arier als Teilhaber einer GmbH mit hereinzunehmen. Hans, der inzwischen seine Ausbildung als Arzt abgeschlossen hatte und bereits in die Schweiz emigriert war, kümmerte sich um nichts.

Edgar reiste in ganz Deutschland herum, um passende Teilhaber zu suchen. Sobald er in Frankfurt war, wurde er wieder ganz zum Kind der Familie, wohnte in seinem alten Zimmer, in dem ein schöner Farbdruck des Knaben mit der roten Weste von Cézanne hing. Ich hingegen hauste ein Stockwerk höher in Hansens Zimmer, der früh in die Schweiz emigriert war, um dort eine Niederlassung des väterlichen Betriebs aufzubauen, was er aber bald aufgab, um als Arzt in die USA auszuwandern. Edgar war viel zu scheu, um die Treppe zu mir heraufzusteigen, wir sahen uns relativ selten, bestimmt kein gutes Fundament für eine junge Ehe.

Mu tobte und warf ihrem Mann vor, der Mörder seiner Kinder zu sein, weil er nichts begriff.

Um an eine Verlegung der Fabrik ins Ausland, z.B. in die Schweiz, überhaupt zu denken, mußte man zuerst dafür sorgen, daß die Rezepturen der Präparate in einem Safe in Zürich hinterlegt wurden. Edgar brachte sie in die Schweiz. Der Schlüssel zum Safe wurde dem Schweizer Vertreter der Firma, einem Juden portugiesischer Herkunft, mitgegeben, aber der Chauffeur meiner Schwiegereltern, ein gut aussehender Mann, der offensichtlich schon seit langem Nazi war, denunzierte den Schweizer, dem der Schlüssel an der Grenze abgenommen wurde.

Wieder mußte Edgar nach Zürich fahren, um in Begleitung eines Gestapomannes den Safe zu öffnen, der Nazi, der offenbar große Schätze erwartet hatte, war bitter enttäuscht, daß sich nur Formeln für Medikamente anstatt Schmuck und Devisen in dem Safe befanden.

Ich konnte das dauernde Hin und Her, das Geschrei und Geschimpfe nicht länger ertragen und fuhr nach Egern zu meinen Eltern, wo niemand herumschrie, niemand ratlos war, obwohl sie es auch nicht leicht hatten. Welcher Arier wollte sich noch durch einen jüdischen Anwalt vertreten lassen? Tätsächlich gab es einige, die treu zu meinem Vater hielten. Zu ihnen gehörten die Besitzer des weltbekannten Feinkostladens Dallmayr.

Doch es reichte nicht, um den bisherigen Lebensstandard beizubehalten. Die Eltern gaben die Wohnung in der Widenmayerstraße auf zogen ganz nach Egern, wo sie jüdische Bekannte, die kaum mehr irgendwo auf dem Land in einem Hotel oder einer Gastwirtschaft Ferien machen konnten, als *paying guests* aufnahmen.

So ging das erste Jahr meiner Ehe zu Ende, ich war in Egern, Edgar in Frankfurt, wann wir wieder zusammenkommen würden, um gemeinsam auszuwandern, wußten wir nicht.

Gerhard Polt, Hanns Christian Müller, Hans Well
Kolonialwaren

Faulhaber *sitzt da und telefoniert,* Savimbi *sitzt unbeachtet in einer Ecke und liest.*

FAULHABER Hallo, is dort »Le Coup«, München? Ja, hier is Faulhaber, Sekretariat deutsche Botschaft in Tschurangrati, ich wollte den Friseurtermin von der Frau Botschafter am 10. stornieren und an neuen ausmachen für den 12., – v. Pröbstl. – Ja, nur beim Gerhard Meier persönlich, Waschen, Schneiden, Wasserwelle und Fönen. 14 Uhr? Da is sie noch bei der Fußpflegerin, aber der Termin läßt sich zur Not canceln. – Also, ich halte fest, am 12. um 14 Uhr. Schön, und ich bestätige Ihnen den Termin noch per Fax. Schön, Wiederhörn.

August (Gustl) Fasnacht, *bayrischer Geschäftsmann, kommt mit Schwung zur Tür herein. Er kennt einen Nebeneingang zur Botschaft, muß also nicht den »Käfig« passieren.*

FASNACHT Helau, schöne Frau, na, wie gehts?
FAULHABER *geschmeichelt* Ha, der Herr Fasnacht, auch mal wieder im Lande?
FASNACHT Da, neue ›TZ‹, frisch aus der Presse.
FAULHABER Mei, Heimat … Dankschön.
FASNACHT Und da, schaun S' her … *Hält Faulhaber ein eingewickeltes Brot hin.* Da. Einmal Pfister-Frankenlaib – mit Koriander, riechen S'amal …
FAULHABER *riecht tief und innig* Aah, Heimat.
FASNACHT Und da: Einmal Obatzda – vom Tölzer Kasladn, kennen S' doch, schräg gegenüber vom Sedlmayr …

FAULHABER *zieht sich auch den Käsegeruch rein* Oh, oh, oh.

FASNACHT Heimat. *Wichtig.* Frau Faulhaber, da schaun S' her: Weißwürscht... *Hält ihr eine Weißwurstdose hin.*

FAULHABER De echten!

FASNACHT Vom Stanglmayer...

FAULHABER Mei, dankschön, Herr Fasnacht. *Schaut sich die Büchse an, liest* »Made in Tschurangrati«.

FASNACHT Des san de bestn. Was is, machen Se s' gschwind heiß?

FASNACHT/FAULHABER Aber die dürfn as 12-Uhr-Läutn nicht hörn.

FAULHABER Mögn S' an Kaffee?

FASNACHT *schaut auf die Uhr, zögert* Ja,... ah,... ham S' a Weißbier?

FAULHABER Für Sie immer, Herr Fasnacht. *Holt ein Weißbier und schenkt ein.*

FASNACHT *hält Faulhaber eine Tüte hin* Und da, schaun S' her, ofenfrische Käfer-Brezn, da riechen S' amal...

FAULHABER *riecht* Mmh, Heimat!

FASNACHT *nimmt eine Breze heraus, die beiden tun breznhakeln. Beide essen Breze...*

FASNACHT Ja, ich bringe euch die frohe Botschaft: Er kimmt.

FAULHABER Der Stoiber?

FASNACHT Wißts as schon?

FAULHABER Da ham S' uns wieder was eibrockt.

FASNACHT Was ham S' denn? Des wird eine Riesen PR-Nummer. Ein ökumenisches Dritte-Welt-Essen anläßlich der Grundsteinlegung für die Großraumdeponie. Motto: Geben ist seliger denn nehmen.

FAULHABER Und wer zahlt das Ganze?

FASNACHT Der Stoiber.

FAULHABER Er selber?

FASNACHT Ja, er hat mitm Waigel noch abgerechnet und jetz er is auf einer Image-Wallfahrt. Der neue Wind, ab sofort wird selbst bezahlt.

FAULHABER Ah so, diese neue Redlichkeit. – Geh, Herr Fasnacht, Sie machen immer so Witze.

FASNACHT Nix. Die PR-Tour beginnt am Flughafen München mit am Fototermin, wo der Stoiber am Taxifahrer persönlich 2 Mark 80 Trinkgeld gibt.

FAULHABER Und er selber zahlt des?

FASNACHT Ja sicher, aus eigener Tasche.

FAULHABER Wahnsinn. *Droht Fasnacht neckisch.* Herr Fasnacht, Herr Fasnacht, Sie machen immer so Witze. Da muß doch jemand im Hintergrund sein, der wo des zahlt, daß er alles zahlt. Ganz ehrlich?

FASNACHT *grinst verlegen* Na ja, schon, aber da kommen Sie sicher nicht drauf.

FAULHABER BMW? – Opel?

FASNACHT Naa.

FAULHABER Audi? – Mercedes?

FASNACHT Sie kommen nicht drauf. Des macht der Metzger Moksel.

FAULHABER Der Metzger Moksel? Ghört dem net der Waigel?

FASNACHT Gel, möcht ma meinen. 3 Jahre Gfängnis wega Subventionsbetrug hat der Waigel am Moksel weglegalisiert, über 300 Mio. Fehlsubventionen hat er ihm zugschanzt und jetzt sponsert er an Wahlkreis vom Stoiber. 45 000 Mark hat er ihm grad wieder für Geretsried gsteckt.

FAULHABER So eine undankbare Sau, entschuldigen S' den Ausdruck.

FASNACHT Wieso, am Metzger Moksel seine Devise is: Besser as Insiderwissen in Politiker investiert als in Aktien, jedenfalls, der Metzger Moksel hat sich rechtzeitig mit Stoiber-Anteile eingedeckt.

FAULHABER Sie, am Metzger Moksel, dem gehört doch die FDP, hab ich gmeint?

FASNACHT Ja, richtig, die FDP gehört ihm, aber sponsern tut er die CSU.

FAULHABER Aber der Metzger Moksel is der net überhaupts SPD-Mitglied?

FASNACHT Mei, ideologisch is er flexibel, der Metzger Moksel weiß halt was er will. An Herrn Streibl hat er im letztn Moment grad noch an den Schuh-Nüssel verhökert. Des war bei der Einweihung von der Staatskanzlei. Der Schuh-Nüssel hält jetzt die Sperrminorität am Streibl. Was er sich davon verspricht, weiß kein Mensch. Der Nüssel is halt kein Steinkühler.

FAULHABFR Da kennen Sie den Schuh-Nüssel schlecht: Dem gehts net um Besitz, dem gehts ums Recycling. Der hat scho an Pirkl und an Otto v. Habsburg recycelt, alles Auslaufmodelle, die jetz Europa dynamisieren.

FASNACHT Und, was machen die da?

FAULHABER Ja, mei …

FASNACHT Nanaa, was machen die da?

FAULHABER Ja mei, Straßbourg, Quiche Lorraine … Also, wenn der Nüssel an Streibl aufkauft hat, dann geht der nach Europa.

FASNACHT So einfach is des mit dem Recyceln heutzutags aa nimmer, mir ham jetz sogar unsern Giftmüll aus Rumänien zurücknehmen müssen. Also, wie gsagt, am 14. kriegt euer Häuptling a Audienz beim Stoiber, is scho no derselbe? Voraussetzung is, de Hermesbürgschaft lauft, da muß ich mitm Herrn Botschafter selber nomal redn. Is er da?

FAULHABFR Welcher Hermes?

FASNACHT Naa, der Herr v. Pröbstl wegam Hermes, mir wolln doch hier an schönen ÖKO-Park einrichten, as High-Tech-Zeitalter für die Bimbos hat begonnen!

FAULHABER Ach so, die Sondermüll-Deponie.

FASNACHT Wegen der Deponie, genau. Jedenfalls von der Botschaft erwarte ich zum Fototermin in der Tschuran-Steppe …

FAULHABER Aber genau da kommt doch die Deponie hin …

FASNACHT Richtig, … da brauch ma a Streichelkind, nehmen mir wieder des, wo mir beim Weizsäcker ghabt ham, von der Patenschaft …

FAULHABER Gel, des war doch süß, aber des gibts nimmer.

FASNACHT Wie des?

FAULHABER *liest ›TZ‹* Mei, Aids.

FASNACHT O je.
FAULHABER Ja mei.
FASNACHT Schad.
FAULHABER Aber i bring scho wieder was her, entsprechend präpariert.
FASNACHT *studiert einen Zettel, grinst verächtlich* Thh, Abschußliste von der Staatskanzlei ...
FAULHABER *neugierig* Die Abschußliste ...
FASNACHT Naa, net wie Sie meinen. A weißes Nashorn! Für mich is dieser Protokollchef vom Stoiber a Arschloch. A weiß' Nashorn! Da merkt ma doch sofort, daß der Stoiber von der Jagd keine Ahnung hat.
FAULHABER Mei, woher auch? Wie der Stoiber as letzte Mal zum Jagn da war, hat er immer nur am Strauß sein Brotzeit-Rucksack hinterhertragen müssn.
FASNACHT A weiß Nashorn will er schießn! De san doch scho längst ausgerottet, des konn er sich von mir aus aus Hellabrunn eifliegn lassn oda vom Zirkus Ding ...
FAULHABER Hagenbeck ...
FASNACHT Hagenbeck, genau. Da suchen Se sich as Teuerste raus, ganz wurscht was is. Weißes Nashorn steht in der Preisliste mit 20000 Dollar. *Ans Publikum* De wolln alle nur des schiaßn, was nimmer gibt. Zerscht hat der Protokollchef gmeint, an weißen Tiger. Um Gottes willn, sag i, den trifft er doch nie. Der soll doch erst amal a bißl üben. A Rindviech kann er schießn, Rindviecher gibts grad gnua, oder soll er an Bock schießn, des konn er doch scho. Fürs selbe Geld konn er aa an Neger schiaßn, da laufn no a paar rum. A Neger kost allerdings koa Abschußprämie, a Neger kost immer noch a Bußgeld.
FAULHABER Sie, Herr Fasnacht, i derfs ja eigentlich garnet wissn, aber mir ham da ein Problem ...
FASNACHT Dafür san mir ja da.
FAULHABER Sie bringen doch auch solche, so Personenkreise immer ausm Land.
FASNACHT *grinst* Des ham jetz Sie gsagt ...
FAULHABER *deutet mit dem Kopf in Richtung Savimbi* Da, schaun S'.

Hat sich wieder einer eingenistet. Der v. Pröbstl meint, über Bonn, aber beim offiziellen Weg über Bonn gammelt uns der a Jahr lang da in der Botschaft rum.

FASNACHT *feixt* Da ham mir wieder amal grad 200 Touristen, die sich a bißl in Deutschland umschaun wolln, da kannt ma n einreihen. An Visum-Stempel wern S' doch da ham in der Botschaft.

FAULHABER *grinst ebenfalls und nickt* Aber ich weiß von nix. *Schaut diskret weg.*

FASNACHT *geht zu Savimbi* Ah, hallo. Hallo, Mister. – You want to Germany?

SAVIMBI Yes.

FASNACHT By what? Go by airoplane or by container? Airoplane 8000, container 3000 Dollar. You have to pay cash, before you leave Africa. *Ans Publikum* So was wie der, des is der einzige Export-Artikel, was de in Afrika no ham. Das sind die Kolonialwaren von heute. Traurig, traurig. *Sieht Dr. Schmäh vom Goethe-Institut, der die Botschaft betritt.* Fräun Faulhaber, jetz kommt der Arsch vom Goethe-Institut, *zum Publikum* schaun S' weg und haltn S' d' Ohrn zu.

DR. SCHMÄH *ganz wichtig* Ich muß sofort den Botschafter sprechen.

FAULHABER Guten Morgen, sagt ma zerst amal.

DR. SCHMÄH *schon zahmer* Morgen.

FASNACHT Sie, Meister Goethe, i krieg von Ihnen noch 35 Mark für die Stange Camel.

DR. SCHMÄH Ach so, äh ... *Kramt in der Tasche.*

FASNACHT *zum Publikum* Da, i habs Eahna doch gsagt, ein Schnorrer.

DR. SCHMÄH Ja, der Herr Savimbi, was macht denn der hier?

FAULHABER *kommt mit den Weißwürsten* Kennen Sie den?

DR. SCHMÄH Das ist doch Jememias Savimbi, »Flamingo Dance«, neuer Roman –, kennen Sie nicht?

FAULHABER Nein, eigentlich weniger.

DR.SCHMÄH Da hat er in ein Wespennest gestochen. Sein Roman ist eine einzige Abrechnung mit den Zuständen hier in Tschurangrati.

FAULHABER Des hab i gmerkt. Der will nimmer gehn. *Öffnet den Wursttopf* Aah, Heimat …

v. PRÖBSTL *erscheint wie aus dem Ei gepellt* Da komme ich ja gerade recht, guten Morgen, mein Lieber.

v. Pröbstl *begrüßt* Fasnacht, *übersieht geflissentlich* Dr. Schmäh. Fasnacht *hält* v. Pröbstl *eine Breze hin*, v. Pröbstl *beißt herzhaft in die Breze*, Dr. Schmäh *schaut hungrig.*

v. PRÖBSTL Ach, so a frische Breze. *Zum Publikum* ich kann dieses ewige Toastbrot nicht mehr sehn.

FAULHABER *bietet ihren Stuhl an* Nehmen S' doch Platz, Herr v. Pröbstl.

v. PRÖBSTL Ich hol mir erst mal mein Katzentischchen.

Alles läuft und wieselt um den Botschafter herum, Fasnacht *stellt ihm devot seinen Weißwursteller und sein Besteck hin,* Faulhaber *holt einen Stuhl,* v. Pröbstl *setzt sich und beginnt zu essen.*

DR. SCHMÄH *mischt sich ungefragt ein* Herr v. Pröbstl, Sie können mir gratulieren, ich habs geschafft, Handke kommt.

v. PRÖBSTL An süßen Senf, wenn Sie mir bitte …

DR. SCHMÄH *will apportieren, Fasnacht ist schneller* Was sagen Sie dazu, Handke kommt.

FAULHABER *schenkt v. Pröbstl Bier ein* Herr Dr. Schmäh, können wir das nicht später, Sie sehn doch, wir sind grad beim Essen.

v. PRÖBSTL *seziert eine Weißwurst* Wann kommt er denn?

DR. SCHMÄH Am 14.

FAULHABER Wissen Sie, wer am 14. da bei uns is?

DR. SCHMÄH Handke!

FAULHABER Der Ministerpräsident Dr. Edmund Stoiber, wenn Ihnen der Name vielleicht was sagt.

DR. SCHMÄH *in Fahrt* Fabelhaft, dann haben Sie gleich ein Rahmenprogramm. Handke liest, Stoiber ißt …

v. PRÖBSTL Handke-Stoiber. Fällt Ihnen da was auf?

DR. SCHMÄH Ja, ääh …

v. PRÖBSTL Sehn Sie ...

DR. SCHMÄH Ach so, Sie meinen ...

v. PRÖBSTL Präzise.

FASNACHT Genau. Sie, Meister Goethe, Sie san doch kulturell immer so interessiert, warum bringen S' denn immer nur solchene Langweiler, wie diesen Dings? *Zieht Photo aus der Tasche.* Da, schaun S', des san die Drei Meckis, die müaßtn S' amal bringen.

FAULHABER *begeistert* Die Drei Meckis? Mei toll!

v. PRÖBSTL Die hab ich neulich beim Moik gehört, im Musikantnstadl, hervorragend.

FAULHABFR Die Drei Meckis, kennen Sie net? Neues Album, »Über allen Wipfeln ist Ruh«? Kennen Sie nicht?

DR. SCHMÄH *beleidigt* Nein. Wiederschaun. *Geht.*

Faulhaber, Fasnacht *und* v. Pröbstl *grüßen ihm schlaff mit einem Stück Wurst auf der Gabel hinterher. Beim Gehen grüßt* Dr. Schmäh *noch* Savimbi, *der grüßt zurück.*

FAULHABER *mit vollem Mund* Wiederschaun. – Mei, wissen Ses noch, Herr v. Pröbstl, wie der Stoiber as letzte Mal da war, mitm Strauß. Kaum setzt der Stoiber sei Sonnenbrille auf, war er umringt von Autogrammjägern, die ham alle gmoant, er waar der Heino.

FASNACHT Aber der Stoiber, der is doch koa Albino, sondern ein Frettchen.

FAULHABER Sie, Herr Fasnacht, wenn Sie da solche Beziehungen ham, bringen doch Sie amal die Drei Mekkis zu uns nach Tschurangrati, endlich amal wieder was Gscheits ....

FASNACHT Ja, wenn der Goethemensch net spurt, dann muß ich des Kulturelle auch noch übernehmen. »Unter allen Wipfeln ist Ruh«, is des net überhaupts vom Goethe?

v. PRÖBSTL Doch, von Goethe ...

FASNACHT Sehn Ses, keine Ahnung, der Mann.

8

Zwischen Gottesfurcht und üppigem Barock

Oskar Maria Graf

Etwas über den Bayerischen Humor

(Ausschnitt)

Bei uns nennt man alles beim richtigen Namen, keine Deutlichkeit schreckt uns. Alles ist schlechthin menschlich und infolgedessen nicht allzu wichtig. Vor allem aber – bei uns ist man noch immer unangekränkelt katholisch, und das schaut so aus:

Ein alter Bauer sitzt nach Feierabend auf der Bank vor seinem Haus und schaut sinnend vor sich hin. Er sinnt und sinnt, und die andern neben ihm denken auch stumm. Auf einmal schnauft der alte Bauer kräftig und sagt aus einer tiefen Betrachtung heraus: »Hm, lacha, tät i, wenn mir an falschen Glauben hätt'n!«

Wir alle haben seit Urväterzeiten den Katechismus auswendig gelernt, und natürlicherweise ist's brauchmäßige Gewohnheit bei uns, daß man seine kirchlichen Pflichten erfüllt, aber glauben? Glauben tun wir bloß eins: Alles, was auf der Welt ist, vergeht. Jeder Mensch muß einmal sterben, da hilft ihm alles nichts. Und weil uns das schon schier ins Blut übergegangen ist, weil wir gewissermaßen mit dieser instinktmäßigen Voraussetzung an alles herangehen, so kann man sich ausmalen, daß wir vor nichts Respekt haben, vor uns selber sowenig wie vor anderen Leuten.

»Was ist so ein Mensch schon!« hat meine Mutter selig, die eine Katholikin durch und durch gewesen ist, meistens gesagt, wenn eine aufgedonnerte Herrschaftsfrau des Sommers in unseren Bäckerladen gekommen ist und sich ganz empört über etwas beschwert hat; die gleiche Meinung hat sie geäußert, wenn man ihr von weiß Gott was für reichen Leuten und ihrem Luxusleben erzählt hat; die protzig-prunkenden Bilder eines gekrönten Monarchen und sogar der heiligmäßige Papst in Rom in seinem Ornat haben sie nicht davon abhalten können.

»Hm«, hat sie in ihrer unnachahmlich altbayrischen Art gesagt: »Was ist so ein Mensch schon? Nackert ist er nackert, und wenn er gestorben ist, ist er ein Haufen Dreck wie wir.« Wenn das auch recht pessimistisch klingt – mir ist es immer vorgekommen, als komme von *daher* unser Humor. Gottgefällig ist er gewiß nicht, sondern ganz und gar von unserem kurzen Leben bestimmt, und dieses Leben nehmen wir, wie es ist und wie es kommt. Es ist von Anbeginn ein unabänderliches, langsames Zu-Ende-Gehen, ein zäh dahinrinnendes Absterben, das nach unserm Dafürhalten mit Geduld ertragen werden muß und das sich leichter erträgt, wenn der Humor dazukommt. Darum ist unser Humor nie protestlerisch-aggressiv. Er ist – vom-Moralischen her gesehen – charakterlos. Sein Ausgangspunkt ist das gelassene Zuschauen. Er ist ›kamott‹, derb, direkt und äußerst respektlos. Und so ist auch unser Verhältnis zum Herrgott. Es ist viel Heidnisch-Fetischhaftes dareingemengt, auch unser fast animalischer Hang zum Greifbaren wirkt dabei mit, denn was man uns auch von Kind auf in den Religionsstunden über die Dreifaltigkeit »Vater, Sohn, Heiliger Geist« in den Kopf hineinreden mag, für uns bleibt die Vorstellung bestimmend und unausrottbar, daß da irgendwo im Himmel droben ein imponierend überlebensgroßer Greis mit einem riesigen grauen Vollbart und alles sehenden Augen sitzt, der sich von keinem was einreden läßt und der die Welt und uns regiert, wie er's für richtig hält. Schon allein deswegen wird ein Bayer nie die für ihn völlig abstrakte Bezeichnung ›Gott‹ gebrauchen, er sagt stets, ›Herrgott‹, weil in dieser Verbindung die unantastbare Autorität des ›Herrn‹ über alle vermeintlichen Herren den gültigen Ausdruck findet. Unsere Feldkreuze mit dem leidenden Christus, die in den Kirchen und die in den sogenannten ›Herrgottswinkeln‹ unserer Stuben sind für uns nur fetischhafte Erinnerungszeichen, meinetwegen auch wundertätige Mahnmale des Herrn über uns und spielen oft eine sehr sonderbare Rolle. Nicht jeder nämlich kann so mit ihm stehen wie eine arme, alte unverheiratete Tante von mir, die nach jedem guten oder schlechten Tag – so, als sitze der Herrgott in ihrer engen warmen Stube – halblaut auf ihn einredete.

»Also, das versteh ich ganz einfach nimmer!... Mei liaber Herrgott«, fing sie ärgerlich zu raunzen an und fragte gradhin drohend. »Wenn du mich alleinige Person so sekkieren läßt vom ganzen Dorf, bloß weil ich als dumm's jung's Madl zwei ledige Kinder g'habt hob und net den nächstbest'n Haderlumpen heiraten hab mögen – also, mei liaba Herrgott, is das vielleicht a Recht und a Gerechtigkeit?« Und sie zählte ihm genau auf, wie sie seither ihre Pflicht und Schuldigkeit getan habe, daß ihre Kinder längst versorgt seien, und ob er ihr, der alten, armen Person, vielleicht was Sündhaftes vorwerfen könne! Und so ging das weiter bis in die Winzigkeiten ihres alltäglichen Lebens. Nach einem guten Tag aber meinte sie aufgefrischter: »Also heut hast ös wieder guat g'macht, Herrgott! Heut hast amal wieder ein Einsehn g'habt mit mir ...« Sie betete nie für sich allein, das tat sie gewohnheitsmäßig in der Kirche. »Der Herrgott, und ich, wir wissen schon, wie wir miteinand dran sind«, sagte sie manchmal, und das klang, als spreche sie von ihrem Ehemann und verbitte sich jede Einmischung in ihr Verhältnis zu ihm. Dieselbe Verwurzelung, nur nicht so unmittelbar und vergröberter, finde ich auch bei jenem bayrischen Gebirgler, der mit seinem Schlitten dürres Brennholz vom Berg herunterholt. Als er endlich den Schlitten voll hat und in die Tiefe schaut, kommt ihm doch ein leichter Zweifel, ob er da – vorn droben sitzend und lenkend – heil hinunterkäme. Er überlegt hin und her, schließlich nimmt er das winzige, oftmals geweihte Kreuz mit dem Erlöser von seiner Uhrkette, prüft es noch einmal nachdenklich und heftet es vorn ans rechte Horn des Schlittens. »So, also probier'n wir's halt«, brummt er, hockt sich hinauf, und los geht's. Unbändig saust der Schlitten, er verliert die Gewalt über ihn, mit aller Wucht wirft es ihn herab, er rollt ein Stück weiter im Schnee, und der sausende Schlitten kracht an einen Baum. Eine Zeitlang ist's ganz still. Der Alte prüft seine Knochen, merkt, es ist ihm nichts weiter passiert, arbeitet sich aus dem Schnee und watet torkelnd auf seinen zerkrachten Schlitten zu. Da findet er das abgebrochene rechte Horn mit dem Kreuzlein drauf. Er nimmt es herab, schaut es ein bißchen zweiflerisch an und brummt: »Hm, jaja, ich hob mir's drob'n schon denkt, daß du kloan's Mannderl den Mordsschlitt'n net derhaltst!«

Und nicht anders steht es mit jenem vielbeliebten bayrischen

Gastwirt, in dessen umfänglicher Wirtschaft unsere Sozialdemokratische Partei vor dem ersten Weltkrieg an jedem Sonntag nach dem 1. Mai ein großes Massenfest abhielt. Tausende kamen da aus München und weiterwärts herbeigeströmt. Um allseits zu befriedigen, mußte der umsichtige Wirt schon tagelang vorher alle Vorbereitungen treffen und den Einkauf von Riesenmengen an Bier, Würsten, Fleisch und dergleichen besorgen. Aber es lohnte sich stets. Damals gab es noch nicht die exakte Wettervorhersage wie heutigentags. Am Freitag regnete es etliche Stunden lang dünn, dann aber hellte sich der Himmel auf. Der Wirt ging leicht besorgt in der weitläufigen Stube umher und raunzte. Hin und wieder, fast mechanisch, schaute er auf das Holzkreuz im ›Herrgottswinkel‹ und drohte leicht humoristisch: »Du, mein Liaber, mein G'schäft wennst du mir verpfuschst, nachher kracht's zwischen uns!«

Etliche Bauern am Tisch lachten leicht und hänselten ihn gutmütig: »Der Herrgott wird sich jetz grod nach dir richt'n, Barthl!« Aber das wollte der gereizte Wirt gar nicht mehr hören.

Der Samstag war abwechselnd sonnig und trüb, aber warm und trocken. In der Nacht darauf nebelte es sich ein, und gegen Sonntag früh fing es erst zaghaft, dann aber immer dichter zu regnen an. Keine Hoffnung auf eine Besserung gab es mehr, zuletzt schüttete es schon gottserbärmlich. Der Wirt geriet außer Rand und Band. In seiner Berserkerwut riß er das hölzerne Kruzifix aus dem ›Herrgottswinkel‹, rannte mordialisch fluchend in die große Kuchl und warf das Kreuz mit den lästerlichen Worten ins lodernde Herdfeuer: »Jetzt konnst mi gern hob'n, daß d' ös woaßt, du kloans bißl Heiz, du! Jetz is's oa für oimoi (ein für allemal) aus zwischen üns, basta!« – –

Da leuchten sie ganz grell auf, die zwei Seiten unseres bayrischen Katholischseins: Das allen Naturvölkern eigene konkret Fetischistische und unsere heidnische Respektlosigkeit selbst dem Höchsten gegenüber. Aber dahinter spürt man eben doch so was wie die ohnmächtige Verstricktheit der Naturkraft mit dem, was wir das ›Göttliche‹ nennen. Zur Illustration dieser zwei Seiten will ich noch diese uralte bayrische Schnurre hinzufügen:

Wiegelbach ist ein weltberühmter Wallfahrtsort, und besonders zu Pfingsten kommen Tausende frommer Beter aus nah und fern dorthin. Das kommt daher, weil dort einst ein Mesner ein sogenanntes ›Pfingstwunder‹ erfunden hat, welches seither alle seine Nachfolger mit Hilfe einer zahm gezogenen Taube getreu fortsetzen.

Beim Hochamt zu Pfingsten also breitet der Hochwürdige Herr Pfarrer am Altar seine zwei Arme feierlich aus, schaut andächtig in die Höhe und bittet mit lauter Stimme: »Heiliger Geist, komm hernieder auf uns und erleuchte uns.« Und wirklich, es vergehen einige spannende Minuten – wirklich, aus einem Loch in der hochgewölbten Kirchenkuppel fliegt eine Taube langsam in die Tiefe. So was überraschend Feierliches gibt's kaum noch einmal.

Vor etlichen Jahren war die Kirche wieder gepfropft voll. Die Orgel im Chor setzte aus, der feierliche Augenblick kam, atemlos gespannt schauten die Wallfahrer in die Höhe, als der Herr Pfarrer seinen frommen Spruch emporrief. Einige Minuten vergingen. Nichts vom ›Heiligen Geist‹ kam herab. Der Pfarrer wiederholte seine Bitte dringlicher, alles wartete, und die Stille wurde schier schrecklich.

»Heiliger Geist, komm hernieder«, rief der bedrängte Pfarrer noch einmal, aber weiter kam er nicht.

»Den hot d'Katz' g'fressen!« schrie plötzlich der Mesner aus dem Kuppelloch ...

Für enge Frömmler mag das recht lästerlich klingen, aber schaut euch doch einmal das Innere unserer berühmtesten Barockkirchen genauer an, was da für ein sinnlich-unfrommer Witz, für eine ausschweifend weltliche Phantasie, was für eine geradezu knisternd-listige Humorigkeit und unbändig saftige Lebenslust herumgeistert, dann begreift ihr vielleicht, warum auch die heiligmäßigen Sachen für uns etwas Komisches und Fideles haben müssen wie alles Lebendige. Wär's anders – wie könnten wir überhaupt katholisch sein! Das ist vom großen Bonifatius bis zur Ausformung des streng dogmatischen Kirchenkatholizismus bei uns so geblieben, und nur deswegen, weil die Kirche unsere urheidnischen Volkselemente gewissermaßen in ihr Ritual übernommen hat, ist es ihr im Lauf der Jahrhunderte so glänzend gelungen, uns unter ihr Dach zu bringen. Unser animalisches Gesundsein verträgt büßerische Zerknirschung und finstere Bigotterie nicht. All das hat für uns etwas fast Anrüchiges. Wir wittern dahinter stets etwas Unnatürliches, Gemachtes, Abstraktes, etwas – wenn ich so sagen darf – von einem unausgelüfteten schlechten Gewissen. Darum auch unser tiefes Mißtrauen gegen Religionseiferer und sonstige Fanatiker, darum unsere Verachtung der sogenannten »Betschwestern« und unser unausrottbares Gegengefühl, wenn Konvertiten aus anderen Glaubenslagern so pedantisch danach trachten, alles an unserer alteingeführten Religion todernst zu nehmen und jede kirchliche Regel nur ja recht genau zu befolgen. Mir fällt dabei immer der unvergeßliche, grundgescheite Pfarrer Johst aus meiner Dorfschulzeit ein, dem eine Zeitlang solche Betschwestern und ein Konvertit durch ihre vielen Besuche, ihren Eifer und ihr ewiges Gefrage alle Gemütlichkeit störten und der einmal in den bezeichnenden Ruf ausbrach: »Du liaber Herrgott, wenn's lauter solcherne gebert, könnt einem der ganze gute Glaub'n zuwider werden!« Er war ein ungewöhnlicher Menschenkenner, der Johst, und es ist ihm sicher nie in den Sinn gekommen, sein Priestertum so aufzufassen, als sei man dazu etwa innerlich berufen. Er betrachtete es als einen ordentlichen, handfesten Beruf wie irgendeinen anderen. Deswegen verstanden wir ihn und er uns so gut; deswegen erschien er uns allen als die reinste Ausprägung des echten bayrischen Katholiken. Wahrscheinlich hat auch er sich unsern Herrgott schlichtweg so vorgestellt wie etwa meine arme alte Tante oder irgendein Bauer: als großmächtigen, allwissenden Greis, der zwar hinter all unsere kleinen Schliche und großen Lumpereien sieht, aber auch den Humor dazu hat, vieles gutmütig lächelnd zu übersehen oder hinzunehmen, ja noch mehr sogar – der, weil er zu genau unsere Irrnisse und täglichen Sorgen kennt, auch hin und wieder mit sich handeln läßt. Nur so ein Herrgott, der ein unverwirrbares Zutrauen, eine arglose Heiterkeit und ein warmes Gernhaben in uns erweckt, entspricht unserer bayrischen Art, nicht aber einer, vor dem man Angst und Furcht hat. Wir Bayern sind kein ›gottesfürchtiges‹, sondem ein gottanhängliches Volk. Wir wollen nicht zittern vor dem Höchsten, ganz im Gegenteil! Beim Vorbereitungsunterricht für die erste heilige Beichte schärfte uns – es war nicht mehr der gute Johst – der Pfarrer ganz besonders ein, daß wir gestohlene Sachen wieder zurückgeben müßten. Bei der Gewissenserforschung kam ich zu dem Ergebnis, daß ich sehr oft Kuchen und Schokolade in unserm Laden gestohlen hatte – und ich war recht froh darüber! So was ließ sich schließlich nicht mehr zurückgeben, also war ich einer solchen Peinlichkeit enthoben, und die zwölf Vaterunser als Buße, die ließen sich schnell und leicht beten. In meiner Einfalt, die man sicher als zynische Frivolität auslegen wird, sagte ich mir nach dieser ersten Beichte, wenn ich wieder Kuchen oder Schokolade stahl, jedesmal: »Dös kost't zwoa, vielleicht auch drei Vaterunser!«

Ich habe fast den Verdacht, daß die katholische Religion speziell für uns Bayem erfunden worden ist. Sie ist so sehr zu einem nicht mehr wegdenkbaren Teil unseres Volkscharakters geworden, daß man kaum noch unterscheiden kann, was von ihr auf uns übergegangen ist und umgekehrt.

Um noch mal auf den Pfarrer Johst zurückzukommen. Der tarockte für sein Leben gern. Wenn er dann in der Wirtsstube hockte und kurz vor Mitternacht zur Kellnerin sagte: »Wally, drei Viertel auf zwölf Uhr ist's schon vorbei, bring mir noch drei Maß Bier!« Verständnisinnig und verkniffen lachten seine Mitspieler in ihren Bart, denn am andern Tag in der Frühmesse den Leib des Herrn in sich aufnehmen, dazu mußte, dem Ritus entsprechend, der hochwürdige Herr von Mitternacht ab grundnüchtern bleiben. Kein Brotbrösel und kein Schluck Flüssigkeit durfte mehr in seinen Magen kommen. Das wußte der Johst so genau wie jeder am Tisch. In aller Seelenruhe aber trank der hochwürdige Herr nach und nach seine drei Maß aus. Das dauerte meistens bis lang nach Mitternacht. Ganz gelassen erklärte der Johst, daß der weise, allgütige Herrgott doch zugeben müsse, daß das Bier, welches einer *vor* Mitternacht *bestellt*, nichts gelte, auch wenn's erst hernach getrunken würde.

Solche Pfiffigkeiten gehören zu unserem Humor. Sie sind, wenn man's genau überlegt, das einzig Aktive an ihm. Dieses Aktive bleibt jedesmal ganz persönlich und privat, leicht abwehrend wie etwa eine gute Ausrede, nie aber aufdringlich und moralisierend. Auf uns Bayern, die wir alle aus dem Bäuerlichen kommen, wirkt nur jener Humor, der zum Schluß irgendwie überrascht und nachdenklich macht. Nachdenklich nicht im Sinne eines »In-sich-Gehens«, sondern gewissermaßen als Erstaunen, als abruptes Überfallenwerden von einer Sache, deren Sinn uns jäh klar wird.

[...]

Franz von Kobell

Die Gschicht von Brandner-Kasper

1

Der Brandner-Kasper is a Schlosser gwest und hat bei Tegernsee a kloas Häusl ghabt, hübsch hoch obn am Albach, wo mar auf Schliersee nübergeht. Da hat er ghaust mit sein Wei, die Traudl ghoassn hat und mit seini zwoa Buabn, mi'n Toni und mi'n Girgl; die san zeitli Soldatn worn und hamm in an Artollerie-Regiment dient in Land draußt. Der Kasper is a fleißiger, braver Mo gwest und lusti und schneidi. Gforchtn hat er ihm vor gar nix und hat amal an großn wininga Hund, der a Dirn umgrennt hat und hätt's zrissn, frei mit der Hand bei'n Kragn packt und hatn a so an a Mauer higworfa, daß er nimmer aufgstandn is und 'n Hagmoar vo Scharling hat er sei Raffa und Spetaklmacha bei der Meß auf der Kaiserklausn aa vertriebn. Nebn seiner Schlosserarbet hat er's Büchsnmacha guat verstandn und für d'Jaaga d' Stutzn gfrischt und zsammgricht, besser was a Büchsmacha in der Stadt.

Is aa's jagn und 's Scheibnschießn sei größti Freud gwest und hat auf d'letzt überall jaagern derfa, denn der Forstmoaster hat an ihm an verlässinga Jagdghilfn ghabt und der nix kost hat.

Wier er auf die Jahr kumma is, is sei Traudl gstorbn, hatn recht gschmerzt, weil's gar a guats und taugsams Wei gwesn is und jetzt hat er halt alloa für ihm a so furtglebt, und no in sein fünfasiebzigstn Jahr hat ihm weiter nix gfeit an der Gsundheit und hat gjaagert und gschossn wier a fufzger.

Jetzt sitzt er amal dahoam und hat ihm an Rechblatter zsammgricht und probiert, und überdem klopft's an der Tür.

Denkt er, wer muaß denn da draußt sei, denn des Aklopfa is bei'n ihm nit Brauch gwest und ruaft nacha: »No eina!« Jetzt kommt da an elendiger Loda rei, zaundürr, daß er grad klappert hat und bloach und hohlauget, an abscheuliga Kerl.

Der Kasper sagt: »Was geits, was willst? «

Na der ander: »Kasper, i bin der Boanlkramer und ho di fragn wolln, ob d'net ebba mit mir geh willst?«

»So? Der Boanlkramer bist, na Bruder, i mag nit mitgeh, gfallt mir no ganz guat auf der Welt.«

»Denkt hab i ma's«, sagt der Boanlkramer, »aber holn muaß i di do amal, was moast ebber in Frühjahr? «

»Waar nit aus in Fruajahr, wo der Ho'falz is und der Schnepfastrich und die kloan Vögerln arn schönstn singa, na, dees war ma zwider. «

»Oder in Summa? «

»Nix Summa, da hon i mit der Rehbirsch Arbet und is aa z'hoaß. «

»Oder in Hirgscht?«

»Ja was fallt dir denn ei, ha narret, soll i d' Hirschbrunft hintlassen, und die Klopfeter und 's Oktoberschießn, waar nit aus! «

»No also, nacher in Winter? «

»Da mag i aa nit, schau 's Fuchspassen und 's Moderausjagn is mei extragi Freud und is in Winter aa z'kalt. «

»Ja willst denn du ewi lebn? Dees tuats nit, Kasper. «

»Boanlkramer, i will dir was sagn, mei Vater selig is neunzg Jahr alt worn, und so alt will i aa wern, na kost mi abholn. Aber i glaab, es is gscheiter als die Rederei da, wann d' mit mir a Glaasl Kerschngeist trinkst, i hon an recht an guatn, und du schaugst ja so elendi aus und sper, daß dir a Glaasl gwiß guat toa werd und a paar Kirternudl hon i aa no dazua.«

Und so geht er an a Wandkastl hi und holt a Flaschl raus und a paar Glaasln und die Nudeln.

'n Boanlkramer is ebbas selles no nit passiert und setzt si an Tisch hi und probiert den Kerschngeist.

Der hat im woltern gschmeckt und a Nudl aa, und da trinka die zwoa (der Kasper hat fleißi eigschenkt) und der Boanlkramer is ganz allert worn; hat aber do alleweil vo die 90 Jahr ebbas abahandln wolln.

Da sagt der Kasper: »Woaßt was, mach mar a Gschpielei drum, paß auf!«

Und geht wieder an dees Kastl, da is a Kartn glegn und der

Grasober just obndrauf. Den schiebt der Kasper in sein Joppnirmi und legt na d'Kartn auf'n Tisch.

»Jetzt heb dir a Häuferl aba, Boanlkramer«, sagt er, »dees is des dei, und dees ander is des mei. Wann jetzt du in dein Häuferl'n Grasober hast, so gehn i mit dir, wann d' magst, wann aber i den Grasober in mein Häuferl ho, so derfst ma nimmer kemma, bis i 90 Jahr alt bi.«

Der Boanlkramer, der scho a bißl an Dampes ghabt hat, hat glacht und hebt ihm an woltern Toal ab und sagt: »Wegn meiner, es gilt«, denn er hat ihm denkt, weil er die mehrern Kartn ghabt hat, kunnt leicht der Grasober dabei sei.

Wie er jetzt seini Kartn nachananeder aschaugt, steckt der Kasper hoamli den Grasober in sei Häuferl nei und wie der Boanlkramer mi'n Aschaugn firti gwest is, broat der ander vor ihm sei Kartn, und da geht halt richti aa der Grasober her.

»Verdammti Gschicht«, sagt der Boanlkramer, aber der Kasper lacht und sagt: »Trink no a Glaasl und laß ma den Neunzger lebn!«

»I ko nix macha«, sagt der Boanlkramer, »aber ebber reut di dei Glück amal, und wanns a so is, derfst mi grad ruafa, bi nacha glei da.«

»Hat guati Weg«, sagt der Kasper, und wie der oa na furt is, hat er ihm no nachgruafa, er soll fei acht gebn, daß er nit in Bach einifallt, – und is mit den Bsuach ganz zfriedn gwest.

2

San schlechte Zeitn kemma, der Tiroler Krieg is ausbrocha und hat alle Leut derschreckt. Es ist a böser Krieg gwest, und grausi is herganga bei Schwatz und aufn Berg Ißl, und viel boarischi Soldata san bliebn selm, und 'n Kasper seini Süh, die er so gern ghabt hat, hat's aa derwischt. Was hat's gnutzt, daß s' globt worn san in Rapport, daß s' überall so schneidi garbet hamm, der Kasper hat's halt nimmer gsehn und is ihm nachet ganga.

Anderni traurigi Sachan und Zwiderheitn san agruckt, fremdi Leut san daherkemma, hamm überall 's Holz zsammakaaft und zsammagschlagn: natürli hamm si die altn Wildwechsl, die er so guat kennt hat, verändert und is mit 'n Wildprat aa weniger worn, und d' Wildschützen san mehra worn, wie's allzeit geht, bal a Krieg is.

Der Kasper is freili net leicht verzagt worn, aber an diewein hat ihm do d' Welt nimmer recht gfalln, und na hat er wohl aa an Boanlkramer denkt und was der gsagt hat von »ruafa«, aber gruafa hat er'n dengerscht nit.

Jetzt is ebbas bsunders gschegn. A Sennderinn auf der Gindlalm is von an wildn Stier gstocha worn und is glei dahingwest aa.

Derwei aber ihri Leut gwoant, und gjammert hamm, is dees Diendl ganz frisch und wohlauf an der Himmiportn gstandn, hat gar nit gwißt, wie's hikemma is.

Der Portner, der Petrus, hat's glei dersegn, und hat's Türl aufgmacht, dees nebn der großn Portn gwest ist. Er hat an langa graabn Rock aghabt und a blobi Blindn um d' Schulter und 's Diendl hat'n verwundert groß angschaut.

»Grüß di Gott, Diendl«, sagt er und weil's a bildsaubers Diendl gwest is, hat er ihm denkt, die is taugsam für an schön Engl.

»Ja, wo bin i denn?« sagt sie ganz derschrocka.

»In Himmi bist«, sagt der Petrus, »und wer di glei eiweisn lassn ins Paradies, aber zerscht sag ma,wo kimmst denn du her?«

»I bi vo Tegernsee dahoam und Sennderinn gwest auf der Gindlalm.«

»Ja na kennst ebber aa 'n Brandner Kasper?«

»Den altn Kasper moants, wer werd den nit kenna. Er kehrt oft ei in meiner Hüttn, wann er auf d'Jagd geht.«

»Geht er no auf d'Jagd, muaß ja scho an achtzger sei?«

»Ja, wißts es, Asitzn tuat er halt die mehra Weil, 's Birschn geht freili nimmer recht, aber sonst is er no guat bei'n Zeug.«

»Schau, schau, er sollt scho aa herobn sei, i wart alli Tag drauf.«

»Derft's scho no a Wei wartn «, sagt's Diendl, »bals wahr is, was an diem oa verzählt hämm. «

»No!? Was is denn dees?«

»Sie sagn halt, i glaab's aber nit, der Kasper hätt amal mi'n Boanlkramer kart und hätt der verspielt und derfet'n derntwegn vor sein neunzigstn Jahr nit furtnehma vo der Welt. Der Kasper is a lustiger und hat ebba die Gschicht amal oan aufbundn.«

»Wer woaß, wer woaß«, sagt der Petrus, »kunnt ebbas dra sei, da muaß i aufpassn. Aber Diendl, jetz geh da eini, i schick dir glei an Engl nach, der di weiterführt. Du hast brav und frumm glebt auf der Welt, schau, derntwegn bist jetz aa in Himmi herobn.«

Und's Diendl bidankt si und kußt ihm d'Hand, und geht hi, wo er ihr hideut hat; der Petrus aber schreibt glei a Vorladung an Boanlkramer und schickt's ihm.

3

Den andern Tag in aller Frua is der Boanlkramer daherkemma ganz untertäni und demüti, dees just nit alleweil sei Sach gwest is.

»Habt's mi ruafa lassn, Herr Portner«, sagt er, »soll Enk was bsorgn?«

Der Petrus schaugtn a Weil ernsthaft a, na sagt er: »Boanlkranler, was muaß i vo dir hörn? Du führst di schö auf, spielst mi'm Brandner-Kasper ums Leben und verlierst no obndrei! Was san dees für Sachan, wie kost di so ebbas untersteh?!«

»Ja schaugt's«, sagt der oa, »woaß ja, daß der Kasper da rauf kemma soll und weil's a so gnua Leut herobn habt's, hon i mir denkt, es macht nix aus, wann er a bißl spater kimmt.«

»An dees hast aber nit denkt, daß mit meiner Buachführung nix zammageht, bal an iader raufkimmt, wann er mag. Der Kasper is auf achtzgi eingschriebn, is schö, gnua, und jetz is er scho drüber, und du gibst ihm gar neunzgi!«

Der Boanlkramer hat was sagn wolln, aber der Petrus hatn ganz fuchti agfahrn: »Staad bist, und glei gehst abi und bringst'n Kaspern rauf, oder i jag di aus'n Dienst.«

Da hat ihm der Boanlkramer nix mehr zsagn traut und is ganz dasi abgschobn.

Die Gschicht hat'n gwalti verdrossn.

Mei Wort hon i'n Kaspern gebn für die 90 Jahr, hat er denkt, und jetz soll i's nit haltn; es mag mi a so koa Mensch auf der Welt, und wann's aufkimmt, daß i an schlechtn Kerl gmacht ho, na derf i mi ninderscht mehr sehgn lassn.

Und hat ihm halt bsunna hinum und herum, wier er aus den Handl kemma kunnt.

Er is aber alleweil an adrahter Schlaankl gwest, und so is ihm richti was eigfalln. Dees probierst, hat er ihm denkt, spannt sei Wagerl a und fahrt zum Kaspern.

Der hat sei Pfeifei graacht und just d' Zeitung glesen. Wie der oa reikimmt, hat der Kasper sei Brilln vo der Nasn abagschobn und schaugt halt, wer's is.

Er hat aber 'n Boanlkramer geschwind derkennt, denn der is no grad so zaudürr gwest und der nämlichi Häuter, wie's erstmal, wo er'n gsehn hat.

»Ha, was willst denn du?« hat er gsagt, »i ho di nit gruafa, und was ausgmacht worn is, werst aa no wissn, oder willst an schlechtn Kerl macha?«

»Nix, nix, fallt mer nit ei und i woaß, daß d' no 9 Jahr guat hast, da feit si nix. I ho just in der Nachberschaft a kloas Gschäft ghabt, und da hon i di bsucha wolln und schaugn, was d' machst. Und weil i mei Wagerl da ho und auf a Plaatzl fahrn muaß, wo ma gar schö in's Paradies einschaugn ko, so is mar eigfalln, daß i dir dees sagn will, wann d'ebba mitfahrn wolltst.«

»Na, i dank dir recht schö«, hat der Kasper gsagt, »i bi nit so neugieri, wie d'moast, und bi lieber dahoam, wo i mi auskenn, als an an fremdn Ort, wo i nit woaß, wie's is.«

»Ja«, sagt der oa, »du moast ebba, daß d'dort bleiben sollst, wo i di hiführ. Vo dem is koa Red, es is a Spazierfahrt, und in an Stündl san ma wieder da, denn mit mein Rössl geht dees leicht.«

»Und ko ma wirkli in's Paradies einischaugn?«

»Ja, versteht si, wann i's amal sag.«

» Und in an Stündl san ma wieder da?«

»Wann di nit lang dort aufhaltn willst, dees steht bei dir, san mer in an Stündl wieder da, so wahr i Boanlkramer hoaß.«

Jetzt hat'n Kaspern die Gschicht do begieri gmacht; auf a Stündl kann er ja mitfahrn und a weng einischaugn in's Paradies, von dem et scho soviel ghört hat.

Und er holt sein guatn Freund, 'n Kerschngeist, her und schenkt a paar Glasln ei.

»Wegn mei«, sagt er, »Boanlkramer, i fahr mit, und du bringst mi wieder her! Da trink, es is frisch draußt.«

Und sie stößn a und trinka, und na san s' naus.

Da is a schwarzs Wagerl gstandn wier a Trucha und a Raappi agspannt. Sie steign ei, der Boanlkramer schnalzt mit der Peitschn, und jetz san s' dahigsaust, daß der Kasper kaam'n Huat derhebt hat und is ihm Hörn und Segn verganga.

Als wann s' der Sturm davotraget, san s' dahi, und auf amal is's finster worn und san Blitz umanandagfahrn unter ihna und ober ihna und hat dunnert und kracht, daß der Kasper gschrien hat.

»Was is dees? Kehr um, kehr um!«

Da hat ihm der Boanlkramer in's Ohr neigruafa:

»Da hoaßt ma's bei die schwarzn Wolkan, da san die Dunnerwetter z' Haus, mir san aber glei durch, derfst di nit ferchtn.«

Und richti is's gschwind wieder liacht worn, und sie haltn vor an großn, großn Gschloß in schönstn Sunnaschei. An den Gschloß is a goldes Tor gwest, und bei'n Seitntürl hat der Boanlkramer agläut und is glei der Petrus rauskemma.

»No, Kasper«, sagt er, » bist amal da, jetz geh no glei eina, i wer dir's Paradies zoagn und werst a Freud dra habn.«

Und nimmt 'n Kaspern bei der Hand und führt 'n eini, aber der Boanlkramer hat draußt bleibn müssen. Und die zwoa stenga jetz in an weitn Saal mit durchsichtigi Wänd wie gschliffes Spieglglas, und da hat ma weit nausgsegn in an Gartn mit die schönstn Bloamen in alli Farben und mit großi Baam voll Aepfi und Birn und Pfersi und Pomerantschn grad a Pracht, und der Kasper hat nit redn kinna vor lauter Verwunderung. Und in den Gartn san die schönstn Engl rumgwandelt mit silberni Flügl und glanzedi Kranzln in Haar und danebn aa viel, viel Leut, und auf amal springa zwoa Burschn daher und juxn und ruafa: »Ja, grüß Gott, Vater, Vater, grüß Gott!« und er derkinnt sein Girgl und sein Toni.

»Jesses, meine Buabn«, schreit er und fallt ihna um'n Hals, und da schau! sei Traudl kimmt a daher und sei Vata und Muatta und a Iganz Rudl vo seiner Freundschaft, und is a »Grüß Gott« gwen hinum und herum und a Freud, daß ihm der Petrus, der zuagschaut hat, d' Augen gwischt hat.

Und in den Gewurl fliegt auf amal a kloaner Engl daher und sagt zum Kaspern: »Kasper, der Boanlkramer laßt Enk sagn, er fahret jetz wieder abi, ob's mitfahrts?«

»Na, liebs Bübi«, sagt der Kasper, »sag ihm, er soll no alloa fahrn; i bleib da und will nix mehr wissen vo der Welt drunt und sag Herr vergelts Gott tausendmal, daß ma die Gnad worn is, daß i daher kemma bi.«

Dees is die Gschicht von Brandner-Kasper.

Carlamaria Heim

Josefa Halbinger. Jahrgang 1900. Lebensgeschichte eines Münchner Arbeiterkindes

(Ausschnitt)

Ich bin 1909 ins Kloster kommen. Da hat mich die Mutter rein. Weil: sie war den ganzen Tag beim Putzen und ich war halt recht lebhaft und immer auf der Gassen. Wenns mich eingesperrt haben, bin ich durchs Fenster wieder naus, weil wir doch parterre gewohnt haben.

Fürs Kloster hab ich ein ärztliches Zeugnis bringen müssen. Da habens festgestellt, daß ich unterernährt bin. Da war ich neun Jahr alt.

Ich hab mich aufs Kloster gefreut, weil sie mir daheim erzählt haben, daß es da schön ist und daß man da so viel lernt. Und die »Englischen Fräulein«, das ist ganz was Vornehmes! Gelernt hab ich gern.

Die erste Zeit haben meine Leut für mich zahlt, dann hab ich einen Freiplatz kriegt.

Mir hat's im ganzen schon gefallen im Kloster. Da waren die ersten drei Klassen zusammen in einem Schulzimmer, und die Kinder ab der vierten wieder zusammen. In einer Klasse waren vielleicht zehn Kinder, mehr nicht. Die Lehrerin für die kleine Schule war sehr streng, aber weil ich eine gute Schülerin war, hat sie mich gut leiden können.

Wir haben an den Feiertagen Uniformen gehabt, rehbrauh mit schwarzen Krägerln, Chemisetterl, hat man gesagt, und im Winter Hauben und im Sommer Strohhüte!

Die Haar sind uns mit Wasser immer ganz streng hintergekämmt worden, bis wir alle gleich ausgeschaut haben. Ich hab manchmal geweint, wenns mich gar so gerupft haben, weil ich doch so starke Locken gehabt hab. Aber die habens geschafft, daß ich am End auch ganz glatt geschleckt war.

Bei der Prozession früher, da war ich den anderen Kindern immer neidig. Denen sind am Abend vorher ganz viele winzig kleine Zöpferl geflochten worden und mit Bier eingerieben, damit sie ja fest pappen. Dann sind die Zöpferl am anderen Tag aufgemacht worden, und dann haben sie bei der Prozession eine ganz stark gekrauste Mähne gehabt, und das hab ich wunderschön gefunden. Meine Mutter hat mit meinen Locken gar nichts gemacht.

Also im Kloster ist eigentlich kein Unterschied gemacht worden, ob die Kinder reich oder arm waren. Es müssen aber schon reiche dabei gewesen sein. Manche haben Pakete bekommen. Die sind dann ins Sprechzimmer gerufen worden. Da ist dann in Gegenwart von den Kindern das Paket aufgemacht worden, damit sie sehen, was drin ist. Wenn ein Schokolad drin war, den hat die Oberin behalten, den haben die Kinder nie gekriegt. Da ist dann einmal an einem Sonntagnachmittag zum Goûter ein Schokladkaffee für alle gekocht worden, wenn genug Tafeln beieinander waren. »Goûter«, das war halt die Brotzeit. Sonst haben wir einen Malzkaffee kriegt.

Das andere, was in den Paketen drin war, das haben die Kinder nach und nach schon gekriegt, also wenn wir halt am Nachmittag ein Stück Brot kriegt haben, dann haben die einen Kuchen oder was halt im Packl war, bekommen.

Manche haben viel Besuch kriegt. Aber eine, die ist mit sechs Jahren hinkommen und hat zehn Jahre keinen Besuch kriegt. Wie sie sechzehn war, hat sie der Vater auf einmal abgeholt, ohne Voranmeldung.

Mindestens viermal in der Woche haben wir Religionsunterricht gehabt, und alle Nachmittage beim Handarbeiten haben wir Rosenkranz beten müssen. Also unser Unterricht war hauptsächlich handarbeiten und beten.

Wie ich Erstkommunion gehabt hab, ist meine Mutter zu Besuch kommen. Da hat sie mich mitnehmen und über Nacht mit mir ausbleiben dürfen. Sie ist mit mir nach Altötting, in den berühmten Wallfahrtsort. Das war gleich in der Näh vom Kloster, wir waren in Neuötting. Wir sind in Altötting über Nacht geblieben. Da waren wir mit noch einer Mutter und einem Kind, das auch bei uns im Kloster war, in einem Zimmer. Da haben wir zu viert in zwei Betten geschlafen.

Und da hab ich mich halt mit meiner Mutter unterhalten. Ich hab sie ja nicht mehr gesehen gehabt, seit ich im Kloster war, das war genau ein Jahr. Dann hat mich die andere bei der Oberin verklagt, daß ich die ganze Zeit geredet hätt.

Von da ab hat mich die Oberin schikaniert. Ich hab allein an einem Tisch essen müssen und in der Schul hab ich extra ein Bankerl gekriegt. Da bin ich behandelt worden wie eine Aussätzige.

Der Pfarrer hat mich recht gern mögen. Und der hat dann, wie ich nach vierzehn Tagen immer noch allein gesessen bin, zur Oberin gesagt: »Jetzt wenn ich wieder komm und seh das Mädel immer noch da sitzen, dann hat's aber was!« Dann bin ich augenblicklich auf meinen Platz zurückkommen.

Bei der Firmung hat die Schwester vom Pfarrer meine Firmpatin gemacht. Da ist's mir schon recht gut gangen. Und nachher, wenn einmal was zum Pfarrer hat gebracht werden müssen, dann hat er immer verlangt, daß' mich schicken. Dann habens mich von da ab nur noch das »Pfarrerpepperl« geheißen. Der hat mich immer ganz groß bewirtet. Ich hab mich immer furchtbar gefreut, wenn ich da hingehen hab dürfen.

Im ersten Schlafsaal, bei der kleinen Schule, da war die Schwester Elisabeth. »Kleine Schule«, weil da die Kleinen waren, von der ersten bis zur dritten Klasse. Bei der haben wir die Hände nicht unter die Bettdecke tun dürfen, weil ich weiß nicht, meines Erachtens hat die da schlechte Gedanken gehabt. Wir haben immer die Hände oben lassen müssen, und da war doch nicht geheizt. Da haben die meisten Kinder im Winter so erfrorene Finger gekriegt, daß sie ihnen aufgesprungen sind und geeitert haben. Furchtbar war das, wie die ausgeschaut haben. Die Schwester hat mehrmals bei der Nacht kontrolliert. Ich weiß nicht, wann die geschlafen hat. Mit ist aber komischerweise nichts passiert.

Gebadet haben wir uns einmal im Jahr, gewaschen halt in der Früh. Da sind ein Haufen Waschschüsseln nebeneinander gestanden, da hat jeder eine eigene gehabt. Aber unten herum haben wir uns nie waschen dürfen, nie. Also den Unterleib haben wir das ganze Jahr nicht gewaschen. Die Füß vielleicht? Das weiß ich nicht mehr. Gesicht und Hände haben wir halt alle Tag gewaschen und die Zähne geputzt.

Wenn wir in die Wanne gesteckt worden sind, haben wir ein Hemd anlassen müssen. Da waren vielleicht drei, vier Wannen nebeneinander gestanden, und da waren überall rundrum Vorhänge. Da ist immer eine andere hintergeführt worden. Das hat ein paar Tage gedauert, das Baden, weil wir ja hundert Kinder waren. Und da waren überall Vorhänge dazwischen, daß wir einander nicht gesehen haben. Und dabei haben wir das Hemd auch noch anlassen müssen.

Schwimmen oder sowas, das hat's ja damals überhaupt noch nicht gegeben, also vor dem ersten Weltkrieg.

Turnen haben wir im Kloster auch keines gehabt, keine Gymnastik oder Spiele im Freien. Aber Reigen haben wir gemacht, das war damals überall so, in den Vereinen, überall sind Reigen getanzt worden.

Und Theater gespielt haben wir. Bubenrollen sind natürlich auch von Mädchen gespielt worden. Da haben wir Kleider angehabt und nur eine Bubenmütze aufgekriegt, daß man merkt, daß man ein Bub ist. Weil, daß Mädchen Hosen anziehen, das hätt's nicht gegeben.

Wie ich elf geworden bin, hätt ich ins »Institut« kommen sollen, das war die höhere Schule. Die wollten mich zur Lehrerin ausbilden. Weil, wenn Kinder schlecht waren in der Klasse, dann hat die Lehrerin immer gesagt, ich soll mich drum kümmern, ich soll mit ihnen im Klaßzimmer bleiben und lernen. Das hab ich aber nicht mögen, weil ich auch spielen wollt. Dann hab ich sie einfach in den Hof gesetzt und mit ihnen Schullehrer gespielt und hab ihnen dabei wirklich alles mögliche beigebracht, was sie wissen haben müssen. Dann sinds auch mitkommen. Daraufhin hätt ich dann einen Freiplatz gekriegt im Institut.

Dabei sind dann die großen Ferien kommen, und da hab ich heim dürfen. Da hat sich dann herausgestellt, daß ich das linke Schulterblatt höher hab und orthopädisch turnen muß.

Das hab ich auch gemacht, zweimal in der Woche. Das hat mir

sehr gefallen. Ich bin dann später auch in den Turnverein gegangen.

Wie dann das mit meinem Rücken gut war, hätt mich die Mutter wieder ins Kloster bracht. Dann hab ich so gebettelt: »Ich möcht daheim bleiben, ich möcht daheim bleiben, ich mag nicht mehr ins Kloster!«

Meine Mutter hat mir nämlich vorgesagt, daß, wenn ich im Kloster zur Lehrerin ausgebildet werd, das zahlt ja dann alles das Kloster, dann muß ich auch im Kloster bleiben und Klosterfrau werden. Und drum hab ich so Angst gehabt und nicht mehr mögen, weil ich nicht für ganz im Kloster bleiben wollt.

Meine Schwester, die wollt immer ins Kloster. Einmal hat sie in Tutzing nachgefragt. Und dann hat es geheißen, sie wird nicht genommen, weil sie ein uneheliches Kind ist. Dabei hat ja meine Mutter den Vater nachher geheiratet. Früher haben uneheliche Kinder auch nicht Pfarrer werden können.

Ich bin also daheim blieben und wieder in die Volksschul kommen. Da ist es mir ganz gut gangen, nur im Rechnen waren wir ein ganzes Jahr hintendran. Das hab ich aber schnell aufgeholt.

In der Klasse haben sie am Anfang gemeint, ich bin ein besseres Mädchen, weil ich nach der Schrift gesprochen hab. Wir haben im Kloster kein Wort Dialekt reden dürfen. Und meine Schwester hat mir alles selber genäht, aus Resterln Kleider, jetzt war ich immer gut angezogen. Lediglich Schuhe, da hat es immer gehapert, Schuhe hab ich nie ganze gehabt.

Uns ist's schrecklich dreckig gangen. Wenn meine Leute unter der Woch nicht daheim waren, habens mir ein Zehnerl geben, daß ich mir was zum Essen kauf. Da hab ich mir dann meistens eine Leberknödelsuppe kauft, die hat man kriegt um ein Zehnerl.

Einmal hat's in der Schul geheißen, wir machen einen Maiausflug auf den Taubenberg nauf, und wir sollen uns das selber zusammensparen. Damals hat's in der Sparkasse drinnen so einen Automaten geben, und da hat man ein Zehnerl neischmeißen können, dann hat man eine Zehnerlmarke kriegt. Und da hat man sich ein Kärterl geben lassen müssen, und da hat man die Marken drauf geklebt. Fünf Mark hat man mit so einem Kärterl zusammensparen können, die hat man sich dann bei der Sparkasse auszahlen lassen. So hab ich mir auch das Geld zusammengespart und in der Schul abgeliefert, schon längere Zeit vor dem Ausflug, gell.

Ich bin aber vorher einmal recht krank gewesen und hab mich nicht richtig erholen können. Mei, ohne Arzt bin ich krank gewesen. In einer Krankenkasse waren wir nicht, wenn man einen Arzt wollen hat, hat man auf die Armenhilfe gehen müssen. Aber da sind meine Leut halt nicht hingangen, ich hab halt ohne Arzt wieder gesund werden müssen.

Da hat die Mutter dann gesagt, es wär gut, wenn ich zur Großmutter fahren tät ins Rottal, nicht, und sie kann mir aber das Fahrgeld nicht geben. Hat sie gesagt: »Weißt was, opfer deinen Maiausflug, der ist nur einen Tag, und bei der Großmutter kannst länger bleiben!« Dann hab ich mir in der Schul das Geld wieder geben lassen.

Vor dem Ausflug hat's geheißen, es sind ein paar Kinder da, die haben kein Geld, ihre Eltern sind so arm, die können nicht mitfahren. Aber es sind doch Begüterte in der Klasse, die sollen zusammensteuern, daß die Armen auch mitfahren können. Dann haben sie also zusammengesteuert, und dann hat die Lehrerin die bestimmt, die das Geld kriegen und mitfahren dürfen.

Dann haben die Kinder gesagt: »Ja, wir haben doch noch eine, die nicht mitfahren kann, und wir haben noch genug Geld für sie, das wär doch grad recht, daß die Halbinger auch mitfahren könnt!« Dann hat die Lehrerin gesagt – »Nein, die Halbinger hat das Geld gehabt und hat sich's wieder rauszahlen lassen. Nein, sowas unterstützt man nicht, die darf nicht mitfahren.«

Dann war ich die einzige, die nicht mitfahren hat dürfen. Da hab ich so viel geweint daheim und hab gesagt: Ich darf nicht mitfahren, ich darf nicht mitfahren! Und ich komm doch mein ganzes Leben nicht mehr auf so eine große Fahrt! Mein ganzes Leben kann ich mir das nicht mehr leisten, daß ich auf den Taubenberg komm!« Ich war todunglücklich.

Der Taubenberg, das ist ungefähr 35 Kilometer von München weg.

Dann, bevor die Ferien gekommen sind, haben wir der Großmutter geschrieben. Und nachher hat die geschrieben, sie hat keinen Platz und keine Milch für mich. Dann hab ich da auch nicht hindürfen.

Die fünf Mark sind daheim in Haushalt neigeschustert worden. Dann hab ich gar nichts gehabt, waren die fünf Mark fort, der Maiausflug und die Ferien.

Meine Großmutter hat ein kleines Sachl gehabt mit einer Kuh. Ich bin einmal bei der Großmutter gewesen. Das war, wie mein Vater gestorben ist. Da sind meine Mutter, meine Schwester und ich hingefahren. Ich war damals acht Jahr alt. Na ja, da werden halt meine Leut was mitgebracht haben, da haben sie grad das Geld von dem Unfall gekriegt gehabt. Da haben wir eine Woche dort bleiben können, dann war's aus, dann haben wir nie mehr hindürfen. Mir hat es gut gefallen im Rottal.

Meine Mutter ist dann mit mir nach Pliening als Erntearbeiterin. Da ist es mir schlecht gegangen. Da haben alle aus einer Schüssel gegessen, die Bauern und alle Arbeiter. Da sind wir alle um einen großen Tisch gesessen, da waren ein paar Schüsseln drauf, und da hat jeder neilangen müssen. Und die haben alle so schnell gegessen, da bin ich nicht mitkommen. Ich bin auch gar nicht richtig hinkommen, weil ich viel kleiner war als die anderen. Jetzt bin ich jeden Tag hungrig aufgestanden.

Und dann wollt mich ein Arbeiter vergewaltigen. Ich hab zwar nicht verstanden, was er will, aber daß es nichts Gescheites ist. Da war ich zwölf Jahre. Ich hab mich gewehrt und geschrien. Er hat mir untern Rock gelangt.

Da kommt zum Glück der Sohn vom Bauern daher, der hat geschrien: »Was willst denn mit dem Dirnei!« Da hat mich der andere laufen lassen.

Ich hab in der Nacht einen Schüttelfrost kriegt. Meine Mutter ist so erschrocken. Sie hat gesagt: »Kind, was hast denn? Ist dir was passiert?« »Nein, nein!«

Ich hab mich nicht getraut, was zu erzählen. Aber meine Mutter ist sofort mit mir heimgefahren.

Viel später, ich war schon achtzehn Jahr alt, aber den Namen von dem Mann hab ich immer noch gewußt, ist in der Zeitung gestanden, daß der wegen Sittlichkeitsverbrechen verurteilt worden ist. Dann hab ich meiner Mutter den Artikel gezeigt und hab gesagt: »Schau Mama, der hat mich damals vergewaltigen wollen. Wenn nicht der Sohn vom Bauern dazukommen wär, wärs um mich gesehehen gewesen.«

Ich hab doch über das nicht reden können, vorher. Man ist doch im Kloster und auch sonst so erzogen worden, daß man von so was nicht redet. Ich hab mich doch so geschämt, ich war doch ganz auseinander.

Und eine Angst hab ich ausgestanden, ich krieg ein Kind! Weil mir eine erzählt gehabt hat, daß man ein Kind kriegt, wenn einen ein Mann küßt. Und der hat mich doch abgeküßt gehabt! Ich hab mir gedacht: Kein Mensch glaubt mir, daß ich nichts dafür kann; die meinen, ich bin so schlecht, und ich kann doch wirklich nichts dafür, wenn ich ein Kind krieg!

Ein ganzes Jahr hab ich die Angst mit mir rumgetragen. Dann hab ich doch einmal eine gefragt, wie lang das dauert, das mit dem Kind. Dann hats gesagt: »Neun Monat.« Dann hab ich gedacht: Gott sei Dank! Bei mir ist es ja schon ein Jahr. Jetzt krieg ich doch kein Kind!

Aufgeklärt bin ich nicht worden, daheim nicht und in der Schul auch nicht. Mir hat einmal eine in der Klaß gesagt: »Die kleinen Kinder kommen aus dem Bauch raus. Da kommt eine Frau und schneidet den Bauch auf.« Da hab ich schrecklich Angst davor gehabt. Viel später hat mir dann meine Schwester einmal gesagt, wo sie rauskommen, aber wie sie reinkommen, das hat sie mir natürlich nicht erzählt. Das hab ich dann auch durch andere Kinder erfahren. Das war ein großer Schock für mich. Daheim ist über sowas nicht geredet worden.

Mei, ich war so religiös erzogen. Im Religionsunterricht ist gesagt worden: »Selbst der Gerechte sündigt achtmal am Tage« und lauter solche Sachen. Eine Angst hab ich gehabt! Wenn ich an der Mauer vom alten Friedhof in unserer Straße vorbeigegangen bin, dann hab ich mir oft gedacht: Ich wollt ich wär so ein Stein in der Mauer, dann könnt ich wenigstens nicht sündigen!

Und dann ist gesagt worden: »Wenn ihr einem Engel begegnen

würdet und einem Priester, dann müßtet ihr zuerst den Priester grüßen, denn der steht höher, als Stellvertreter Gottes.«

Wir haben zu der Zeit in der Kirchenstraß gewohnt. Da haben wir alle drei miteinander ein Zimmer gehabt, da haben wir gekocht, gegessen und geschlafen. Wir haben zu dritt in zwei Betten geschlafen, ein drittes Bett hätt gar nicht Platz gehabt. Da sind wir dann rausgeschmissen worden, weil wir die Miete nicht haben zahlen können.

Die, denen das Haus gehört hat, das waren die Eltern von einem Geistlichen. Die haben uns dann noch die Nähmaschine gepfändet. Dann hat sich aber meine Mutter erkundigt, und dann hat es geheißen, das dürfen die nicht, weil das meiner Schwester ihr Handwerkszeug ist, die war ja Schneiderin. Dann haben sie die Maschine wieder rausgeben müssen.

Wir sind dann in die Schwaige* gezogen. Da ist dann die Mutter von dem Geistlichen in die Läden gangen und hat überall erzählt, sie sollen meiner Mutter nur ja nichts ohne Geld geben, sie zahlt nicht.

Dann, ich weiß auch nicht mehr, wie das gegangen ist, hat einmal so eine Wohlfahrtspflegerin gemerkt, wie es uns geht. Und die hat es fertig gebracht, daß meine Mutter alle Monat dreißig Mark Zuschuß gekriegt hat. Da sind wir froh gewesen, weil dann sind wir nicht mehr gekündigt worden, weil dann die Mutter davon alle Monat die Miete zahlt hat. Da haben wir dann zwölf Jahr im gleichen Haus gewohnt.

Ich bin immer mit meiner Freundin Anni die Maria-Theresia-Straße auf und abgangen und hab die Villen angeschaut. Wir haben immer gespielt, daß wir da einmal wohnen.

Ich wollt immer was Feineres sein. Als Kind hab ich zu meinem Vater gesagt: »Ich bin einmal nicht so dumm wie die Mama. Ich heirat einmal einen Reichen und geh' auf den Ball und ins Theater.

Wie ich in der achten Klaß war, bin ich zum ersten Mal ins

* Arbeitersiedlung

Theater kommen, da haben wir im Nationaltheater den Wilhelm Tell angeschaut. Das war ein Eindruck! Das kann man gar nicht sagen, das war das Tollste für mich, was man sich vorstellen kann. Ich glaube mein ganzes Leben war ich von nichts mehr so begeistert.

Später, wie ich schon erwachsen war, da ist die Theatergemeinde gegründet worden, und da war ich dann dabei. Da bin ich einmal im Monat ins Theater kommen. Und einmal, da war ich krank. Dann hab ich die Karte meiner Mutter gegeben. Das waren die »Meistersinger«. Sie war da zum ersten Mal im Leben im Theater. Verstanden hat sie nichts, aber gefallen hat es ihr. Das war das einzige Mal in ihrem Leben, daß sie in ein Theater gekommen ist.

Carl Amery

Gewicht und Aussage – oder: Der Kahle Büffel

(Romanausschnitt)

Es ist schönes Wetter bei der Herbstwallfahrt des bayerisch-patriotischen Männervereins, auf den Herbst kann man sich noch verlassen, die große Wettermaschine in Brasilien und über den Polkappen ist zwar schon in Bewegung geraten, aber über Tuntenhausen ist der Himmel sauber und seidig. Das Hochamt schließt mit einem Tedeum und einem sehr schönen Trompetensolo, die Männer in hechtgrauer Tracht oder schweren sonntäglichen Anzügen nicken beifällig, während sie die steinerne Treppe zum Wirtshaus hinuntersteigen, grod sauber hoda blosn. Sie gehen am Votivbild des Andreas Gropp vorbei und an dem Fresco, das die Stiftung der großen Kirche darstellt. Sie steigen in den ersten Stock hinauf, vorbei am Zigarettenautomaten.

Sie kommen zögerlich in den großen niedrigen Saal mit der ummalten Bühne, füllen ihn von hinten auf, wie das dem Respekt vor dem Höheren und dem Mißtrauen gegen seine unverständlichen Forderungen entspricht. Der Saal wird nicht voll, links vom Eingang an den Südfenstern bleiben sechs, acht der langen Tische frei, während schon die gläsernen Maßkrüge angeschleppt werden. Ja wenn da Franzjosef redn taat, verstehst, dann, müaßtma in die große Maschinenhalle, aber heid iß hoid blos der kloa Minister und der vom Eiropabarlament. Vorn, an den Quertischen rechts von der Bühne, sammelt sich die herkömmliche Prominenz, ein schmaler junger Fürst in Tracht, ein Bauernführer, Gaugrafen der Landschaft, Funktionäre, der Pfarrer. Nur der Schloßherr von Busselwang, Krafft von B.-Lipowski, hat sich wegen dringender Verpflichtungen in Liechtenstein entschuldigt. Sie begrüßen sich herzlich, wenn auch nicht mehr so derb und so salbungsvoll wie einst, die Zeiten sind kühler und weniger theatralisch geworden. Sie bemühen sich, nicht auf die leeren Tische zu blicken.

Am östlichen Ortsrand, zwischen dem geteerten Fußweg nach Ostermünchen und dem neuen Rohbau mit den Holzverbünden am Giebel (sie sind gegen Ende der Siebzigerjahre wieder modern geworden) baut Kahler Büffel das Zelt für den Sonnentanz auf Seine hiesigen Helfer sind ungeschickt, und die anderen Indianer, die mit der Delegation aus Nordamerika gekommen sind, verstehen auch nicht mehr allzuviel vom sakralen Handwerk (der stämmige junge Ojibway, der ihm zuarbeitet, ist sogar ein Heuchler, denn er ist eingeschriebener Kommunist). Kahler Büffel hat den Zentralpfosten für das Welt-Zelt gesetzt, er hat die Erde und die Asche auf die Bahnen der vier Himmelsrichtungen gestreut. Jetzt werden die kleineren Außenpfosten eingerammt, die die Speichen des Dach-Rades halten werden, das Gebälk der kosmischen Ordnung.

Kahler Büffel, so heißt es, ist der Enkel des Großen Medizinmannes der Payute, des unvergessenen Lachender Koyote. Er tritt dem Gerücht nicht entgegen. Leibliche Nachkommenschaft hat wenig zu besagen, er, Kahler Büffel, hat die spirituelle Kraft, das Mana, *he has the powers.* Freilich, die Delegation als Ganzes hat sie, die weise alte Mutter der Mohawks, der freche junge Ojibway und die vier andern, sie sind mit gelben und roten und grünen Pässen ihrer Stämme nach Europa gekommen, um das große Palaver um die Rettung in letzter Stunde zu beginnen. Sein Name, Kahler Büffel, besagt es, es ist der Kahle Büffel der Hopi, der Weltbüffel: wenn er das letzte Haar verloren hat, mit dem letzten Bein auf dem Weltdamm steht, dann bricht die Große Flut ein, jeder weiß das, es gilt hinüberzuretten, was noch zu retten ist, in eine neugemachte Welt, denn die Welt hört nie ganz auf, solange es noch Menschen gibt, die den Heiligen Ball im großen Spiel auffangen.

Im Wirtshaussaal werden bereits die Weißwürste aufgetragen, und dann wenden sich die Köpfe dem Eingang zu, nicht begeistert, eher wohlwollend, der apfelbäckige Minister kommt in seiner Eigenschaft als Vorsitzender des Vereins, der Beifall ist warm, aber kurz. Der Minister begrüßt die anderen Führer in Tracht und Loden, er selbst trägt den eleganten und diskreten Janker seiner engeren Heimat in den Bergen, hechtgrau und mit grünen Vorstößen, an ihm sieht er fast kirchlich aus, und er hat ja auch beim Hochamt die Lesung von der Göttlichen Weisheit vorgetragen, die vor dem Angesichte Gottes spielt, sauba hoda vorbett, is hoid aa scho amoi a Pfarrerlehrling gwen, dees merkst. Und er macht sich Hoffnung auf Höheres wie alle Politiker, die den Namen verdienen. Auch sein Blick ist etwas besorgt beim Schweifen über den locker besetzten Saal, die große Zeit der Politik aus dem Glauben ist vorbei, der ruhmreiche Landesvater und mit ihm die Staatspartei folgen jetzt anderen Gesetzen, das ist wohl unvermeidlich. Der Minister betritt die Bühne hohen Angedenkens, von der einst die Ahnen der großen Tradition sprachen, und auf die geht er natürlich jetzt ein zur Eröffnung, ruft liturgisch das Gedächtnis an Innozenz Maria herauf, den großen heroischen Gründer, die Erinnerung an die alten schweren Zeiten der Auflösung von 1933 und der glorreichen Wiedererrichtung durch den Frommen Aufrechten – man kann das alles gar nicht oft genug sagen, auch wenn und gerade weil die Erinnerung schwindet, immer ungreifbarer wird in einer Welt der erbleichenden Spiritualität. Das sagt er aber nicht gleich.

Zuerst dankt er dem Pfarrer, der den Mut hatte, in gleichmacherischer Zeit ein lateinisches Hochamt wie zu Zeiten der großen Ahnen abzuhalten: eine Zeitlang hat es ja so ausgesehen, als ob das endgültig vorbei wäre, aber die Kirche hat sich ja derfangt unter dem neuen polnischen Papst, gottseidank, hat zu solideren Grundsätzen zurückgefunden, hat die Auswüchse des Zweiten Vatikanischen Konzils verdaut, verdaut sie immer gründlicher, und es ist wohl das Werk der Vorsehung, daß wir den kleinen bayerischen Kardinal als Glaubenswächter für die ganze Weltkirche bekommen haben, erst kürzlich hat er, der Minister, mit ihm in Rom ein langes und ernstes Gespräch geführt, das Wahre Alte hat sich schon fast wieder durchgesetzt. (Über Lateinamerika redet er nicht, das brauchts nicht in Tuntenhausen, und außerdem wird auch das wieder in Ordnung kommen, wenn er den kleinen Kardinal recht verstanden hat.)

Die achtundzwanzig Pfosten des Sonnenzeltes sind aufgestellt, Kahler Büffel nickt und bereitet nun am Ende der südlichen Bahn den Platz für das Rauchen der Heiligen Pfeife, stellt sorgfältig aus verschiedenen Beuteln die liturgische Mischung zusammen. Ein sozialdemokratischer Landrat, zwei Kreistags-Abgeordnete der Grünen und drei parteiunabhängige Bürgermeister haben sich zur Friedenszeremonie angemeldet. Es war nicht leicht, den passenden heiligen Platz zu finden, aber er ist seinen Ahnungen für uralte heilige Plätze gefolgt, und er weiß, daß er richtig gewählt hat. Die Leute hier in Mitteleuropa sind arm, sie gleichen Betrunkenen, die ihren verlorenen Geldbeutel unter dem vertrauten Straßenlicht suchen, obwohl sie ihn im Finstern verloren haben, er, Kahler Büffel, spürt ihre Armut, er spürt sie genau. In München hat die Delegation in einem riesigen Saal gesprochen und gesungen, fünfmal so groß wie der Tuntenhausener Wirtssaal, mit einer gewaltigen Galerie, und mehr als die Hälfte der Leute, die sich am Eingang und auf den Treppen drängten, mußten wieder weggeschickt werden, und die, welche es geschafft hatten, warteten geduldig eine Stunde lang, bis alle Indianer beisammen waren, die Payute und die Mohawks und die Nez Percés und die Ojibway: Indianer halten nichts von Uhrzeiten und halten sich nicht daran.

Das junge bunte Volk der Millionenstadt saß unten im Saal und hob gläubige bleiche Gesichter zur Bühne hinauf, wartete auf den Kahlen Büffel, der sich gewaltig erhob, den Perlen-Wampum vom riesigen Hut streifte und um die Rechte wickelte, die halbmeterlange Adlerfeder ergriff und sprach: »Ehe wir über unsere Sorgen ...«

Und dann kommt der Minister natürlich doch auf die mäßige Teilnahme zu sprechen, kommt darauf zu sprechen, daß die Wallfahrt zu politisch geworden sei, und was er damit meint und nicht sagt, ist klar: die Vielen kommen nur, wenn der *Lider máximo* und Landesvater redet, und der hat zu Tuntenhausen ein eher kühles Verhältnis, es mag an nicht näher bekannten Erinnerungen liegen. Nun, Politik muß natürlich sein, betont der Minister, aber es sollte doch nicht so weit kommen, daß sie die Hauptsache bei der Wallfahrt wird: Gewicht und Aufgabe von Tuntenhausen liegen woanders. »Tean ma«, so bittet er herzlich und apfelwangig, »innerlich auch was dazua! «

»Ehe wir über unsere Sorgen, unsere und eure Sorgen reden, *let us unite in the Great Spirit*, vereinigen wir uns im Großen Geist. *Stand up.*« Und sie standen alle auf, die verwirrten weißen Stadtbewohner, einmütig auf seinen Befehl, donnernd in Regimentsstärke, kein katholischer oder evangelischer Pfaffe, so sagte ihm hernach Manny, der Organisator der Tour, keiner von denen hätte das fertiggebracht, *we've got the powers*, wir haben die Kraft.

Und natürlich redet der Minister dann doch über Politik, die Pflichten der alten Ehe zwischen Kirche und Partei werden auf offener Bühne vollzogen, die Feinde werden lächerlich gemacht, wie es ihnen gebührt: die Chaoten in den Städten und die lächerliche rote Opposition und die verrückten Naturschützer, was die überhaupt wollen, der Staat ist in unserer starken und stetigen Hand, nach wie vor, der Wind der göttlichen Vorsehung bläst in unsere Segel – und, was noch wichtiger ist, der Wind des gesunden Menschenverstandes, der Wind des Realismus, der Wind der harten illusionslosen politischen Arbeit, das sollen uns die wurzellosen Roten und die chaotischen Grünen erst einmal nachmachen, seit nahezu vierzig Jahren halten wir den realistischen Kurs des Wohlstands und der Mitte, und die Männer über den halbleeren oder fast leeren Maßkrügen klatschen ernst, nicht eben frenetisch, san halt insere Leit, aber wos mit die Bauern macha dees gheert sie ned, Scheiß-EG, mileckstamorsch.

Morgen soll der Sonnentanz stattfinden, dem Kahlen Büffel ist etwas unbehaglich dabei, er denkt an die Verlautbarung des Ältestenrats der Onandaga, an das Kommuniqué Nummer Drei, das sich auf den Mißbrauch indianischer Zeremonien im Ausland bezieht, und worin die Veranstaltung von Sonnentänzen ausdrücklich und äußerst mißbilligend erwähnt wird.

Der Ältestenrat hat die zentrale Schwierigkeit dabei gar nicht erwähnt, denn eigentlich müßten die weißen Teilnehmer bereit sein, sich Holzpflöcke durch die Brustmuskeln treiben zu lassen, um daran die Büffellederriemen zu befestigen, die sie liturgisch mit der Weltachse, dem Mittelpfahl, verbinden – oder doch zumindest Gaben von eigenem Fleisch für den Tanz zu opfern. Er, Kahler Büffel, steht auf dem letzten Damm der Welt, sieht die heranbrausende kosmische Flut, ihm geht es wahrhaftig nicht um Profit, es geht ihm wahrhaftig um die unzähligen Ratlosen, die er in Europa angetroffen hat, die Seelen, die ohne Zahl und ohne Ziel unterwegs sind, denen es zu helfen gilt, und sei es nur durch eine Ahnung dessen, was sie verloren haben und was gerettet werden muß.

Im Wirtshaussaal spricht jetzt der Europa-Abgeordnete, er verbreitet sich laut und weitschweifig und norddeutsch über dies und jenes, über Agrarpolitik und Subventionen, über Unverstand und Irrationalität der anderen, die nicht über die Gaben des Heiligen Geistes verfügen. Die Gesichter, die dumpfen und pfiffigen, die breiten und die hageren, werden höflich, die Zeiten der wuchtigen rhetorischen Gemetzel sind vorbei, man ist auch in bayerischen Landen geduldig geworden, werns scho recht macha unsere Leit do drobm, aber die Scheiß-EG, dees muaß anderscht wern, mileckstamorsch.

Kahler Büffel weiß es genau, er müßte es ihnen zumuten: die Pflöcke in den Brustmuskeln, den zerrenden Tanz, der die Riemen herausreißt, den trunkenen Brand der Pein, welche die Unwissenheit besiegt. Und während der freche stämmige Ojibway und die jungen weißen Freunde über den achtundzwanzig Dachsparren des Sonnenzeltes die Strohmatten breiten, entschließt er sich. Er wird denen, die sich angemeldet haben (und er hat wahrhaftig nicht mehr als die reinen Transport- und Unkosten verlangt – wie soll man dies in der Welt der Weißen noch redlicher handhaben können, in einer Welt, die das Geld zur einzigen wirklichen Sprache zwischen den Menschen gemacht hat), im einzelnen die wahre Liturgie des Sonnentanzes erklären. Sie haben zwar alle den Verpflichtungsschein unterschrieben, sich künftig mit allen notwendigen Mitteln der Suche nach der Bewahrung der Welt zu widmen – aber so, wie er die Weißen, jetzt auch die europäischen, kennt, haben sie ihre bleichen Seelen längst vom Körper getrennt und haben so keine Ahnung mehr, worauf man sich einlassen muß, wenn diese Welt in eine nächste hinübergebracht werden soll: auf Blut und Pein, die allein von der tödlichen Unwissenheit befreien.

Kahler Büffel reckt sich empor und wirft einen finsteren Blick auf die Doppelspitze des Kirchturms, auf die pedantisch verputzten Häuschen des Ortsrands, auf die dünnfarbigen Wiesen unter lauer Himmelswahrheit. Im Wirtshaussaal warten die Wallfahrer ungeduldig, aber manierlich, auf das Ende des politischen Teils. Weißwursthäute liegen grau und leer zwischen wässrigen Senfspuren auf den Tellern. Der Minister ist schon fort, weit fort, nicht nach Liechtenstein wie Krafft von B.-Lipowski, sondern weiter südlich an den Comer-See, nach San Martino. Im Flugzeug wird er die Tracht ausziehen und sich in weiße Freizeitkleidung werfen, die Arbeitsbesprechung (mit Pflanzerpunsch in geätzten Gläsern) wird auf einer rosafarbenen Terrasse stattfinden, über weißen Segeln und dunklem Grün, es geht um eine leidige Banksanierung, und er hängt als Mitglied des Aufsichtsrats schwer drin. Diskretion ist wesentlich – die hiesige Opposition zwar ist nicht zu fürchten, wohl aber die unterirdischen Beben der Finanzwelt. Alles wird auf Nidwalder aus Zürich und Wisseré aus Genf ankommen, und sie werden, so ists vereinbart, ihre Damen mitbringen, damit es unauffälliger wirkt. Schlechte Publizität zu diesem Zeitpunkt sehr bedenklich, und so wirds nach einer sorglosen Feriengesellschaft ausschauen.

Der Minister zuckt einen Augenblick zusammen. Er sieht sich selbst, er sieht die Gastgeber, er sieht die Herren und Damen Nidwalder und Wisseré auf der Terrasse, mit luftigen Gewändern, viel freier Haut, mit geätzten Pflanzerpunsch-Gläsern in der Hand, die wichtigen Gespräche hinter kaltem Gelächter verborgen. Wie würde, sagen wir, ein frommer Pilger der Barockzeit dergleichen sehen? Würde er nicht glauben, dem Ende der Welt nahe zu sein? Dabei ist es nichts als Arbeit, Knochenarbeit, der freudlose Preis für Macht und Verantwortung. Und der fromme Minister erinnert sich ans Salve Regina: *ad te clamamus exules filii Hevae*…

9

Die bayerische Seele

Biermösl Blosn

Welcome to Bavaria

(Auf die Melodie von: »If you come to Trinidad«)

1. Welcome to Bavaria
welcome to jodling area,
blue mountains, lakes, nice countryside,
bavarian Gemütlichkeit.
Drinking beer from große Maß,
Weißwurst and Leberkaas,
holleri and hollera,
Radi, Brezn, O'baazta!

2.You arrive from ev'rywhere
paradise Bavaria.
All the time the sun is shining
in Bavaria it's never raining!
Drinking beer from große Maß …

3. Schnupftabak from the Oberpfalz,
from Holledau comes Hopfen and Malz,
from Ruhpolding Lüftelmalerei
and Plutonium from Garching 2.
Welcome to Neuschwanstein,
original Würzburg Frankenwein,
original Oberammergau
and original Dachau!

4. If you come from Amerika:
welcome to Bavaria
but if you come from Afrika:
Fuck off from Bavaria!
No beer from große Maß,

no Weißwurst and Leberkaas,
nix holleri and hollera,
nix Radi, Breezn, O'baazter!

5. We are »we« and we write us »us«,
it's Bavarian Liberalitas,
we are the Jesus-Mountain-Jetniks,
fighting for the Kruzifix!
Drinking beer from große Maß,
Weißwurst and Leberkaas,
holleri and hollera:
Welcome to Bavaria!

Ödön von Horváth

Der Tod aus Tradition

Eine Legende aus den nördlichen Kalkalpen

In der Haupt- und Residenzstadt einer mitteleuropäischen Republik, die südwärts an harmlose Schlawiner, dagegen im Norden leider an umso gewalttätigere Piraten grenzt, lebte noch 1925 ein biederer aufrechter Mann, voll Gottesfurcht und Ahnenkult, namens Franz Xaver Loibl. Hausbesitzer, Familienvater und Ehrenmitglied des Männergesangvereins »Athen-Ost«, war er von Mutter Natur mit jener oft gerühmten behäbigen derben Heiterkeit begnadet und bis zum Abschluß der allzu großen Zeit zu allen barocken Späßen immer bereit gewesen, aber seit die Juden samt ihren Knechten vor einigen Jahren den Landesvater vertrieben und die Republik proklamiert hatten, hatte ihn niemand mehr lachen gesehen, höchstens lächeln, hämisch und sardonisch. Das Herz voll Bitternis und Bier suchte er die Einsamkeit und fand sie an einem verödeten Stammtisch. Er kegelte nicht mehr, noch sang er oder spielte Tarock. Witterte überall Republikaner und hatte schwarzrotgoldene Angstträume.

So träumte er einst, er fahre von Salzburg gen Berchtesgaden. Ostern wars, noch roch es nach Schnee trotz der hellgrünen Matten. Und da er an den Königsee kam, stand er plötzlich unter tausend und abertausend Menschen, lauter Landsleuten in sonntäglichem Gewand. Aber wie er sich so umsah, schienen sie ihm seltsam verändert, und wie er nochmals hinsah, bemerkte er bestürzt eine entsetzliche Wandlung: die Lederhosen reichten ihnen bis an die Knöchel, so waren sie zusammengeschrumpft, und alle hatten schwarzes geschneckeltes Haar, Locken an den Schläfen und Plattfüß. Und die Sennerinnen hießen Sara und Rebekka, Lea, Ruth und Sabinerl! Und dann hielt ein engbrüstiger Intellektueller eine Rede in peinlich nordischer Mundart (alles schrie begeistert »hoch!«) und er sagte, er sei schnurstracks von Tarnopol (»hoch!«)

hierhergeeilt, um den weihevollen Akt der Umtaufe des Königsees in »See der Republik« zu vollziehen. Und wieder widerhallte brausend vieltausendstimmiges Hoch! von den Felsen ringsum, und wie unser Loibl auf den Kalender sah, da wars der erste Mai. Und die Ziffer war rot. Und Schabbes obendrein. Da schlug er mit dem Mute der Verzweiflung blindlings um sich und – – erwachte.

Aufatmend konstatierte er, daß man doch noch nicht so weit sei und daß er schwitze wie eine mannbare Sau. Besorgt saß Maria, die andere Hälfte seiner fünfundzwanzigjährigen Ehe und Mutter seiner Tochter Therese, in ihrem Bette und frug, was er denn nur schon wieder für Ungereimtheiten geträumt hätte und ob er denke, jede Nacht so zu winseln und zu schnauben wie ein krankes Roß. Und legte ihm nahe, in Zukunft vor dem Einschlafen immer etwas zu lesen, irgendetwas, das einen entrückt oder entzückt, dann träume man auch davon. Sie, zum Beispiel, lese die Romane in den Neuesten Nachrichten, dann träume sie überhaupt nichts. Ja, er solle, nein! er *müsse* nun fortab lesen – – man schwitze dann auch nicht gleich einer Tobsau, und seufze nicht wie ein Hirsch und belästige sein Weib, indem daß die Bettstatt kracht, wie ein Maschinengewehr, und man als gläubige Christin schon gleich zum Pfarrer rasen möchte, von wegen der letzten Ölung, indem daß man nie nichts wissen könne.

Unter der Wucht ihrer Rhetorik brach er zusammen. Erschlafft und zermürbt von seinen apokalyptischen Visionen hatte er keine Kraft ihre Beweisführung zu widerlegen. Seine rehhafte Scheu vor dem gedruckten Worte schwand, und noch am gleichen Vormittage betrat er tapfer eine Buchhandlung. Der Entschluß, die Schwelle eines solchen »Ausschanks« zu überschreiten, fiel ihm wahrlich nicht leicht. Drinnen, zwischen Goethe und Kant, dünkte ihm alles fremd, so irgendwie nicht bodenständig, fast ausländisch. Nur nicht lange diese Luft atmen, durchzuckte es ihn, und er äußerte hastig seinen Wunsch, ein Buch oder dergleichen über die gute alte Zeit kaufen zu wollen. Mit einem »Sittenbrevier aus ehernen Zeitaltern ungebeugten Germanentums« gesammelt von einem, der es wissen muß, verließ er den Laden, um drei Mark ärmer – – sechs Maß, rechnete er.

Die Nacht kam und mit mürrischem Mißtrauen blätterte Loibl in seiner Bibliothek. Löschte dann das Licht aus, rülpste und schlief ein. Und sieh da! Er träumte von lauter Zinnsoldaten und Dekolletes à la Luise. Was er von den Zinnsoldaten träumte, kann nicht mitgeteilt werden, um nicht mit dem Gesetze gegen Verrat militärischer Geheimnisse in Konflikt zu geraten, und auch nicht was er von den Dekolletes träumte, um nicht gegen Schmutz und Schund zu sündigen – – kurzum: als er am Morgen erwachte, lächelte er wie ein gestillter Säugling, und fühlte sich durch frische Hoffnung gebläht. – –

Nach vierzehn Tagen hielt er auf Seite elf und kam zu Kapitel vier mit der seltsamen Überschrift: ius primae noctis. Infolge seiner radikalen Ablehnung aller Fremdwörter wollte er es kurzerhand überblättern, doch da sprang ihm der Untertitel in die Augen, der lautete: Das Recht auf die erste Nacht. Was wäre denn jetzo nur dieses? dachte er und las. Las und las. Zuerst, wie üblich, verstand er nicht, was er las, dann, als er es begriffen hatte, glaubte er, es seien lauter Druckfehler und fing wieder von vorne an, buchstabierte jedes Wort, bis er Absatz für Absatz auswendig hersagen konnte wie ein Suppenschüler seine Hausaufgabe. Längst schon schnarchte seine Zeltgenossin, doch ihn mied jede Müdigkeit. Ungewöhnlich rege sprangen durch sein Hirn Gedanken, Bilder, Akkorde, wie tolle Zirkuspferde. Und plötzlich schoß aus dem Chaos seiner Phantasien ein ungeheurer Plan, fuhr blitzartig durch sein ganzes Sein, daß er schier erzitterte: er bringt seinem Herrscher sein Kind dar, sein Fleisch, sein Blut, die Theres! Der Landesvater, und nur er, trotz Republik und Erfüllungspolitik, hat das Recht auf die erste Nacht! Erst durch die Weihe des Gottbegnadeten wird der Mensch zum Mensch!

Oh, der Herr soll es fühlen, daß es noch Männer gibt in seinem Lande, Männer, die treu an der Tradition hängen, er soll es spüren, daß die Verehrung der Sitten der Vorfahren noch lange nicht zur hohlen Phrase geworden ist – – er, Franz Xaver Loibl wird es beweisen!

Und hoch klang das Lied vom treuen Mann, wie Trommelfeuer bei Maßkrugklang! – – doch am folgenden Morgen meinte seine

Frau, was denn nicht noch. Und fernerhin meinte sie auch, es scheine ihr fast, daß er spinne, und außerdem sei dieser Plan eine Unkeuschheit und sicher nur bei den Norddeutschen so gewesen und niemals nicht bei uns. Und er sagte, er spinne gar nie nicht, und sie sei auch schon solch eine verdorbene Neuerin, verweichlicht und ohne Schmalz, und sie solle doch sogleich nach einem bestimmten ehemaligen Künstlerviertel ziehen und Rhythmus tanzen. Und sie sagte, unter keinen Umständen tanzt sie nicht Rhythmus, und er aber sagte, sie werde schon sehen, wie sie Rhythmus tanzen werde und rief: »Therese!«

Aber da schrie die Frau, sie rufe den Arzt, und er sagte: nur zu! Es sei ihm bereits bekannt, daß der verrückt sei, der treu an der großen Vergangenheit hänge. Und wieder rief er nach seinem Kinde.

Es kam. Und der es da erzeugte, sprach: »Ich weiß, daß du ein braves Mädchen bist, und obwohl du an Starkbierfesten gar mannigfach in den Hintern gezwickt worden warst, bist du dennoch unberührt, eine Jungfrau, auf und zum Landesvater und reiche ihm all dein Unerwecktes, auf daß er es wecken möge. So will es das Gesetz.« Und er wollte sein Kind segnen.

Doch es wehrte ab:

»Du irrst, oh Vater! Oh, du irrst!«

»Wieso nachher?«

»Indem, daß ich mein Herz in Heidelberg verloren hab.«

»Ha?!«

»In einer lauen Sommernacht.«

»Verloren?« zischte er wie der Held einer Pubertätstragödie. »Verloren?! Oh, über dich Fetzen! Kein anständiges Bürgermädchen verliert so etwas nicht!«

»Vater spinntisieret wohl?« frug die Tochter ihre Mutter; jene nickte nur: und ob! Hierauf wandte sie sich wieder ihrem Vater zu und bat um Beantwortung folgender Fragen: ob er wohl ihre Entwicklungsjahre über geschlafen hätte, da er ihr solch unhygienischen Lebenswandel zutraue, und ob er außerdem nicht denke, daß der Landesvater denn doch schon etwas gebrechlich wäre, und ob er denn überhaupt nicht wüßte, daß es ja gar keinen Landesvater nicht mehr gäbe, und ob er also vielleicht den Landtagspräsidenten gemeint hätte – – Aber Loibl würdigte sie keiner Antwort. Er lachte nur ab und zu grimmig wie ein dem Grabe entstiegener Hoftheaterschauspieler. – –

Seit dieser Szene traute er keiner Seele mehr. Und er hub an, den Tag und die Sonne zu hassen. Er verfluchte das Licht als den Zerstörer seiner Sehnsucht.

Der Schlaf, immer schon einer seiner liebsten Beschäftigungen, wurde ihm zur Leidenschaft. Nach vierzehn Tagen schlief er bereits ab nachmittags.

Und so träumte er nun täglich sechzehn bis achtzehn Stunden lang von Hörigkeit und Gottesgericht, Ketzern am Scheiterhaufen, Hexenprozessen und Judenblut, und wenigstens die Finsternis gehörte der Vergangenheit.

Nach weiteren vierzehn Tagen schlief er bereits Tag und Nacht, und erwachte nur zur Brotzeit. Aber nach abermals zwei Wochen wachte er überhaupt nicht mehr auf.

Mit den Flügeln des Schlafes war er in eine Monarchie geflogen, in der alles so geblieben war wie am ersten Tag. Nun frohlockt er in jenen Gefilden, allwo alles Tradition ist. Die Tradition der Ewigkeit.

Karl Valentin

Die Frau Funktionär

Na, die Welt ist ein Theater,
Auf der Welt, da geht's jetzt zu,
Wo'st nur hinschaugst, muaßt di ärgern,
Nirgends hast a Rast und Ruah.
In der Ehe mit de Kinder,
Mit der Wohnung, mit'm Mann,
Machst du in der Fruah die Augn auf,
Geht das Kreuz scho wieder an.

Mei Gott, is des heutzutag a Kreuz, sozusagen ein direkter Kampf ums Leben – ja, ein direkter Kampf, wenn ma's richtig nimmt, de ganze Welt ist eine Falschheit, ein Schwindel, oana schwindelt den andern o, koan Menschn derfst mehr traun, naa, naa, is des a Jammer, aber mitmacha mußt, bis d' stirbst, und als Toter hast na aa no koa Ruah, da schimpfa s' na aa no über di, daß d' in koan altn Schuach mehr neipaßt, wie man so sagt. – Bei der Beerdigung von meiner Freundin ihrn Mann, dem Herrn Trambahnkontrolleur Kammerberger, war's glei so, is a so a guata, braver und fleißiger Mann gwen, mit so an gefährlichen Beruf, mit oan Fuß is a so an ganzen Tag im Grab gstanden, er war nämlich bei der Münchner Straßenbahn Kontrolleur, wie der Herr Hochwürden, Herr Dekan Obermeier von Sankt Heiligengeist, in der Grabred betont hat – ein fleißiger Mann in seinem Beruf – na habn s' hinter mir gsagt: »A fleißiger Mann, daß i net rutsch, an ganzen Tag is er Trambahn gfahrn und to hat er gar nix, als wie an ganzen Tag hat er bloß gsagt: Billetten vorzeigen – Danke.« – Sehn S', so bös san die Leut, und der elektrische Trambahnberuf ist doch wirklich ein ganz aufopferungswürdiger Beruf. –

In unserm Haus, vielmehr in unserm Gang, wohnt auch eine Frau, von dera Frau d'Schwägerin, a liebe, nette Frau, i kenn s' zwar net, aber was i ghört hab, die soll auch bei der Trambahn sein, Schaffnerin, und noch dazu auf der Linie 13 – du heiliger Josef, i bin net abergläubisch, aber wie kann man denn so gewissenlos sein, stelln S' Eahna vor, wenn die Frau grad am 13. mit der 13er Linie 13 Mark einnimmt, da muß doch a Unglück passieren – aber mei, des is halt Schicksal, wie's eim bestimmt is, so kommt's; so hat mei Mo amal glaubt, daß er 's Ludwigskreuz kriegt, des is halt lauter Bestimmung, so was kommt plötzlich daher, ma hat oft vorher nicht die geringste Ahnung. –

Mit mein Sohn geht's jetzt die letzte Zeit, Gott sei Dank, wieder besser, mei Gott, was hat der arme Kerl ausgstandn, da Doktor Meier in der Kaufingerstraßn hat'n operiert an Stirnhöhleneiterung, unterm Operiern rutscht der Doktor auf einer Zitronenschaln aus und fahrt ihm mitra Lanzett ins Hirn nei, gut, daß mei Sohn 's Hirn so weit hint hat, sonst war's gfehlt gwen. Da Alfred, der Zwoatälteste, hat a Zahnfistel ghabt, da war aber unser Hausarzt dran schuld, der hat'n falsch behandelt, und der hat an Bubn auf Glenkrheumatismus kuriert. – Jetzt geht er scho bald ins 16. Jahr, da Alfred, hoffentlich kommt er nimmer zum Krieg dazu, wenn er nur grad recht langsam gedeihn tät, da Bua, gsund is a ja so net recht, denka S' Eahna, der grat ganz an Vater nach – mei Mann is nämlich Magistratsbeamter, aber sehr leidend, der hat so a Art Schlafkrankheit, die is nicht schmerzhaft, aber sehr zeitraubend – stelln S' Ihnen das Unglück vor, wenn die Krankheit mei Sohn auch kriegn tät, mit der Schlafkrankheit kann ja der Bua koa Gschäft lerna; no ja, gfehlt wär's nie, wenn alle Strick reißatn, bringt'n halt der Papa in'n Magistrat nei. –

O mei, mit de Kinder is jetzt scho a rechts Kreuz, a Familie, wo heutzutag acht oder neun Kinder hat, is net zum Beneidn, mir ham Gott sei Dank nur siebn, geht da der Ärger und der Verdruß scho net aus. – – – Mei Kloane, de mit sechs Jahr, d' Anni, bringt neulings von der Schul d' Gsichtsrosn mit hoam, mei Gott, i war ganz resultatlos: »Hundsbankat, reidiger«, hab i gsagt, »wie kimmst denn du zu der Rose, zu dera Gsichtsrosn, hättst lieber d' Parkettrosn mitbracht, na hätt ma wenigstens was zum Bodenputzen ghabt.« – Und so kommt alle Tag was anders daher. –

Unter uns da wohnt a Filmschauspielerin, und dera muß d' Gretl, mei zweitälteste Tochter, imma's Sach holn; neilings hat 's es furtgschickt um an Puder, und de Kloa hat s' falsch verstandn und hat ihr an Butta bracht, a Fünftl. – – Hat 's zu meiner Kloan gsagt: »Mach 's nächstmal deine Ohrwaschl besser auf, dumms Ding, dumms.« Aba da bin i auffi. »Was«, hab i gsagt, »is mei Tochter, wos für a dumms Ding hat Ohrwaschln? Sie alte Filmschuxn, san S' froh, daß Eahna 's Deandl an Butter bracht hat statt an Puder, dann kenna S' wenigstens Eahnan ausdürrten Magen damit einschmiern, daß a net allwei so knarzt, Sie Filmgspenst; Eahnane Gsichtsfaltn san ja so scho die reinsten Dachrinnen, de könna S' nimma verpudern, da is gscheiter, Sie kaufen Eahna a Gasmaske oder an Taucherhelm und decka S' Eahnan gfalteten Fesselballon ganz zua, und wenn S' nächstmal wieder was braucha, na lassn S' Eahna Eahnane Gsichtsutensilien 's nächstemal von an Packträger mitn Zwoaräderkarrn holn und verschona S' mei Tochter mit Eahnan Gang, Sie langhaxate Blindschleicha.« – – –

Ja, wissen S', d' Leut taten mit de andern Leute eahnane Kinder grad was s' wolln, naa, naa, des gibt's net. – Mei Mann natürlich, der kann ja mit de Kinder gar net umgeh, der hat keine Ahnung von der Kindererziehung; unsern dreijährigen Pepperl gibt er neilich 's offene Rasiermesser zum Spieln – i kimm grad dazua, schrei glei: »Um Himmels willen, reiß an Buam 's Messer aus der Hand! »Sagt mei Mann: »Laß ihm doch, der kann sich ja doch no net rasiern. – Sehn S', so dumm redn d' Mannsbilder daher. – – – Ja ja, 's is a Kreuz, jetzt derf i heut no umanandlaufa, daß i für morgn was auftreib, das is jetzt eine Umanandrennerei, heutzutag an Haushalt führn, is direkt a Kunst, ma werd nimmer fertig. Kaum moanst, jetzt kannt's Kocha anfanga, fehlt dir wieder des und das, nacha hast wieder koane Kohln, wennst nacha um Kohln gehst und bist beim Kohlenhändler, hast d' Kohlenmarken wieder vergessen, dann lauft ma wieder hoam um d' Kohlenmarken, kimmst dann mit de Marken zum Kohlnhändler, derweil hat der koane Kohln mehr. – – –

I sag ja, es is schrecklich, und manche Leut habn no alles, was eahna Herz begehrt, die Ungerechtigkeit ist zu groß auf der Welt, drum soll unser Herrgott wieder amal a Sündflut kemma lassen und alles wegschwoabn lassen. – – –

Und mit de Dienstboten ist das heutzutage aa so a Kreuz. Moana S', ich treibert jetzt a neue Köchin auf? Nicht um alles in der Welt. Die ma jetzt ham, dera gfallt's nimma bei uns …

Mancher Mensch hat keine Ahnung,
Na, heut hab i schon was gflucht,
wenn man so wie eine Nadel
Eine neue Köchin sucht,
Telefonisch, telegrafisch,
Durch die Zeitung, durch die Post,
Ich such eine gute Köchin,
Hohen Lohn und gute Kost.

Karl Valentin

Der Zufall

KARL VALENTIN Denken S' Ihnen nur, wir haben gestern einen Zufall erlebt. Ich und der Anderl gehen gestern in der Kaufingerstraße und reden grad so von einem Radfahrer – im selben Moment, wo wir von dem Radfahrer sprechen – kommt zufälligerweise grad einer daher.

LIESL KARLSTADT Ja – weiter?

VALENTIN Was weiter??

KARLSTADT Wo ist denn da der Zufall?

VALENTIN Ich sag, mir haben von einem Radfahrer gesprochen – und im selben Moment, wo mir von dem Radfahrer gredt habn, is grad einer daherkomma!

KARLSTADT Ja – und was war dann mit dem Radfahrer? Was hat denn der getan?

VALENTIN Nichts! – Weitergfahrn is er wieder.

KARLSTADT Wo ist denn da der Zufall?

VALENTIN *Das* is ja der Zufall!

KARLSTADT Also, das ist doch kein Zufall mit dem Radfahrer da! – Das ist überhaupt nix! – Gar nichts!

VALENTIN Nicht amal der Radfahrer?

KARLSTADT Nein – ich meine, das ist doch kein Zufall, wenn da in der Kaufingerstraße a Radfahrer daherkommt! – Da fahrn ja im Tag a paar tausend Radfahrer umananander!

VALENTIN Nein, einer is bloß komma!

KARLSTADT Ich meine, da kommt fast alle Meter wieder a anderer Radfahrer daher!

VALENTIN Ja, aber net, wenn man davon redt!

KARLSTADT Ach, da hätten Sie schon von was ganz anderem reden sollen.

VALENTIN Wir haben aber von nix anderm gredt!

KARLSTADT Das weiß ich schon – ich mein, nur, *wenn* Sie zum Beispiel von einem Flieger gesprochen hätten –

VALENTIN Ham ma net! – Mir ham nur von einem Radfahrer gredt!

KARLSTADT Das weiß ich ja – ich mein, wenn Sie von einem Flieger gesprochen hätten! – Und im selben Moment wär da oben einer dahergekommen, dann wärs eher ein Zufall gwesn!

VALENTIN. Ja, – naufgschaut ham mir ja net!

KARLSTADT Aber ich mein doch nur – wenn Sie statt von dem Radfahrer von einem Flieger gsprochn hätten!

VALENTIN Wieso? – Wie kann ich denn von einem Flieger sprechen, wenn ich von einem Radfahrer sprech?

KARLSTADT Ich mein eben – grad so gut, wie Sie von einem Radfahrer gredt habn, hätten S' auch von einem Flieger sprechen können!

VALENTIN Ausgeschlossen!

KARLSTADT Ja haben Sie denn noch nie in Ihrem Leben von einem Flieger gesprochen?

VALENTIN Schon oft, – aber da nicht – da habn mir nur von einem Radfahrer gredt!

KARLSTADT Jetzt lassen S' mir mei Ruh, ich will nichts mehr hören von Ihnen!

VALENTIN Also morgen gehn wir wieder spazieren – dann reden wir von einem Flieger – aber wehe! – wenn dann a Radfahrer daherkommt!

Carl-Ludwig Reichert, Michael Fruth
wea zoid schafd o

& wea zold den dea wo oschafd?
dea dem wo ogschafd wead zoid
den dea wo oschafd
weil dea wo oschafd muas a lem
damida oschaffa ko & zoin
sunst dad ja dea dem wo ogschafd
wead fahungan faschdesd?

Gerhard Polt, Hanns Christian Müller

Da schau her, ein Sanierer

HEROLD: I sag Eahna ganz ehrlich, der Mieter is wie ein Hausschwamm. Der, wenn amal drinsitzt, kriegstn nimmer raus. Also, i sags Eahna, was ich an Aufwand ghabt hab, bis i die Bagage draußd ghabt hab, finanziell und ideell, Sie, des vergütet mir koa Finanzamt. Steuern derf i scho zahln, gel, und was draus macha aus dera Bruchbude – wissen S', des is des, was uns Unternehmer müde macht. Alloa, wega der oidn Schäsn, de wo da drin war – wie ein Blutegel. De hat si direkt festgsaugt. Weil sie gsagt hat, i soll wartn, bis sie nausgstorbn is. Na sag i, ja Sie san guat, Frau, Sie wohnan jetzt seit vierzig Jahr da herin bei am Mietpreis, wo i mir net amal a Essiggurkn kaffa ko, ja, da könnan Sie no lang lebn, aba i ko net davo lebn, vastehngas. I gunn Eahna ja a langs Lebn, aba net auf meine Kostn und net da herin. I hob dera Frau nachad fünf Braune unter d Nasn ghaltn, schau her, Oide, des is doch des, was du brauchst, hab i gsagt, na hat ses woana ogfangt, wei, so vui Geld hat ja de in ihrm Lebn no nia auf oam Haufn gsehng, na hab i mir denkt, guat, i bin zwar net der Weihnachtsmann, aber den Umzug ins Altersheim zahl i ihr aa no, ma is ja schließlich a Mensch irgendwie. Guat, na war de Oide draußt, na is erst losganga. Im ersten Stock a Familie mit vier Kinder. Sie, des is ja wie ein Tabu. Findn Sie für solchane Krattler amal a Ersatzwohnung. Praktisch aussichtslos. I hab dene gsagt, Leut, as Nymphenburger Schloß kon i euch natürlich net mietn, a ganze Jahresmiete hätt i dene erlassn, nix. I habs nachad an meine Anwälte übergebn, wei, mit gutm Zuspruch is nix ganga. Sie, wenn S' amal an guatn Anwalt brauchn, i hob oan, der find Eahna oiwei a Gesetzeslücke. Der is wia a Marder. Guat, also zufällig hat si nachad der Familienvater von dene umbracht, na sans a Fürsorgefall worn, un na is doch wenigstens a weng schneller ganga. Überall, wo was frei worn is, hob i a paar Türkn nachgschobn, des san guate Verwohner, hats ghoaßn, dabei ham de Hund dann heimlich as renoviern ogfangt. Na hab i de aa wieder naustoa müaßn, und in dem Stil waar des aso weiderganga, na hab i as Dach abdeckt, d Haustür ausghängt und im Stiagnhaus as Liacht abdraht. Da drin hats pfiffn wia in am Windkanal. Aber Sie wern lacha, nur so gehts. Nur so. Schaun Sie, i hab den Häuserblock gerbt, von meim Bappa, aber wie sagt so schön der Meister Goethe: Was du ererbt von deinen Vätern … *Entdeckt einen Penner.* Ah, was tuatn der da? Ja, schaug, daß du weidakimmst, oda muaß i d Polizei rufn. Ja, hörst du schlecht, schleich di! *Penner verzieht sich.* Ja, sagn S' amal, de san ja schlimmer wie de Ratzn. Sie, wenn man so Leut siehgt, dann fragt ma sich doch wirklich: In was für am Staat lebn mir denn eigentlich …

Carl-Ludwig Reichert, Michael Fruth
as graue land

dees land is koid dees land is grau
dees land is nimma weis & blau
dees land is grang dees ko a jeda seng
dees land is nimma bsondas schee zum lem
dees land faschandld und fakaffd
wea hod dees gmachd wea hod dees gmachd?

i sig de dodn leid schbaziange
mid laare aung und koide hend
i sig de dodn fisch im wassa
i hob mi dodro no ned gwend

i sig an rauch greageib und gifti
i riach den gruch nachds wane draam
i hea de dodn bleame woana
und in mia drin ziagdse ois zamm

i kumma foa wia in an gfengnis
wosd lanxam kloaweis higmachd weasd
i woas ned obs eich aa so ged
i woas ned obds ia aa wos meakds

dees land is koid …

i gschbia drozdem i leb a weng
oba a weng is no ned gnua
i mechad lem und nix wia lem
und do kead no mea dazua

i brauch de lufd
weil i muas schnaufa
i brauch de wiesn und de beag
i brauch as wassa und an woid
und i brauch koa atomkraftweak

dees land keat uns des miassma dene song
weises wadscheins scho lenxd fagessn hom

Bruno Jonas
Bazi-Ethos

Eine Steuerschuld wird herabgesetzt. Das ist etwas Schönes und passiert in diesem Lande täglich. Es hat aber den Anschein, daß die halbe bayerische Staatsregierung dabei mitgeholfen hat. Das wiederum ist nicht alltäglich. Der Justizminister tat, was getan werden mußte, der Finanzminister wirkte mit und lieh sich nebenbei ein paar hunderttausend Mark bei einem Unternehmer, der mit dem Ministerpräsidenten eine enge Freundschaft pflegte. Dieser schrieb dann Bemerkungen an den Rand, und einer seiner engsten Vetrauten bekam von der Sache nichts mit und kann sich deshalb an nichts erinnern, obwohl jene Akten auf seinem Schreibtisch lagen. Der Ministerpräsident ist tot und hinterläßt Millionen, die seine drei entzückenden Kinder verwalten. Ein Teil des Vermögens befindet sich in der Schweiz, wo auch jener Unternehmer in einem bescheidenen Anwesen den Lebensabend verbringt und von einer alten Freundschaft schwärmt. So weit scheint alles harmonisch und friedlich zu sein. Und doch ist alles sehr merkwürdig. Es befassen sich nämlich »Kampfblätter« mit der Geschichte. Böswillige Journalisten bauschen auf und starten eine Kampagne. Warum?

Es ist doch nichts Unrechtes geschehen. Die handelnden Personen sind allesamt der Meinung, ethisch und moralisch einwandfrei gehandelt zu haben. Wie paßt das zusammen? Sieht so aus, als ob das Ganze ein Rätsel wäre.

Da wir in einem Rechtsstaat leben, können wir von vornherein ausschließen, daß es sich bei diesen Vorgängen um justitiable Tatbestände handelt. Die bayerische Justiz wäre längst eingeschritten, wenn da etwas nicht ganz sauber gelaufen wäre. Es scheint also hier kein Rechtsproblem vorzuliegen, sondern ein Phänomen der besonderen bayerischen Art. Um dieses Phänomen auch nur annähernd zu verstehen – ganz verstehen wird man es nicht können –, müssen wir den Weg der ethnologischen Feldforschung einschlagen. Es ist dies ein Weg, der uns tief hineinführen wird in die bayerische Seele, soweit diese überhaupt einen Zugang erlaubt. Ich will es einmal schlicht ausdrücken: Die bayerische Seele ist die Wirklichkeit des leiblichen (Schweinsbraten mit Knödel), zeitlichen (Brotzeit ist die schönste Zeit) und gemeinsamen (Spezl) »Auf-und-in-der-Welt-Seins«, wobei mit letzterem nur und ausschließlich das bayerische Sein, das »Gemein-Sein«, das »In-Bayern-dahoam-sei« und damit letztlich auch das »bayerische Anders-Sein« gemeint sein kann. Eine bayerisch-seelische Wirklichkeit erstreckt sich immer nur auf Bayern und endet immer am Horizont des »Nicht-Bayerischen«, also letztlich am Preußischen (Ausländer). Preußisch ist für den Bayern alles, was nicht bayerisch ist. So einfach ist das.

Der Bayer sagt: »Mia san mia!« und meint damit »Ihr seids ihr! Heißt: Jeder soll so bleiben, wie er ist. Das bedeutet nun aber nicht, daß der Bayer sich gegen Entwicklungen sperrt. Im Gegenteil. Der Bayer hat nichts dagegen, wenn sich andere Stämme entwickeln. Die Bayern selber aber leben in der Gewißheit, daß sie bereits voll entwickelt sind. Es ist also so, daß der Bayer im Bewußtsein lebt, er sei bereits zur höchstmöglichen Stufe seiner Entwicklung emporgestiegen. Vermutlich glaubt der Bayer, daß eine noch höhere Entwicklung zu einem noch höheren bayerischen Sein nicht möglich oder aber nicht glücklich wäre.

Nach allem, was wir wissen, müssen wir davon ausgehen, daß der Bayer weiß, was für ihn gut ist. Vielleicht hat bereits Aristoteles einen Bayern vor Augen gehabt, als er seine Lehre vom Glück (Eudämonie) niedergeschrieben hat. Im Glück sieht Aristoteles das höchste Gut. Es ist zu erreichen durch das sittlich Gute in der vollkommenen Betätigung der menschlichen Wesensart. Zweifellos betätigt sich der Bayer vollkommen in seiner Wesensart. Nach Aristoteles hat jeder Mensch sein Wesen und seinen Sinn. Der Mensch sei bestimmt, seinem Wesen gerecht zu werden und den Sinn seines Daseins zu erfüllen. Wenn dies gelingt, so nennen wir nach Aristoteles einen solchen Menschen gut und glücklich – und bayerisch.

Wirft man nun einen genaueren Blick auf die bayerische Elite der Staatslenker und Philosophen, die sich im gesunden Klima der bayerischen Hochebene voll entfalten, so kann man nicht umhin festzustellen, daß in diesen bayerischen Menschen das bayerische Wesen zur Vollkommenheit geronnen ist. Freilich ist diese bayerische Vollkommenheit eine vollkommen andere, die sich von anderen Vollkommenheiten, etwa fränkischen oder gar preußischen, vollkommen unterscheidet. Wir wollen sie schlicht die andere Vollkommenheit nennen.

Außerdem dürfen und müssen wir vermuten, daß der Bayer nicht mehr anders werden will, weil er schon anders ist. Seine Entwicklung sieht er daher als abgeschlossen an. Eine aristotelische Entwicklung zu noch mehr bayerischer Wesensart ist also nicht mehr drin. Mia san ned *nua* mia, sondern mia san *scho* mia, wei mehra »mia« nimma gang. Mia san vollendet »mia«. Mia san voll mia. Das ist höchstbayerisches Sein im »Voll-Mia«. Aus dem »Mia« heraus spricht ganz deutlich der idealtypische Bayer für alle Bayern, die sich aufgehoben fühlen als bayerisches Individuum in der bayerischen Seelenmasse. Daraus bezieht der Bayer ein großes Glücksgefühl. Immer wenn Bayern massenweise auftreten – im Bierzelt oder beim politischen Aschermittwoch –, fühlt sich der Bayer »dahoam«. Wenn ein Bayer mitteilt, daß er »do dahoam is«, indem er sagt, »do samma dahoam«, heißt das nicht, daß er dort wohnt, sondern, daß er dort glücklich ist. (Nebenbei stellen wir hier fest, daß der Bayer den Plural [samma] gebraucht, auch wenn er alleine ist. Die Tatsache, daß der Bayer gern den Plurals majestatis verwendet, zeigt, daß er sich selbst eine hohe Achtung entgegenbringt.)

Wir wollen nun an einem konkreten Beispiel untersuchen, wie es klingt, wenn sich das »Mia« voll entfaltet. Dazu schlagen wir nach bei einem bayerischen Klassiker, bei Ludwig Thoma. Es gibt da eine bekannte Szene in Ludwig Thomas *Erste Klasse.* Der Abgeordnete und Ökonom Josef Filser trifft im Abteil der I. Klasse den Ökonom Sylvester Gsottmaier.

GSOTTMAIER: *(sehr laut und fröhlich)* Bischt do, du plattata Mistgablbaron? Du g'schneckelta Engländа?

FILSER: (*ebenso lustig lachend*) Du Bazi, du luftg'selchta.

Dieses Begrüßungsritual ist unter Freunden und Amigos in Bayern auch heute noch gang und gäbe. Man »beschimpft« sich laut und fröhlich, gibt sich gegenseitig Namen, die durchaus ehrenrührig sein könnten, falls sie in ernsthaftem Ton vorgetragen würden. Lachend und fröhlich hingegen drückt dieses »Nameln« auch Respekt und Bewunderung aus. »Du Bazi, du luftg'selchta« bedeutet dann Anerkennung für die besonderen Bazi-Fähigkeiten seines Gegenübers.

Als dann etwas später der Filser den Gsottmaier fragt, ob er ein Geschäft in der Stadt habe und der Gsottmaier berichtet, man habe Wasser in seiner Milch gefunden, lacht der Filser und »namelt« erneut den Gsottmaier.

FILSER: *(lacht)* Du o'drahter Spitzbua! In deiner Milli verreckat no lang koa Fisch. *(Er lacht herzhaft.)*

Wie sich der Bayer verhält, wenn er erwischt wird, macht Thoma dann im folgenden deutlich. Unsere beiden Helden sitzen nämlich nicht allein im Abteil. Selbstverständlich sind Preußen und auch ein königlicher Ministerialrat namens von Scheibler zugegen. Und der verbittet sich, daß in seiner Gegenwart mit Milchpantsch'n geprahlt wird. Von Scheibler wörtlich: »In meiner Gegenwart reden Sie nicht von strafbaren Handlungen! « Filser reagiert typisch bayerisch mit einer Frage: »Strafmassi? Wo is er denn strafmassi?«

Und Gsottmaier: »Des muaß si erscht aufweis'n.«

Obwohl vorher Filser und Gsottmaier sich gegenseitig ihre durchaus strafbaren Lumpereien eingestanden haben, streiten sie nun gemeinsam alles ab.

Da haben wir es wieder, das »Mia san mia«, indem sich die beiden Freunde gemeinsam verteidigen gegen die anderen. Filser und Gsottmaier würde man vielleicht heute zu den »Amigos« zählen, wobei der Ausdruck *»amigo«* – mit Verlaub – saublöd ist. Der korrekte Ausdruck hierfür lautet im Bayerischen *Spezl* und ist abgeleitet vom Lateinischen *species* bzw. *specialis*. Damit meint der Bayer eine besondere Art von Freund, eben den speziellen Freund, den Spezial-Freund, den Spezl. Der Spezl ist mehr als nur ein Freund, er ist ein »wahrer« Freund. Spezln pflegen untereinander ein besonderes Vertrauensverhältnis und ziehen aus ihrer Freundschaft gegenseitigen Nutzen. Spezln sind darauf aus, sich gegenseitig zu helfen. Für Spezln gibt es keinen Grund, dem Spezl nicht zu helfen. Diese Hilfe kann und muß sich im Spezialfall, dem Spezlfall, der unter Spezln ständig gegeben ist, über eventuelle sittliche Grundwerte hinwegsetzen.

Ein Spezl muß für den anderen Spezl auch lügen und betrügen können. Für den Fall, daß man ihnen »draufkommen« sollte, »kennt koaner koan« und »koaner kennt net oan«. Man deckt sich gegenseitig.

Der Spezl verlangt absolute Gelassenheit gegenüber eventuellen moralischen Einwänden bezüglich des typischen Spezlverhaltens. Falls doch mal einer Gewissensbisse haben sollte, beruhigt der Spezl seinen Mitspezl mit dem Satz: »Do derfst dir nix scheiß'n!« Insofern war es nur recht, daß der Spezl aus Bad Füssing seinen Spezl in der bayerischen Staatskanzlei um Hilfe bat. Und wie es sich für einen wahren Spezl gehört, ist dieser zornig geworden, als er erfahren mußte, daß die leidige Angelegenheit nicht so schnell zu Ende gebracht wurde, wie man das unter Freunden erwarten kann.

Bei all den Spezlvorgängen der letzten Zeit konnte man von den Betroffenen immer wieder erfahren, daß sie sich nichts vorzuwerfen hätten. Streibl, Gauweiler, Tandler haben sich nach eigener Auskunft einwandfrei aufgeführt. Jetzt verstehen wir auch, warum sie sich als Opfer von Kampagnen sehen. Sie glauben tatsächlich, daß ihnen Unrecht widerfährt. Sie haben sich ja nur wie wahre Freunde benommen. Daran können sie nichts Verwerfliches finden! Wer bedürftigen Freunden samariterhaft zur Seite steht, handelt wie ein echter Christ. Jesus hätte schließlich nicht anders gehandelt. Wenn Jesus heute leben würde, wäre er sicher CSU-Mitglied. Was würde er zu seinen Jüngern sagen? Schauen wir in die Heilige Schrift.

Er würde genau das sagen, was bei Lukas 16, 1–9 nachzulesen ist. Weil wir nichts verfälschen und auch nichts aus dem Zusammenhang reißen wollen, geben wir hier den vollständigen Text wieder:

»In jener Zeit trug Jesus seinen Jüngern dieses Gleichnis vor: Ein reicher Mann hatte einen Verwalter. Dieser wurde bei ihm beschuldigt, er veruntreue seine Güter. Da rief er ihn zu sich und sprach zu ihm: Was muß ich da von Dir hören? Gib Rechenschaft von Deiner Verwaltung; denn Du kannst nicht länger Verwalter sein. Da sagte der Verwalter bei sich: Was soll ich tun, da mein Herr mir die Verwaltung nimmt. Graben kann ich nicht, zu betteln schäme ich mich. Ich weiß, was ich tue, damit sie mich in ihre Häuser aufnehmen, wenn ich von der Verwaltung abgesetzt bin. Er ließ nun die Schuldner seines Herrn einzeln kommen und sprach zu dem ersten: Wieviel schuldest Du meinem Herrn? Der antwortete: Hundert Krüge Öl. Da sprach er: Nimm Deinen Schuldschein, setze Dich schnell und schreibe: fünfzig. Dann sprach er zu einem anderen: Wieviel bist Du schuldig? Der antwortete: Hundert Malter Weizen. Zu diesem sagte er: Nimm Deinen Schuldbrief und schreibe achtzig. – Und es lobte der Herr den ungerechten Verwalter, daß er klug gehandelt habe. So sind die Kinder dieser Welt in ihrer Art klüger als die Kinder des Lichtes. Darum sage auch ich Euch: Machet euch Freunde mit dem ungerechten Mammon, damit man euch, wenn euer Ende kommt, in die ewigen Wohnungen aufnehme.«

So spricht also der Herr. Hier haben wir nun endlich die ethische Grundlage und damit den Basishumus für die Spezlgesellschaft. Es ist dies die ethische Anleitung für christlich-soziales Handeln. Der Finanzminister handelte also nur gerecht, als er Zwicks Steuerschuld von rund 70 Millionen auf 8,3 Millionen verringerte. Gemäß seines christlichen Glaubens konnte er gar nicht anders handeln. Es war wohl ein ethischer Zwang, der ihm aus seinem starken Glauben erwuchs. Und der Herr wird sanftmütig und stolz auf ihn herabgeschaut haben, denn der Minister hatte ein wahrhaft großes Herz für den armen Sünder Zwick bewiesen.

Warum also die »Kampagnen« in den sogenannten Kampfblättern? Es ist dies das Geschrei der Ungläubigen. Der Finanzminister und alle anderen Ministerspezln haben unser Mitgefühl verdient, weil sie Barmherzigkeit haben walten lassen. Wir sollten froh sein, so gerechte Minister zu haben, die, das dürfen wir hoffen, auch unsere Steuerschuld herabsetzen, wenn wir sie darum bitten. Wir müssen nur aus der Tiefe zu unseren Spezln rufen. Wir müssen sie mutig fragen, ob sie in die ewigen Wohnungen aufgenommen werden möchten. Und dann werden sie ebenso gerecht handeln und uns die Steuerschuld um mehr als die Hälfte erlassen.

Wer möchte nicht gern in die ewigen Wohnungen aufgenommen werden, wenn sein Ende naht? Allerdings bleibt die Frage offen, wo sich jene Wohnungen befinden. Jeder Christ weiß, daß der Herr auch einen etwas überheizten Gebäudeteil bereithält, wo es nicht so lustig zugehen soll. Hauptsache ein Dach über dem Kopf!

Vorläufig jedoch brennt es bei der CSU auf dem Dach, und die Hausherren haben alle Hände voll zu tun, den Brand unter Kontrolle zu bringen. Angstvoll blickt man auf den Wahltermin. Wie wird der Wähler reagieren? Wendet er sich ab von der CSU? Nun, ich glaube, diese Sorge ist unbegründet. Der bayerische Wähler läßt sich nicht beirren durch Kampagnen.

Der Wähler hat sich ja bisher auch kaum abhalten lassen, die CSU zu wählen.

Anlässe dazu hätte es ja in der Vergangenheit genug gegeben. Dieses »Freunde machen mit ungerechtem Mammon« wird den bayerischen Wähler überzeugen. Der bayerische Wähler weiß ganz genau, daß Spezln keine Heiligen sind.

Auch über Strauß hat neulich einer gesagt: »Jeder hat gewußt, daß er kein Heiliger gewesen ist.« Das kann doch nur heißen, daß Strauß ein Sünder war.

Das Schöne an der Sünde ist, daß man sie beichten kann. Beim Pfarrer im Beichtstuhl, aber nicht in der Öffentlichkeit und schon gar nicht im *Spiegel* oder in der *Süddeutschen Zeitung*. Ein echter Bayer ist katholisch und macht das mit seinem Herrgott allein aus. Er sieht keinen Grund, öffentlich seine Sünden zu bekennen. Von Kind auf ist ihm beigebracht worden, sein Gewissen allein mit seinem Herrgott zu putzen. Deshalb ist es völlig logisch, daß keiner was zugeben will. Selbst wenn einer dabei lügt, ist das eine Sünde, die er locker im Beichtstuhl wegflüstern kann. Der Herr sagt: »Kommet alle zu mir, die ihr mühselig und beladen seid.« Er sagt eben nicht: »Kommet alle zur *Süddeutschen* und erzählt, wie's wirklich war.« Den christlichen Background darf man bei christlichen Politikern nie außer acht lassen.

Gibt es also eine bayerische Ethik oder gibt es keine? Es gibt eine. Der Bayer schätzt bei sich und deshalb auch bei seinen Politikern eine gewisse kriminelle Grundenergie. Wenn also ein Bayer einen anderen Bayern über den Tisch zieht, übers Ohr haut oder auf gut bayerische Art »löffelt«, dann ist der »Gelöffelte« nicht ernsthaft böse und macht die Sache noch lange nicht »gerichtsmassi«. Schon eher wird er lächeln oder gar lauthals lachen, was dann durchaus als Drohgebärde zu verstehen ist, denn beim Lachen zeigt man Zähne. Das bedeutet wiederum: Beim nächsten Mal zieh ich dich über den Tisch, und dann bist du der »Gelöffelte« und dann wirst du lachen. Der »Gelöffelte« bezeugt Respekt vor der Schläue des anderen. Er »namelt« seinen »Geschäftspartner« und heißt ihn einen »hundsmiserabligen Bazi«, und dieser wird das nicht als Beleidigung auffassen, sondern als Lob.

Wie also lautet dann der kategorische Imperativ der Bayern? *Handle so, daß die Maxime Deines Handelns bei allen, denen Du schadest, Respekt und Anerkennung findet.* Nun könnte man noch fragen, warum der Geschädigte für das Handeln seines Schädigers Anerkennung übrig hat. Er weiß halt, daß er auch mal drankommt, den anderen zu schädigen. In seiner bayerischen Gelassenheit sagt er sich: »Du kimmst scho a no auf mein Hof zum Saufa!«

Aus dieser Gewißheit bezieht der Bayer seine Gerechtigkeit. Bayerische Gerechtigkeit heißt nicht »gerichtsmassi« werden, sondern warten können auf eine Gelegenheit, die – da ist sich der Bayer sicher – kommen wird. Es ist dies die Gelegenheitsgerechtigkeit, die in der bayerischen Natur begründet liegt. Wir können diese Gerechtigkeit deshalb auch die natürliche bayerische Gerechtigkeit nennen, die über der »justitia« angesiedelt ist, die wiederum aber in großen Teilen von der natürlichen bayerischen Gerechtigkeit durchdrungen ist. Sicher liegt dieser bayerischen Gerechtigkeit der alttestamentarische Rachegedanke zu Grunde, aber eben nicht in seiner brutalen menschenverachtenden Weise, sondern in der bayerisch versöhnlichen. Das Prinzip der versöhnlichen Rache ist ein bewährtes, bayerisches Prinzip, das über Jahrhunderte hinweg für ausgleichende Gerechtigkeit unter den Bayern gesorgt hat. Dieses Prinzip funktioniert besonders gut im christlich-katholischen Umfeld, das in Bayern leider immer mehr von sogenannten »Zuagroasten« durchsetzt wird, die die alten Traditionen zunächst verstört zur Kenntnis nehmen müssen und mit völligem Unverständnis sogenannte Skandale wittern. Das ist die Situation, in der wir uns momentan befinden.

Falls sich nun unser eingangs erzähltes Rätsel noch erweitern sollte, wenn sich vielleicht herausstellt, daß Strauß 20 Millionen Provision für die Vermittlung des Milliardenkredits an die DDR von Schalck-Golodkowski kassiert hat, dieses Geld über Altötting in die Schweiz transferiert wurde und Max und Monika bis heute keine Ahnung davon haben, so wird der echt bayerische Wähler daran nichts Verwerfliches finden können, sondern – im Gegenteil – anerkennend durch die Zähne pfeifen und eventuell bemerken: »Do muaß da Stoiba no vui lerna!«

Wie heißt es so schön in der bayerischen Nationalhymne: »Gott mit Dir Du Land der Bayern/deutsche Erde Vaterland! über Deinen weiten Gauen/ruhe seine Segenshand ...«

10

Der fremde Blick

Friedrich Hebbel
Das Münchener Oktoberfest

München ist die Stadt des Lebens. Der Bayer stürzt sich überhaupt ohne Zaudern und ohne ängstliche Vor- und Umsicht in den rauschenden Strom, der uns gottlob öfter auf freundlichen Wogen gestärkt ans Ufer zurückträgt, als in seine Untiefen hinunterreißt; er kennt keine Sünde als nicht Bier zu trinken, und die Hauptstadt ist in einem Lande, wie das Zifferblatt an einer Uhr, welches auch dem, der den inneren Mechanismus nicht begreift, die Zeit anzeigt, nur daß er die Augen offen halte und sich nicht auf die Ohren verlasse; denn wenige Uhren schlagen, noch weniger schlagen richtig. Auch dieses Jahr wurde das Oktoberfest, der heranschleichenden Cholera zum Trotz, in hergebrachter Weise gefeiert. Jedes Volksfest ist ein Auferstehungstag für die Nationalität, die sonst in unseren Tagen ganz und gar ein erwachsenes Kind ist, welches sich seiner Naivität schämt, und nur hin und wieder in Stunden fröhlichen Rausches einen übermütigen Purzelbaum schlägt, der an jene Zeiten erinnert, wo es noch keine Hosen und keine Perücke trug. Mit der Freude ist's wie mit der Andacht: wo drei sich freuen, freut sich der vierte mit; die Freude ist keine alte Großmutter, die am festlichen Morgen nur an begünstigte Neffen und Enkel Kuchen und Nüsse austeilt: sie ist, wie die Sonne am Himmel, die, wenn sie einmal aufgeht, alles, was sich im Kreis ihrer Strahlen befindet, erwärmt.

Die Theresienwiese, auf der das Volksfest abgehalten wird, stellt sich dem Auge als eine kaum übersehbare grüne Fläche dar, die an zwei Seiten von der Stadt und ihren freundlichen Vorstädten begrenzt ist; an der dritten ruht der Blick auf den seltsam gestalteten Massen des Tiroler und Bayerischen Gebirges, welches riesenhaft wunderlich den Gesichtskreis abschließt. Hier wimmelt es von Zelten und Buden aller Art; Garküchen, Konditoreien, Wein- und Bierschenken wechseln miteinander ab. Auch der Armen ist freundlich gedacht, teils durch Errichtung einer Tribüne zu ihrem Besten, von wo man aus die beste Aussicht auf die Wiese und ihre Herrlichkeiten hat, und auf der man gegen mäßiges Eintrittsgeld einen guten Platz findet, teils durch einen sogenannten Glückshafen, der auf eine triebsamere Feder, das Mitleid berechnet ist, und durch tausenderlei Siebensachen, welche begehrlichen Augen entgegenblicken, zahllose Haufen heranlockt. In der Mitte der Buden nun noch der für den Hof bestimmte Pavillon, ringsherum die Plätze für das aufzustellende Preisvieh, sowie die Rennbahn, etwas in die Ferne gerückt die Schießbahnen – hier wären die Ufer abgesteckt, zwischen denen der brausende Menschenstrom sich hindrängt. Der Münchener weiß, daß man in den Himmel nicht zu früh kommen kann. Deshalb findet sich schon zwei bis drei Tage vor Beginn des Festes eine Masse von Spaziergängern aus allen Ständen auf der Theresienwiese ein, und der Fremde hat die beste Gelegenheit, sich mit der Bevölkerung der Stadt und ihren Eigentümlichkeiten bekannt zu machen, da sein Auge noch durch andere Dinge nicht in Anspruch genommen wird.

Auch die Wirte verdienen in ihren Buden eine kurze Musterung; sie sind wie ihr Getränk: Der Bierwirt braun und kräftig, wie sein Bier, er lacht selten, aber herzhaft; er hütet sich vor dem Niedersitzen, denn er weiß, daß er nicht schnell wieder aufsteht, man hört ihn nicht ein einziges Mal: Bitte recht sehr! oder: Sie sind gütig! sagen. Der Weinwirt ist sein gerades Gegenbild; er trägt äußerst feine Wäsche, auch wohl im Vorhemd einen goldenen Knopf; er lächelt angenehm und empfängt keinen Sechser, ohne sich höflich zu verbeugen; man sieht's, daß er hauptsächlich auf die Damen rechnet. Der Kaffeewirt ist eine eigenartige Mischung, wie sie aus Kaffee, Sahne und Zucker entstehen muß, er ist nicht halb so süß wie sein Zucker, nicht zum vierten Teil so bitter wie sein Kaffee; aber immer etwas fetter als seine Sahne.

Das Fest beginnt am 2. Oktober. Es hat die lobenswerte Absicht, mit der Erinnerung an einen für das Land bedeutenden Tag, die Anregung eines heilsamen Wetteifers in Ackerbau und Vieh- und Pferdezucht durch ausgesetzte Preise zu verbinden. Der 2. Oktober war aber dieses Mal sehr unhöflich, es regnete stark, ein rauher Wind wehte, und die Sonne ging den ganzen Tag nicht einmal auf. Dennoch war die Wiese voll von Menschen, sogar von Damen; eine solche Masse ausgespannter Regenschirme von den mannigfachsten Farben, die sämtlich durch das ungestüme Wetter verdorben wurden, sehe ich wohl sobald nicht wieder, für einen Parapluimacher war's ein Anblick zum Entzücken. Ich machte einen Gang durch die Reihen des zur Besichtigung aufgestellten Preisviehes; träge und des Regens ungeachtet höchst zufrieden, hatte der unförmlichste Mastochse sich auf den Boden gelagert, gewiß entschlossen, nicht vor dem zehnten Peitschenhieb wieder aufzustehen. Die Kuh stand freilich, aber das große weiße Auge halb schließend und den Kopf mißmutig zur Erde senkend. Nur das Schwein befand sich in seinem Element und wühlte mit sichtlichem Behagen den lockeren Boden auf. Am liebsten verweilte ich bei den Hengsten; es waren schöne, wohlgebaute und mutige Tiere, die für Bayerns Pferdezucht das vorteilhafteste Zeugnis ablegten. Nach Ankunft des Königs wurden die Festlichkeiten durch einen Zug von Wagen, die mit den Zeichen bayerischen Gewerbefleißes und Ackerbaues ausgeschmückt waren, eröffnet; ich bemerkte unter diesen Wagen einen mit der auf einer angehängten Tafel befindlichen Inschrift: Erste Rübenzuckerfabrik in Bayern, und einen anderen, auf welchem ein vollständiger Brauapparat, samt dem dazu gehörenden Personal aufgestellt war. Das Ganze würde sich bei besserem Wetter besser ausgenommen haben, das angebrachte Flittergold ersetzte das Sonnengold nicht völlig.

Darauf begann das Pferderennen. Auffallend war nur eine Bestimmung, wonach die am schönsten gekleideten drei Rennknaben Preise erhalten sollten. Montags und dienstags wurden mit Stutzen, Büchsen und Pistolen allerlei Schießen nach Vogel, Hirsch und Scheibe angestellt. Das Volk schien an diesen Schießübungen lebhaften Anteil zu nehmen, und bei dem eingetretenen schönen Wetter versagten es sich wohl wenige, nachmittags einige Stunden nach der schönen Wiese heraus zu spazieren. Mich zog vor allem der eingangs gedachte Glückshafen und die Szenerie an, die zunächst in seinem Umkreis vorfielen. Hier steht, schwankend und unentschlossen, die ehrbare Miene der Überlegung im naiven Gesichtchen, ein niedliches Dienstmädchen und schüttelt nicht ohne Mühe aus dem kleinen Beutel, der für seinen Inhalt noch viel zu groß ist, einen Sechser hervor, noch einmal wiegt sie ihn in der Hand; ein lüsterner Blick zur Kuchenbude oder zur nächsten Bierwirtschaft hinüber; aber nein, die bunten Glaskorallen, die Spiegel und die Spangen sind doch gar zu schön, und warum sollte denn sie, gerade sie, kein Glück haben? Schnell tritt sie heran, hastig ergreift sie ein Los, und traurig zieht sie ab, während in demselben Augenblick ein lustiger Student laut lachend die beneidenswerteste Perlenschnur, die er gewonnen, um den Finger wickelt und sie dann dem ersten schönen Kind, das ihm begegnet, gleichgültig zuwirft.

»Das weiß doch der Teufel!« flucht hier der Bauer mit seinem bebänderten Hut, und wendet sich verdrießlich ab; »vier Lose nehmen und viermal verlieren, heißt 24 Kreuzer verlieren, und dafür hätte ich meinem Nannerl die Nadelbüchse, die ich zu gewinnen dachte, allenthalben kaufen können.«

Ebensosehr nahm ein ziemlich weit von allen übrigen abgelegenes Zelt, worin vier junge Gemsen gezeigt wurden, meine Aufmerksamkeit in Anspruch, selten habe ich drei so vollkommene Originale vereinigt gesehen, als sie sich in den beiden Bauern, Vater und Sohn, die die Gemsen gefangen, und in dem Marktschreier darstellten, den sie sich vermutlich wie eine Trompete, die nicht erst geblasen werden darf, für Tagelohn gedungen hatten. An dem Eingang des Zeltes steht eine hoch aufgeschossene vierschrötige Figur, die man ziemlich lange betrachten muß, wenn man sich überzeugen will, daß sie lebt. Große, bis an die Lenden hinaufgezogene Stiefeln, eine enganschließende gelbe Hose, eine blaue, um den Leib schlotternde Jacke, ein tief in die Augen gedrückter Hut mit einer schmutzigen Hahnenfeder geziert, die linke Hand sitzt, als wäre sie darin festgenagelt, beständig in der Tasche, die rechte hängt mit aller Anmut, die das allgemeine Gesetz der Schwere mit sich bringt, wenn ihm kein Eigenwille widerstrebt, am Körper herunter, sie erhebt sich nur – und dann wie am Draht hochgezogen –, wenn jemand den Eintritt begehrt, um die 3 Kreuzer Eintritt in Empfang zu nehmen und zugleich, falls der Eintretende eine Militärperson ist, sonst nicht, den Hut abzuziehen. Vor dem Zelt, in immer neuen Wendungen die unerhörten Vorzüge der Gemsen herausstreichend, spaziert der Marktschreier auf und nieder, er ist wohlbeleibt, von kurzer untersetzter Statur und erstaunlich witzig. »Hier herein, meine Herren! Vier Gams und ihre deutsche Säugamme, reine Natur, solche Gams sehen sie nirgends in der Welt, als hier; es kostet nur einen Groschen, und wen der Groschen gereut, dem geb' ich zwei zurück, so bin ich.« Ein Gendarm geht vorüber, er faßt ihn beim Arm und zieht ihn herein, der Lange nimmt den Hut ab. »Solche Herrn dürfen nicht so vorbeigehen, die müssen alles sehen« (dann mit einem überaus pfiffigen Blick, etwas leiser): »So sehen sie nichts. Heda, du unkontribuierter Lümmel (es hatte sich, während er den Rücken gewandt, einer dem Zelte genähert und schaute, von dem Langen wohl bemerkt, doch durch keine Miene abgehalten, durch eine Ritze herein), glaubst du, daß hier Eulenspiegels Bildergalerie ist, daß wer unehrlich ist, nichts sieht? Immer herein, meine Herren! Der Kopf zahlt einen Groschen, wer keinen Kopf hat: hat's umsonst!« – Ich trete hinein. Drinnen finde ich einen alten Mann, er hat es glücklich herausgebracht, daß die jungen, lebhaften Gemsen, wenn er sie auf den Rücken nimmt, von selbst herunterspringen, und wiederholt diesen Versuch unausgesetzt und regelmäßig wie eine Uhr ihren Schlag.

Am Mittwoch werden unter Leitung eines hiesigen Turnlehrers von 41 Gesellen der Bäcker- und Schäfflermeister einige gymnastische Spiele aufgeführt. Spiele dieser Art, wobei es wie einst bei den meisten Spielen der Alten auf Entwicklung körperlicher Kraft und Geschicklichkeit ankommt, haben in einer Zeit, wie die unserige, wo fast immer nur geistige Kräfte sich aneinander messen, einen hohen Reiz, und was die erwähnten betrifft, so glückte ihre Ausführung zum Teil in lobenswertem Grade. Schon den Zug sah man gern: Musikanten in seltsamen, bauschigen Gewändern, wie Vertreter einer längst vergangenen, nie wiederkehrenden Zeit, die Preisfahnen, glänzend im goldenen Sonnenschein, und dann gleichfalls in altertümlicher Tracht, die Kämpfer, fast lauter markige, stämmige Gestalten, strotzend von Lebensluft und Lebensmut. Zuerst erfolgte ein Ringkampf, wobei es natürlich an spaßigen Szenen nicht gebrach; den meisten Beifall fand ein handfester Bäckergeselle mit einem verwegenen schwarzen Bart, der, nicht zufrieden, seinen Gegner zu überwinden, ihn jedesmal verächtlich über die Schultern schlug und ihn, auf den königlichen Pavillon zu, stolz und übermütig einige Schritte vorwärts trug. Darauf ein Lanzenwerfen, ein Heben und Rollen gewichtiger Felstücke, ein Wett-und Seillauf und zum Schluß eine dem Auge gefällige Gruppierung sämtlicher Teilnehmer.

Edward Wilberforce
Sitten und Gebräuche
(Ausschnitt)

In der berühmten Geschichte über das Kamel schreibt der Franzose ein kurzes und geistreiches Feuilleton, studiert der Engländer zwei Jahre lang das Verhalten des Tieres und liefert eine Unzahl von unverarbeiteten und kaum verstandenen Fakten, während sich der Deutsche zurückzieht, um das Kamel aus dessen ethischem Bewußtsein heraus darzustellen.

Das vorliegende Kapitel muß das des Engländers sein, ohne daß es jedoch der Verfasser unversucht ließe, seine Fakten zu verdauen und sie auf Grundsätzliches zu beziehen. Er ist der Ansicht, daß Beschreibungen von Völkern sich meistens als unbefriedigend erweisen, weil man vorschnell Schlüsse zieht und zu sehr verallgemeinert. Die folgenden Tatsachen hat er selbst erlebt und durch die Beobachtungen von Bekannten erhärtet. Es liegt weder in seiner Absicht, das Idealbild des Deutschen zu zerstören, das so oft skizziert wurde, noch die ganze Nation von Norden bis Süden so darzustellen, als ob sie so geartet wäre wie das, was er in München gesehen hat. Nach des Verfassers Erfahrung sind die Deutschen ganz anders, als sie in phantasievollen Porträts dargestellt werden. Wenn er liest, daß »die Gesellschaft sehr angenehm ist, die Deutschen offen und gesellig« sind, muß er sich einfach fragen: Welche Deutschen, und welche Gesellschaft? Ihm begegnete die äußerste Geselligkeit und Offenheit in einem, und die äußerste Steifheit und Zurückhaltung in einem anderen. Der Verfasser kennt nette Leute, die zwanzig Jahre in deutschen Städten gelebt haben, ohne sich mit einem Einheimischen anfreunden zu können, doch hat er selbst Freunde, von deren Liebenswürdigkeit er sich oft überzeugen konnte. Man mag jemanden steif und grob finden, welcher Nation er auch angehört. Engländer werden im allgemeinen in Frankreich für kühl gehalten, und ein Engländer, der sich nur in geringstem Maße leutselig gibt, kann schon das Kompliment bekommen, daß er ein halber Franzose ist. Und doch braucht man kaum zu erwähnen, daß es gesellige Engländer gibt, auch leutselige, die sich im Eisenbahnabteil sogar mit ihren Mitreisenden unterhalten.

Und wenn man nun das ganze deutsche Volk beschreibt als einfach, bescheiden, bemerkenswert für Tapferkeit, Gutmütigkeit, Ehrlichkeit und Keuschheit, wobei es vielleicht darin Fehler hat, daß es äußere Dinge zu sehr vernachlässigt, kann der ausländische Besucher nur mit den Schultern zucken und tausend Beispiele für das Gegenteil anführen.

In München sind die gesellschaftlichen Gruppen voneinander abgegrenzt, die Bevölkerung in Schichten aufgeteilt, die voneinander unabhängig existieren. Jemand, der sich in der Oberschicht bewegt, mag diese steif und reserviert finden, während ein anderer, der sich gebildeten und wissenschaftlichen Kreisen anschließt, diese offen und gesellig finden mag. Sicher ist, daß der Oberschicht in München der Ruf der Steifheit anhängt. Die wenigen Gelegenheiten, bei denen es mir erlaubt war, an ihren Vergnügungen teilzuhaben, beeindruckten mich sehr tief. Ich fand nie Tadelnswertes bezüglich der Kleider der jungen Damen, der leichten und geistreichen Konversation zwischen den Herren und Damen, der Höflichkeit der Gastgeber, der gepflegten Atmosphäre, die jedes Übermaß an Jovialität zügelte.

Meiner Meinung nach schien alles vollkommen. Aber ein Adeliger aus Rom, dessen Geschmack sich in den ausgelassenen Ballsälen der fröhlichen Städte gebildet hatte, von denen Rom die lebenslustigste ist, fällte ein ganz anderes Urteil:

»Sie finden das fröhlich und angenehm?«, sagte er, seinen Schnurrbart mit dem Ausdruck äußerster Verachtung zwirbelnd. »Nun, Sie haben nie bemerkt, was auf diesem Ball vorging, oder Sie haben es vergessen. Auf einem Ball ging ich zu einer Dame und bat sie zum Tanz; sie ließ sich ein Stück Papier bringen, das ihre Verabredungen für den Winter enthielt, und sagte zu mir, sie könne mir den dritten Walzer auf dem übernächsten Ball anbieten. Ich nahm den mir angebotenen Tanz ohne eine Bemerkung an und machte meine Verbeugung.

In München ist es nicht Sitte, daß sich Damen und Herren unterhalten. Jedermann würde meinen, sie wären verlobt. Wenn ein Tanz zu Ende ist, läßt der Herr seine Partnerin genau dort stehen, wo sie zufällig nach dem Tanz zum Stehen kommen, mitten im Saal oder in einer der Ecken, und die Dame sucht sich selbst ihren Weg zurück.

Zwischen den Tänzen findet man alle jungen Damen in einer Gruppe und alle jungen Herren in einer anderen. Die Musik spielt mit der Geschwindigkeit eines Totenmarsches, und das würdevolle Angesicht, das die Gesellschaft wahrt, ist ominös. Wenn man die Offiziere beim Tanzen betrachtet, würde man meinen, sie paradierten, sie trampeln, während sie dahingleiten sollten, und, bei meiner Ehre, sie treten auf der Stelle, wenn sie eigentlich stillstehen sollten. Und dann die Verbeugungen und Knickse, und die Pausen dazwischen, die ernste Feierlichkeit des Verhaltens sind einfach empörend.

Nur einmal sah ich ein Stück Spontaneität, als ein Herr mit einem Kalmückengesicht durch das Kleid einer Dame gestiegen war, einige Schritte hüpfend zurückwich und mit Horror auf den sündigen Fuß blickte, den er wie zur Buße gestreckt in die Luft hielt.

Ich wurde im Verlaufe des Abends so entnervt und so nervös durch das dauernde Aufstampfen (wie Sie wissen, stampft ein Herr am Ende jeder Tanzfigur auf), daß ich allen Gleichmut verlor.«

»Natürlich«, so antwortete ich auf seine Tirade, »hält jedes Volk seine Sitten heiliger als seine Gesetze.« Ich entgegnete dem adligen Römer, daß für mich das Souper zum Stein des Anstoßes des Abends wurde.

»Von Anfang an hatte mich das Vorherrschen von Offizieren in Uniform unangenehm berührt, als sie mit umgeschnallten Degen ankamen, als ob sie mit der Aufrechterhaltung von Ruhe und Ordnung beauftragt wären.«

Man hatte eine natürliche Abneigung gegen Salonritter und man überträgt diese Abneigung gerne auf jene, die immer in Uniform, aber nie im Dienst gesehen werden; die den bunten Rock und das scheppernde Metall aus keinem anderen Grund zu tragen scheinen, als daß sie die Siegespalme über schmucklose Zivilisten davontragen wollen. München ist in dieser Hinsicht der kriegerischste Ort der Welt, oder einer der kriegerischsten. Kein Offizier in London dächte daran, sich auf der Straße in Uniform zu zeigen, und in Paris, so sagt man mir, ist das Tragen der Uniform formell auf die Diensthabenden beschränkt. In München dagegen darf kein Militär in einer anderen Bekleidung auftreten. Und da die Armee die einzige Karriere ist, die jungen Männern von Familie angemessen ist, werden die Bälle der Gesellschaft von Offizieren monopolisiert.

Tagtäglich wird das unwürdige Schauspiel von Offizieren, die sich selbst chauffieren, präsentiert, und in München wird das zu einem höchst lächerlichen Ausmaß getrieben, da es nämlich an Kutschen fehlt, die sich zu diesem Zwecke eignen. Wenn irgend etwas schlimmer ist als der Anblick eines Offiziers, der in voller Uniform durch die Straßen einer Hauptstadt kutschiert, dann ist es der Anblick eines Offiziers, der vom Kutschbock einer wackeligen Bauernkutsche die Pferde lenkt, während sein Diener den Passagierraum einnimmt. Nachdem man solches gesehen hat, läßt man fast alles andere widerspruchslos über sich ergehen, sogar die Gewohnheit mancher Offiziere, neben ihren Pferdeburschen einherzureiten, was einen den Stallknecht für einen Freund seines Herrn halten läßt.

Dieses allgegenwärtige Militär in München hängt einem wirklich zum Halse heraus, so daß man die Gefühle einfach wiedergeben muß, welche diesen stehenden Heeren gegenüber rasch hochsteigen. Man bedauert die Rekruten, die zum Kriegsdienst eingezogen wurden, anstatt gleich Berufssoldat geworden zu sein, wenn man sieht, wie sie den ganzen Tag gedrillt, geschlagen und verprügelt werden, wenn sie nicht augenblicklich die Annehmlichkeiten des Kasernenhofdrills hochschätzen. Aber wenn aus dem Rekruten ein gestandener Soldat geworden ist und dieser dann die Brutalität seiner früheren Behandlung den Zivilisten zurückzahlt, bedauert man fast sein Mitleid.

[…]

Ich bin nie so tief in die Geheimnisse des Grabes eingedrungen um festzustellen, ob die Leute mit ihren Orden auch noch begraben werden. Es ist in München Sitte, Menschen festlich gekleidet zu begraben, und, was noch schlimmer ist, sie hinter einem Fenster aufzubahren, fröhlich herausgeputzt wie zu einem Fest. Goethe tadelt jemanden, weil der einen aufgebahrten Freund angeschaut hatte. Er fügte hinzu, daß er selbst es vorzog, sich an seinen Freund so zu erinnern, wie der lebend aussah, nicht an die totenblassen, vom Tode steifen Gesichtszüge. Der Münchner Geschmack läuft diesem Ausspruch genau entgegen. Menschenmassen gehen zur Leichenhalle und stehen vor den Fenstern, blicken auf junge Mädchen in Ballkleidern, die Blumenkränze um ihre Köpfe haben. Wenn wir alle am Jüngsten Tag genauso auferstehen sollten, wie wir begraben wurden, wäre es wohl kaum angemessen, in einem Ballkleid wiederaufzustehen. Aber dies ist noch der geringste Einwand gegen den Münchner Brauch. Es ist schon erstaunlich, daß in einer Hauptstadt, die weit und breit für ihren guten Geschmack bekannt ist, in einer Stadt, in der die Polizei schon immer strengste Kontrolle über die öffentliche Sittlichkeit ausgeübt hat, so ein Schauspiel vor aller Welt mit solch vulgärer Exhibition aufgeführt wird.

Nicht nur bei Beerdigungen wird ein Todesfall zur reinen Formalität. Er wird als Gelegenheit zu einem höchst peinlichen und ärgerlichen Zeremoniell ergriffen, welches ihm seine ganze Bedeutung nimmt, während es seine Schrecknisse noch vertieft. Wenn jemand die Sterbesakramente empfängt, ist es Brauch, daß die nächsten Angehörigen anwesend sind, in voller Uniform. Am Tage nach dem Tode empfängt der überlebende Teil Besuche der ganzen Stadt. Ich habe von einer Witwe gehört, die sich in einem schwarzen Kleid, das hastig in der Todesnacht ihres Gemahls zusammengenäht wurde, hinsetzte und alle ihre Freunde und Bekannten empfing, während der Leichnam noch nicht beerdigt war. Ich kann mir weder vorstellen, wie man seine Gefühle mit dieser Formalität vereinen kann, noch daß jemand, der seinen Verlust betrauert, es zulassen kann, daß die ganze Welt dabei zusieht.

Deutsche drücken oft ihre Überraschung aus, daß Engländer in Abendkleidung zu belanglosen Teeparties gehen, während sie bei wichtigen Diners zur Mittagszeit nur Tageskleidung anlegen. Für Engländer andererseits erscheint es merkwürdig, um ein Uhr Mittag Abendkleidung anzulegen, auch wenn sie selbst die ultra-englische Gewohnheit haben, sich jeden Abend in Schale zu werfen. Man sieht Deutsche, die um ein Uhr Mittag in feierlichem Schwarz einhergehen, manchmal mit einem weißen Schlapphut auf dem Kopf, was in hellem Tageslicht eine einzigartige Wirkung hat.

In München mißt man der rechten Seite noch mehr formelle Bedeutung bei als der Abendkleidung zu einem Diner am Tage. Wann immer eine Dame ein Haus betritt, wird sie von der Dame des Hauses an das Sofa geführt und auf der rechten Seite plaziert. In welch anderem Land als Deutschland kann man eine Braut bei der Hochzeit auf der rechten Seite schreiten sehen, als ob die Gültigkeit der ehelichen Bindung an der rechten Hand des Bräutigams läge und eine Mischehe nur auf der linken Seite des Bräutigams geschlossen werden könnte.

Die vielleicht lächerlichste Seite dieses Brauches, die ihre eigene Strafe in sich trägt, sieht man, wenn ein Herr eine Dame kutschiert oder wenn ein Diener seinen Herrn fährt. Ich wurde selbst Augenzeuge, als ein Herr eine Dame in einem leichten Zweispänner fuhr, der Herr zur Linken sitzend und die Dame zur Rechten. Man braucht kein erfahrener Wagenlenker zu sein, um die Absurdität zu erkennen und die Folgen vorauszusehen. Wenn der Fahrer die Pferde nur ganz leicht mit der Peitsche antippen will, würde er der Dame unweigerlich mit seinem Ellenbogen ins Gesicht stoßen.

Aber man sieht es in München nicht allzu oft, daß ein Herr eine Dame fährt. Eine Art Arbeitsteilung scheint die Regel zu sein, besonders am Abend. Ich kenne nur sehr wenige Familien, in denen der Abend in geselliger Weise verbracht wird, in denen der Ehemann zu Hause bei seiner Frau bleibt. Statt der fröhlichen und großartigen Café-Kultur von Paris haben die Ehemänner von München, was sie ihre Clubs nennen, in Gaststätten oder Brauereien.

Ein kurioses Kapitel ließe sich über die Münchner Vereine schreiben. Sie sind Clubs im früheren Sinne des Wortes und besitzen kein eigenes Haus, sondern nur ein Zimmer in irgendeinem

Gasthaus, das ihnen für die Zeit überlassen wird. Und doch scheint ihre Anziehungskraft mächtig zu sein, da jeder echte Münchner großen Wert darauf legt, den Abend in seinem Club zu verbringen, und die Münchner Ehefrauen immer alleine gelassen werden.

Man sagt, daß sich viele Herren sogar weigern, an ihrem Hochzeitsabend eine Ausnahme zu machen, und böse Zungen erklären, daß die Damen, wenn alleine gelassen, auf der Stelle einfachste Hauskleidung anlegen und Strümpfe stricken. Wahrscheinlich hat sich aus diesem Vereinswesen die rivalisierende Sitte der Kaffeekränzchen entwickelt, die nur von Damen besucht werden, eine Gegenmaßnahme, die von den Umständen völlig gerechtfertigt wird. Währenddessen sind die Männer in einem Zimmer versammelt, rauchen und trinken Bier. Der Rauch ist so dick, daß Kleider und Haare tagelang danach riechen.

Die Namen der Vereine sind manchmal ganz unangebracht. Einer von ihnen ist zum Beispiel die Gesellschaft »Alt-England«, aber der Club, der diesen Namen trägt, zählt keinen einzigen Engländer zu seinen Mitgliedern. Zu einem Kriegerverein wurde ich von zwei Zivilisten eingeladen.

Aber für englische Vorstellungen würde der Fisch-Clubb die Siegespalme für Absurdität davontragen. Man sollte annehmen, daß ein Verein dieses Charakters der Fischerei nachginge, ein Gewässer suchte, es hegte und pflegte und es für seine Mitglieder reservierte. Nichts von alledem wird angestrebt. Der Fisch-Clubb hat keine satzungsgemäße Existenz außerhalb des Zimmers, in dem er sich während des Winters trifft.

Ich las in einer Zeitung, daß er nun seine Aufmerksamkeit der Fischzucht zugewandt hat und daß er in verschiedenen Flüssen um München in den letzten zwei oder drei Jahren Fischkulturen angelegt hat. Aber die Schwarzfischerei ist weitverbreitet, und es hat deshalb wenig Zweck, Fische in Gewässern auszusetzen, besonders wenn diese nicht Eigentum des Fisch-Clubbs sind. Auch das eigentliche Vereinsleben steht in keinerlei Beziehung zur Fischerei. Die Mitglieder treffen sich einmal monatlich in einem Zimmer einer Gastwirtschaft. Sie sitzen um einen Tisch, rauchen und trinken Bier, während eine wissenschaftliche Kapazität einen

Vortrag über ein wissenschaftliches Thema hält. Das alles ist ja ganz schön; die Vorträge sind im allgemeinen qualifiziert und in höchstem Maße lehrreich, aber ein Engländer ist der Ansicht, daß ein Fisch-Clubb fischen sollte statt Vorträge zu veranstalten.

Das häusliche Leben der Deutschen ist so oft und ausführlich beschrieben worden, daß ich es in diesem Kapitel mit Bedacht beiseite gelassen habe. Aber ein oder zwei Dinge sollten nebenbei erwähnt werden:

Erlauben Sie mir, die allgemeine Ansicht zu bestätigen, daß die Deutschen etwas gegen frische Luft haben, indem ich feststelle, daß in vielen Häusern in München von Herbst bis Frühling kein einziges Fenster geöffnet wird.

Ein französischer Schriftsteller hat auf die einzigartige Sitte aufmerksam gemacht, wie Reifunterröcke von der Wäscherei heimgetragen werden. Sie werden auf Stangen gesteckt wie große Stoffschirme, so daß man Unterröcke auf der Straße laufen sieht.

Das genaue Gegenteil dieser Freizügigkeit erlegt man Säuglingen auf. Junge englische Mütter indignieren sich mehr über die Ungerechtigkeit gegenüber diesen zarten Kreaturen als über die öffentliche Zurschaustellung ihrer eigenen Unterkleider. Das bedauernswerte Kind wird in ein Federkissen gesteckt und wie eine ägyptische Mumie bandagiert mit engen Wickelbändern, welche Arme und Beine umschließen und alle anderen Glieder, die ein Säugling in Freiheit und Ungezwungenheit zu bewegen beliebt. Sogar die Zunge, dieses lebhafte Körperteil, wird an die Kette gelegt, indem man einen Stoffetzen mit einem Stück Zucker darin oder ein Gemenge von Brot und Zucker in den Säuglingsmund stopft.

Ich überlasse es den englischen Müttern und Fachautoren über Säuglingspflege zu entscheiden, ob diese Praktiken der Gesundheit förderlich sind, ob die Glieder nicht Gefahr laufen, durch das Einwickeln am Wachsen gehindert zu werden, und der Magen durch das dauernde Lutschen an einem Zuckerbeutel geschwächt wird. Der Anblick ist sicherlich weder erfreulich, noch legt das Aussehen der Münchner Säuglinge ein gutes Zeugnis über die positiven Auswirkungen ihrer Pflege ab.

Helmut Qualtinger

Der 800-Jahr-Markt oder München wie es ist und bleibt

Mitten in Bayern, dort wo grundlos die Autobahn aufhört, fängt München an. So wie der Krieg die Fortsetzung der Politik mit anderen Mitteln ist, so ist München die Fortsetzung des Autobahnverkehrs mit anderen Mitteln. Zu diesem Zweck verwenden seine Verkehrsstrategen spielautomatenartige Ampeln, die zu gleicher Zeit in den überraschendsten Kombinationen nach den verschiedensten Seiten aufleuchten und Fußgänger und Autofahrer gemeinsam auf den trügerischen Zebrastreifen locken. Deshalb werden die Fußgänger auch nicht einfach aufgefordert zu »gehen«, sondern »vorsichtig zu gehen«, weil die Verkehrsregler anscheinend ihrer eigenen Regelung nicht über den Weg trauen. Dessen ungeachtet brandet der Verkehr einer Weltstadt durch die ausgewachsenen Straßen und läßt den einfahrenden Fremdling hinter jeder Ecke so etwas wie den Anblick der Skyline von Manhattan erwarten. Statt dessen steht dort schließlich, wie es im Lied so schön heißt, ein Hofbräuhaus. München, einst die Hauptstadt der Bewegung, hat diese kritische Phase seiner Entwicklung erfolgreich überwunden. Heute ist es die Bewegung ohne Hauptstadt.

Die Bewegung ist imposant. In den Straßen drängt sich die Menge. In den Auslagen und Läden drängen sich die Waren. Und zwischen den Ladentischen drängen sich die Käufer. Es gibt von allem zuviel. Die Auswahl ist enorm. Die Preise sind nicht hoch. Die Leute sind alle auffallend gut angezogen. Elegant angezogen sind sie nicht. Der Trubel, besonders bei den großen Sommerausverkäufen, erreicht amerikanische Maße. Man könnte in Chikago sein und ist doch eigentlich in Oberammergau. In Oberammergau, wo das ganze Jahr Kirchweih ist. Aber – Oberammergau in Illinois.

Man muß es den Amerikanern lassen, sie haben München amerikanisiert. Sie haben die Konjunktur so lange angekurbelt, bis sie selbst hinter ihr zurückgeblieben sind. Amerikanische Soldaten finden heute in München ungefähr so viel Beachtung wie ihre Kollegen von der Wach- und Schließgesellschaft. Bedrückt und komplexbehaftet sieht man sie nachts in den Kneipen um den Bahnhof über die Auswirkungen ihrer Außenpolitik grübeln und fühlt sich versucht, ihnen eine Zigarette zu schenken. Wir begegneten einem Sergeant, der mit einer chinesischen Bardame das Formosaproblem zu lösen versuchte und jedesmal, wenn die Verhandlungen sich festgefahren hatten, apodiktisch erklärte: »I'm from California ...«

München ist das, was Schwechat zu sein vorgibt: eine Bierstadt. Wo in anderen Städten Restaurants sind, befinden sich in München »Bräus«. Bier gibt es hier in allen Graden, Schattierungen und Abarten. »Heller Bock«, »Salvator«, »Kulminator«. Thomas-, Spaten-, Löwen-, Pschorr-, Paulaner-, Franziskaner-, Augustinerbräu, in Tulpen, Zinnkrügen, Deckelgläsern, Stutzen und Maßkrügen aus Steingut, welche seit 800 Jahren von den Eingeborenen mit Vorliebe auch als Waffe verwendet werden. Maß für Maß, Zahn um Zahn. Es ist daher nicht ratsam, die Volksseele zu reizen. Wer trotzdem entschlossen ist, es zu tun, braucht nichts weiter als ein Glas Pilsner oder Dortmunder zu bestellen. Sonst kann er bestellen, was er will. Das Essen in diesen Restaurants spielt eine untergeordnete Rolle. Es ist eine Art Bierbeilage.

Man kann in München italienisch, jugoslawisch, spanisch, türkisch, indonesisch, chinesisch, man kann in einigen Lokalen sogar international essen, sonst kann man in München nicht essen. Zur Entschädigung dafür gibt es den Dallmayr – unseres Wissens wahrscheinlich das größte Delikatessen- und Spezialitätengeschäft Europas. Vom Reiswein bis zum Agavenschnaps, von chinesischen Wachteleiern bis zu afrikanischen Palmherzen gibt es dort alles, was sich das Wirtschaftswunder leisten kann. Und noch mehr. Wir hegen den Verdacht, daß man hier sogar Inzersdorfer Eiernudeln bekommt.

München besitzt aber auch eine Theaterkultur. Es hat auffallend viele Kabaretts. Sie gehen alle. Es hat auch viele Theater. Auch sie gehen alle. Sie brauchen deshalb gar nicht alle gut zu sein. Aber jedesmal, wenn man das Münchner Theaterleben kritisieren möchte, werfen die Ortsansässigen das Wort Burgtheatergastspiel ins Gespräch, und man verstummt.

Aber abgesehen von der Kultur ist München auch ein Zentrum der Filmindustrie. Die Filmbranche ist bekanntlich wie ein Eisberg: Nur ein Zehntel ist sichtbar. Das sind die Filme, die wirklich gedreht werden. Neun Zehntel bestehen aus der sinnlosen Aktivität, die diese Produktionstätigkeit begleitet, behindert, unterbinden soll, unterbindet und doch nicht ganz unterbinden kann. Diese neun Zehntel füllen den öden Landstrich zwischen Schwabing und Geiselgasteig. In den Weinstuben, in den Hotelhallen, in den Espressos wird disponiert, umdisponiert, besetzt, umbesetzt, wird um Kredite angesucht, werden Kredite verweigert, legen Produzenten die Geldgeber herein und die Geldgeber die Leute, welche die Bundesbürgschaft verteilen, man spricht vom künstlerischen Gewinn, den Eddie Constantine dem deutschen Film brachte, und vom Verlust, den Marischka dem Salzburger Kasino zugefügt hat.

[...]

Die Bevölkerung Münchens besteht, wie aus jedem Geographiebuch zu ersehen ist, zu neunundneunzig Prozent aus Bayern. Merkwürdigerweise aber trifft man im Wirtschafts- und Kulturleben immer wieder jenes eine Prozent, welches sich aus dem allseits abgelehnten preußischen Element zusammensetzen dürfte. So erscheint München, auch wenn es keine ist, wesentlich mehr als westdeutsche, denn als bayrische Hauptstadt. Von ihrer besten Seite zeigte sie sich anläßlich der 800-Jahr-Feier, wobei ihre Gebäude mit zahllosen blauweißen Fahnen geschmückt waren. Im übrigen nahm das Leben einen genauso normalen Verlauf wie bei uns in Wien während der Festwochen. Als wir nach längerem Suchen einen wirklichen Münchner zu Gesicht bekamen und ihn fragten, was die Münchner anläßlich der Festwochen unternähmen, antwortete er kurz, aber bündig: »Gar nix. Mir warten aufs Oktoberfest ...«

Zafer Şenocak

Den Direktor küßt man nicht

(Ausschnitt)

Ich bin Schriftsteller. Für manchen bin ich ein türkischer Schriftsteller. Dieser türkische Schriftsteller schreibt seine Arbeiten auf deutsch. Mittlerweile hat er auch einen deutschen Paß, trägt aber gleichzeitig immer noch einen unaussprechlichen Namen, den er in der Regel wie folgt buchstabieren muß: S wie Samuel – E wie Emil – N wie Nordpol – O wie Otto – C wie Cäsar – A wie Anton – K wie Kaufmann. So werden aus einem exotisch klingenden Namen sieben vertraute. Vertraut, doch für wen? Wer nennt sich in Deutschland Samuel? Wer Emil? Wer Nordpol? Ist Deutschland der Nordpol meiner Identität?

Wenn man den Schriftsteller nach seiner Identität fragt, übrigens eine sehr beliebte Frage, weil der, der sie stellt, sich fast immer seiner eigenen nicht sicher ist, lehnt sich dieser zurück und beginnt aufzuzählen: Samuel-Emil-Nordpol-Otto-Cäsar-Anton...

Otto war der bayerische König von Griechenland, Cäsar ein römischer Kaiser, Anton, so hieß lange Zeit mein bester Freund. Wir teilten in der Schule dieselbe Bank, bis Anton eines Tages behauptete, ich würde mit meinem Kram – damit meinte er meine Hefte und Stifte – mehr Platz auf der Bank beanspruchen als mir eigentlich zustünde. Er zog mit einer Kreide eine schnurgerade Linie, die die Bank von nun an genau an jener Stelle teilte, die er für die Mitte hielt. Ich saß in meiner Hälfte, und er in seiner. Ich staunte, wie es ihm gelungen war, ohne Lineal eine so gerade Linie zu ziehen. Mir gelang das nicht einmal mit einem Lineal. Doch die Grenze zerstörte unsere Freundschaft, denn Grenzverstöße ahndete Anton mit Linealhieben, und ich vergaß die Existenz der Grenze allzu oft.

Ich bin ein Kind der siebziger Jahre. Ich kam 1970 nach Deutschland, genauer gesagt, nach München. Ich war nicht das erste Mal in Deutschland. Doch dieses Mal war es für länger. Ich mußte hier zur Schule gehen.

1970: die sozialliberale Koalition unter der Kanzlerschaft Willy Brandts war soeben an die Macht gekommen. In Bayern aber regierten andere Leute. Da gab es einen pausbackigen, stiernackigen Politiker, der bei Fernsehauftritten besonders viele Worte in einem Satz unterbringen konnte, wenn er an der Reihe war. Und manchmal auch, wenn er nicht an der Reihe war. Sein Gesicht erinnerte mich an die Antlitze von Trophäen, die in manchen Wirtshäusern an der Wand hingen. Diese Trophäen haben mich als Kind immer sehr beeindruckt. Ich wußte, daß sie von Tieren stammten, die ausgestopft worden waren. Ich hatte keine Angst vor ihnen. Es mußte einen Grund geben, warum man sie aufbewahrte und mit ihnen die Wände schmückte.

Wenn man in einem Land die Sprache nicht versteht, ist das Land nichts anderes als ein Wandkalender. Man steht vor schönen Bildern oder auch vor weniger schönen.

Es war im ersten Winter nach unserer Ankunft in Deutschland. Anton besuchte mich. »Wo ist denn euer Weihnachtsbaum?« fragte er, als er in unserem Wohnzimmer stand. Ich fragte meine Mutter, wo denn unser Weihnachtsbaum sei. Meine Mutter fragte meinen Vater, wo unser Weihnachtsbaum sei. Mein Vater fragte den lieben Gott nach dem Weihnachtsbaum. Der liebe Gott war verzweifelt.

Manchmal begleitete ich meine Eltern zum Einkaufen. Wir fuhren mit der Trambahn in die Innenstadt. Ich liebte die blaue Trambahn, die einen ganz eigenen Geruch hatte, von dem man Kopfschmerzen bekam. Ein Höhepunkt bei diesen Ausflügen war der Besuch beim Metzger in der Frauenstraße am Viktualienmarkt. Metzgereien haben mich immer fasziniert. Nirgendwo sieht man so viel Blut und rohes Fleisch. Unser Metzger war ein freundlicher, älterer Mann mit ruhigen, sanften Gesichtszügen. Er hatte die für Metzger üblichen Körperproportionen. Manchmal trug er eine Gebetskappe auf dem Kopf, die etwas kleiner war als die, die mein Vater besaß. Der Besuch beim Metzger war immer mit Gesprächen verbunden, die ich nicht verstand. Der Metzger war nicht alleine im Laden. Oft saß ein uralter langbärtiger Mann in einer Ecke auf einem Stuhl. Wahrscheinlich machte der graue Bart ihn älter, als er war.

Er sprach mit meinem Vater über Gott, und ich verstand nicht, was der im Metzgerladen zu suchen hatte. Mein Vater nannte den Mann mit Bart einen Chacham. Er war froh darüber, ihn dort zu sehen. »Wir können sicher sein, daß das Fleisch rein ist«, meinte er.

Auf dem Weg in die Volksschule im Stadtteil Solln, die ich fortan besuchen sollte – ich sprach noch kein einziges Wort Deutsch und fürchtete mich vor dem Moment, in dem ich den fragenden Mitschülern schweigend gegenüberstehen mußte –, klärte mich mein Vater über einen Sachverhalt auf, der mich vollends in Staunen versetzte, mich aber gleichzeitig unerklärlicherweise erleichterte: »Dem Direktor küßt man in Deutschland nicht die Hand«, sagte er, »man schüttelt sie nur, wie unter Fremden.« Dem türkischen Jungen, der bis dahin in die autoritären Erziehungsstrukturen seiner Heimat eingebunden war, blieb diese eher beiläufige Anmerkung des Vaters im Gedächtnis haften. Als wir die Schule erreichten und vor dem Direktor standen, folgte ich der Anweisung meines Vaters und schüttelte dem Mann nur die Hand, obwohl die Tatsache, daß er nicht nur Direktor, sondern auch noch ein in die Jahre gekommener Herr mit weißen Haaren war, eindeutig für den Handkuß sprach.

Nach der Begrüßung verschwand der Mann im Nebenzimmer und holte noch einen Stuhl, den er mir, dem achtjährigen Knirps, anbot. Irgend etwas stimmte in diesem Land nicht. Ich schaute zu meinem Vater, der mir andeutete, daß ich das Angebot akzeptieren und mich setzen sollte.

Wie nimmt man als Kind Fremdheit und Fremde wahr? Ist nicht jeder ein Fremder, der nicht Vater oder Mutter ist?

Wenn man ein geborgenes Zuhause hat, wird die Frage, wo dieses Haus steht, unerheblich. Unser Haus stand in Deutschland.

Als Fremder in Deutschland war der Titel eines Buches, das ich eines Tages geschenkt bekam. »Das mußt du lesen, das ist was für dich«, kommentierte mein Freund Joseph, den wir alle Sepp nannten, sein Geschenk. Sepp schrieb auch Gedichte, sogenannte Seppgedichte. Es waren Gedichte, die den Alltag eines gewissen Sepp beschrieben.

Ich freute mich zunächst über den Titel des Buches. Vielleicht hielt ich nun endlich jenen Katechismus in den Händen, der mir erklären würde, was Fremdheit in Deutschland war. Doch beim Durchblättern wurde ich enttäuscht. Die Fremdheit in diesem Buch bestand darin, daß alle Autoren des Buches aus der Sicht der deutschen Leser Fremde waren. Man hatte ein Preisausschreiben veranstaltet mit dem Thema »Als Fremder in Deutschland«. Aus den Einsendungen hatte man dieses Buch zusammengestellt. Ich war befremdet. Ich verstand die Logik nicht, die die Deutschen, die sich im eigenen Land oft fremder fühlen als die Fremden, von der Teilnahme an einem solchen Wettbewerb ausschloß. Die wenigsten Texte in diesem Buch waren literarische Texte. Aber darum ging es nicht. Der Wettbewerb war wohl eher ein Angebot an die Fremden, ihre Fremdheit zu akzeptieren, und eine Warnung an solche Leute wie mich, die es nicht wahrhaben wollten, daß sie Fremde in Deutschland waren. Damals begriff ich diese Zusammenhänge nicht. Ich hielt dieses Buch für einen schlechten Scherz. Dabei war es von paradigmatischer Bedeutung. Je mehr man sich in Deutschland zu Hause fühlt, je näher man den Deutschen kommt, um so fremder wird man aus deutscher Sicht. Die Deutschen neigen dazu, den Spiegel zu zertrümmern, in dem ihr Bild auftaucht. Ist der Fremde einmal so nahegerückt, daß er den Deutschen spiegelt, begibt er sich in eine gefährliche Zone. Vielleicht gibt es in Deutschland deshalb keine Kriterien für Einwanderung. Man duldet keine Spiegelbilder.

Als ich das Abitur machte, hatte ich meine ersten Gedichte auf deutsch geschrieben und unter anderem in Münchener Punkzeitschriften, sogenannten Fanzines, veröffentlicht, obwohl ich dieser Szene nicht angehörte. Die einerseits expressive, andererseits pessimistische Tonlage meiner »Großstadtgedichte« aber schien Leute aus dieser Szene, in der meine Generation vorherrschte, anzusprechen.

Doch schon bald wurde mir auf Lesungen die Frage gestellt,

was denn meine Texte eigentlich mit dem Leben der Türken in Deutschland zu tun hätten. Warum schrieb ich denn nicht über die Erfahrungen der Gastarbeiter? Über Fremdenfeindlichkeit? Auch wollte man wissen, in welcher Sprache ich träumte. Ich konnte diese Fragen nicht beantworten. Ich schrieb weiter. Ich fühlte mich zu Dichtern wie Rimbaud, Celan, Eich, Huchel und Bachmann hingezogen. Romane von Kafka und Camus haben mir immer mehr bedeutet als die Werke von Yaşar Kemal. Es gab aber auch türkische Dichter, die mich faszinierten: der Istanbuler Erzähler Sait Faik, dessen fragmentarisches Werk mir wie der beispielhafteste Versuch vorkam, die zerfallende kosmopolitische Welt Istanbuls zu beschreiben.

Ich habe mich dieser halb versteckten, halb verschollenen Welt immer nahe gefühlt. Ich war froh, Dichter wie Yunus Emre und Behçet Necatigil in der Originalsprache lesen zu können. Und später auch Gedichte von ihnen ins Deutsche zu übersetzen. Durch diese Übersetzungen hatte ich das Gefühl, ihnen sehr nahezukommen. Dennoch war die Arbeit an diesen Übersetzungen keine Heimkehr für mich. Das Türkische in Deutschland empfand ich nie als Insel, auf die ich mich freiwillig zurückzog. Das Türkische in mir war nur ein Fenster mehr in dem Haus, das ich in Deutschland und in der deutschen Sprache aufgebaut hatte, ein Fenster mit Ausblick auf einen Teil meiner Kindheit, in der Wurzeln unterschiedlichen Geschmacks liegen.

11

Epilog

Carl Amery

Der Untergang Bayerns

Der Untergang Bayerns vollzog sich im nicht raschen, aber keineswegs unmerklichen Rhythmus eines Jahrhunderts – etwa von 1860 bis heute. Als Herr von Bray, nach der Proklamation von Versailles 1871, in sein Tagebuch schrieb: FINIS BAVARIAE!, da ging der Untergang nämlich erst an. Was ging denn, in diesem Gründungsjahr des Zweiten Reiches, schon verloren? Souveränität, gewiß; aber das war und ist ja, nach der Definition des gelehrten Andreas Schmeller, ohnehin nur ›Spitzbubengeschichte‹, eine Geschichte, die das Volksleben nur dann berührt, wenn Steuern oder Rekruten benötigt werden. Das Volksleben, der Instinkt für das Mögliche und Bekömmliche, die Sicherheit im Umgang mit der nichtmenschlichen Umwelt: das war vorläufig noch nicht entscheidend getroffen. Das bot, im Gegenteil, mehrere Generationen lang dem Rest des kleinen Deutschen Reiches ein Gefälle an ›Lebensqualität‹ an, das mit den aus der klassischen altbayrischen Literatur bekannten Reaktionen hin- und wahrgenommen wurde. War dieses Volksleben schön? Darauf kommt es nicht so sehr an. Es war größtenteils arm, oft verschlafen, oft korrupt, sehr oft brutal; mit der chemisch gereinigten Krachledernenromantik der Volks-, lies: Touristenbühnen hatte es wenig gemein.

Aber das Gefälle war da. Der *way of life* unterschied sich vom Rest des ›Reiches‹. Kant und Hegel wurden nicht wirklich rezipiert – ob aus schlichter Beschränkung oder sicherem Instinkt, sei dahingestellt. Metaphysisch überhöhtes Pflichtgefühl wollte sich nicht recht einstellen, und ebensowenig metaphysisch überhöhte Raffgier. Und vor allem: Die Welt blieb erhalten, länger als anderswo. Keine wilde Welt, durchaus nicht, sondern eine kultivierte, das heißt eine bäuerlich betreute Welt. An den Rändern der großen und kleineren Städte, da entwickelten sich Glasscherben-Viertel, gewiß – meist in Verbindung mit Bahnhöfen, besser:

die Bahnhöfe mit dem alten Kern verbindend. Auch Fabriken wurden gebaut. Aber das hielt sich in und an Grenzen, an ziemlich genau definierte Weichbilder, trotz allem. Der Naturfreund mochte ein wenig klagen – aber wenn er auch nur zwei Meter zurücktrat, so daß der Buchenstamm am Waldrand den Telegrafenmast oder den runden hellroten Fabrikschlot verdeckte, war die alte malerische Komposition der Bilder noch da. Sogar fotografieren konnte man so – bis in unsere Nachkriegszeit hinein.

Hier geht es nicht um Historisches. Wir können es uns ersparen, die Anteile an der Zerstörung Bayerns auf den Wilhelminismus, auf die Kriege, auf die Hitler-Ära umzulegen. Aber um die Nachkriegszeit, um die geht es. Es ist eine Binsenwahrheit, mittlerweile, daß sie mehr an Urbanem und an Landschaft zerstört hat als sämtliche Bomberflotten der Alliierten und alle Panzerbrigaden. Das ist nicht nur bayrisches, das ist gesamtwestdeutsches Schicksal: Um schöne alte deutsche Städte zu sehen, muß man schon nach Wroclaw und nach Gdańsk fahren, ein paar gibt's noch in der DDR. Aber worum es hier geht, worum es im Bayrischen geht, ist zweierlei.

Erstens war da das Gefälle, der noch erträgliche, gut kultivierte Flächenstaat, der 1945 – noch oder vielleicht noch – seine ästhetische, seine kulturelle, seine ökologische Chance hatte. Und zweitens ist da das Banner, das gewaltig-konservativ, weiß-blau-trotzige, unter dem fast ununterbrochen eine wacker-landständische christliche Partei dieses Bayern regiert.

Sie tut dies so ununterbrochen, weil es ihr gelungen ist, viel zu große Teile der Öffentlichkeit davon zu überzeugen, daß eben sie das Angestammte, die Werte des blauen Himmels mit seinen rokokoförmigen Weißblechwolken, die spezielle Sache des besonders bayerngeneigten Herrgotts ein für allemal zu vertreten hätte:

» … und erhalte uns die Farben
Seines Himmels, weiß und blau … «

Eifrig häkelt das bayrische Protokoll, häkeln die hochbezahlten PR-Spezialisten der Münchener Ministerien an diesem Mythos, und der Republik gefällt er, alles in allem, nicht schlecht: »So pflastert man bayrischen Boden mit norddeutschen Herzen« (Nina Grunenberg). Was sich im Kraftfeld um Staatskanzlei und Königsresidenz in München ereignet, ist wahrhaftig eine Parallelaktion Königreich Bayern, und zwar eine permanente. Trachten-Look ist zum repräsentativen Staatsgewand aufgestiegen, Dialektunterricht in den Schulen wurde erwogen, und die Grenzschilder mit dem Staatswappen sind allemal noch größer als die schwarzrotgoldenen des Bundes, mit dem man die Vernunftehe geschlossen hat. Und Besucher aus dem kühlen Norden versäumen nicht, bei Gelegenheit eine Oberländlerkapelle im Bierzelt zu dirigieren.

Während sich all dies ereignete, während es laufend weiter geschieht, der Verkauf von Bavarica auf dem Buchmarkt sensationelle Zahlen erreicht, Ludwig II. so etwas wie der literarische und filmische Parzival des 20. Jahrhunderts geworden ist und linke Wilderer- und Straßenräuberfilme ohne altbayrische Dialektkenntnis überhaupt nicht mehr genossen werden können – während alledem geht Bayern zugrunde, ist es zugrunde gegangen. Bis auf ein paar touristisch oder denkmalpflegerisch geschützte Prospekte gibt es kein Stadt- oder Dorfprofil mehr, das anders aussähe als der alldeutsche Eternit-Look; die Landschaft zwischen Ingolstadt und Aschaffenburg sieht vom Zugfenster genauso schauerlich aus wie die zwischen Ludwigsburg und Mannheim; und eine Hügellinie des Bayrischen und des Böhmerwaldes, die nicht durch einen Betonklotz verstümmelt ist, wird es bald nicht mehr geben.

Aber selbstverständlich ist der ästhetische Aspekt des Untergangs trotz Wut und Trauer noch der harmloseste. Die gesamte Entwicklung seit 1948 ist darauf angelegt, eine der robustesten Ökologien der Erde, jahrtausendelang wenn nicht gepflegt, so doch respektiert, dem Schicksal zuzuführen, das Mesopotamien, Griechenland, Dalmatien und weite Teile Italiens bereits in frühgeschichtlicher oder klassischer Zeit überkommen hat. Und wiederum ist entscheidend, daß der sogenannte Föderalismus der bayrischen Regierungspartei auf den Schaden der Zukunftsvernichtung noch den Spott der dürftigsten Heuchelei häufte und häuft.

[...]

Wären oder sind heute alle Versuche, den Untergang Bayerns zu verlangsamen, bereits ›an der Bevölkerung vorbei‹ zu unternehmen? Gewiß. Der niederbayrische Jungbauer, der den jahrhundertealten Hof anzündet, weil er »die Schand' nimmer aushalt«, in so einer alten Bude hausen zu müssen – den kann man wohl nicht mehr dazu bringen, seine Meinung zu ändern. Diese Meinung aber ist langfristig entstanden und langfristig gefördert worden – durch das ganze System. Der Zwang, der durch die jahrzehntelange Abhängigkeit der kommunalen Etats von der Gewerbesteuer entstand; die jahrzehntelange Propaganda der Bausparkassen; die psychologische Umstellung, der Bauernschaft auf ›profitables‹ Wirtschaften, auf gewaltige Maschinenparks und Monokulturbetriebe; die ökonometrische Erfassung des sogenannten ›Freizeit‹-Werts, die zu seiner Maximierung und damit zu seiner Zerstörung führen muß; all dies hat jetzt schon eine ganze Generation lang zusammengewirkt, um die Augen blind, die Ohren taub, die Herzen stumpf zu machen. Und all dies wurde noch systematisiert, ideologisiert, beschleunigt durch die spezielle Art der CSU, bayrisches Bewußtsein zu bilden: indem man nämlich einerseits ständig die Trotz-Pose kultiviert, aber *gleichzeitig* (und letzten Endes entscheidend) denen da droben, den Nördlichen, einmal zeigen will, was eine fortschrittliche bayrische Harke ist. Daß man nämlich mit dieser viel tiefer krümelt und viel mehr Schollen umkehrt als mit dem »Reformismus« der Linken.

[...]

Künftigen Bayernreisenden wird empfohlen, sich an der Staatsgrenze, unmittelbar neben dem ulkigen Wappenpfahl, der soviel Reklame für uns macht, einen hübschen farbigen Bildband zu erwerben, der die hundert oder hundertzwanzig noch möglichen Motive und Durchblicke des Landes enthält. Dann können sie, wenn sie nicht selbst am Steuer sitzen, die Augen verbinden und den Plöckenpaß abwarten. Um künftige Generationen noch versorgen zu können (und zwar ökologisch, nicht nur ästhetisch), wird empfohlen, baldmöglichst ein Ausweich-Bayern zu errichten, vielleicht in Neuseeland oder im nördlichen Kanada.

Pfüat di Good, du Land der Bayern.

Biographien

HERBERT ACHTERNBUSCH wurde 1938 in München geboren. Nach dem Studium an der Kunstakademie in Nürnberg lebt er als Maler, Filmemacher, Schauspieler, Theaterautor und Prosaist in München. Zahlreiche Preise und Auszeichnungen. Seine neuesten Bücher sind *Hundstage* (1994), *Der letzte Schliff* (1997).

CARL AMERY lebt in München, wo er 1922 geboren wurde. Mitglied der Gruppe 47. Für seine Romane sowie religiös-politischen bzw. ökologischen Essays erhielt er zahlreiche Preise. Zuletzt erschienen *Die Botschaft des Jahrtausends* (1994), *Hitler als Vorläufer* (1998).

BIERMÖSL BLOSN nennt sich die 1976 gegründete kabarettistische Volksmusikantengruppe mit den Brüdern Hans, Michael und Christoph Well. Sie unternehmen Tourneen in ganz Europa, und arbeiteten wiederholt mit Gerhard Polt zusammen. Mehrere Preise erhielten sie für Produktionen wie *Sepp, Depp, Hennadreck* (1993), *wo samma* (1994).

BERTOLT BRECHT wurde 1898 in Augsburg geboren. Er etablierte sich als Schriftsteller und Dramaturg. 1924 siedelte er nach Berlin über, floh 1933 über Prag, Wien nach Zürich. Später lebte er im Exil in Dänemark, Schweden, Finnland, UdSSR, USA, bis er nach Europa zurückkehrte (Schweiz, DDR). In Ost-Berlin wurde Brecht Generalintendant des Deutschen Theaters und baute das Berliner Ensemble auf. Er starb 1956 in Ost-Berlin. Zu seinen wichtigsten Werken zählen *Die Dreigroschenoper* (1928), *Leben des Galilei* (1943), Der *kaukasische Kreidekreis* (1954).

LENA CHRIST wurde als uneheliches Kind 1881 in Glonn bei München geboren und verbrachte eine schwierige Kindheit in ärmlichen Verhältnissen. 1912 heiratete sie in zweiter Ehe den Schriftsteller Peter Bendix. 1920 gab sie sich in München den Tod. *Erinnerungen einer Überflüssigen* (1912), *Unsere Bayern 1914/15* (1914/15).

LION FEUCHTWANGER ist 1884 als Fabrikantensohn in München geboren. Das Studium in München und Berlin schloß er mit dem Dr. phil. ab. 1918 nahm er an der Revolution in Berlin teil. 1933 ausgebürgert, ging er ins Exil nach Frankreich, Spanien, Portugal und die USA, wo er 1958 starb. Zu seinen politisch engagierten Romanen und Dramen gehören *Jud Süß* (1925), *Erfolg* (1930), *Spanische Ballade* (1955).

MARIELUISE FLEISSER wurde 1901 in Ingolstadt geboren. Bei ihren langen Berlin-Aufenthalten 1926 bis 1933 unterhielt die studierte Theaterwissenschaftlerin Bekanntschaften mit Brecht und Feuchtwanger. Ein von den Nazis verhängtes Schreibverbot hatte psychische Krisen zur Folge. Nach ihrer späten Wiederentdeckung und Anerkennung als Schriftstellerin starb sie 1974 in Ingolstadt. *Fegefeuer in Ingolstadt* (1926), *Avantgarde* (1963).

OSKAR MARIA GRAF wurde 1894 als Bäckerssohn in Berg am Starnberger See geboren. Der Rebell von 1918 engagierte sich als Antifaschist und lebte ab 1933 im Exil in Wien, Prag und New York, wo er 1967 starb. Als freier Schriftsteller, Dramaturg, Anarchist und Bohemien veröffentlichte er u.a. *Kalender-Geschichten* (1929), *Anton Sittinger* (1937), *Das Leben meiner Mutter* (1940).

FRIEDRICH HEBBEL wurde 1813 in Wesselburen geboren. Er studierte nach autodidaktischer Bildung in Heidelberg und München Jura, dann Geschichte, Literatur und Philosophie. 1839 kehrte er nach Hamburg zurück, unternahm aber stets zahlreiche Reisen. Der große Dramatiker des 19. Jahrhunderts schrieb auch Novellen und Gedichte. Er starb 1863 in Wien. Seine meistgespielten Dramen sind *Maria Magdalene* (1844), *Agnes Bernauer* (1855).

CARLMARIA HEIM wurde 1932 geboren. Als Autorin und Schauspielerin arbeitete sie für Theater, Film, Fernsehen und Hörfunk. Sie nahm sich 1984 das Leben.

ÖDÖN VON HORVÁTH wurde als Diplomatensohn 1901 in Fiume (heute Rijeka/Kroatien) geboren. Seine Kindheit verbrachte er in Belgrad, Budapest, München und Wien. Von 1924 bis 1933 lebte er überwiegend in Murnau/Oberbayern. Dann verließ er das nationalsozialistische Deutschland und hielt sich in Wien und Henndorf bei Salzburg auf. 1938 ist er in Paris verunglückt. Zu seinen Werken zählen *Geschichten aus dem Wiener Wald* (1931), *Jugend ohne Gott* (1938).

BRUNO JONAS ist 1952 in Passau geboren und lebt als Autor, Schauspieler und Kabarettist in München. Er erarbeitete verschiedene Solokabarettprogramme, zuletzt *Es soll nie wieder vorkommen* (1996) und *Ich alter Ego* (1998), die auch in Buchform vorliegen.

ERICH KÄSTNER ist in Dresden 1899 geboren. Nach dem 1. Weltkrieg studierte er Germanistik, gleichzeitig arbeitete er als Bankbeamter und Redakteur. Ab 1927 war er freier Schriftsteller in Berlin. Wegen des

Schreibverbots in der Nazizeit veröffentlichte er in der Schweiz. Ab 1945 arbeitete er als Redakteur und Kabarettist. Der humane Moralist, kritisch-satirische Lyriker, Essayist, Romancier und Verfasser von Kinderbüchern starb 1974 in München. Seine bekanntesten Werke sind *Emil und die Detektive* (1928), *Fabian* (1931), und die *Lyrische Hausapotheke* (1936).

FRANZ VON KOBELL wurde 1803 in München geboren. Ab 1826 lehrte er als Professor für Mineralogie in München. Als Mitglied der Bayerischen Akademie der Wissenschaften gehörte er zum engen Kreis um Maximilian II. Er schrieb Dialektgedichte in pfälzischer und bayrischer Mundart. Kobell starb 1882 in München. Immer noch bekannt sind sein Gedichtband von 1841 sowie *Schnaderhüpfln und Sprüchln* (1845).

WOLFGANG KOEPPEN wurde 1906 in Greifswald geboren. Nach verschiedenen Jobs arbeitete er als Dramaturg und Regievolontär. Seit 1951 schrieb er v.a. zeitkritische Romane, daneben Filmdrehbücher und Reisereportagen. Schließlich hatte er eine Poetik-Dozentur in Frankfurt a.M. inne. 1996 starb er in München. *Eine unglückliche Liebe* (1934), *Das Treibhaus* (1953), *Taube im Gras* (1951).

GERHARD KÖPF ist 1948 in Pfronten/Allgäu geboren und lebt seit seinem Germanistik-Studium in München. Seit 1984 ist er Professor für Gegenwartsliteratur und angewandte Literaturwissenschaft in Duisburg. Für seine seit 1983 erschienenen Romane und Hörspiele, darunter *Landfunk* (1984) und *Eulensehen* (1989), erhielt er zahlreiche Preise.

RICHARD W.B. MCCORMACK, in Texas geboren, studierte in Harvard und Heidelberg. Er ist Professor für Ethnolinguistik an der Simon Suggs University. Zu seinen wichtigsten Publikationen gehören Studien über die Verwandtschaftsbeziehungen kenyattischer Nomaden und über die Rolle der Schamanen in polyethnischen Kulturen. Heute lebt McCormack in Washington.

EMERENZ MEIER wurde 1874 in Schiefweg bei Waldkirchen geboren. Mit ihrer Familie wanderte sie nach Amerika aus, wo sie aber sehr unter Heimweh litt. 1928 starb sie in Chicago. Sie hinterließ dramatisch-knapp erzählte Geschichten aus der bäuerlichen Umwelt ihrer Jugend.

ERICH MÜHSAM wurde 1878 in Berlin geboren und lebte dort ab 1901 als freier Schriftsteller. Er engagierte sich politisch in der anarchistischen Bewegung und der Räterepublik 1918/19. Er wurde 1934 im KZ Oranienburg ermordet. Zu seinen Schriften zählen *Die Wüste* (1904), *Brennende Erde* (1920).

OSKAR PANIZZA wurde 1853 in Kissingen geboren. Nach dem Medizinstudium war er praktizierender Nervenarzt und Schriftsteller in München. Er verfaßte provozierende Satiren gegen die herrschenden staatlichen und kirchlichen Institutionen, außerdem Dramen, Lyrik und groteske Erzählungen. Er starb 1921 in Bayreuth. *Das Liebeskonzil* (1895), *Parisjana* (1900).

HANS PLESCHINSKI wurde 1956 in Celle geboren. Er absolvierte sein Studium der Germanistik, Romanistik und Theaterwissenschaft in München, wo er auch lebt. Als Verfasser von Satiren, Erzählungen und Romanen erhielt er verschiedene Auszeichnungen. Er veröffentlichte u. a. *Gabi Lenz* (1984), *Brabant* (1995).

GERHARD POLT wurde 1942 in München geboren, studierte Nordistik, Politologie und Geschichte. Er war Übersetzer und Sprachlehrer. Als Autor und Schauspieler arbeitet er zusammen mit Hanns Christian Müller. Zu seinen Werken in Theater, Hörfunk, Fernsehen und Film gehören *Öha* (1979) und *Bayern oben* (1998).

HELMUT QUALTINGER wurde 1928 in Wien geboren. Er war Schauspieler, Satiriker und Kabarettist, später Fernsehautor und unternahm Gastspiele in der BRD, der Schweiz und den USA. Von 1970 bis '75 lebte er in Hamburg, dann kehrte er nach Wien zurück. Er starb 1986 in Wien. Seine bekanntesten Werke sind *Herr Karl* (1961), *Blattl vorm Mund* (ab 1955).

CARL-LUDWIG REICHERT wurde 1946 in Ingolstadt geboren. Nach dem Studium der Altphilologie und Germanistik war er freier Mitarbeiter beim Bayrischen Rundfunk sowie Musiker und Texter der Rockgruppe »Sparifankal«. Er schrieb mit Michael Fruth unter dem Pseudonym »Benno Höllteuffel« Mundartgedichte, Lieder, Hörspiele darunter *warum nacha ned?* (1969), *ois midnand* (1980).

FRANZISKA GRÄFIN ZU REVENTLOW wurde 1871 in Husum geboren. Sie lebte von 1895 bis 1909 in den Schwabinger Künstlerkreisen und nahm dort neben dem Malereistudium Schauspielunterricht. Sie verfaßte heiter-satirische Gesellschaftsromane, darunter *Ellen Olestjerne* (1903) und *Herrn Dames Aufzeichnungen* (1913), 1918 starb sie in Muralto/Tessin.

JOACHIM RINGELNATZ wurde 1883 in Wurzen/Sachsen geboren, verließ vorzeitig das Gymnasium und fuhr zur See. 1909 war er Hauslyriker für das Künstlerlokal »Simplicissimus« der Kathi Kobus. Im 1. Weltkrieg diente er bei der Marine, danach trat er wieder in München und Berlin auf. Er starb 1934 in Berlin. Zu seinen Veröffentlichungen gehören *Kuttel Daddeldu* (1920), *Mein Leben bis zum Krieg* (1931).

HERBERT ROSENDORFER wurde 1934 in Bozen geboren und lebt seit 1939 bevorzugt in München. Er begann ein Studium an der Akademie der Bildenden Künste, absolvierte dann ein Jurastadium und arbeitete als Amtsrichter. Heute hat er eine Professur für Bayrische Literaturgeschichte in München. Seit 1969 erschienen zahlreiche phantasievolle Romane und Erzählungen sowie Theaterstücke, darunter die *Briefe in die chinesische Vergangenheit* (1983) und zuletzt *Die Schönschreibübungen des Gilbert Hasdrubal Koch* (1999).

ASTA SCHEIB wurde 1939 in Bergneustadt/Rheinland geboren. Sie war zunächst Redakteurin bei verschiedenen Zeitschriften und lebt heute als Schriftstellerin und Drehbuchautorin in München. Sie verfaßte Romane, u. a. *Langsame Tage* (1981) und *Beschütz mein Herz vor Liebe.*

ZAFER ŞENOCAK wurde 1961 in Ankara geboren und wuchs in Istanbul und München auf. Der Lyriker, Essayist und Publizist im Themenbereich Orient-Okzident erhielt für seine Arbeit mehrere Preise. Seine neuesten Bücher heißen *Der Mann im Unterhemd* (1995) und *Gefährliche Verwandtschaft (*1999).

MARTIN SPERR wurde 1944 in Steinberg/Niederbayern geboren. Er studierte am Max-Reinhardt-Seminar in Wien. Er verfaßte Theaterstücke und Erzählungen, u. a. *Jagdszenen aus Niederbayern* (1966) und *Landshuter Erzählungen* (1967).

LUDWIG THOMA wurde 1867 in Oberammergau als Gastwirtssohn 1867 geboren. Er absolvierte die Forstakademie Aschaffenburg sowie ein Jurastudium in München und wurde Anwalt in Dachau und München. Ab 1899 war er Redakteur der Zeitschrift »Simplicissimus«. Er starb 1921 in Rottach. Seine bekanntesten Werke sind *Lausbubengeschichten* (1908), *Briefwechsel eines bayerischen Landtagsabgeordneten* (1909), *Heilige Nacht* (1917), *Andreas Vöst* (1908), *Der Ruepp* (1922).

ERNST TOLLER wurde 1893 in Samotschin/Westpreußen geboren. Nach dem Einsatz als Freiwilliger im 1. Weltkrieg wurde er 1919 wegen Beteiligung an der bayrischen Räterepublik verurteilt. Ab 1933 verbrachte er das Exil in der Schweiz, Frankreich, England und den USA. In New York beging er 1939 Selbstmord. Wichtige Werke sind *Masse Mensch* (1921), *Eine Jugend in Deutschland* (1933).

KARL VALENTIN wurde 1882 in München geboren. Er machte zunächst eine Schreinerlehre, arbeitete dann als Volkssänger, Schauspieler, Berufskomiker und Schriftsteller und veröffentlichte zahlreiche Filme und Schallplatten. Mit seiner Partnerin Liesl Karlstadt unternahm er Tourneen nach Wien, Zürich, Berlin. Er starb 1948 in München.

GRETE WEIL wurde 1906 in Rottach-Egern geboren und wuchs in München auf. Nach einem Studium der Germanistik mußte sie vor den Nazis nach Amsterdam fliehen. 1947 kehrte sie nach Deutschland zurück. Seit 1967 lebte sie in der Nähe von München, wo sie 1999 starb. Mehrere Auszeichnungen erhielt sie für Werke wie *Der Brautpreis* (1988), *Leb ich denn, wenn andere leben* (Autobiographie 1998).

EDWARD WILBERFORCE wurde 1834 in England geboren. Als junger Mann lebte er einige Jahre in München und veröffentlichte 1863 seine Eindrücke in dem Buch *Social Life in Munich*. Er starb 1914.

Textnachweise

HERBERT ACHTERNBUSCH: *Die Alexanderschlacht.* S. 87–95. © Suhrkamp Verlag, Frankfurt a.M [3]1978.

CARL AMERY: *Was ist bayerisch?* In: C.A.: *Leb wohl, geliebtes Volk der Bayern. Ein Requiem.* S. 13–24. © Bertelsmann Verlag, in der Verlagsgruppe Bertelsmann GmbH, München 1980.

CARL AMERY: *Die Jungfern und die Spielmaschine.* In: C.A.: *Die Wallfahrer.* © Süddeutscher Verlag, München 1986.

CARL AMERY: *Gewicht und Aussage – oder: Der Kahle Büffel.* In: C.A.: *Die Wallfahrer.* S. 307–315. Süddeutscher Verlag, München 1986 © Carl Amery.

CARL AMERY: *Der Untergang Bayerns.* In: *Das andere Bayern. Lesebuch zu einem Freistaat.* Hgg. von Gregor-Dellin, W.R. Langenbucher, V. Schlöndorff. S. 108–116. Nymphenburger Verlagshandlung München 1976. © Carl Amery.

BIERMÖSL BLOSN: *Welcome to Bavaria.* In: B.B.: *Grüß Gott, mein Bayernland. Welcome to Bavaria.* S. 17. © Haffmans Verlag AG, Zürich 1998.

BERTOLT BRECHT: *Flüchtlingsgespräche.* In: B.B.: *Gesammelte Werke, Prosa* 4, S. 1410–1411. © Suhrkamp Verlag, Frankfurt a.M. 1976.

BERTOLT BRECHT: *Schwierige Zeiten.* In: B.B.: *Gesammelte Werke, Gedichte* 3, S. 1029. © Suhrkamp Verlag, Frankfurt a.M. 1976.

LENA CHRIST: *Erinnerungen einer Überflüssigen.* In: L.C.: *Gesammelte Werke.* S. 40–47. Süddeutscher Verlag München [6]1981.

LION FEUCHTWANGER: *Das Land Altbayern.* In: L.F.: *Erfolg. Drei Jahre Geschichte einer Provinz.* S. 544–549. © Aufbau-Verlag GmbH, Berlin 1948.

LION FEUCHTWANGER: *Cajetan Lechners rauhester Tag.* In: L.F.: *Erfolg. Drei Jahre Geschichte in der Provinz.* S. 762–771. © Aufbau-Verlag GmbH, Berlin 1948.

MARIELUISE FLEISSER: *Eine Zierde für den Verein. Roman vom Rauchen, Sporteln, Lieben und Verkaufen.* In M.F.: *Gesammelte Werke.* Band 2, S. 108–119. © Suhrkamp Verlag, Frankfurt a.M. ²1983.

MARIELUISE FLEISSER: *Abenteuer aus dem Englischen Garten.* In: M.F.: *Gesammelte Werke.* Bd. 3, S. 43-64. © Suhrkamp Verlag, Frankfurt a. M. ²1983.

OSKAR MARIA GRAF: *Anton Sittinger.* © Paul List Verlag, München 1994.

OSKAR MARIA GRAF: *Die Ehe des Herrn Bolwieser.* © Paul List Verlag, München 1994.

OSKAR MARIA GRAF: *Ein ungelöstes RätseL. KÖNIG LUDWIGS II. TOD.* In: O.M.G.: *Das Leben meiner Mutter.* © Paul List Verlag, München 1994.

OSKAR MARIA GRAF: *Etwas über den Bayerischen Humor* (Ausschnitt). In: *Das Oskar Maria Graf Lesebuch.* Hgg. von H. Dollinger. S. 205–214. © Paul List Verlag, München 1993.

OSKAR MARIA GRAF: *Der Volksredner.* In: O.M.G.: *Wir sind Gefangene. Ein Bekenntnis.* S. 432–435. © Paul List Verlag, München 1994.

FRIEDRICH HEBBEL: Das *Münchner Oktoberfest.* In: *Deutsches Alpenland. Ein Heimatbuch.* Hgg. von Anton Mayer-Pfannholz. S. 191–196. Brandstetter, Leipzig 1920.

CARLAMARIA HEIM: *Geburt über dem Saustall eines Bischofs.* In: *Josefa Halbinger. Jahrgang 1900. Lebensgeschichte eines Münchner Arbeiterkindes.* S. 9–11. Piper, München 1990. © Obalski & Astor Verlag, München 1980.

CARLAMARIA HEIM: *Josefa Halbinger. Jahrgang 1900. Lebensgeschichte eines Münchner Arbeiterkindes.* (Ausschnitt). S. 11–19. Piper, München 1990. © Obalski & Astor Verlag, München 1980.

ÖDÖN VON HORVÁTH: *Wie der Tafelhuber Toni seinen Hitler verleugnet hat.* In: Ö.v.H.: *Sportmärchen.* S. 141–143. © Suhrkamp Verlag, Frankfurt a.M. 1988.

ÖDÖN VON HORVÁTH: *Der Tod aus Tradition. Eine Legende aus den nördlichen Kalkalpen.* In: O.v.H.: *Sportmärchen.* S. 111–116. © Suhrkamp Verlag, Frankfurt a.M. 1988.

BRUNO JONAS: *Bazi-Ethos.* In: B.J.: *Es soll nie wieder vorkommen. Ausgesuchte Entschuldigungen und Geständnisse.* S. 51–59. © Karl Blessing Verlag in der Verlagsgruppe Bertelsmann GmbH, München 1996.

ERICH KÄSTNER: *Münchener Theaterbrief. Spielen in der Trümmerlandschaft.* In: E.K.: Gesammelte Werke für Erwachsene. Band 8, S. 11–15. © Atrium Verlag AG, Zürich 1969.

FRANZ VON KOBELL: *Die Gschicht vom Brandner-Kasper.* In: F.v.K.: *Ausgewählte Werke,* Eingeleitet und herausgegeben von G. Goepfert. S. 133–143. Süddeutscher Verlag München 1972.

WOLFGANG KOEPPEN: *Taube Ohren, beifällige Hände.* In: W.K.: *Gesammelte Werke.* Band II, S. 123–125; 127–129. © Suhrkamp Verlag, Frankfurt a.M. 1988.

GERHARD KÖPF: *Aus der Bärenzeit.* In: G.K.: *Die Strecke.* S. 177–188. © Luchterhand Literaturverlag GmbH, Hamburg 1991. Alle Rechte vorbehalten: Luchterhand Literaturverlag GmbH, München.

R.W.B. MCCORMACK: *Sprache.* In: McC.: *Tief in Bayern. Eine Ethnographie.* S. 56–70. © Eichborn GmbH & Co. Verlag KG, Frankfurt a.M. 1991.

EMERENZ MEIER: *Der Juhschroa.* In: E.M.: *Aus dem Bayerischen Wald. Erzählungen – Gedichte.* S. 23–34. Morsak Verlag, Grafenau 1974.

ERICH MÜHSAM: *Schwabing. Brutstätten der Münchner Kultur.* In: E.M.: *Namen und Menschen. Unpolitische Erinnerungen.* S. 109–117 (gekürzt). Volk und Buch Verlag, Leipzig 1949. © Erich-Mühsam-Gesellschaft, Lübeck 1989.

ERICH MÜHSAM: *Tagebücher 1910 – 1924* (Auszüge). dtv München 1994, S. 34–40; 74–75. © Erich-Mühsam-Gesellschaft, Lübeck 1994.

OSKAR PANIZZA: *Abschied von München.* In: *Die kriminelle Psychose.* Hilfsbuch für Ärzte, Laien, Juristen, Vormünder, Verwaltungsbeamte, Minister etc., von Oskar Panizza. S. 200–212. Matthes & Seitz, München 1978.

HANS PLESCHINSKI: *Gärtnerplatz – Männerschau.* In: *Kursbuch.* März 1996. Rowohlt Berlin © Hans Pleschinski.

GERHARD POLT, HANNS CHRISTIAN MÜLLER, HANS WELL: *Kolonialwaren.* In: G.P., H.C.M., H.W.: *Tschurangrati.* S. 21–32. © Haffmans Verlag AG, Zürich 1993.

GERHARD POLT, HANNS CHRISTIAN MÜLLER: *Da schau her, ein Sanierer.* In: G.P., H.C.M.: *Da schau her, ein Sanierer.* S. 90. © Haffmans Verlag AG, Zürich 1993.

HELMUT QUALTINGER: *Der 800-Jahr-Markt oder München, wie es ist und bleibt.* In: H.Q.: *Qualtingers beste Satiren.* S. 108–112. Frankfurt 1975. © Franz Deuticke Verlagsgesellschaft, Wien.

CARL-LUDWIG REICHERT, MICHAEL FRUTH: *wea zoid schafd o.* In: C.-L.R., M.F.: *Benno Höllteufel. Ois midnand.* S. 43. Friedl Brehm, Feldafing 1980. © Carl Ludwig Reichert.

CARL-LUDWIG REICHERT, MICHAEL FRUTH: *as graue land.* In: C.-L.R., M.F.: *Benno Höllteufel. Ois midnand. S.* 69. Friedl Brehm, Feldafing 1980. © Carl Ludwig Reichert.

FRANZISKA GRÄFIN ZU REVENTLOW: *Tagebücher 1895–1910.* Hrsg. von E. Reventlow. Fischer Taschenbuch 1976, S. 477–486. Langen-Müller Verlag, München/Wien.

JOACHIM RINGELNATZ: *Simplicissimus-Lied.* In: J.R.: *Das Gesamtwerk in sieben Bänden.* © Diogenes Verlag AG, Zürich 1994.

HERBERT ROSENDORFER: *Grantige Selbstzüchtigungen.* In: *... ich geh' zu Fuß nach Bozen und andere persönliche Geschichten.* S. 184–195. © nymphenburger in der F.A. Herbig Verlagsbuchhandlung GmbH, München 1988.

HERBERT ROSENDORFER: *Deutsche Suite.* S. 29–40. © nymphenburger in der F.A. Herbig Verlagsbuchhandlung GmbH, München 1992.

ASTA SCHEIB: *Frühstück im Franziskaner.* © Asta Scheib.

ZAFER ŞENOCAK: *Den Direktor küßt man nicht.* In: Z.S.: *Gefährliche Verwandtschaft.* © Babel Verlag, München 1999.

MARTIN SPERR: *Jagdszenen aus Niederbayern.* In: M.S.: Bayerische Trilogie. S. 17–27. Suhrkamp Verlag, Frankfurt a.M. 1972, © Verlag der Autoren, Frankfurt a.M.

LUDWIG THOMA: *Agricola. Frei nach Tacitus' »Germania«.* In: L.T.: *Die schönsten Romane und Erzählungen.* Jubiläumsausgabe in sechs Bänden. Hrsg. von R. Lemp. Bd. 2, S. 197–201. Piper Verlag, München [2]1983.

ERNST TOLLER: *Eine Jugend in Deutschland.* In: E. T.: *Gesammelte Werke.* Band 4, S. 161–171. © Carl Hanser Verlag, München 1978.

KARL VALENTIN: *Die Frau Funktionär.* In: *Alles von Karl Valentin.* Hgg. von M. Schulte. S. 67–70. © Piper Verlag, München ^{3}1980.

KARL VALENTIN: *Der Zufall.* In: K. V.: *Gesammelte Werke.* Band 2. © Piper Verlag, München 1981.

GRETE WEIL: *Egern.* In: G. W.: *Leb ich denn, wenn andere leben.* S. 47–51. © Nagel & Kimche AG, Zürich 1998.

GRETE WEIL: *Lebensgefährlich, Jüdin zu sein. Das erste Ehejahr.* In: G. W.: *Leb ich denn, wenn andere leben.* S. 73–77, S. 100–112. © Nagel & Kimche AG, Zürich 1998.

EDWARD WILBERFORCE: *Sitten und Gebräuche.* In: E. W.: *Ein Snob in München. Die Erstaunlichen Beobachtungen des Mr. Edward Wilberforce in München.* Übersetzt und kommentiert von G. Wiesend. S. 20–28. Ehrenwirth Verlag, München 1990.